Josef Els

Unsere Nachbarn im grünen

Ostbelgien

Streifzüge durch

Geschichte, Kunst & Kultur

Reisen
einhard verbindet

OSTBELGIEN
Norden der DG
(Deutschsprachige Gemeinschaft)
Süden der DG
(Deutschsprachige Gemeinschaft)
Malmedy und Weismes
Wallonische Gemeinden
und Voeren
NL
D
L
BELGIEN
Aachen
Roetgen
Monschau
Prüm
Voeren
Plombières
Kelmis
Aubel
Thimister-Clermont
Welkenraedt
Herve
Lontzen
Raeren
Eupen
Limbourg
Baelen
Jalhay
Hohes Venn
Malmedy
Weismes
Stablo
Bütgenbach
Büllingen
Amel
St. Vith
Burg-Reuland
Brüssel
B
F
Luxemburg

Inhaltsverzeichnis Seite

Radtouren **Wandertouren**

Die im Innenteil mit einem Sternchen versehenen Wanderungen finden Sie auch in der kostenlosen Broschüre *Genusstouren*, hrsg. v. d. Tourismusagentur Ostbelgien (www.ostbelgien.eu).

Vorbemerkungen –

praktische Hinweise für den Leser

Von den Lesern unseres Wallonieführers (*Unbekannte Wallonie*, 2. Auflage 2019) wurde immer wieder der Wunsch geäußert, ein eigenes **Kunst- und Kulturreisehandbuch über den Osten Belgiens**, vor allem über das Gebiet der Deutschsprachigen Gemeinschaft (DG), vorzulegen, den unmittelbar an Deutschland anstoßenden Teil Belgiens. Dieser Wunsch wurde nicht nur von Lesern aus Deutschland vorgebracht, sondern mehr noch von Menschen, die in der Deutschsprachigen Gemeinschaft leben – Belgiern wie auch zugewanderten Deutschen. Den Lesern in Deutschland geht es um ein Kennenlernen ihrer Nachbarn und einer landschaftlich und kulturell höchst interessanten Region jenseits der deutschen Grenze im Westen, den belgischen Lesern aus der DG um ein besseres Kennenlernen ihrer eigenen Heimat, ihrer Geschichte und Kultur, aber auch um tiefere Einblicke in die Geschichte und Kultur ihrer wallonischen Nachbargemeinden. Das Interesse der Deutschen, die sich in der DG niedergelassen haben, liegt auf der Hand.
Wir wollen aber auch Menschen auf eine landschaftlich außerordentlich reizvolle und kulturell reiche Region aufmerksam machen, die bisher noch nie etwas von Ostbelgien und der Deutschsprachigen Gemeinschaft Belgiens gehört haben. Wer weiß schon etwas von dieser Deutschsprachigen Gemeinschaft, wenn er nicht in der Grenznähe zu Hause ist? Selbst der großen Mehrzahl der Belgier ist nicht bewusst, dass es neben der Französischsprachigen und der Flämischen Gemeinschaft noch eine weit kleinere dritte, die Deutschsprachige, gibt.

Mit dem erwähnten Wunsch vieler unserer Leser, ein eigenes Kunst- und Kulturreisehandbuch über den Osten Belgiens zu verfassen, war zumeist ein zweiter verbunden, nämlich in noch höherem Maße als schon im Walloniebuch **Hinweise zu Wanderungen und Radtouren** zu geben Das hat sicherlich damit zu tun, dass der Osten Belgiens ausgesprochen ländlich geprägt ist und – etwa mit der belgischen Eifel und Teilen der Ardennen – **herrliche, oft noch ganz urwüchsige Naturgebiete** umfasst, aber auch damit, dass viele Leser Freude daran gefunden haben, **Kunst, Kultur und Bewegung in der Natur** miteinander zu verbinden, eine Region zu erwandern oder radfahrend zu erkunden.
Wie in den bereits erschienenen *Reisen verbindet*-Führern zur Wallonie und zu Niederländisch-Limburg haben wir uns auch dieses Mal bemüht, auf zahlreiche **Restaurants und Bistros** (rot eingefärbt) aufmerksam zu machen, die Erfrischung und Stärkung »am Wegesrand« bieten und etwas von der Lebensart unserer sympathischen und lebensfrohen Nachbarn im Westen spüren und erleben lassen. Natürlich ohne Anspruch auf Vollständigkeit, zumal wir auf Hinweise zu besonders hochpreisigen Angeboten bewusst verzichtet haben. Das tut dem **Genießen auf Ostbelgisch** aber keinerlei Abbruch. Auch Spezialitäten wie Käse, Biere, Kuchen und Schokolade aus der Region finden eine angemessene Würdigung.

Das Gebiet, mit dem sich das vorliegende Reisehandbuch befasst, gehört zur **Eifel** oder den **Ardennen** oder zu deren Ausläufern. Da gibt es natürlich keine Kathedralen oder atemberaubende Großbauten. Eher sind hier Dorfkirchen und Bauernhäuser charakteristisch. Hinzu kommen Burgen und kleine Schlösschen und der Glanz der Tuchmachervillen in Eupen.
Es liegt auf der Hand, dass sich in einer landschaftlich äußerst attraktiven, aber überwiegend dünn besiedelten Mittelgebirgsregion der Schwerpunkt ein wenig von den kulturhistorisch wertvollen Monumenten und der Kunst zum Wandern, Radfahren und zu Natur verschiebt.
Übrigens ist Ostbelgien nicht nur im Sommer einen Besuch wert. Das Venn im Winter, bei Schnee oder Raureif, das ist ein Erlebnis. Mitunter geradezu atemberaubend! Das Naturwunder der Narzissenblüte in den Monaten März und April, etwas später das Leuchten der weißen Schöpfchen des Wollgrases in der Sonne, die Obstbaumblüte im Herver Land, die Farben des Herbstes – **es gibt kaum eine Zeit, in der sich ein Besuch Ostbelgiens nicht lohnt**. Und wandern kann man eigentlich immer, wenn es nicht gerade regnet. Entsprechend haben wir unser Reisehandbuch auch mit Fotografien aus allen Jahreszeiten bebildert.

Um es gleich zu sagen: Unsere annähernd **50 farblich hervorgehobenen und über das Inhaltsverzeichnis leicht auffindbaren Empfehlungen für Wanderer und Radfahrer** richten sich nicht an ehrgeizige Sportler oder verbissene Kilometerfresser. Wir haben **Durchschnittsmenschen im Blick**, auch durchaus schon älteren Semesters, die in Ruhe und mit Genuss Landschaft, Natur und Kultur erleben wollen. Deshalb haben wir uns für Radtouren von 30 bis 45 Kilometern entschieden und Wanderungen von etwa fünf bis 15 Kilometern. Wo bei den Radwegen größere oder längere Steigungen unvermeidlich sind, wird ausdrücklich darauf hingewiesen.

Die **mit einem Sternchen ✳ versehenen Wanderungen** finden Sie auch in dem schönen Heftchen *Genusstouren*, herausgegeben von der Tourismusagentur Ostbelgien (www.ostbelgien.eu), das Sie in den Touristen-Informationsbüros der DG und in Malmedy kostenlos erhalten. In der Broschüre wird auch zu jeder Wanderung eine kleine Karte geboten.

Darüber hinaus haben wir am Ende des Buches noch einige allgemeine Hinweise für Wanderer und Radfahrer zusammengestellt.

Immer wieder werden Sie beim Lesen auf **gelb hinterlegte Textkästchen** stoßen, die **Hintergrundinformationen**, Wissenswertes oder manchmal auch Anekdotisch-Skurriles (*Die tapfere Nonne vom Heidberg*, s. a. Anlage, S. 49) bieten. Der Leser versteht die Erläuterungen zu Orten, Gebäuden und Kunstwerken durchaus auch ohne die Lektüre der Ergänzungen. Aber er kann sie mit den Ergänzungen oft besser einordnen oder sich eher ein Bild vom Alltagsleben der Landbevölkerung machen, von ihrer einstigen Armut, von den Anfängen des dörflichen Schulwesens, vom mühseligen Leben der Bauersfrauen, also von all dem, was die historische Hintergrundfolie der Bauernhäuser und Dorfkirchen bildet.

Empfehlungen für Tagesausflüge: Oft werde ich gefragt: *Was besuche ich, wenn ich nur wenig Zeit habe, z. B. nur einen Tagesausflug machen kann?* Meine Empfehlung: Verbringen Sie den Vormittag in **Eupen**. Die schönsten und bedeutendsten Kulturdenkmäler Eupens werden in diesem Buch in dem Kapitel *Vom Marktplatz zum Werthplatz und Kaperberg* beschrieben. Am Nachmittag haben Sie dann noch Zeit für **Limbourg, Clermont** und das **Kloster Val-Dieu**. Das ist auch hinsichtlich der Entfernungen zwischen den Orten gut zu schaffen.

In der Mitte Ostbelgiens ist das **Hohe Venn, eines der letzten Hochmoore Europas,** die unbestritten größte Attraktion. Mit seiner herben Landschaft, seiner Urwüchsigkeit und Stille ist es zu jeder Jahreszeit ein Erlebnis! Hier empfehle ich etwa eine Wanderung ab Baraque Michel. Wie bereits erwähnt, zieht jedes Jahr im Frühling die **Narzissenblüte** Naturliebhaber ins Venn, wo ganze Wiesen von der in der Sonne gelb leuchtenden Blütenpracht wilder Narzissen überzogen sind. Ein geradezu märchenhafter Anblick.

Aber auch **Malmedy** mit seiner Kathedrale und den schieferverkleideten Bürgerhäusern, besonders der Maison Villers, ist zweifellos einen Besuch wert. Weiter im Süden werden Empfehlungen schwieriger und willkürlicher. **Ich liebe besonders das schöne Ourtal mit Burg-Reuland**. Hier kann man herrliche Radtouren machen. Ich würde das mit dem Besuch von ein oder zwei der schönen gotischen Dorfkirchen im Kanton St. Vith verbinden (z. B. von Mariä Himmelfahrt in Neundorf).

Gliederung: Der Ostbelgien-Reiseführer gliedert sich in **fünf Teile**. Die DG, die Deutschsprachige Gemeinschaft Belgiens, besteht aus zwei nicht miteinander verbundenen Kantonen, dem **Kanton Eupen** im Norden und dem **Kanton St. Vith** im Süden. Damit sind schon die beiden ersten Teile des Ostbelgienbuches vorgegeben. Zwischen die beiden Kantone schieben sich die beiden wallonischen Gemeinden **Malmedy und Weismes / Waimes**, die sich touristisch mit den Gemeinden der DG gemeinsam unter dem Label *Ostbelgien* vermarkten und auch sonst oft mit den deutschsprachigen Gemeinden unter dem Begriff *Ostbelgien* zusammengefasst werden. Zudem gehörten diese Gemeinden mit denen der DG von 1815 bis zum Ende des Ersten Weltkriegs (genauer: bis 1920) zu Preußen und ab 1871 auch zum Deutschen Reich. Die Kapitel über Malmedy und Weismes / Waimes mussten also den dritten Teil unseres Buches ausmachen. Einen vierten Teil bilden die Kapitel über die westlich der DG gelegenen **wallonischen Gemeinden und die zur belgischen Provinz Limburg gehörende Gemeinde Voeren**, die räumlich-topografisch, kulturell und historisch enger mit den Gemeinden der DG verbunden sind (s. Vorwort). Auch wären vielfach attraktive Fahrradtouren nicht möglich, wenn wir diese Gemeinden nicht berührten oder durchquerten.

Der letzte Teil dieses Buches, in dem es um **Kulturelle Besonderheiten** geht, um kirchliche Feste und Brauchtum wie auch um die Ess- und Trinkkultur, um *Genießen auf Ostbelgisch*, ist uns so wichtig, dass er nicht nur ein angehängtes Kapitel, sondern den fünften Teil des Reisehandbuchs bilden soll. Hier haben wir Neuland betreten und sind auch ein bisschen stolz darauf. Ich bin gespannt, ob sich meine ostbelgischen Freunde und Bekannte hier wiederfinden. Manches habe ich ihren Anregungen zu verdanken. Es bleibt zu hoffen, dass gerade dieses Kapitel einen Beitrag dazu leistet, deutschen Lesern die Kultur ihrer ostbelgischen Nachbarn näherzubringen, wie es dem Ziel unserer Buchreihe *Reisen verbindet* entspricht.

Öffnungszeiten: Wo bei Kirchen, Museen usw. feste Öffnungszeiten zu ermitteln waren, haben wir diese Informationen – durch blaue Einfärbung hervorgehoben – nach bestem Wissen und Gewissen an unsere Leser weitergegeben. Allerdings können sich Öffnungszeiten naturgemäß schnell ändern.

Adressen: Bei der Angabe von Adressen wurde so verfahren, dass die entsprechenden Gebäude auch mit einem Navigationsgerät leicht zu finden sind. Dazu reichen in der Regel die Angaben *Ort, Straße, Hausnummer* aus. Nur in Ausnahmefällen, etwa bei einem Naturzentrum weitab von allen Ortschaften im Venn, wurden sicherheitshalber auch Postleitzahlen hinzugefügt.

Touristen-Informationsbüros: Am Ende dieses Buches finden Sie noch eine Liste der für Ostbelgienbesuche hilfreichen Touristen-Informationsbüros, in denen man fast immer interessante Broschüren erhält – etwa zu lokalen Festen, Konzerten, Wochenmärkten oder anderen interessanten Ereignissen bzw. Veranstaltungen –, Wander- und Radwegekarten sowie Informationen zu Übernachtungsmöglichkeiten.

Vorwort

Besondere Freude bereitet das Schreiben eines Kunstreiseführers, wenn man den Leser an eine Region heranführen möchte und darf, die einem selbst ans Herz gewachsen ist. Seit 25 Jahren lebe ich im Osten Belgiens und dieser Landstrich ist mir längst zur Heimat geworden. Einen großen Teil meiner freien Zeit habe ich damit verbracht, das Eupener Land, die Eifel rund um Sankt Vith und die benachbarten wallonischen Gemeinden zu erkunden und mich mit Geschichte, Kunst und Kultur dieses schönen und liebenswerten Raumes zu befassen.

Der Einhard-Verlag hat für die bei ihm erscheinenden Kunstreiseführer den Reihentitel ***Reisen verbindet*** gewählt. Ein gutes Motto! Ich hätte mir kein besseres wünschen können. Was gibt es Schöneres, als einen Beitrag dazu zu leisten, dass Nachbarn einander näher kommen? Und es scheint mir auch immer noch nötig und wichtig zu sein. Die Grenzen zwischen Deutschland und unserem belgischen Nachbarn sind offen. Das ist uns zur Selbstverständlichkeit geworden. Und doch ist es oft erstaunlich, mitunter erschreckend, wie wenig Deutsche über Belgien und die in diesem Land lebenden Menschen wissen. Selbst die Bewohner der Grenzstadt Aachen wissen zumeist wenig von ihren unmittelbaren Nachbarn, selbst über das nur 20 Kilometer entfernte Städtchen Eupen.

Ich bin mir bewusst, dass die Auswahl der Gemeinden, die in diesem Buch über das Gebiet der Deutschsprachigen Gemeinschaft sowie Malmedys und Weismes hinaus berücksichtigt werden, teilweise recht willkürlich erscheint. Doch gab es für die getroffenen Entscheidungen gute Gründe, wie ich das im Kapitel zu *Herve* einmal beispielhaft dargelegt habe. In der Regel waren historisch-kulturelle Gegebenheiten ausschlaggebend. Dabei spielte etwa das einstige Herzogtum Limburg eine große Rolle. Mitunter ging es aber auch um eine sinnvolle Abrundung im Interesse interessanter Ausflüge und Fahrradtouren. Auch fanden Rückmeldungen zu unserem Reiseführer *Unbekannte Wallonie* Berücksichtigung, insbesondere von Lesern aus dem unmittelbaren Grenzgebiet, für die etwa

Limbourg oder Aubel wichtige Entdeckungen im Umkreis ihrer Heimat waren.
Die Vorfahren der heutigen Bewohner des Landstrichs im Osten Belgiens, ob sie nun in wallonischen oder deutschsprachigen Gemeinden wohnen, gehörten bis 1871 nie einem Nationalstaat an. Das Deutsche Reich wurde bekanntlich erst 1871 gegründet und das 1830 entstandene Belgien war nie ein wirklicher Nationalstaat. Die Frage, ob das alte Herzogtum Limburg, das seit 1288 zu Brabant gehörte, etwa für die Bewohner des Eupener Landes eine Art Heimat gewesen ist, lässt sich kaum beantworten. Man kann es aber bezweifeln. Seit jeher verbunden fühlte man sich zweifellos mit der freien Reichsstadt Aachen, wo die Bäuerinnen aus Hauset, Eynatten und Raeren ihre Butter auf den Markt brachten und wohin man gelegentlich eine Wallfahrt unternahm. Mit dem Bischof in Lüttich fühlte man sich verbunden, für den man während der Messfeier betete, den man aber kaum je sah. Darüber hinaus aber war man zu Hause im Dorf, das man selten verließ und noch seltener über Nacht, und auf den benachbarten Märkten – in Herve, Aubel, Clermont und, wie schon erwähnt, in Aachen.
Wirkliche Grenzen gab es nicht, schon gar nicht ein Nationalbewusstsein. Das *Heilige Römische Reich,* ja, dem gehörte man an, ob wallonisch oder deutschsprachig, aber der Kaiser war weit und das Reich wenig fassbar. Wo wäre man damit je in konkreter Weise in Berührung gekommen? Lediglich in der Zeit der österreichischen Herrschaft (ab 1714) gab es seit der Regierungszeit Maria Theresias so etwas wie eine echte Anhänglichkeit an das Haus Habsburg – soweit der eigene Wohnort zu den Österreichischen Niederlanden gehörte.

Was verband die Menschen noch? Nicht zuletzt gemeinsam verehrte Heilige. Ob wallonisch oder deutschsprachig, man war katholisch, auch über Reformation und Glaubenskämpfe hinaus. Wer in der Region, mit der sich dieses Buch befasst, mit dem Rad oder zu Fuß unterwegs ist – vom schnell fahrenden Auto aus ist das kaum wahrnehmbar – begegnet überall den gleichen Wegekreuzen und Fußfällen, an denen man einst kurz niederkniete, um ein Gebet zu sprechen oder auch nur ein Kreuzzeichen zu schlagen. In den Kapellen und Kirchen begegnet man immer wieder den gleichen Heiligen, allen voran der Mutter Gottes, aber auch dem hl. Rochus, der hl. Katharina, der hl. Anna, dem hl. Hubert, dem hl. Lambertus, dem hl. Nikolaus usw. Von der Bedeutung dieses verbindenden Bandes des Glaubens und religiöser Vorstellungen können wir uns heute kaum noch eine Vorstellung machen. Da waren die Menschen früherer Jahrhunderte im Innersten beheimatet.

Geschichte Ostbelgiens im Überblick

Als Ostbelgien oder Ostkantone werden heute – im engeren Sinn – die neun mehrheitlich deutschsprachigen belgischen Gemeinden bezeichnet, die zur Deutschsprachigen Gemeinschaft Belgiens (DG) gehören. Im weiteren Sinn zählt man über diese neun Gemeinden hinaus auch Malmedy und Weismes / Waimes zu Ostbelgien, deren Bevölkerungsmehrheit französischsprachig ist und die daher Teil der Französischsprachigen Gemeinschaft Belgiens sind. Sie gehörten mit den neun Gemeinden der DG von 1815 (Wiener Kongress) bis 1919 (Versailler Vertrag) zu Preußen und damit seit 1871 zum Deutschen Kaiserreich. Preußen fasste die Gemeinden in zwei Landkreisen zusammen, dem Kreis Eupen und dem Kreis Malmedy. Man bezeichnete die Region kurz als *Eupen-Malmedy*.
Deutschsprachige Belgier gibt es natürlich auch außerhalb der Gemeinden der DG, nicht nur in Malmedy und Weismes / Waimes. Auch im Montzener Land sprach und spricht ein erheblicher Bevölkerungsanteil Deutsch. Doch gehörte dieses Gebiet nach 1815 nicht zu Preußen, sondern zunächst zu den Vereinigten Niederlanden und ab 1830 zu dem neu gegründeten Königreich Belgien. Wie ganz Ostbelgien zählen auch die Gemeinden des Montzener Landes zu den sog. Fazilitäten-Gemeinden, in denen die sprachlichen Minderheiten Sonderrechte beanspruchen können.
Ostbelgien unter Einschluss der beiden frankofon geprägten Gemeinden Malmedy und Weismes / Waimes bildet einen 20 bis 50 Kilometer breiten Gebietsstreifen entlang der deutschen Westgrenze mit einer Fläche von 1.036 Quadratkilometern.

Durch archäologische Funde, etwa Feuerstein-Artefakte aus der **Mittelsteinzeit** und Waffen der **Jungsteinzeit**, lässt sich eine fast 10.000-jährige Besiedlung des ostbelgischen Gebietes nachweisen. Auf eine **keltische Besiedlung** etwa ab 200 v. Chr. deuten Orts- und Flussnamen wie Amel, Warche, Our und Rur hin. Zudem legten Archäologen zwischen 2005 und 2009 südlich von Sankt Vith mehrere keltische Hügelgräber frei. Sie sind die ersten materiellen Spuren einer dauerhaften Besiedlung im heutigen Ostbelgien. Über welche Pfade oder Wege die keltischen Siedlungen miteinander vernetzt waren und wo sich ihre religiösen, politischen oder wirtschaftlichen Zentren befanden, ist bisher nicht bekannt.

In **römischer Zeit** gehörte das Gebiet des heutigen Ostbelgien im Wesentlichen zur Provinz *Germania inferior*. Die bedeutende Römerstraße Köln – Reims verlief vermutlich über die heutigen Orte Thommen, Sankt Vith, Amel und Büllingen. Nur wenige römische Villen ließen sich in Ostbelgien entlang dieser Straße nachweisen. Sie waren vermutlich landwirtschaftliche Produktionsstätten. Nördlich von Eupen entdeckten Archäologen bei Baelen-Nereth eine Siedlung, die vom 1. bis zum 4. Jh. bewohnt war und in der Eisenerz abgebaut wurde. Eisenerzverarbeitung ist auch in Lontzen-Krompelber und Baelen-Corbush für das 2. Jh. nachgewiesen. Der regionale und überregionale Transport des gewonnenen Materials setzt die Existenz von Straßen voraus, die aber heute nicht mehr nachweisbar sind.

Die **fränkische Landnahme**, die an Ortsnamen auf -ingen, -ier und -heim erkennbar ist, begann um 450. Für Rodungen und Ortsgründungen zwischen 600 und 800 sind Endungen auf -weiler, -hausen, -dorf, -bach, -berg oder -born typisch.

Von großer Bedeutung für unsere Region war es, dass der hl. Remaklus, Abt von Solignac und späterer Bischof von Maastricht, um 650 in den Ardennen »an einer Stelle weiter Einöde, wo eine Menge wilder Tiere lebte«, das **Doppelkloster Stablo-Malmedy** gründete. Das Doppelkloster lag an der Grenze zwischen romanischem und germanischem Sprachgebiet. Stablo gehörte zur Diözese Maastricht bzw. Lüttich und Malmedy zum Erzbistum Köln.

Die für die fränkische Grundherrschaft typischen Fronhofverbände (sog. Villikationen), durch die der Grundbesitz des Doppelklosters wie der anderer großer alter Abteien, z. B. Echternach und Prüm, im frühen Mittelalter bewirtschaftet wurde, waren auch das Hauptinstrument der Urbarmachung und Erschließung des Gebirgslandes der belgischen Eifel und der Ardennen.

Im 8. Jh. entstanden zahlreiche **Siedlungen um die fränkischen Königshöfe** Amel, Büllingen (erste urkundliche Erwähnung: 850), Manderfeld (Ersterwähnung: 854), Neundorf (Ersterwähnung: 888), Thommen (Ersterwähnung: 816) und Walhorn (Ersterwähnung: 888), die zu Zentren im weiten Umkreis der Kaiserpfalz Aachen wurden.

Das Karolingerreich zerfiel im 9. Jh. (s. u.). Die **Normannen** suchten auch den Raum zwischen Maas und Rhein (881–891) mit ihren Plünderungszügen heim. In Lüttich, Tongeren, Maastricht, Aachen, Prüm und Stablo-Malmedy, überall hinterließen die Normannen eine Spur des Todes, der Brandschatzung, Plünderung und Verwüstung. Als die Normannen 881 die Aachener Pfalz zerstörten und deren Kapelle als Pferdestall benutzten, war ein Tiefpunkt erreicht.

Klöster wie Stablo-Malmedy, Prüm und Echternach zählten nach dem Zusammenbruch des Karolingerreiches und den Raubzügen und Verwüstungen der Normannen zu den wenigen verbliebenen Keimzellen kulturellen Lebens, die christliche und antike Überlieferung, ja Schriftkultur überhaupt, für kommende Generationen retteten, pflegten und weitergaben. Die Bedeutung der Klöster als frühmittelalterliche Bildungsstätten für die ostbelgische wie darüber hinaus die rheinisch-maasländische Kulturgeschichte kann kaum hoch genug veranschlagt werden. Männer wie Markwart und Regino von Prüm oder Poppo und Wibald von Stablo-Malmedy zählten zu den herausragenden Gelehrten und Persönlichkeiten ihrer Zeit und wurden als Ratgeber und Gesandte der Kaiser und Großen geschätzt.

Die Adligen ließen nun erste **Burgen** bauen, die Schutz bieten sollten und zugleich Macht zur Schau stellten. Die Burg von Reuland geht beispielsweise auf diese Zeit zurück.

Durch den Vertrag von Verdun wurde im Jahre 843 die **Teilung des Frankenreiches** unter den Söhnen Ludwigs des Frommen festgelegt. Dabei war auch das Gebiet des heutigen Ostbelgien an das Mittelreich gelangt, das dem ältesten der drei Brüder, Lothar I., zugesprochen worden war und das sich von Friesland an der Nordsee bis ins Herz Italiens erstreckte. Nach dem Tode Lothars I. wurde das mittlere Frankenreich 855 erneut geteilt. Seinen nördlichen Teil, den zwischen Schelde und Rhein, erhielt Lothar II. und wurde nach ihm *regnum Lotharii* benannt, woraus der Name *Lotharingien*, später *Lothringen*, entstanden ist. 925 ließ sich der ostfränkische König Heinrich I. in Lothringen huldigen und gliederte es seinem Reich ein. Lothringen wurde zu einem der fünf Herzogtümer, aus denen sich das ostfränkische Reich zusammensetzte, woraus sich sehr bald das deutsche entwickelte, das man seit dem Spätmittelalter das *Heilige Römische Reich* nannte, das *Sacrum Romanum Imperium*. Seitdem teilte auch das Gebiet des heutigen Ostbelgien, das ganz überwiegend zur Diözese Lüttich gehörte, das Schicksal des deutschen Reiches bis zu dessen Untergang.

Das heutige Ostbelgien war **Teil des Herzogtums Niederlothringen**. Niederlothringen erstreckte sich überwiegend auf heute belgisches und südniederländisches Gebiet bis hin zum Niederrhein und nördlichen Mittelrhein. Später zerfiel das Herzogtum Niederlothringen in mehrere Territorien, darunter das Herzogtum Limburg, zu dem etwa Eupen gehören sollte, das Fürstbistum Lüttich und die Herzogtümer Luxemburg und Brabant. Auch das Herrschaftsgebiet der reichsunmittelbaren Abtei Stablo-Malmedy gehörte zu diesen Territorien, wenngleich als ein sehr kleines. Es wurde im Nordwesten durch das Fürstbistum Lüttich, im Nordosten durch das Herzogtum Limburg und im Südosten durch das Herzogtum Luxemburg begrenzt. Daneben nahm auch das schon im 3. Jh. gegründete Bistum Trier an territorialer Bedeutung zu. Das weltliche Herrschaftsgebiet der Bischöfe erstreckte sich allerdings nur auf einen sehr kleinen Teil des heute ostbelgischen Gebiets (Schönberg).

Die in der Region allmählich zunehmende Bevölkerung rodete die noch ausgedehnten Wälder und gründete neue Dörfer. 1130 wird Sankt Vith erstmals erwähnt. Der Ort, der im Mittelalter das Stadtrecht erhielt, lag in einem großen Waldgebiet an der Kreuzung der Straßen von Köln nach Sedan und von Lüttich nach Luxemburg. Abgesehen davon, dass St. Vith als regionaler Marktort eine wichtige Rolle spielte, lebten seine Bewohner vermutlich in hohem Maße vom Zwischenhandel zwischen Rhein, Maas und Mosel.

Als Herzog Walram V. von **Limburg**, zu dessen Herzogtum (bis 1101 Grafschaft) ein großer Teil des heute ostbelgischen Gebiets damals gehörte, im Jahre 1280 ohne männlichen Nachkommen starb, entbrannte bald ein Streit um sein Erbe. Dabei bildeten sich zwei Koalitionen, die eine um den Herzog von **Brabant** und die andere um den Grafen von Geldern, in die fast alle Mächte an Niederrhein und unterer Maas eingebunden waren (Limburger Erbfolgestreit). In einer gewaltigen Schlacht bei Worringen nördlich von Köln siegte 1288 die Brabanter Seite. Limburg fiel damit dem Brabanter Machtbereich zu[1], der sich damit beträchtlich nach Osten ausdehnte.

1430 kam Brabant mit Limburg wie auch das Herzogtum Luxemburg, zu dem St. Vith und sein Umland gehörten, zunächst an Philipp den Guten von **Burgund**, das damit im Nordwesten des Reiches eine absolut beherrschende Stellung einnahm, dann aber durch die Vermählung Marias von Burgund mit Maximilian I. von Österreich 1477 samt den übrigen niederländischen Provinzen an das Haus **Habsburg**.

Nach der Reichsteilung Karls V. fielen 1555 die gesamten Niederlande und damit auch das heute ostbelgische Gebiet an die **spanisch-habsburgische Linie**. Dennoch verblieben sie Bestandteil des Deutschen Reiches.

Wir überspringen hier die zahlreichen **Kriege** des 17. und 18. Jh., zumal sie für das uns interessierende Gebiet keine grundlegenden Veränderungen zur Folge hatten. Auch auf die Eroberungskriege Ludwigs XIV., darunter den Französisch-Niederländischen Krieg (1672–1678) und den Spanischen Erbfolgekrieg (1702–1713), wollen wir nicht näher eingehen. Wir halten nur fest, dass die Bewohner des heute ostbelgischen Gebietes ebenso wie der größte Teil der südlichen Niederlande insgesamt bis zur Mitte des 18. Jh. viel zu erleiden hatten. So kam es – um nur einige wenige Beispiele zu bringen – in St. Vith 1602 zur Brandschatzung durch die holländische Soldateska Ludwigs von Nassau. 1632 überfielen abermals holländische Truppen die Stadt und plünderten sie; das Jahr 1689 brachte die vollständige Zerstörung durch die Franzosen. Im gleichen Jahr wurde Malmedy von Truppen Ludwigs XIV. – ebenso wie Stablo – fast vollständig eingeäschert. Nur 60 der ehemals etwa 660 Häuser entkamen den Flammen.

[1] Limburg wurde mit Brabant in Personalunion vereint, blieb aber als Herzogtum mit seinen eigenen Strukturen bestehen.

Im Limburgischen führten Plünderungen, Brandschatzung und Not vielerorts zur Massenflucht und Verödung ganzer Landstriche. Die Gegend um Walheim und Raeren wurde 1648/49 – noch nach dem Frieden von Münster – von lothringischen Kriegshaufen heimgesucht, die nach der Vertreibung ihres Landesherrn, Herzog Karl IX. von Lothringen, durch die Franzosen herrenlos und ohne Sold marodierend die Dörfer und Weiler überfielen. Viele Menschen verließen Haus und Hof. Ganze Dörfer wurden aufgegeben. 1690 stellte die Regierung Limburgs fest, dass nicht einmal die Hälfte der Häuser der Bank Walhorn (Gerichts- und Verwaltungsbezirk) übrig geblieben, sämtliche Mühlen zerstört und Handel und Gewerbe vernichtet seien. Auf denen, die nicht gestorben, geflohen oder abgewandert waren, lasteten schwere Schulden.
Eine schlimme Folge der etwa zwei Jahrhunderte anhaltenden Kriegswirren und dadurch bedingten Verelendung war das Räuberunwesen, unter dem das Land im 18. Jh. zu leiden hatte, auch nachdem längst Frieden eingekehrt war. Von 1734 bis 1756 und abermals von 1762 bis 1776 machten vom Volksmund *Bockreiter* genannte Räuber immer wieder das Land unsicher. Ihre Schlupfwinkel hatten die Banden im Raum zwischen Aachen und Maastricht, wo die Gebiete Limburgs, Lüttichs, des Herzogtums Jülich und des Kurfürstentums Köln aneinanderstießen und sich die von der Obrigkeit Verfolgten leicht durch das Überschreiten einer Grenze der Verfolgung entziehen konnten. Aber auch die Stadt Eupen wurde zweimal von *Bockreitern* heimgesucht.
Im Frieden von Utrecht wurden die südlichen Niederlande 1713 **Österreich** zugesprochen. Während der verhältnismäßig langen Regierungszeit der österreichischen Kaiserin **Maria Theresia** von immerhin 40 Jahren blühten in den ihr unterstehenden Teilen der Niederlande – vor allem also im heutigen Belgien und damit etwa auch in Eupen und St. Vith – Handel und Gewerbe auf. Vor allem aber herrschte Frieden, wenn wir von den Jahren zwischen 1744 und 1748 absehen, der Zeit des Österreichischen Erbfolgekriegs, in dem die Franzosen fast die gesamten Österreichischen Niederlande eroberten. Die österreichische Herrschaft war damals durchaus populär. Karl von Lothringen war es, der im Auftrage seiner Schwägerin Maria Theresia von 1741 an in kluger Weise das Amt des Landvogtes in den niederländischen Provinzen Österreichs ausübte. Als die große Kaiserin 1780 verstarb, verbreitete sich, wie uns zuverlässige Zeugen berichten, große Trauer im ganzen Land. Man hatte die vergangenen Jahrzehnte als eine glückliche Zeit empfunden.
Verhasst hingegen war Maria Theresias Sohn Joseph II., der, beeinflusst durch die Ideen der Aufklärung (aufgeklärter Absolutismus) auch in den Österreichischen Niederlanden während der 80er Jahre des 18. Jh. eine Reihe von Reformen durchzuführen versuchte. U. a. schaffte er dabei kontemplative Orden ab, die im volkswirtschaftlichen Sinne unproduktiv waren, also keine Krankenpflege betrieben oder Schulen unterhielten oder sich sozial engagierten. Ihr Besitz wurde verstaatlicht. Seine Politik löste zwar im Osten der habsburgischen Niederlande keine Revolution aus wie 1789 in Brabant, stieß aber bei der konservativen und katholischen Landbevölkerung auf Unverständnis und völlige Ablehnung. Dennoch: Die Menschen im Osten des heutigen Belgien haben sich damals zweifellos trotz des beschränkten Horizonts der Landbevölkerung und der einfachen Menschen überhaupt als dem großen Imperium der Habsburger zugehörig empfunden.
Bis zum **Ende des Ancien Régime** (1794) gehörte der nördliche Raum des heute ostbelgischen Gebietes, das sog. Eupener Land, weitgehend zum Herzogtum Limburg und der südliche (belgische Eifel) größtenteils zum Herzogtum Luxemburg und damit beide zu den Österreichischen Niederlanden. Daneben sind noch erwähnenswert das reichsunmittelbare Territorium der Doppelabtei Stablo-Malmedy und Schönberg, das auf einem Gebietszipfel ganz im Norden Kurtriers lag.

Das gesamte hier umrissene Gebiet war ausgesprochen städtearm. Das galt vor allem für den Süden in der kargen Gebirgsregion der Eifel bzw. der Ardennen, wo nur St. Vith und Malmedy eine gewisse Größe und wirtschaftliche Bedeutung erlangten. Eupen mit seiner im 18. Jh. stürmisch einsetzenden Entwicklung durch das Aufblühen der Tuchfabrikation war eine Ausnahme. Was es sonst im Süden noch gab, waren einige Ortschaften wie Herve, Clermont, Thimister, Henri-Chapelle und Aubel, die sich, umgeben von Wiesen und Feldern, in den friedlichen Zeiten des 18. Jh. während der österreichischen Herrschaft um ein einigermaßen städtisches Erscheinungsbild bemühten. Aber von Urbanität lässt sich hier nicht sprechen.

In den Jahren **1794/95** erobert das revolutionäre Frankreich die Österreichischen Niederlande samt kleinerer Territorien wie dem des Fürstbistums Lüttich und der Reichsabtei Stablo-Malmedy und somit auch das Gebiet der heutigen Deutschsprachigen Gemeinschaft bzw. Ostbelgiens. Die gesamte Region wurde französisch und entsprechend 1798 in Departements eingeteilt, die keinerlei Rücksicht auf historisch gewachsene Verhältnisse nahmen. Das uns interessierende Gebiet gehörte nun zum *Département de l'Ourthe* und weiter im Süden zum *Département des Forêts sowie* (Schönberg) *zum Département de la Sarre (Saardepartement).* Der **Friede von Lunéville** (Februar 1801) legalisierte die praktisch bereits vollzogene **Eingliederung der Eroberungen in die französische Republik** (ab 1804 Kaiserreich).

Das heutige Gebiet der Deutschsprachigen Gemeinschaft sowie Malmedy und Weismes wurden aufgrund der **Beschlüsse des Wiener Kongresses 1815** preußisches Staatsgebiet und gehörten damit auch von 1815 bis 1866 zum Deutschen Bund, von 1866 bis 1871 zum Norddeutschen Bund und schließlich ab 1871 zum Deutschen Kaiserreich. Der weitaus größere Teil der südlichen, einst zu Österreich gehörigen Niederlande kam zunächst an das Königreich der Vereinigten Niederlande und ab 1830 zum neu gegründeten Königreich Belgien. Das Gebiet Neutral-Moresnet (Kelmis) wurde einer als Provisorium gedachten preußisch-niederländischen (ab 1830 preußisch-belgischen) Doppelverwaltung unterstellt, weil man sich wegen seiner reichen Galmeivorkommen nicht über eine endgültige Grenzziehung einigen konnte.

Preußen richtete in den ihm 1815 zugesprochenen Gebieten, die wir heute als Ostbelgien im weiteren Sinnen bezeichnen (also mit Malmedy und Weismes), zunächst drei Landkreise ein: Malmedy, St. Vith und Eupen, von denen die beiden erstgenannten bald zusammengelegt wurden. Die Landkreise gehörten zum Regierungsbezirk Aachen, der seinerseits Teil der ebenfalls neu gebildeten Provinz Großherzogtum Niederrhein (bis 1822) war, dann der größeren Rheinprovinz. Die Städte Malmedy und Eupen, vorübergehend auch St. Vith waren Sitz von Kreisverwaltungen. Kirchlich wurden Eupen, Malmedy und St. Vith 1818 aus dem Bistum Lüttich ausgegliedert und dem von Napoleon neu gegründeten Bistum Aachen und nach dessen Auflösung 1821 dem Erzbistum Köln eingegliedert.

Weckte der Anschluss an Preußen 1815 zunächst keinen Widerstand, so sorgte die nach der Reichseinigung (1871) in Gebieten mit französisch- bzw. wallonischsprachigen Bevölkerungsanteilen einsetzende Germanisierungspolitik mancherorts für Unruhe. Die französisch- bzw. wallonischsprachige Bevölkerung war zur Assimilation nicht bereit. Nach den Ergebnissen der Volkszählung vom Dezember 1900 sprachen im Kreis Malmedy immerhin 28,7 % der Menschen Wallonisch bzw. Französisch. Der Anteil der Nicht-Deutschsprachigen im Kreis Eupen betrug hingegen kaum 5 %.

Nach dem **Ersten Weltkrieg** wurden gemäß dem **Versailler Vertrag** (1919) sämtliche Gemeinden des Grenzstreifens von Eupen-Malmedy Belgien unterstellt. Die Volksbefragung von 1920, die auch als *petite farce belge* in die Geschichte einging, geriet auf Jahrzehnte zum Streitpunkt zwischen der belgischen Obrigkeit und weiten Teilen der lokalen Bevölkerung sowie zwischen Belgien und dem Deutschen Reich. Die Befragung war weder frei, noch geheim, noch unabhängig. Die Bürger hatten lediglich die Möglichkeit, gegen die Angliederung an Belgien zu votieren, indem sie sich in öffentliche Listen in Malmedy oder Eupen eintrugen. Wenn sie dieses Recht wahrnehmen wollten, mussten sie mit üblen Repressalien rechnen, etwa mit Ausweisung, Ausschluss vom Geldumtausch und von der Verteilung von Lebensmittelkarten, mit Entlassung aus dem Staatsdienst und Ähnlichem. Oft wurde ihnen der Zugang zu den Listen verwehrt. Daher dokumentierten schließlich nur 271 der 33.726 Stimmberechtigten ihre ablehnende Haltung gegenüber einer Zugehörigkeit zu Belgien.

Nach einer fünfjährigen Übergangszeit unter der Regierung des königlichen Hochkommissars General Herman Baltia wurde das neue ostbelgische Gebiet um Eupen, Malmedy, St. Vith und Neutral-Moresnet (Kelmis) 1925 in den belgischen Staatsverband eingegliedert. Von 1918 bis 1925 unterlagen die ostbelgischen Medien der Zensur. Die Stadt Eupen erhielt einen von der belgischen

Regierung eingesetzten »Zwangsbürgermeister«. Weil die Trasse der heute stillgelegten Eisenbahnlinie Aachen – Luxemburg (Vennbahn) durch die neue Grenzziehung mehrfach die Staatsgrenze hätte kreuzen müssen, wurde das Bahngelände durchgängig zu belgischem Hoheitsgebiet erklärt.
Seit 1925 verhandelten die deutsche und die belgische Regierung über eine Rückgabe des Gebietes gegen eine Ausgleichszahlung. Bereits entwickelte konkrete Pläne scheiterten jedoch am politischen Widerstand Frankreichs und dessen Druck auf Belgien.

Auch die kirchliche Situation in dem nun als »Neubelgien« bezeichneten Gebiet war problematisch. Der lokale Klerus, aber auch die einfachen Gemeindemitglieder fühlten sich auch nach der Ausgliederung von Eupen und Malmedy aus dem Erzbistum Köln dem Oberhirten am Rhein verbunden. Um den Konflikt zu entschärfen, schuf Papst Benedikt XV. 1920 durch eine päpstliche Bulle das Bistum Eupen-Malmedy. Titularbischof wurde der Bischof von Lüttich, der die Pfarrkirche von Malmedy zur Kathedrale erhob. 1925 wurde dieser Zustand wieder aufgehoben und das Gebiet von Eupen, Malmedy und St. Vith dem Bistum Lüttich einverleibt.
Schon ab 1919 entstanden prodeutsche politische Organisationen wie der Landwirtschaftliche Verband Eupen-Malmedy (1919), der Heimatbund Eupen-Malmedy-St. Vith (1926) und die Christliche Volkspartei (1928/29). Nach der Ernennung von Adolf Hitler zum deutschen Reichskanzler bildete sich in Eupen ein Kreis überzeugter Nationalsozialisten, der bis März 1939 auf 1.737 Mitglieder anwuchs. Ähnliche Organisationen wurden in Malmedy und St. Vith gegründet.

Im **Zweiten Weltkrieg** wurde das Gebiet Eupen-Malmedy nach der Eroberung Belgiens durch die deutsche Wehrmacht am 18. Mai 1940 in das Deutsche Reich eingegliedert. Im Juni 1940 annektierte das Deutsche Reich weitere überwiegend deutschsprachige Gemeinden »Altbelgiens«, die vor 1920 nicht zum Deutschen Reich gehört hatten. Im Landkreis Eupen waren dies die »Plattdeutschen Gemeinden« Baelen, Membach, Gemmenich, Heinrichskapelle, Homburg, Montzen, Sippenaeken, Alt-Moresnet und Welkenraedt sowie Kelmis.
Über 8.000 Ostbelgier dienten ab Herbst 1941 in der deutschen Wehrmacht, auch an der Ostfront. Die Schrecken des Krieges und die starken Verluste führten zur Ernüchterung und Verbitterung vieler Ostbelgier. Die einstige Begeisterung der Bevölkerungsmehrheit für die Zugehörigkeit zum Reich brach in sich zusammen. Im Dezember 1944 wurden im Zuge der deutschen Ardennen-Offensive Malmedy und St. Vith durch Bombenangriffe der Westalliierten fast völlig vernichtet. Viele weitere Ortschaften wurden durch die erbitterten Kämpfe am Boden verwüstet.
Nach der Niederlage Deutschlands 1945 übergaben die Besatzungsmächte Eupen-Malmedy an Belgien. Es folgten bittere **Jahre der Säuberungspolitik** (ab September1944), die mitunter zu einer wahren Säuberungshysterie ausartete: Alle belgischen Wehrmachtssoldaten wurden einer strengen Überprüfung unterzogen. Nicht selten wurden willkürliche Strafen verhängt. Mindestens 6.000 bis 7.000 Bürger wurden in Internierungslagern oder Gefängnissen festgehalten. Denunziation war an der Tagesordnung. Vielen Ostbelgiern wurden die Bürgerrechte auf Zeit oder unbefristet ganz oder teilweise aberkannt. Die Bevölkerung hatte massive Behinderungen im Alltag zu ertragen. Die Grenzen nach Deutschland blieben ihr verschlossen. Auch Verwandtenbesuche waren nicht möglich. Erst in den 50er Jahren ebbte die Säuberungswelle ab. Bis Ende der 1990er Jahre blieben die bitteren Ereignisse der Nachkriegszeit ein Tabuthema in der Region.
Erst im Zuge der durch den wallonisch-flämischen Konflikt beförderten Regionalisierung Belgiens wurde im Sprachengesetz von 1963 erstmals wieder offiziell ein deutsches Sprachgebiet anerkannt. Im Oktober 1973 wurde der Rat der deutschen Kulturgemeinschaft (RdK) geschaffen. Er hatte 25 Mitglieder, die ab 1974 direkt gewählt wurden. Schnell entwickelte er sich zu einer wichtigen Diskussionsplattform, doch hatte er nur wenige Befugnisse und Haushaltsmittel. Dies begann sich erst mit der Einsetzung des Rats der Deutschsprachigen Gemeinschaft (RDG) im Jahr 1984 zu ändern.

Die Deutschsprachige Gemeinschaft Belgiens (DG) heute

Heute genießt die **Deutschsprachige Gemeinschaft Belgiens (DG)** angesichts ihrer geringen Größe ein erstaunliches Maß an **Autonomie**, nämlich weitgehend die gleiche wie die beiden großen Gemeinschaften im belgischen Föderalstaat, die Flämische Gemeinschaft und die Französische Gemeinschaft, obwohl sie mit ihren etwa 77.185 Einwohnern (2018) nur 1% der Gesamtbevölkerung Belgiens ausmacht. Sie ist politisch eigenständig in den Bereichen Unterricht und Ausbildung, Beschäftigung, Familie, Gesundheit, Soziales, Kultur, Tourismus, Sport, Medien und internationale Beziehungen. Diese Kompetenzen werden durch ein eigenes Parlament und eine eigene Regierung wahrgenommen. Zugleich aber gehört die DG bei aller Autonomie zur *Wallonischen Region*, genauer zur *Provinz Lüttich* – ein komplizierter Zustand, der für Nichtbelgier und oft selbst für Belgier nur schwer nachvollziehbar ist.

Die Flaggen der Deutschsprachigen Gemeinschaft Belgiens, Belgiens und der EU vor dem Sitz der Regierung der DG.

Das Wappentier der Deutschsprachigen Gemeinschaft Belgiens (DG), ein roter Löwe, erinnert an die alten Herzogtümer Limburg und Luxemburg. Er wird umsäumt von neun blauen Blüten, die die neun Gemeinden der DG symbolisieren.

Die DG, deren Gesamtfläche nur 864 Quadratkilometer beträgt, umfasst neun Gemeinden. Kelmis, Lontzen, Raeren und Eupen bilden den Kanton Eupen im Norden, Bütgenbach, Büllingen, Amel, Burg-Reuland und Sankt Vith den Kanton St. Vith im Süden, der bis an die luxemburgische Grenze reicht. Zwischen diese beiden Kantone schieben sich die wallonischen Gemeinden Weismes und Malmedy. Ebenfalls nicht in das Gebiet der DG eingeschlossen sind einige angrenzenden, teilweise deutschsprachigen Gemeinden Altbelgiens.

Aufgrund eines Beschlusses der Regierung der DG vermarktet sich die DG seit März 2017 unter dem Namen *Ostbelgien*. Man beabsichtigt, den sperrigen Begriff *Deutschsprachige Gemeinschaft* und die missverständliche Abkürzung *DG* im allgemeinen Sprachgebrauch zu ersetzen.

Heute verstehen sich viele deutschsprachige Ostbelgier als Bindeglied zwischen einem staatsgrenzenübergreifenden deutschen und französischen Sprach- und Kulturraum. Die 1976 zunächst als Arbeitsgemeinschaft gegründete, 1991 in die Rechtsform einer Stiftung (nach niederländischem Recht) überführte **Euregio Maas-Rhein**, die seit 2007 ihren Sitz in Eupen hat, nimmt eine Vorreiterrolle in Europa ein. Zu ihr zählen außer der Deutschsprachigen Gemeinschaft Belgiens die Regio Aachen, die belgischen Provinzen Limburg (flämisch) und Lüttich (wallonisch) und der südliche Teil der niederländischen Provinz Limburg mit Maastricht. Die Drachenzähne, das vom Westwall der NS-Zeit erhaltene gewaltige Band der Panzersperren entlang der deutsch-belgischen Grenze, erinnern mahnend an schreckliche Zeiten, die heute – Gott sei Dank! – weit hinter uns liegen.

Übrigens besitzen 21,1 % der Menschen, die in der DG leben, nicht die belgische Staatsangehörigkeit. Der Ausländeranteil liegt im Kanton Eupen bei stattlichen 29,6 %, im Kanton St. Vith allerdings nur bei 7,7 % (Stand 2019). Die mit Abstand größte Gruppe unter den aus anderen Ländern Zugezogenen sind deutsche Staatsbürger, gefolgt von Niederländern. Den größten Anteil deutscher Staatsbürger hat die Aachen benachbarte Grenzgemeinde Raeren mit inzwischen annähernd 50 %.

Rundturm der mittelalterlichen Eyneburg (Kelmis, Gem. Hergenrath)

Der Norden der DG

Einer Sage nach soll sich Emma, eine Tochter Karls des Großen, hier mit ihrem heimlichen Geliebten Einhard, einem wichtigen Berater ihres Vaters, zu nächtlichen Rendezvous getroffen haben …

Eupen

Eupen, heute ein Städtchen von etwa 19.500 Einwohnern, liegt landschaftlich reizvoll am Fuße des Hohen Venns, eines zum Eifel-Ardennen-Massiv gehörenden, bis fast 700 Meter aufragenden Höhenrückens. Zum Gebirge hin ist Eupen von ausgedehnten Wäldern, sonst von sanft gewelltem, heckengesäumten Wiesenland umgeben. Eine Anhöhe teilt den Ort in eine Ober- und eine Unterstadt. Die Unterstadt liegt im Tal der Weser (frz. *vesdre*), eines Flüsschens, das den Hochmooren des Venns entspringt.

Geschichte der Stadt

Eupen wird erstmals zu Beginn des 13. Jh. urkundlich erwähnt. Kirchlich gehörte der Flecken damals zur Pfarre Baelen, die 1178 an die Abtei Klosterrath/Rolduc (heute in den Niederlanden, unmittelbar an der deutschen Grenze) gelangt war, und zum Bistum Lüttich, politisch zu dem kleinen Herzogtum Limburg. Mit dem Herzogtum Limburg gelangte Eupen 1288 an Brabant (Vgl. S. 11). 1430 kam Limburg mit Brabant an das Herzogtum Burgund. Mit all diesen Territorien fiel auch Eupen 1477 den Habsburgern zu. 1545 gingen die gesamten Niederlande und mit ihnen wieder auch Limburg und Eupen an die spanische Linie der Habsburger über, bei denen diese Gebiete bis ins frühe 18. Jh. hinein bleiben sollten. Das waren unruhige und kriegerische Zeiten. 1582 wurde der Ort von niederländischen Söldnern etwa zur Hälfte in Schutt und Asche gelegt. Besonders das 17. Jh. brachte Kriege, Not und Elend, zumal durch die Feldzüge Ludwigs XIV. Plünderungen, Brandschatzung und Not führten im Limburgischen vielerorts zur Massenflucht. Erst mit dem 18. Jh. kamen friedlichere Zeiten.

Schon seit dem 16. Jh. hatte in Eupen die Herstellung von Tuch Bedeutung gewonnen. Doch erst ab 1680, nachdem sich Kaufleute aus Aachen und Verviers angesiedelt hatten, und die spanische Regierung eine Reihe von Schutzmaßnahmen ergriffen hatte, wurde die erste Feintuchmanufaktur zur Herstellung hochwertiger Tuche aus spanischer Merinoschafwolle errichtet. Das hier zur Verfügung stehende besonders weiche, kalkarme Wasser aus dem Venn bot dazu ideale Voraussetzungen. Zudem ließen sich die vorhandenen Bäche nutzen, um Walkmühlen zu betreiben. Hinzu kam, dass – anders als in Aachen – weder Zünfte noch Handelsbeschränkungen die Entfaltung unternehmerischer Tätigkeiten hemmten. Eine bisher ungeahnte wirtschaftliche Blüte bahnte sich an. 1674 wurde Eupen durch Siegelverleihung zur Stadt. 1695 wurde endlich auch eine eigene Pfarre errichtet.

Die Einwohnerzahl, die 1695 etwas über 4.000 und 1720 etwa bei 5.500 gelegen hatte, kletterte in den 70er und 80er Jahren auf 6.400 bis 7.350. Damals lebten in Eupen und Umgebung rund 5.000 Menschen von der Tuchfabrikation. Die Tuchherstellung erfolgte im 18. Jh. in Eupen, wo es keine Zünfte gab, im sog. **Verlagssystem**. Fabriken gab es noch nicht. Nur wenige Herstellungsprozesse fanden in den eigenen Räumlichkeiten der Verleger, etwa der Grand Rys, statt. Diese kauften mit ihrem Kapital hochwertige und teure spanische Merinowolle, die sie an die Tuchmacher weitergaben, die in Eupen *Baasen* genannt wurden. Die Baasen ließen die Rohwolle spinnen und daraus die Tuche weben. Sie waren also ihrerseits Unternehmer, die Heimarbeiter mit dem Spinnen und Weben beauftragten, auch wenn mancher *Baas* selbst webte. Die fertigen Stoffe gingen wieder an den Verleger, der den Tuchmacher nur bezahlte, wenn er mit der Qualität der gelieferten Tuche zufrieden war. Der Verleger ließ die Stoffe nun in einer Färberei oder einer Walkerei weiter bearbeiten. Einige Arbeitsschritte wie das Rauhen, Scheren und Pressen, also die sog. Appretur oder Ausrüstung, sowie das Verpacken geschahen in den eigenen Räumen des Verlegers. Das Endprodukt, das Eupener Wolltuch, wurde schließlich auf Messen angeboten und verkauft. In Städten wie Eupen, Monschau oder Verviers, wo es – anders als etwa in Aachen – keine Zünfte gab, konnte sich das Verlagssystem ungehindert entfalten, und ermöglichte so eine für damalige Verhältnisse geradezu atemberaubend dynamische wirtschaftliche Entwicklung.

Die wohlhabenden, z. T. sogar außerordentlich reichen Fabrikanten, die ihre Produkte in ganz Europa bis nach Russland, aber auch bis in den Orient exportierten, waren im 18. Jh. in der Lage, sich die repräsentativen, mitunter palaisartigen Bauten errichten zu lassen, die wir noch heute in Eupen bewundern.

Nach den Friedensschlüssen von Utrecht und Rastatt (1713/14) waren die südlichen Niederlande

Historische Fotografie Eupens (Ansichtskarte aus den 1920er Jahren)

und damit auch Limburg mit Eupen an die österreichischen Habsburger gefallen. Nun folgten ruhigere, friedlichere Zeiten, die eine kräftige wirtschaftliche Entwicklung begünstigten. So entstand gegen Ende des Ancien Régime zwischen Aachen und Verviers mit Eupen und Monschau die wohl bedeutendste vorindustrielle Konzentration textiler Produktionsstätten. Nirgendwo waren damals auf so vergleichsweise bescheidenem Raum so viele Webstühle in Betrieb wie hier (ca. 3.000 auf einer Distanz von 30 km).

Charakteristisch für die sozialen Verhältnisse in Eupen, Verviers wie auch den anderen genannten Orten mit Tuchfabrikation während des 18. Jh. und noch weit darüber hinaus waren gewaltige soziale Unterschiede und die Ausbeutung der einfachen Arbeiter durch die Fabrikanten. Die meisten Menschen waren als Wollweber, Spinner, Walker, Rauher, Scherer oder Fuhrleute tätig und oft kaum in der Lage, ihren Lebensunterhalt zu verdienen. Die Zahl der in Wohlstand und Sicherheit lebenden Kaufleute und Eigentümer der Tuchmanufakturen war dagegen klein. Ein sozialer Aufstieg fand so gut wie nicht statt.

1794 geriet die Stadt am Venn unter französische Herrschaft und gehörte nun zum Departement Ourthe. Die Zugehörigkeit zu einem großen Zollgebiet und Markt, die Frankreich und die linksrheinischen Länder umfassten, bedeutende Staatsaufträge, die Ausschaltung der englischen Konkurrenz seit der Kontinentalsperre und der Ausbau der Verkehrswege führten zum Zenit der Entwicklung der Tuchfabrikation in Eupen. Nun begann auch die Mechanisierung der Betriebe. 1807 errichtete der Fabrikant Bernard Scheibler die erste mechanische, aber noch von Wasserkraft angetriebene Wollspinnerei in Eupen. 1829 waren bereits vier, 1833 acht Dampfmaschinen im Einsatz. Mit der Mechanisierung der Tuchfabrikation verlagerten sich zu Beginn des 19. Jh. immer mehr Produktionsstätten an die Wasserläufe Weser und Hill, wodurch die Bevölkerung der Unterstadt zu Lasten des alten Ortszentrums beträchtlich anwuchs. Diese Entwicklung hielt auch an, als man Dampfmaschinen einzusetzen begann.

Durch den Wiener Kongress wurde Eupen mit dem Rheinland der preußischen Rheinprovinz zugeschlagen, der es von nun an über 100 Jahre angehören sollte, während der weitaus größere Teil des ehemaligen Herzogtums Limburg zunächst zu den Vereinigten Niederlanden kam und ab 1830 zum Königreich Belgien. Kirchlich wurde Eupen 1818 aus dem Bistum Lüttich ausgegliedert und zunächst dem von Napoleon neu gegründeten Bis-

tum Aachen und nach dessen Auflösung 1821 dem Erzbistum Köln eingegliedert. Durch die Zugehörigkeit zu Preußen, die neuen Grenzen und Zollschranken wurde der Absatz der Tuche erheblich erschwert. Zwar konnte man sich zunächst auf niedrigerem Niveau einigermaßen behaupten, doch kam es im Verlaufe des 19. Jh. zu beträchtlichen konjunkturellen Schwankungen und einem nicht aufzuhaltenden langsamen Bedeutungsverlust der Tuchproduktion.
1920 gelangte Eupen durch den Vertrag von Versailles an Belgien, bei dem es bis auf die dunklen Jahre von 1940 bis 1944 blieb. Kirchlich wurde die Stadt – wie Malmedy und St. Vith auch – aus dem Erzbistum Köln ausgegliedert und von 1920 bis 1925 dem Bistum Eupen-Malmedy (Titularbischof war der Bischof von Lüttich), dann dem Bistum Lüttich einverleibt.
Zwar sind die Eupener zu über 90 Prozent deutschsprachig, doch fühlen sie sich heute mehrheitlich als Belgier. Ihre Heimatstadt wurde mit der Umwandlung Belgiens in einen föderalen Staat zum **Parlaments- und Regierungssitz der Deutschsprachigen Gemeinschaft Belgiens**, der heute (Stand 2018) etwa 77.185 Menschen angehören.

Die Oberstadt

Die Pfarrkirche St. Nikolaus

Die Türme und schönen grünen Turmhauben der **Pfarrkirche St. Nikolaus** (Tel.: 0032 (0)87 / 55 66 24, **www.pfarrverband-eupen-kettenis.net/sankt-nikolaus**). beherrschen die Eupener Oberstadt, vor allem den Marktplatz. Das Gotteshaus ist sicherlich das wichtigste sakrale Bauwerk im deutschsprachigen Teil Belgiens. Bereits in einer Urkunde aus dem Jahre 1213 erscheint eine dem hl. Bischof von Myra geweihte Kapelle, die wahrscheinlich im 14. oder 15. Jh. durch eine größere im gotischen Stil ersetzt wurde und im 17. Jh. mehrere Veränderungen erfuhr. Im frühen 18. Jh. wurde der angesehene Aachener Stadtbaumeister Laurenz Mefferdatis mit der Planung eines Neubaus beauftragt, da die bisherige Kirche nicht mehr in der Lage war, die steigende Zahl der Gottesdienstbesucher aufzunehmen. 1721 begann man mit den Arbeiten. 1726 erfolgten Einwölbung und Verputz des Innenraumes. Der schwere Südwestturm der Vorgängerkirche, der auch bereits dem 1213 er-

Eupen, Pfarrkirche St. Nikolaus

wähnten Bau angehört hatte, war in die Fassade einbezogen worden. Erst im weiteren Verlauf des 18. Jh. wurde die Nordwestecke des Baus so erhöht, dass eine Zweiturmfassade entstand. Endgültig erhielt die Westfront erst in den Jahren 1897/1898 ihre heutige, monumentale Gestalt. Bei dieser Gelegenheit wurden auch die neobarocken, kupfernen Turmhelme aufgesetzt. In drei Nischen hoch über dem Portal sehen wir in der Mitte Jesus, links den hl. Nikolaus und rechts die hl. Anna mit der noch kindlichen, betenden Maria.
Das Innere der dreischiffigen, querschifflosen Hallenkirche beeindruckt zunächst durch seine Helligkeit und Weite, sodann durch die reiche Ausstattung aus der Barock- und Rokokozeit. Besonders festlich ist der 1740 bis 1744 nach Plänen des berühmten Aachener Architekten Johann Joseph Couven geschaffene, teilweise vergoldete **Hochaltar**. Sechs Säulen, deren Sockel Reliefs der zwölf Apostel tragen, flankieren eine rundbogige Nische mit lebendig gestalteten Skulpturen: Unten präsentieren sich der hl. Nikolaus von Myra mit Kindern in einem Pökelfass und der hl. Lambertus, die Patrone der Kirche und der Diözese. Die nackten Knaben in dem Pökelfass erinnern an die Legende, nach der drei von einem Wirt zerstückelte

Eupen, Pfarrkirche St. Nikolaus

und eingepökelte Schüler vom hl. Nikolaus wieder zum Leben erweckt wurden. Über den Häuptern der beiden heiligen Männer tragen Putten ihre Bischofsinsignien. Oben erscheinen der auferstandene Erlöser mit dem Kreuz und Gottvater. In der geschwungenen Bekrönung des Retabels (sog. Altarauszug) erkennen wir, von geflügelten Engelsköpfchen umgeben, die Taube im Strahlenkranz, Symbol des Hl. Geistes. Auf dem bewegten Gebälk huldigen Engel der Trinität. Bemerkenswert ist auch die Komposition des Tabernakels (zugleich Expositorium): Auf ihm ruht das Gotteslamm, über dem sich das Kreuz erhebt. Vorne zeigt ein Relief das Abendmahl.

Auch die um 1770 entstandenen **Nebenaltäre** verdienen unsere Aufmerksamkeit. Verweilen sollten wir vor der schönen **Verkündigungsgruppe** eines unbekannten Meisters in der Retabelnische des rechten Nebenaltars. Von oben kommt aus einer Wolke, begleitet von Strahlen himmlischen Lichtes, der Hl. Geist in Gestalt einer Taube auf die Jungfrau zu. Darüber schwebt ein Baldachin. Von ihm fallen beidseitig Vorhänge herab, die von zwei Putten zur Seite gehalten werden, um den Blick auf die Ouvertüre der Menschwerdung Gottes (Luk 1,26-38) zu gewähren. Was wir sehen, ist eine typisch barocke Inszenierung, frommes Theater, zur Vergegenwärtigung eines wichtigen Ereignisses des Heilsgeschehens.

Verkündigungsgruppe, rechter Nebenaltar, Pfarrkirche St. Nikolaus

Figur der Himmelskönigin von Jeremias Geißelbrunn, Pfarrkirche St. Nikolaus

An den vier östlichen, im Chor aufragenden Säulen sind interessante, ebenfalls bereits im 18. Jh. geschaffene **Statuennischen** angebracht. Die darin aufgestellten Figuren allerdings sind jüngeren Datums (19. Jh.). Leicht zu übersehen sind die von Johann Joseph Couven entworfenen **Chorgitter**, hervorragende schmiedeeiserne Arbeiten aus der ersten Hälfte des 18. Jh., die zwischen den beiden östlichsten Rundpfeilern und der Chorrückwand angebracht sind. Die **Kommunionbank** in Form einer Balustrade aus schwarzem Marmor und Messingbalustern (um 1740) schließt den Altarraum nach vorne hin ab. Seine zwölf Pfeiler sind mit Messingreliefs geschmückt.
Auch die 1730 aufgestellte **Kanzel** verdient Beachtung. Die durch Volutenpilaster geschiedenen Felder des Korbes zeigen Medaillons mit Brustbildern Christi, Marias und des hl. Josef. Der Schalldeckel wird von zwei Posaune blasenden Engeln flankiert. Er trägt eine Krone, über der sich die Büste des segnenden Gottvaters erhebt. Das Geländer der Treppe ziert durchbrochenes Rocailleschnitzwerk. Ferner ist hinzuweisen auf die vier **Beichtstühle** (1771) mit ihren feinen Rokokoschnitzereien und durchbrochenen Giebeln und die reich verzierten Wandtäfelungen dazwischen (1758) wie auch auf die prächtige **Orgel** (1760–1762). An den Säulen und hinten an den Turmwänden sind **Statuen** der Apostel und Evangelisten aufgestellt sowie des auferstandenen Christus und der Himmelskönigin, die Jeremias Geißelbrunn um 1640 ursprünglich für die Kölner Minoritenkirche geschaffen hatte.
Interessant sind auch Spuren der großen Tuchmacherfamilien, die heute noch in der Kirche auffindbar sind. So tragen manche der im Jahre 1730 aufgestellten Kirchenbänke ihre Namen, weil sich die Familien das Recht erkauft hatten, bestimmte Plätze bei Hochämtern oder anderen großen Festlichkeiten für sich zu reservieren. Der linke, der hl. Anna geweihte Seitenaltar ist mit den Wappen der Familien Grand Ry und Thys versehen. Das erste rechte Kirchenfenster mit dem Bild der hl. Anna (1866) zeigt ebenfalls Wappen der Grand Ry, die sich 1692 aus Verviers kommend in Eupen ansiedelten und dort bald zur bedeutendsten Tuchmacherfamilie aufstiegen. Dies kam besonders darin zum Ausdruck, dass Häupter dieser Familie regelmäßig als Bürgermeister amtierten.
Bevor wir die Kirche verlassen, sollten wir in der Marienkapelle unter dem Nordwestturm noch das aus dem frühen 18. Jh. stammende Retabel des Altars an der Westwand betrachten. Das Altarbild eines unbekannten Malers zeigt Christus mit den Kindern. Eine Inschrift in einer Kartusche lautet: *LASSET DIE KLEINEN ZU MIR KOMMEN*. Der geschnitzte Segmentgiebel und die Wangenstücke sind mit Engelköpfchen, Blumengehängen und stilisiertem Blattwerk geschmückt.
Über der Türe zu dem Raum unter dem Südwestturm hängt ein Gemälde eines ebenfalls unbekannten Malers aus dem 16. Jh., das den Bethlehemischen Kindermord thematisiert.

Vom Marktplatz zum Werthplatz und Kaperberg

Am der Nikolauskirche gegenüberliegenden Ende des Marktplatzes sehen wir eines der schönsten und stattlichsten Bürgerhäuser Eupens, das ehemalige **Haus Vercken** (Nr. 1), heute Franziskanerinnenkloster und Altenheim. 1752 wurde es nach Plänen von Johann Joseph Couven für die Familie Vercken errichtet, 1856 an die Franziskanerinnen verkauft. Über Pilastern und Dachgesims akzentuiert ein schmucker Rokokogiebel, der das Wappen der Familie Vercken trägt, die Mittelachse der Platzfront. Die auf diese Mittelachse ausgerichtete Konzeption der Fassade wird leider dadurch beeinträchtigt, dass die Nonnen den repräsentativen Eingang zu einer Nische umgestaltet haben, in der sie eine Franziskusfigur aufgestellt haben. Prächtig jedoch ist immer noch die Balkontüre darüber mit ihrer aufwendigen Rahmung. Das Gitter, das einst davor angebracht war, fasst nun die Statuennische des Parterres ein. Bei Sonnenlicht trägt auch der farbliche Dreiklang der rosafarbenen Wandflächen der oben Stockwerke, des hellgrauen Hausteins des Erdgeschosses, der Pilaster, Ecklisenen, Fensterrahmungen usw. und des schiefergrauen Daches zu der geradezu festlichen Gesamtwirkung der Fassade von Haus Vercken bei. Hinzu kam einst die grünliche Tönung des noch nicht industriell gefertigten Fensterglases.

Seitlich von Haus Vercken, auf der anderen Seite der **Hufengasse (Nr. 11)** steht eines der ältesten Fachwerkhäuser Eupens, vermutlich das einzige typisch spätmittelalterliche Stadthaus in der DG. Die schöne Giebelfassade geht auf den Beginn des 17. Jh. zurück (um 1610). Der oberen Stock kragt zur Straße hin vor. Beachten Sie die geschnitzten Holzkonsolen (sog. Knaggen), die neben einer gemauerten Steinstrebe den vorgebauten Teil des Obergeschosses stützen. Die Besitzer des Fachwerkhauses wurden 2007 von der Vereinigung *Demeures Historiques et Parcs de Belgique* mit dem ersten Preis für die hervorragende Restaurierung ihres Hauses ausgezeichnet.

Eupen, Haus Vercken bzw. Franziskanerinnenkloster

Auf dem **Marktplatz** (Touristeninformation in Haus Nr. 7; **www.eupen.be**) mit seinen prächtigen alten Bäumen und dem neogotischen **Marienbrunnen** kann man angenehm Kaffee trinken, auch wenn mitunter

Fachwerkhaus, Hufengasse, Fassade um 1610

Marienfigur des Marktbrunnens

der Verkehr etwas stört. Nicht entgehen lassen sollte man sich das mit Rocailledekor versehene **Portal des** imposanten **Hauses Nr. 8**. Das Gebäude, zumindest der mittlere, zweieinhalbgeschossige Hauptteil, wurde in der Mitte oder im dritten Viertel des 18. Jh. von der bedeutenden Tuchfabrikantenfamilie Grand Ry errichtet, deren Name uns in Eupen noch öfter begegnen wird, und beherbergt heute die deutschsprachige Tageszeitung *Grenz-Echo*. Die um ein halbes Geschoss niedrigeren Seitentrakte (zwei Fensterachsen) könnten etwas jünger sein als der mittlere (drei Fensterachsen).

Die Fassade zum Platz hin ist im Parterre ganz mit Blaustein verkleidet. Darüber folgt Ziegelmauerwerk mit Fenstereinfassungen und Eckquaderungen in Zahnschnittfolge aus Blaustein. Die Fensterstürze sind stichbogig mit getreppten Keilsteinen. Das schon erwähnte, schön gearbeitete Eingangsportal über drei geschwungenen Treppenstufen präsentiert Rocailledekor. Vor allem das Oberlicht ist eine Augenweide. In der Mitte des Sturzes ist ein quadratisches Feld aus braunem Sandstein eingelassen mit einem geflügelten Rad, einem Handelssymbol. Es macht sinnfällig deutlich, dass sich der Erbauer des Hauses nicht in erster Linie als Tuchfabrikant sah, sondern als Kaufmann. Wenn wir durch die rundbogige Toreinfahrt in den Hof des Gebäudes gehen, sehen wir in der Steilfläche des Mansarddaches des Hinterhauses eine Ladeluke. Wir können uns vorstellen, wie hier einst Woll- und Tuchballen hinauf- und heruntergezogen wurden, um sie auf dem Speicher zu verstauen oder auf Karren zu verladen. Auch das hohe, mit fünf Gauben versehene Schieferdach des Mitteltrakts des Haupthauses, dessen Rückseite wir nun sehen, beherbergten einst Wolllager des Verlegers.

In dem L-förmigen Gebäude aus dem 18. Jh. im Hintergrund des Hofes – der rechts angefügte Gebäudeflügel ist erheblich jünger – waren Werkstätten eingerichtet, in denen das Rauhen, Scheren und Pressen der Tuche stattfand und diese verpackt wurden. Auch wenn hier also deutlich mehr als nur das Scheren stattfand, spricht man von einem *Schererwinkel* (S. 31 f.).

Auch im Inneren des Wohnhauses sind noch Zeugnisse der luxuriösen Lebensführung der vornehmen Tuchmacherfamilien erhalten, die einst hier wohnten. Dazu zählen die schöne Eichentreppe, Delfter Kacheln und prächtige Kamine.

Klassizistisches Bürgerhaus, 1830, Kirchstr. 16

Empfehlung: Auf dem Marktplatz kann man herrlich auf einer der Terrassen der umliegenden Cafés und Restaurants sitzen, Kuchen oder etwas Herzhaftes essen, Kaffee oder ein Bier trinken und im Schatten alter Bäume vor der schönen Doppelturmfassade der Nikolauskirche das Leben genießen. Sehr empfehlenswert ist übrigens das Eis des Eiscafés *Panciera*. Bei der Weltmeisterschaft *Gelato World Tour* in Rimini hat Egidio Panciera mit seiner Eissorte *Isabella Traube* 2017 die Silbermedaille gewonnen.

Vom Marktplatz aus spazieren wir die Kirchstraße hinab. In anderen Städten, so auch in Aachen, würden wir uns schon dem 1710 erbauten Haus Nr. 1 (Giebelfassade von der Mitte des 18. Jh.) eingehender zuwenden. Angesichts der außerordentlich großen Zahl qualitativ hochwertiger historischer Monumente in Eupen müssen wir aber eine strengere Auswahl treffen, wenn wir bei unseren Rundgängen nicht vollkommen den Überblick verlieren wollen.

Auf jeden Fall aber verdient das dreigeschossige, gut restaurierte **Haus Nr. 16** Beachtung mit seiner klassizistischen, streng symmetrischen Blausteinfassade aus dem Jahre 1830. Die Fassade wird durch sechs gequaderte Pilaster mit vergoldeten

Schererwinkel, Kirchstr. 17

Friedenskirche, Klötzerbahn

korinthischen Kapitellen gegliedert, die sich von der Sockelzone bis zum Kranzgesims emporstrecken. Die Belétage ist durch ihre größere Höhe und einen kleinen Balkon mit schmiedeeisernem Gitter hervorgehoben. Rauten, Ovale und Girlanden dekorieren die Flächen unterhalb der Fenster des ersten und zweiten Stocks. Beiderseits der Eingangstür sind die Pilaster kanneliert.

Auf der gegenüberliegenden Straßenseite sehen wir an dem 1713 von dem Tuchfabrikanten Peter Sterman errichteten **Haus Nr. 17** ein Schild mit der Aufschrift *Kunst und Bühne*. Hier werden allerlei kreative Kurse – u. a. Töpfer-, Mal-, Strick- und Gitarrenkurse – angeboten, es wird aber auch zu einer Seniorenwerkstatt eingeladen. Wir gelangen durch eine Einfahrt in zwei hintereinander liegende pittoreske, 2002/03 gut restaurierte Hinterhöfe, ehemalige Schererwinkel, die wohl malerischsten der Stadt. Die den hinteren Hof an zwei Seiten umgebenden Gebäude sind noch mit Fachwerk ausgestattet.

Wir wenden uns von der Kirchstraße nach links in die **Klötzerbahn**. Hier sehen wir zunächst rechts die 1851 bis 1855 im neogotischen Stil erbaute **Friedenskirche**, die evangelische Pfarrkirche mit ihrer eigenartigen, aus Schmiedeeisen und Zinkblech gefertigten Turmspitze. Dahinter folgt auf der gleichen Straßenseite das vermutlich 1757 von der Tuchmacherfamilie Grand Ry errichtete stattliche dreigeschossige **Gebäude Nr. 27** (heute Friedensgericht) mit verschiefertem Mansarddach und neun Fensterachsen. Betreten Sie, wenn es geöffnet ist (nur an Werktagen zugänglich), ruhig einmal das

Fortuna, Stuckrelief von Pietro Nicola Gagini, Klötzerbahn 27

Treppenhaus und bewundern Sie die Stuckarbeiten des aus Italien stammenden Künstlers Pietro Nicola Gagini auf dem ersten Treppenabsatz. Wir sehen (v. l. n. r.) Athene mit Speer, Schild und Eule, Fortuna mit dem Füllhorn und Jeanne d'Arc mit Schwert und Fahne. Zwischen Fortuna und Jeanne d'Arc erkennen wir recht hoch unter der Decke eine Allegorie des Todes, ein bärtiger Greis mit Flügeln, Sense und Stundenglas. Die herrlichen Stuckreliefs und Kamine in den Amtszimmern des heute in dem einstigen Tuchmacherhaus untergebrachten Friedensgerichts sind uns leider nicht zugänglich.

Das palaisartige **Haus Nr. 32** auf der linken Straßenseite, das seit 1984 die **Regierung der DG** beherbergt, legt in besonderer Weise Zeugnis ab vom Reichtum und dem Repräsentationswillen der großen Eupener Tuchfabrikanten. Es ist zugleich ein charakteristisches Beispiel für die im 18. Jh. als *Hôtels* im Stil der Pariser Adelswohnsitze errichteten vornehmen Bürgerhäuser mit *Cour d'honneur*, diesen einfassenden Seitenflügeln und dem sog. Corps de Logis als dominierendem Baukörper im Fond des Hofes. Wir kennen dergleichen etwa auch aus Aachen und Maastricht. Das U-förmige Gebäude mit Mansarddach wurde zwischen 1761 und 1763 als Residenz für Nikolaus Joseph Grand Ry errichtet. Es ist offensichtlich von Bauten Johann Joseph Couvens beeinflusst, vielleicht auch von ihm entworfen.

Der von gequaderten Blausteinlisenen eingefasste einachsige Mittelrisalit des Corps de Logis im Hintergrund des Hofes trägt einen Dreiecksgiebel mit einem Relief von ausgesprochen bescheidener Qualität, das Cerberus mit den Höllenhunden darstellt. Bemerkenswert sind das schmiedeeiserne Gitter des Balkons über dem Eingang sowie die kunstvoll gearbeiteten Rokokooberlichter des Portals und der Balkontüre darüber. Den Hof schließt eine niedrige, bogenförmig zur Straße hin vorgewölbte Blausteinmauer mit daraufgesetztem Gitter und Pfeilern ab.

Wir dürfen davon ausgehen, dass der aristokratischen Charakter der Architektur des Hauses des

Palais des Tuchfabrikanten Nikolaus Joseph Grand Ry, 18. Jh., Klötzerbahn 32, heute Sitz der Regierung der DG

Tuchfabrikanten Nikolaus Joseph Grand Ry nicht nur dessen finanziellen Möglichkeiten entsprach, sondern auch einer aufwendigen, auf Repräsentation angelegten Lebensweise mit livrierten Bediensteten, Kutschen und edlen Pferden. Jedenfalls wird von einer solchen Lebensweise mancher Fabrikanten berichtet.[2]

Durch die **Gospertstraße** floss bis zum Jahre 1866 ein offener Bach, der Gospert- oder Stadtbach, in dem die Rohwolle und die Tuche gewaschen wurden, bis seine Wassermengen gegen Ende des 18. Jh. nicht mehr ausreichten und man die genannten Arbeitsprozesse an die Ufer der Vennbäche Weser und Hill verlagerte. Die Betriebe der Färber waren schon zuvor umgezogen, weil ihnen der Souveräne Rat von Brabant 1740 verboten hatte, weiterhin ihre Abwässer in den Stadtbach zu leiten. Später folgten auch die inzwischen mechanisierten Spinnereinen, deren Wasserräder (Dampfmaschinen kamen erst später zum Einsatz) auf eine hinreichend starke und zuverlässig verfügbare Wasserkraft angewiesen waren.

Betrachten wir den schönen Seiteneingang im Rokokostil des **Hauses Nr. 22** und die aus Ziegel und Blaustein vornehm gestaltete **Fassade des Hauses 40-42**, in dem heute der Ministerpräsident der DG und die Euregio Maas-Rhein ihren Sitz haben. Das Gebäude aus der ersten Hälfte des 18. Jh. wird dem Aachener Architekten Laurenz Mefferdatis zugeschrieben. Die aus Ziegel und Blaustein gemauerte Front ist streng symmetrisch angelegt; ein einachsiger Mittelrisalit mit kleinem Giebel ist leicht vorgenommen. Er wird durch gequaderte Blausteinlisenen eingefasst. Achten wir auf die besonders kunstvoll gearbeiteten Kalksteinrahmungen des Portals, der Balkontüre darüber und des mittleren Fensters im zweiten Stock sowie auf das schöne schmiedeeiserne Balkongitter. Die Stürze der Fenster sind gerade, die Blausteinquader der Fenstereinfassungen zahnschnittartig gesetzt. Im zweiten Stock ziehen sich Solbänke und Stürze über die ganze Fassadenbreite, in den beiden unteren Geschossen nur die Stürze. Kaum an einem anderen Gebäude wird der farbliche Kontrast von grauen Blausteingliedern und roten Backsteinflächen so intensiv genutzt wie an der Fassade, vor der wir soeben stehen.

Gospertstr. 22, Rokokoportal

Bürgerhaus, 18. Jh., Architekt: Laurenz Mefferdatis, Gospertstr. 40-42, heute: Sitz des Ministerpräsidenten der DG und der Euregio Maas-Rhein

[2] Hermanns, Leo: Gewerbe und Handel in Eupen. Die Eupener Feintuchherstellung. In: Geschichtliches Eupen (Sonderausg.) 25, 1991, S. 69-84, hier S. 74.

Schererwinkel, Gospertstr. 40-42

Durch einen Anbau rechts neben dem Haupthaus gelangt man an Werktagen (bitte klingeln) in einen geräumigen, gepflasterten Hinterhof. Ihn flankieren seitlich lange zweigeschossige Flügel mit Ziegelmansarddächern, einst sog. Schererwinkel, die deutlich zeigen, dass diese Werkstätten durchaus nicht eng und verwinkelt sein mussten.

An der Rückseite des Hofes erhebt sich die Stützmauer eines terrassenförmig angelegten Gartens mit herrlichen alten Bäumen, zu dem eine unten ausschwingende Treppe hinaufführt. Auf der Mauer schließt den Garten ein schmiedeeisernes Gitter ab zwischen vier von Flammentöpfen bekrönten Vierkantpfeilern. In die Stützmauer ist eine rundbogige Nische eingelassen mit muschelförmigem Brunnenbecken.

In **Haus Nr. 52** und seinem modernen Anbau ist das liebevoll eingerichtete **Eupener Stadtmuseum** untergebracht. Die bezaubernde, barock geschwungene Giebelfassade ist durch Ankereisen auf das Jahr 1697 datiert. Eine Freitreppe führt zu dem erhöhten Portal, über dem ein ovales Ochsenauge den Hausflur erhellt (Eingang heute im modernen Anbau). In dem Museum erwartet die Besucher eine Ausstellung über die Entwicklung der Stadt und ihrer Tuchindustrie, der Eupen im 18. Jh. sein

Gospertstr. 52 (links), Stadtmuseum

Kaufmannshaus, 18. Jh., Architekt: Laurenz Mefferdatis, Gospertstr. 56

»goldenes Zeitalter« verdankte. Im Parterre stehen das Bürgerhaus selbst und bürgerliche Wohnkultur in Eupen im Mittelpunkt (Öffnungszeiten: Mo.–Do. 8-12 und 13-17 Uhr; Fr. 8-12 und 13-15 Uhr; Tel.: 0032 (0)87 / 74 00 05, **www.eupen.be**).

Das **imposante Kaufmannshaus Nr. 56** aus Ziegel- und Blaustein wurde im ersten Viertel des 18. Jh. nach Plänen des Aachener Architekten Mefferdatis erbaut. Einen Mittelrisalit gibt es hier nicht. Die Mittelachse wird durch einen Dreiecksgiebel über schwerem Blaustein- und Holzkranzgesims und durch die Eingangstüre akzentuiert. In der ganz linken, etwas breiteren Gebäudeachse befindet sich eine Hofeinfahrt. Für Mefferdatis charakteristisch sind die geraden Fensterstürze mit abgetrepptem Keilstein über Quadergewänden in Zahnschnittfolge. Mit den Solbänken der Fenster verbunden sorgen durchlaufende Gesimse für eine horizontale Geschossgliederung. Blausteinquader in Zahnschnittfolge schließen die Fassade seitlich ab. Insgesamt wirkt die Blausteingliederung schwer und gravitätisch. Von der Eleganz mancher anderen Tuchmacherbauten ist hier wenig zu spüren.

In weiteren Verlauf der Straße auf den Werthplatz sehen wir rechts den 1994 aufgestellten, von dem Künstler Peter Hodiamont (1925–2004) geschaffenen **Weberbrunnen** (vor Nr. 71 und 73), der die Passanten an die einst blühende Tuchindustrie Eupens und die zahlreichen hier und in den Nachbarorten tätigen Weber erinnern soll. Er zeigt Elemente, die zu einem Webstuhl gehören.

Werfen wir im Vorübergehen zumindest einen Blick auf den Keilstein der Einfahrt des leider sehr heruntergekommenen Hauses Nr. 79-81 mit dem Erbauungsdatum 1745 und dem schwarzen Relief eines Raben sowie dem Namen des Erbauers: C. RAFF.

Auf dem weiträumigen **Werthplatz** erinnert ein 1912 errichtetes **Denkmal**, das den hl. Georg mit dem Drachen zeigt, an die in den Kriegen von 1866 und 1870 in preußischen Uniformen gefallenen jungen Männer des Kreises Eupen. Damals, während der Kriege und erst recht 1912, war die Eupener Bevölkerung längst von preußisch-deutschem Patriotismus durchdrungen. So waren die jungen Männer der Stadt auch im Ersten Weltkrieg bereit, unter Einsatz ihres Lebens für ihr Vaterland zu kämpfen, das Deutsche Kaiserreich, dem sie mit Stolz angehörten.

An der Ostseite des Platzes steht die (meist verschlossene) **St.-Lambertus-Kapelle**, die eine Eupener Kaufmannsfamilie 1690 hat erbauen lassen. Sie war ursprünglich der Himmelfahrt Mariens geweiht. Erst 1750 erhielt sie ihr heutiges Patrozinium. 1820 wurde dem Kirchlein so etwas wie ein neoklassizistischer Westbau aus Blaustein vorgesetzt. Im Inneren ist der **Barockaltar** aus dem Jahre 1694 sehenswert. Das Altarbild ist eine alte und durchaus gelungene Kopie der Himmelfahrt Mariens von Rubens. Über dem Bogen, der die Altarnische oben abschließt, ist das Doppelwappen des Stifterehepaars Arnold Roemer und Sophia Lambris angebracht. Über den grünen, gewundenen Säulen mit ihren vergoldeten Kapitellen erkennen wir auf dem Gebälk Figuren des hl. Antonius von Padua (links) mit einer Strahlenmonstranz und einem Buch, begleitet von einem Maulesel, und des hl. Lambertus mit dem bischöflichen Krummstab (rechts). Ein Putto trägt seine Mitra. Die Bekrönung des Altars bildet die Figurengruppe der Dreifaltigkeit. Die Kanzel wurde 1720 in Maastricht gefertigt.

St.-Lambertus-Kapelle am Werthplatz, Barockaltar, 1694

Beeindruckende Kaufmanns- und Fabrikantenhäuser umstehen den Platz. **Haus Grand Ry (Nr. 1-3)** wurde 1744 von der uns bereits bekannten Familie Grand Ry (Johann Aegidius de Grand Ry) erbaut. Die Pläne sollen von Couven stammen. Das aus Ziegel und Blaustein errichtete Haus mit seinen dreizehn Achsen und drei Geschossen in nach oben abnehmender Höhe ist symmetrisch um seine Mittelachse angelegt, ein risalitartig leicht vorgenommenes Mitteljoch. Der halbrunde, vergleichsweise kleine Giebel darüber zeigt Fortuna mit dem Füllhorn und Handelssymbole (Stoffkupons, Weinfass, Anker, Globus).

Die besonders im Parterre hohen Fenster haben stichbogige Stürze mit drei Keilsteinen, von denen der mittlere die beiden seitlichen deutlich überragt. Der Fassadengliederung dienen vor allem gequaderte Blausteinlisenen, die die Fläche der Straßenfront und den Mittelrisalit einrahmen. Außerdem verlaufen sie auf der rechten wie auch linken Seite zwischen je drei Fensterachsen. Aufwendiger gestaltet ist das volutenverzierte Portal in der Fassadenmitte. Über dem Keilstein erkennen wir eine Kartusche mit der Jahreszahl 1744.

Hinter dem Wohnhaus liegt ein Hof (von der Gospertstr. aus zugänglich), der seitlich und an der Rückseite von dreigeschossigen Flügeln (ebenfalls 18. Jh.) eingefasst wird, die einst als Schererwinkel dienten, in denen die sog. Appretur der Tuche vorgenommen wurde.

Tuchfabrikantenhaus, 18. Jh., Werthplatz 5-7

Betrachten wir das große, 1747 wieder aufgebaute

Wertplatz 5-7, Schererwinkel

Haus Nr. 5-7 mit einem geschweiften Giebel über dem Eingang, der ein Doppelwappen (Familie Römer-Timus) und die Jahreszahl der Fertigstellung präsentiert. Sämtliche Keilsteine der stichbogigen Fensterstürze sind mit Rocailleschmuck versehen. Die gesamte Front ist blausteinverkleidet. An den Ecken wird auch sie von gequaderten Lisenen eingefasst. Die Flächen unter den Fenstern sind mit ausgesägten Kartuschen belebt.

Ebenfalls im 18. Jh. entstand das vor einigen Jahren von Grund auf erneuerte, nun leider etwas steril wirkende **Haus Nr. 11-13**.

Bereits im 17. Jh. wurde das dreigeschossige **Eckhaus Nr. 1 im Norden des Platzes** mit seinem hohen Schieferwalmdach errichtet, auch wenn die Fensterrahmungen erst im 18. Jh. eingebaut wurden.

Sehr ansehnlich sind auch die Häuser Nr. 38, 40 und 48, weiter oberhalb des Werthplatzes in Richtung auf die Straße Kaperberg, aus dem 18. Jh. Einige der großbürgerlichen Häuser – so Nr. 40 – haben rundbogige Wageneinfahrten. Ursprünglich betraten die vornehmen Bewohner oder ihre Gäste solche Palais durch die Toreinfahrt oder man fuhr mit der Kutsche dort hinein, was es ermöglichte, auch bei Regen und Schnee trockenen Fußes und ohne Schaden an der teuren Kleidung ins Innere des Gebäudes zu gelangen.

Am **Kaperberg** ist vor allem das stattliche **Doppelhaus Nr. 2-4** (heute Pater-Damian-Sekundarschule und Staatsarchiv) mit seinem durch zwei Tordurchfahrten zugänglichen Innenhof sehenswert, eine hervorragende Schöpfung des Architekten Mefferdatis (ab 1724) mit wunderbar erhaltener, beeindruckender Inneneinrichtung. Im Innenhof ist links an der Wand ein schöner Färberbottich aus Blaustein aus dem Jahre 1728 aufgestellt.

In dem 1812 im Empire-Stil erbauten **Haus Nr. 8** tagte bis 2013 der Rat der Deutschsprachigen Gemeinschaft. Heute befindet sich der **Sitz des Parlaments der DG** außerhalb der Stadt auf einer Anhöhe im sog. Sanatorium Eupens (Platz des Parlaments 1), das neben dem Hauptgebäude des Belgischen Rundfunks (BRF) liegt. Das von einem Park umgebene Sanatoriumsgebäude wurde von 1915 bis 1917 errichtet, als Eupen noch ein gut besuchter Luftkurort war. Der moderne, in einem neu errichteten Anbau untergebrachte Plenarsaal ist ein Beispiel gelungener zeitgenössischer Architektur. Wie ein Schaukasten öffnet er sich über Verglasungen, die beinahe die gesamte Front einnehmen, zum Park: Symbol der Transparenz, um die sich die Volksvertretung bemühen will.

Imposantes Doppelhaus, 18. Jh., Architekt: Laurenz Mefferdatis, Kaperberg 2-4

Scherer, Schererwinkel und Färber

Noch einige Bemerkungen zu den Scherern und den **Schererwinkeln.** Davon, dass Schererwinkel nicht verwinkelte, schäbige, gar hüttenartige Arbeitsstätten waren, wie der Begriff heute nahelegen könnte, haben wir uns selbst ein Bild machen können. Unter schlechten Arbeitsbedingungen hätte man keine Tuche herstellen können, die zu den besten der damaligen Welt zählten.

Auch standen die **Scherer** hinsichtlich ihres Ansehens und ihrer Entlohnung absolut nicht am unteren Ende der am Prozess der Tuchproduktion Beteiligten. Im Gegenteil: Sie waren die qualifiziertesten Facharbeiter. Scherer wurden schlagartig erforderlich, als mit der Einführung feiner spanischer Wolle sehr hochwertige Tuche produziert wurden. So findet man vor 1680, dem Jahr der Gründung der Feintuchmanufakturen, in Eupen keine Hinweise auf die Anwesenheit dieser Berufsgruppe. Für hochwertige Tuche war oft mehrmaliges, zeitaufwendiges Scheren außerordentlich wichtig. Von diesem Arbeitsprozess hingen der seidige Glanz und die besondere, an Wildleder erinnernde Haptik der Tuche ab. Es kam vor, dass an einem Stück zwei oder drei Monate geschoren werden musste. Das Scheren erforderte große Erfahrung und Geschicklichkeit. All dies führte dazu, dass gute Scherer gesucht und sich ihres Wertes wohl bewusst waren. Scherer, die andernorts in zünftigen Betrieben gelernt hatten, versuchten eine Begrenzung der Zahl der Lehrlinge und Knechte, die Mitbestimmung der Lohnhöhe und die alleinige Anstellung von Scherern durchzusetzen, die in einem zünftigen Winkel gelernt hatten. Die Geschichte der Tuchherstellung in Eupen, Monschau und Verviers, wo es keinen Zunftzwang gab, ist voll von daraus erwachsenden Konflikten. So legten die Scherer in Eupen 1715, 1722, 1743, 1759, 1764 usw. die Arbeit nieder. Mitunter kam es zu Handgreiflichkeiten, ja regelrechten Aufständen. Im Notfall hatten Scherer immer die Möglichkeit, an einen anderen Ort abzuwandern, an dem Feintuche hergestellt und Fachkräfte gebraucht wurden. Ihre Mobilität war außergewöhnlich. Die noch heute gebräuchliche Redewendung *Scherereien machen* spiegelt die Tatsache, dass in vorindustrieller Zeit wohl kaum eine andere Berufsgruppe Unternehmern so viel Ärger zu bereiten in der Lage war wie die Scherer. Einen letzten Höhepunkt erreichten die Konflikte zwischen Fabrikanten und Scherern im Jahr 1821, als sich die Wut der Arbeiter gegen eine von der Firma Stillé Comp. gekaufte *arbeitsvernichtende* Schermaschine richtete.

Die Arbeiter – nicht nur Scherer – stürmten den Fabrikhof, zerschlugen die Maschine und warfen sie in einen Stauteich des Stadtbaches. Als die Miliz einige Textilarbeiter verhaftete, eskalierte die Situation vollends. Am folgenden Tag kam es zu einer großen Arbeiterdemonstration. Dem Eingreifen des Landrats war es zu verdanken, dass sich die Gemüter beruhigten. Zwar wurden später fünf Textilarbeiter und eine Arbeiterin verurteilt, doch der Schadenersatzanspruch des Fabrikanten abgelehnt. Dies legt die Vermutung nahe, dass der Richter ein gewisses Verständnis für die Situation der Arbeiter aufbrachte. Vielleicht aber wollte man auch ein Wiederaufflammen der Unruhen vermeiden.

Auch die **Färber** waren Fachleute. In vorindustrieller Zeit wurden zum Färben Substanzen mineralischen, pflanzlichen oder tierischen Ursprungs verwendet. Dazu gehörten Waid und Indigo für die Blautöne sowie Brasilholz, Cochenille und Krappwurzel für Rottöne. Um die Wollfasern für die Farben aufnahmefähig zu machen, wurden Beizmittel verwendet wie Soda, Pottasche und Metallbeizen. Beim Schwarzfärben kam Vitriol als Hilfsmittel zum Einsatz. Die verwendeten Mittel waren zwar Naturprodukte, dennoch war die Gesundheitsbelastung für die Färber durch das Einatmen der heißen Dämpfe hoch. Zeitgenössische Quellen berichten von häufig auftretenden Lungenbeschwerden, Erkältungen und Geschwülsten.

Blick von der Moorenhöhe auf die Eupener Unterstadt

Bergkapelle, 1712, 1729 vergrößert

Vom Kaperberg aus ist ein Abstecher zum **Aussichtspunkt Moorenhöhe** möglich (s. Unterstadt). Um dorthin zu gelangen, folgen wir weiter dem Kaperberg. Am Kreisverkehr bzw. Sportplatz biegen wir rechts in die Judenstraße ein. Kurz vor deren Ende geht es links zwischen den Häusern Nr. 31 und 29 zur Moorenhöhe (s. S. 38f.). Der Ende des 19. Jh. gebaute Aussichtspunkt ist nach Theodor Mooren benannt, der von 1881 bis 1905 Bürgermeister von Eupen war und sich sehr um die Verschönerung der Stadt verdient gemacht hat. Sein Wahlspruch soll gelautet haben: *Auf jeden leeren Raum pflanze einen Baum.*

Ganz in der Nähe der Moorenhöhe steht die aus Sandbruchstein errichtete **St.-Johannes-Baptist-Kapelle**, von den Einheimischen kurz ***Bergkapelle*** genannt (Bergkapellenstraße). Bereits im 15. Jh. wird hier ein Kapellenbau erwähnt. In seiner heutigen Gestalt stammt er im Wesentlichen aus dem Jahre 1712 (Inschrift über dem neuen Eingangsportal zwischen Wappensteinen), auch wenn er bereits 1729 nach Westen hin vergrößert wurde. Das Glockentürmchen über den Chor ist wie das Eingangsportal erst im 19. Jh. entstanden. Die Kreuzigungsgruppe unter schmiedeeisernem Baldachin an der dreiseitigen Apsis schuf 1888 der Aachener Bildhauer Venth. Sie trägt wie das Geländer, die Treppenstufen und die umstehenden Bäume zum pittoresken Erscheinungsbild der Kapelle bei.

Wer auf dem Rückweg zum Ortskern der Judenstraße in westlicher Richtung folgt und dann rechts in die schmale alte Bergstraße einbiegt, sollte an der Gabelung Bergstraße/Am Berg in die dazwischenliegende Gasse eintreten. Hier stehen links die beiden pittoresken **Häuser Bergstraße 62 und Nr. 64**, einfache Arbeiter- oder Kleinbürgerhäuser,

Arbeiter- bzw. Kleinbürgerhäuser, 18. Jh., Bergstr. 62 und 64

Alte Bürgerhäuser an der Bergstr.

Der Clown, Karnevalsdenkmal des Bildhauers Johann Joseph Braun, 1958

die noch aus dem 18. Jh. erhalten sind. Für das Eupener Land typisch ist die Figurennische an Haus Nr. 62 – hier mit einer Muschelkalotte – über dem ovalen Ochsenauge, das über der Eingangstüre den Flur mit Licht versorgt. In den Figurennischen sind oft noch heute Heiligenfigürchen, zumeist kleine Marienfigürchen, aufgestellt. Hier ist unter der Nische die Inschrift *O STELLA MARIS / AUXILIARE NOBIS (Oh Meeresstern –* alter poetischer Beiname der Gottesmutter –, *steh uns bei)* eingemeißelt. Den Türsturz ziert ein Flachreliefwappen. Wir lesen: *IHCR 1702*.

Alte Bürgerhäuser an der Bergstr.

An einem kleinen Plätzchen (Bergstr.) begegnen wir dem **Clown**, einer 1958 eingeweihten, von Johann Joseph Baun geschaffenen Bronzeplastik, dem sympathischen Wahrzeichen des Eupener Karnevals.

Rathaus und Kirche *Zur Unbefleckten Empfängnis*

Wir gehen zurück zum **Rathausplatz** (vom Werthplatz ca. 800 m). Die Kirche **Zur Unbefleckten Empfängnis** gehörte ursprünglich zu einem Kapuzinerkloster, das hier seit dem 17. Jh. bestand. Die Kapuzinermönche waren 1661 im Rahmen der sog. Gegenreformation angesichts einer kleinen, aber aktiven reformierten Gemeinde und der Überlastung des Pfarr-Rektors – eine eigene Pfarre gab es noch nicht – nach Eupen gekommen. 1665 legte der Abt von Klosterrath den Grundstein für Kirche und Konventsgebäude.

Ihre schlichte Volkstümlichkeit verschaffte den Mönchen bei der Bevölkerung hohes Ansehen und Beliebtheit, was zeitweilig zu erbitterter Rivalität zwischen ihnen und dem Pfarrer führte. Nach einem Brand wurde das Gotteshaus zwischen 1772 und 1776 nach den Plänen des vermutlich in Mailand geborenen Aachener Architekten Joseph Moretti im klassizistischen Stil neu errichtet. Es handelt sich um eine schlichte, dreischiffige, aus Ziegel und Haustein erbaute Hallenkirche mit rechteckigem Chor. In einer Rundbogennische über dem Eingangsportal sehen wir die Holzfigur einer *Maria Immaculata* (Unbefleckte Empfängnis) aus dem 18. Jh.

Das Innere: Die ehemalige Kapuzinerkirche ist reich an alten Ausstattungsstücken von guter Qualität.

Ehem. Kapuzinerkirche, Rathausplatz

Säulen und Pilaster tragen den Baldachinaufbau des **Hauptaltares** aus dem späten 18. Jh. (1783). Unter dem Baldachin steht eine beachtenswerte, von goldenen Strahlen umgebene Figur der Jungfrau Maria (*Immaculata*) über dem Tabernakel. Sie hält als Zeichen der Reinheit eine Lilie in der rechten Hand. Ergriffen von der himmlischen Gnade, den Blick emporgewandt, führt sie ihre Linke zur Brust. Unter ihren Füßen: Mondsichel und die den Globus umschlingende Schlange. In einer ovalen Öffnung über ihrem gekrönten Haupt sehen wir weniger deutlich im Dämmerlicht die später hinzugefügte Büste des von Wolken umgebenen Gottvaters mit zwei geflügelten Puttenköpfchen. Unten flankieren zwei Engel den Tabernakel, den Ort der Aufbewahrung und Ausstellung des Allerheiligsten.

Ein Chronogramm in lateinischer Sprache verrät, dass der linke der beiden **Seitenaltäre** 1778 von den Webern *(TEXTORVM)* gestiftet wurde. Der rechte trägt am Gebälk die Aufschrift: *DIESEN ALTAR HABEN GEGEBEN DIE TUCHSCHERER*. Darüber ist deren Wappen angebracht und die Jahreszahl 1777 zu lesen.

Sehenswert ist auch die **Kanzel**, deren Korb (Korpus) von einer Säule mit drei Puttenköpfchen gestützt wird. Das Geländer der Treppe ziert reiches, durchbrochenes Rocailleschnitzwerk. Im rechten Seitenschiff hat man ganz in der Nähe des Haupteingangs den **Altar der ehemaligen Marienkapelle** aus dem 18. Jh. aufgestellt. In seinen seitlichen Pilastern sind mit verglasten Türchen versehene Reliquienbehälter ausgespart, die allerdings heute leer sind. In einem verglasten Gehäuse über dem Tabernakel sehen wir eine farbig gefasste Madonnenstatue, darüber seitlich den auferstandenen Christus mit Kreuz und Krone sowie Gottvater. Im bekrönenden Altarauszug erscheint die von goldenen Strahlen umgebene Taube, Symbol des Hl. Geistes, und vervollständigt die Präsentation der Trinität.

Immaculata, Hochaltar der Kapuzinerkirche, 1783

Altar der ehem. Marienkapelle, 18. Jh., Kapuzinerkirche

Rathaus und Kapuzinerkirche

Die Marienfigur hatte anfangs unter einem schlichten Holzdach, später in einem Kapellchen an der Gartenmauer des Klosters gestanden und wurde von den Einheimischen gerne aufgesucht. Vor ihm versammelte man sich oft zum Beten und Singen, besonders sonntags nach der Andacht, aber auch an Werktagen nach vollbrachter Arbeit. Die Marienstatue wurde von den Eupenern liebevoll *et leev Fröke* genannt. 1827 musste die Kapelle dem Straßenbau weichen. Altar und Gnadenbild aber hat man in die Klosterkirche gerettet. Auch die sechs schönen, reich verzierten Beichtstühle stammen aus dem 18. Jh.

Das **Rathaus** neben der Kirche war einst Teil des ehemaligen Kapuzinerklosters und stammt wohl aus dem 70er Jahren des 18. Jh. Die schmucke Fassade mit dem Säulenvorbau erhielt das Gebäude allerdings erst im 19. Jh.

Das IKOB-Museum

Die Räume des Museums IKOB befinden sich in einem ehemaligen Gewerbebau in Eupen (Rotenberg 12b) in der Nähe des **Kulturzentrums *Alter Schlachthof*** (Rotenbergplatz 17).

Mit seinen Ausstellungen will es aktuelle Tendenzen der bildenden Kunst zeigen. Dabei soll die Wechselausstellung in einen Dialog mit Werken aus der eigenen Sammlung treten.

Am Anfang stand eine Idee des Künstlers, Kunstlehrers und späteren Museumsdirektors Francis Feidler, ein Zentrum für grenzübergreifende Ausstellungen zu schaffen. Ein erster Meilenstein war die Skulpturenausstellung *Kontakt 93* in den Eupener Parkanlagen. Darüber hinaus sollte sich eine eigene Museumssammlung sukzessive durch Ankäufe, Leihgaben und Schenkungen vor allem der ausstellenden Künstlerinnen und Künstler entwickeln. Inzwischen umfasst die Sammlung des Hauses über 400 Werke.

Das IKOB hat sich als international ausgerichtete Ausstellungsplattform ebenso wie als Förderer der regionalen Szene etabliert. Es bezog 1999 seine festen Räumlichkeiten in einem zuvor gewerblich genutzten Gebäude – leider architektonisch kein Schmuckstück, aber einigermaßen zweckmäßig. 2005 wurde die Sammlung offiziell anerkannt und aus dem *Internationalen Kunstzentrum Ostbelgien* wurde das *IKOB – Museum für Zeitgenössische Kunst.*

Ehem. Schlachthof, heute Kulturzentrum

In drei bis vier großen Wechselausstellungen pro Jahr zeigt das Museum zeitgenössische Kunst, wobei die Hauptausstellungen jeweils von der Präsentation von Werken aus den Beständen der Sammlung flankiert werden. Das IKOB will aber nicht bloß zeitgenössische Kunst vorstellen, sondern mit seinen Ausstellungen neue Tendenzen erkunden und sichtbar machen. 2018 feierte das IKOB sein 25-jähriges Bestehen. Es ist längst zu einer festen Größe in der Euregio Maas-Rhein geworden.

IKOB, Installation an der Fassade

Die Chocolaterie Jacques

Liebchen, wir müssen mal wieder zu Jacques. Ich hab' gar nichts mehr im Haus. So ließ sich etwa alle acht Wochen eine Großtante meiner Frau vernehmen, ein damals schon hochbetagtes, aber unternehmungslustiges Grenzlandmädchen in dem unverkennbaren, liebenswerten Singsang, der mir heute noch im Ohr ist. Dabei sah sie mit Verschwörermiene zu ihrer Großnichte, welche die alte Dame mit dem Auto chauffierte und ihr half, süße Vorräte für Enkel, Nichten und Neffen einzukaufen.

Schon 1896 wurde von dem Konditor Antoine Jacques und einem Partner in der damals höchst wohlhabenden wallonischen Tuchmacherstadt Verviers an der Weser die **Chocolaterie Jacques** gegründet. Ab 1923 verlegte man den Hauptsitz des Unternehmens in das etwa 15 Kilometer entfernte Städtchen Eupen, und zwar in die Nähe des Bahnhofs. Von dort aus verbreitete sich jahrzehntelang zu bestimmten Tageszeiten der Duft von Kakao und Schokolade. Eine Kindheits- und Jugenderinnerung für viele Eupener.

1987 zog das Unternehmen in das Eupener Gewerbegebiet um (Industriestr. 16). Hier wurde 1993 auch ein Schokoladenmuseum eröffnet. Schon 1982 war es zum Zusammenschluss der Chocolaterie Jaques mit dem Kölner Schokoladenhersteller Stollwerck gekommen. Stollwerk wurde einige Zeit später von dem schweizerischen Süßwarenkonzern Barry Callebaut übernommen, der das Unternehmen Jacques 2011 an die Group Baronie aus Rotterdam verkaufte.

In den letzten Jahren wurde in Eupen nur noch bereits fertig hergestellte flüssige Schokolade weiterverarbeitet. Dennoch schrieb man seit 2011 rote Zahlen. Nun, im Mai 2019, wurde der Betrieb geschlossen. Rund 60 Arbeiter und Angestellte verloren ihren Arbeitsplatz. Die Zukunft des Schokoladenmuseums, eines der beliebtesten touristischen Ziele in der Wallonie, war noch eine Weile unklar. Nun steht fest, dass sich seine Tore ebenfalls nicht mehr öffnen werden. Sicher ist, dass damit ein Stück Eupener Industriegeschichte an ihr Ende gelangt ist, eines der sympathischsten. In den Erinnerungen vieler Menschen wird die Chocolaterie Jaques vielleicht noch eine geraume Zeit fortleben. Das rechtfertigt wohl auch, in diesem kleinen Kapitel über etwas geschrieben zu haben, was es gar nicht mehr gibt, aus Nostalgie eben.

Die Unterstadt

Von der Moorenhöhe aus (von der Judenstraße aus zwischen den Häusern Nr. 31 und 29 hindurchgehen) genießt man einen weiten Blick über die Unterstadt, die umliegenden Wälder des Hohen Venns und das Tal der Weser, an deren Ufern früher Getreide- und Walkmühlen und später die ersten mechanischen Spinn- und Webmaschinen standen. Heute erstrecken sich dort flussabwärts Fabrikhallen.

Geschichte der Industrialisierung in der Eupener Unterstadt: Die Eupener Unterstadt gewann zum Ende des 18. Jh. durch den Umzug der Tuchherstellung von der Oberstadt hierher zunehmend an Bedeutung. Schon zuvor hatte es in dem nur spärlich besiedelten Gebiet einzelne Wassermühlen gegeben. Durch ein bereits im 14. Jh. angelegtes System von Wasserabzweigungen, sog. Mühlenteiche – Kanäle, Stauwehre, als Jahresspeicher dienende Weiher – sorgten die beiden Vennflüsse Hill und Weser auch in trockenen Sommern für genügend verfügbares Wasser zum Antrieb von Mühlrädern, die auch zum Walken und zum Färben von Tuchen benötigt wurden. Seitdem der Souveräne Rat von Brabant 1740 verboten hatte, weiterhin die Abwässer der Färbereien in den Eupener Stadtbach zu leiten, waren diese Betriebe vollständig in die Unterstadt umgezogen. Mit Beginn des 19. Jh., also zur Zeit der frühen Industrialisierung, folgten auch die inzwischen mechanisierten Spinnereinen, deren Wasserräder, bevor Dampfmaschinen zum Einsatz kamen, auf eine hinreichend starke und zuverlässig verfügbare Wasserkraft angewiesen waren. Die erste mechanische Wollspinnerei errichtete der Tuchfabrikant Bernard Scheibler im Jahr 1806, zur napoleonischen Zeit, als die englische Konkurrenz durch die Kontinentalsperre vom großen Markt des napoleonischen Kaiserreiches ausgeschlossen war. Das mehrstöckige Fabrikgebäude ist leider nicht erhalten. Mehrere größere Spinnereien folgten. Die Mechanisierung des Spinnens rechnete sich mehr als die jedes anderen Arbeitsprozesses in der Tuchproduktion, denn um einen Webstuhl zu versorgen, waren durchschnittlich 14 Spinnerinnen erforderlich. So traf die Mechanisierung zuerst die Frauen, die damit eine wichtige Heimarbeit verloren. 1815 wurde die Konzession für den Betrieb einer ersten Dampfmaschine beantragt.

Eupener Unterstadt, großer Backsteinbau im Hintergrund: ehem. Kammgarnwerke AG, jetzt Teil der Kabelfabrik

Ehem. Kammgarnwerke AG, jetzt Teil der Kabelfabrik

Neogotische Pfarrkirche St. Josef, 1855–1863, Eupener Unterstadt

Für die Aufstellung von Maschinen, zuerst von Spinnmaschinen, dann auch von mechanischen Webstühlen, für die Zusammenlegung aller Arbeitsabläufe an einem Standort und den Einsatz von Dampfmaschinen bot die Unterstadt die benötigten Ausdehnungsflächen, die in der Oberstadt nicht vorhanden waren. Auch störten hier das Stampfen der Dampfmaschinen und der Rauch ihrer Schlote weniger als in dicht besiedeltem Gebiet. So entwickelte sich die Unterstadt mit Beginn des 19. Jh. zum Zentrum der Textilindustrie. Hier strömten schließlich jeden Morgen etwa 5.000 Arbeiter zu den Fabriken.

Auch wenn in Eupen 1852 bereits 19 Dampfmaschinen in Betrieb waren, wurde auch weiterhin das Wasser der Weser zum Antrieb von Maschinen genutzt. Darüber hinaus waren dazu auch Pferde in sog. Manegen im Einsatz (13 im Jahre 1829).

1906 entstand in der Unterstadt auf Initiative der Fabrikantenfamilie Peters, deren Tuchfabrik im Langesthal im 19. Jh. vielen Menschen Arbeit und Brot bot, und Robert Wetzlars (s. S. 46) in der Oe die **Kammgarnwerke AG**, ein Zusammenschluss zahlreicher preußischer Fabrikanten. Hier wurden bunte Kammgarne für die örtlichen Tuchfabriken hergestellt. In den Kammgarnwerken arbeiteten auch bereits zahlreiche ausländische Arbeitnehmer, vor allem aus Italien. Der massige Bau der Fabrik aus Backstein und Glas mit dem hohen Kamin ist von der Moorenhöhe aus gut sichtbar. Er wurde von dem damals namhaften Architekturbüro Händel & Franke aus Leipzig entworfen, das für prestigeträchtige Industriebauten bekannt war. Auffallend große Fenster werden auf vier Geschossen gleichmäßig gereiht. Pilasterartige Vorlagen und sparsam verwendete Friesbänder bilden den einzigen Schmuck: ein Bau der Moderne.

1909 entstanden die **Kabel- und Gummiwerke**, die bald expandierten, leer stehende Industriegebäude rundum aufkauften und sich zum bis heute wichtigsten Arbeitgeber der Region entwickelten. Auch dieser große Industriekomplex ist von der Moorenhöhe aus gut zu überblicken. Die Unterstadt hatte zu Beginn des 20. Jh. längst den Charakter eines Fabrikviertels angenommen.

Über einige Treppen gelangt man hinab zur **Unterstadt**, wo sich in der Nähe der 1855 bis 1863 errichteten neogotischen **Pfarrkirche St. Josef** an der **Haasstraße** einige schöne, alte **Häuser** befinden, besonders **Nrr. 24, 26, 28, 40** (1748) **und 42. Haus Nr. 42** ist ein hervorragender Bau aus dem Jahre 1729. Sein Dreiecksgiebel zeigt das Wappen des Bauherrn, des Tuchfabrikanten Leonard Thymus, und seiner Gattin.

Fabrikantenhaus, 1729, Haasstr. 42

Ehem. Werkstätten, 18. Jh., heute Wohnhaus, Haasstr. 40a

Links können wir durch ein Gittertor das **Haus Nr. 40a** betrachten, das früher Teil eines größeren, U-förmigen Baus aus dem 18. Jh. war, in dem Werkstätten untergebracht waren, in denen die sog. Appretur oder Ausrüstung der Tuche stattfand (sog. Schererwinkel). Die Häuser Nr. 40a und Nr. 42 sind Beispiele für die im 18. Jh. typische Verbindung von Wohn- und Arbeitsgebäuden, wie wir sie auch aus der Oberstadt kennen.

Übersehen wir nicht die **Vogelmarie**, die als Brunnen dienende, 1990 von der Aachener Künstlerin Johanna Körner geschaffene Bronzeskulptur, ein Mädchen mit einer Schar von Vögeln. Über die als Schalen gestalteten Vögel plätschert das Wasser in ein Auffangbecken. Mehr noch trägt das schöne Wegekreuz zur anheimelnden Atmosphäre des Platzes bei.

Vogelmarie, Johanna Körner, 1990

Kreuz (1893), Haasstr.

Ehem. Tuchfabrik Blanckaert, 18. Jh., Ecke Haasstr. / Malmedyer Str.

Nur der Vollständigkeit halber weisen wir auf das etwas abseits liegende stattliche ehemalige **Kaufmannshaus Nr. 1-2** hin, ein dreigeschossiger Bau aus der zweiten Hälfte des 18. Jh., den hauptsächlich die Familie Römer bewohnte. Die Straßenfassade besteht aus gestrichenem Bruchsteinmauerwerk und blausteingerahmten hohen Fenstern.

Da, wo die Malmedyer Straße die Haasstraße kreuzt, steht noch die U-förmige Anlage der **ehemaligen Tuchfabrik Blanckaert** aus dem 18. Jh., in der heute Sozialwohnungen eingerichtet sind. Trotz aller Umbauten und Veränderungen hat sich das äußere Erscheinungsbild an der Malmedyer Straße recht gut erhalten. An der gleichen Stelle soll schon 1623 eine Färberei der Familie Blanckaert gestanden haben.

Wenn man der Malmedyer Straße nur wenige Schritte bis zur Weser folgt, wo diese von einer alten Steinbrücke überspannt wird, sieht man links ein **Wehr**, mit dem früher der Wasserstand des Flusses reguliert wurde, um sicherzustellen, dass die Wasserräder der Mühlen, der Spinnmaschinen und mechanischen Webstühle ganzjährig zuverlässig angetrieben wurden. Schon für das 15. und 16. Jh. sind Mühlen im Gebiet der Haas nachweisbar.

Zumindest einige Teile des **Hauses 2a** an der Malmedyer Straße gehen wohl noch auf eine **Mühle** aus dem 18. Jh. zurück. Der Mühlenteich, der sie einst mit Wasser versorgte, ist heute überdeckt. Das schmalbrüstige Haus Nr. 6 (die Straße knickt nach links ab) aus dem Jahre 1790 kann als ein **Beispiel für Arbeiterhäuser** im späten 18. Jh. Aufmerksamkeit beanspruchen.

Nicht weit entfernt steht an der **Hillstraße** (Nr. 7) ein großes zweigeschossiges, gut restauriertes Backsteingebäude mit Mansarddach und gequaderten Ecklisenen aus dem ersten Viertel des 18. Jh., einst die **Färberei** Jan Schorns. Die Mittelachse mit dem Eingangsportal wird durch eine zweiarmige

Alte Steinbrücke über die Weser und Stauwehr, Eupener Unterstadt

Ehem. Färberei Jan Schorns, 18. Jh., Hillstr. 7

Haus einer Arbeitersiedlung in der Oe (Theodor-Pohl-Siedlung), 1930

Treppe mit schmiedeeisernem Gitter akzentuiert. Beidseitig der Mittelachse werden die Fenster (Segmentbögen mit Keilstein) zu Zweiergruppen geordnet.

Für besonders Interessierte: In erstaunlichem Maße ist heute noch **in der Oe** (Oe-Tal, Oestr.) die Geschichte der Industrialisierung Eupens an Baudenkmälern ablesbar. Hier ist schon im 14. Jh. (1314) eine Getreide-Bann-Mühle nachweisbar. In den folgenden Jahrhunderten gesellen sich weitere Mühlen hinzu, etwa Walkmühlen für die Tuchfabrikation. Um 1750 nahmen die Gebrüder Salm im Oe-Tal drei Walkmühlen in Betrieb. Zudem errichteten sie eine **Färberei** mit einer Wohnung, Bauten, die sich bis heute in **Haus Nr. 28-30** (auf dem Gelände der Kabelwerke zugänglich) erhalten haben. Die Färberei trug den für eine Arbeitsstätte merkwürdigen Namen *Mon Plaisir*.

In nächster Nähe befindet sich eine interessante **Arbeitersiedlung** (Theodor-Pohl-Siedlung), die 1930 von Theodor Pohl, Direktor der Kammgarnwerke, für 20 Arbeiter und ihre Familien errichtet wurde.

Ehem. Färberei *Mon Plaisir*, Oestr. 28-30

Die Siedlung ist mit ihren sechs einzeln stehenden, zweigeschossigen Mehrfamilienhäusern ein schönes Beispiel sozialen Wohnungsbaus im expressionistischen Stil, auch wenn sich im Laufe der Zeit einige Verunstaltungen und Entstellungen (z. B. durch Glasbausteine) eingeschlichen haben.
Die **Färberei Rehrmann** in der Oestraße, **Haus Nr. 48**, stammt aus der Mitte des 18. Jh. (1745) und ist damit eines der ältesten erhaltenen Denkmäler der Tuchfabrikation in der Eupener Unterstadt. Der schöne zweigeschossige Bau, heute leider leer stehend und verwahrlost, ist eine Schöpfung des berühmten westfälischen Barockbaumeisters Johann Conrad Schlaun, der u. a. die Clemenskirche in Münster errichtete. Der Fabrikant Rehrmann war Schlauns Schwiegervater. Dies erklärt, dass der Westfale Schlaun einen Bau im fernen Eupen, noch dazu einen wenig prestigeträchtigen Gewerbebau entwarf.
Eine entscheidende Voraussetzung für die Gründung großer Fabriken in Eupen wie der Kammgarnwerke AG und der Kabel- und Gummiwerke war der Anschluss an das internationale Schienenverkehrsnetz gewesen. Nach langen Verhandlungen war auf Initiative der Eupener Kaufmannschaft eine **Zwergbahn von Eupen nach Dolhain** zustande gekommen, das Oebähnchen, das 1897 endlich den Verkehr aufnehmen konnte. Die Bahn diente zunächst nur dem Güterverkehr, nahm dann aber auch den Personentransport auf (bis 1927). In Dolhain konnten Eupener Produkte auf Züge umgeschlagen werden, die auf der Linie Köln – Aachen – Lüttich – Antwerpen verkehrten bzw. von dieser etwa nach Frankreich abzweigten oder ins Ruhrgebiet fuhren. Der Zugverkehr zwischen Eupen und Dolhain wurde 1959 eingestellt. Der **Bahnhof** der Oebahn ist noch vorhanden. Auch er befindet sich heute auf dem Gelände der Kabelwerke (Oestr. 23).
Leider nur von fern, von der Malmedyer Straße aus, da, wo sie als Landstraße bereits zum Venn hin anzusteigen beginnt, kann man (etwas unterhalb des Radarkastens, nach Nordwesten schauend) einen Blick auf den viergeschossigen Bruchsteinbau der Firma Feder werfen, der heute mitten im Komplex der Kabelwerke liegt und daher nicht zugänglich ist. Schon 1840 errichtet, beherbergte er eine **Wollspinnerei**.

Wollspinnerei der Fa. Feder, 1840, heute Kabelwerke

Ehem. Mühlenteich (Kanal) in der Eupener Unterstadt

Ehem. Färberei der Tuchfabrik Peters, 1876, Langesthal 5a/9a

Für Spaziergänger mit Entdeckerfreude: Noch bevor man von der Straße *Bellmerin* links abbiegt, um über die Weserbrücke ins **Langesthal** zu gelangen, findet man links einen hervorragend erhaltenen und gepflegten **Mühlenteich** (Kanal) und auch das noch intakte zugehörige Wehr. Man hat hier einen Spazierweg angelegt, auf dem man dem von Bäumen gesäumten Kanal ein gutes Stück weit folgen kann. Menschen, die sich für Fragen des Denkmalschutzes interessieren, wissen, dass es nicht mehr viele Mühlenkanäle gibt wie der, den wir hier ein Stück entlangflanieren.

Nicht weit entfernt kann man **im Langesthal** an Haus Langesthal 44 (an einem links von der Langesthaler Straße abzweigenden Stichweg), das an der Stelle einer einstigen Mühle (ehemalige Nicolai-Mühle) steht und wo später die Firma Peters ansässig war, einen weiteren alten, noch heute funktionstüchtigen **Mühlenteich** sehen, der dort durch das Gelände verläuft. Sein Wasserstand wird

Ehem. Verwaltungsgebäude der Tuchfabrik Peters, 1898, hinter Langesthal 9a

Ehem. Villa des Fabrikanten Arthur Peters, Bellmerin 37/39

durch eine Schleuse bei der Langesthaler Mühle geregelt.

Auch sonst sind im Langesthal (Langesthaler Straße) noch interessante Industriedenkmäler erhalten, die von der ehemaligen **Tuchfabrik Peters** stammen. Hier gibt es ein ganzes Konglomerat verschiedener Bautypen, sämtlich Backsteinbauten aus unterschiedlichen Zeiten, die aufgesucht werden können. Dazu zählen eine Zwirnerei (1905, gegenüber Nr. 10), eine Weberei (1887, sich östlich an die Zwirnerei anschließend), eine Färberei (1876, Nr. 5a/9a), zwei achteckige Gasometer (1856, hinter 9a), ein Verwaltungsgebäude (1898, hinter 9a) und eine Kantine (1905, gegenüber Nr. 34 und 36). Auch die Fabrikantenvilla aus den 1850er Jahren, 1922 umgebaut, mit Parkanlage ist noch vorhanden (Nr. 9), leider aber von der Straße aus nicht sichtbar, da sie von Bäumen verdeckt wird.

Umso besser lässt sich auf dem Weg zurück zur Unterstadt die 1884 erbaute und später zweimal erweiterte **Villa** des Fabrikanten Arthur Peters im Stil der Neorenaissance an der Straße *Bellmerin* (Nr. 37/39) betrachten, in der heute die Musikakademie untergebracht ist. Auch das einstige Kutscherhaus ist noch an Ort und Stelle.

Etwas weiter auf die Unterstadt zu sehen wir rechts, ein Stück zurückliegend, die 1905 eingerichtete frühere ***Gewerbliche und kaufmännische Fachschule für Jungen und Mädchen mit Haushaltsschule*** der Robert-Wetzlar-Stiftung (heute Militär-Institut für Leibeserziehung). Die Schule diente vor allem der Ausbildung qualifizierter Arbeitskräfte, welche die Eupener Industrie dringend benötigte. Zugleich aber zeigt die einstige Schule das Engagement eines Tuchfabrikanten für die Volksbildung.

Ehem. *Gewerbliche und kaufmännische Fachschule für Jungen und Mädchen mit Haushaltsschule*, Robert-Wetzlar-Stiftung, 1905

Robert Wetzlar

Robert Wetzlar wurde 1847 in Aachen als Sohn des aus Bonn stammenden, in Aachen wirkenden Badearztes Lazarus Wetzlar (1810–1880) geboren. Die Familie war jüdischer Abstammung. Robert Wetzlar absolvierte nach seiner Schulzeit zunächst eine kaufmännische Lehre in Aachen. Nach seiner Teilnahme am Deutsch-Französischen Krieg von 1870/71 trat er im folgenden Jahr als kaufmännischer Angestellter in die Tuchfabrik *Wilhelm Peters & Cie* in Eupen ein. Peters erkannte bald Wetzlars Fähigkeiten und nahm den erst 26-jährigen jungen Mann schon im Januar 1873 in die kaufmännische Firmenleitung auf und machte ihn zum Teilhaber. 1880 heiratete Wetzlar Peters Tochter Mathilde, für die er vom Judentum zum Protestantismus konvertierte.

Unter der Federführung Wetzlars gründeten 1906 mehrere regionale Textilunternehmer in der Eupener Unterstadt die Kammgarnwerke AG, von denen bereits die Rede war. Als gewählter Aufsichtsratsvorsitzender des Unternehmens, das sich zu einer der modernsten Kammgarnspinnereien in Europa entwickelte, zeigte Wetzlar immer wieder Gespür und Verständnis für die Belange der Arbeiter – nicht nur seiner Fabrik, sondern auch der anderen Unternehmen in Eupen. So wurde er mehrmals als Schlichter berufen, wenn es zu Streiks oder Protesten kam.

Darüber hinaus war Wetzlar seit 1886 Mitglied des Stadtrats und bereits seit 1879 Mitglied der Handelskammer in Eupen, der er von 1890 bis 1912 als Präsident vorstand. Während seiner Amtszeit setzte er sich mit großem Engagement für die örtliche Tuch- und Kabelindustrie und den Anschluss an das internationale Schienennetz ein, so durch den Bau einer Schmalspurbahn von Eupen zum belgischen Ort Dolhain und damit zur Bahnlinie Köln–Aachen–Lüttich–Antwerpen (1897). 1906 wurde eine Straßenbahnverbindung nach Aachen in Betrieb genommen, die 1910 nach Herbesthal und später nach Verviers verlängert wurde. Der Anschluss an das Eisenbahnnetz war für die regionale Wirtschaft von größter Bedeutung.

Von der Stiftung der Gewerbeschule sprachen wir bereits. Wetzlar und seine Frau engagierten sich hier nicht nur finanziell, sondern gehörten auch dem Schulvorstand an und kümmerten sich persönlich um Organisation, Lehrinhalte, Lehrpersonal und Schüler. Nach dem Ersten Weltkrieg und der anschließenden Abtretung der Kreise Eupen und Malmedy an Belgien in Folge des Versailler Vertrags musste die Robert-Wetzlar-Stiftung 1919 aufgelöst werden. Das ehemalige Schulgebäude wurde an die belgische Armee verkauft.

1911 hatte Wetzlar der Stadt Eupen ein Grundstück im Hilltal geschenkt sowie das nötige Kapital für den Bau einer Schwimm- und Badeanstalt. Diese konnte allerdings wegen der bald hereinbrechenden politisch und wirtschaftlich schwierigen Zeiten während des Ersten Weltkriegs und danach erst 1934 mit maßgeblicher Unterstützung der *Kammgarnwerke AG* errichtet werden. Es erhielt den Namen *Wetzlarbad*.

Wegen seines unternehmerischen Erfolges und seines großen Engagements für seine Heimatstadt und deren Wirtschaft wurde Robert Wetzlar 1905 zum Geheimen Kommerzienrat ernannt. Im Jahr 1911, ein Jahr vor seinem Tod, verlieh ihm die Stadt Eupen die Ehrenbürgerschaft.

2013 hat die Dürener Denkmalpflegerin Heike Kussinger-Stankovic im Auftrag der DG den Baubestand der Eupener Unterstadt auf schützenswerte Industriedenkmäler hin untersucht. Dabei wurden 35 Objekte ermittelt, die Denkmalwert besitzen, 66 wurden als erhaltenswert eingestuft. Damit erwies sich das Kulturerbe des Stadtteils als erstaunlich vielfältig und von hoher Qualität, ein reicher, charakteristischer Schatz, der bisher noch nicht die ihm gebührende Würdigung erfahren hat.

Nispert und das Heidbergkloster

Ein sehenswertes historisches Ensemble bilden die **St.-Johannes-Baptist-Enthauptungskapelle** und **Haus Fettweiß** am Couvenplatz in Nispert (vom Werthplatz aus über die Straße namens Nispert etwa 10-minütiger Fußweg). Die schöne, von einem wohlhabenden Eupener Ehepaar 1747 nach Plänen Johann Joseph Couvens erbaute **Kapelle**, ein rechteckiger Saalbau mit Schiefermansarddach, besticht sogleich durch ihre elegante, durch grauen Haustein und weiß verputzten Flächen gestaltete Fassade. In der Mitte das schön eingefasste Portal, zu dem sechs Steinstufen hinaufführen, mit seinem geschwungenen Giebel. Darüber, mit der Eingangsrahmung verbunden, ein ovales Fenster. All dies wird von Pilastern flankiert, die Rahmen und Füllung aufweisen. Das halbkreisförmig gewölbte Gesims durchschneidet als Giebel das Mansarddach.

Von guter Wirkung ist auch das (leider nur selten zugängliche) **Innere** der Kapelle mit seinem Spiegelgewölbe, den von ionischen Pilastern gegliederten Wänden und dem Altar mit dem kreuzbekrönten

Haus Fettweiß (links) und St.-Johann-Baptist-Enthauptungskapelle (rechts) am Couvenplatz in Eupen Nispert

Tabernakel samt sich himmelwärts auffächernder Strahlen und Putten. Über dem Triumphbogen erscheint, aus Stuck gefertigt, das Lamm Gottes unter einem Baldachin mit zurückgeschlagenen Vorhängen. Gegenüber, oberhalb des ovalen Westfensters, eine Schüssel mit dem Haupt des Täufers, des Patrons des Gotteshauses.

St.-Johann-Baptist-Enthauptungskapelle am Couvenplatz in Eupen Nispert

Das **Haus Fettweiß** (Couvenplatz Nr. 2) geht auf das Jahr 1724 zurück. Auch seine Pläne stammen von dem Aachener Architekten Johann Joseph Couven. Der Anbau rechts ist jünger. Im Inneren des Hauses (leider nicht zugänglich) ist die Ausstattung des 18. Jh. noch zum guten Teil erhalten: Stuckdecken, Kamine mit alten Verkleidungen, vortrefflich bemalte Leinwandtapeten im nördlichen Gartenzimmer, Treppenaufgang usw.

Schöne alte Bruchsteinhäuser säumen die **Straße Nispert**, die vom Couvenplatz aus den Berg hinaufführt. Dazu zählen das pittoreske, aus Rotsandbruchstein und Blaustein erbaute **Haus Nr. 54** und das ebenfalls zweigeschossige, unter Denkmalschutz gestellte **Haus Nr. 56** aus Sand- und Blaubruchstein. Auf dem Keilstein der Türe in der Fassadenmitte von Nr. 56 liest man eine Inschrift, die Auskunft gibt über das Jahr der Erbauung: 1731. Darüber befindet sich ein Ochsenauge unter einer Traufleiste. Die Fenster des Parterres stammen aus dem 19. Jh. Die vier im ersten Stock sind gekuppelt (Doppelfenster).

Alte Bruchsteinhäuser an der Straße Nispert

Echte Eupener würden es uns nicht verzeihen, wenn wir das **Heidbergkloster** nicht erwähnten, das wir auf dem Weg vom Couven- zum Werthplatz passieren. Das Heidbergkloster (Heidberg 16-18) wurde 1700–1727 von der Ordensgemeinschaft der Rekollektinnen erbaut. Auch eine öffentliche Mädchenschule war damit verbunden.

Schon 1698 hatten einige Schwestern aus Lüttich in Eupen eine Bildungsstätte für junge Mädchen eingerichtet. Wenig später kauften sie ein Grundstück auf dem Heidberg, wo sie ein neues Kloster errichten ließen, das 1702 bezogen werden konnte. Dieser älteste Teil des Klosters ist weitgehend durch neue Gebäude und durch die Kirche des Klosters verdeckt.

Das, was der Besucher antrifft, wenn er die sog. Heidbergtreppen hinaufsteigt, sind Bauten, die in vier Phasen während des 18. Jh. errichtet wurden, sowie moderne. Der Nordflügel stammt noch aus dem Jahre 1701, der Ostflügel kam 1722 hinzu, 1727 der Westflügel des Klosters. Zwischen 1854 und 1856 erbaute man eine neogotische Kirche als Südflügel. Das Äußere der alten Klosterbauten mit seinen Blaubruchsteinmauern wirkt ziemlich einheitlich. Nur die Nordfassade ist aus Ziegeln über einem Blausteinsockel gemauert.

Die inzwischen (1913) mit einem neuen Gebäude ausgestattete Schule erhielt 1918 die Anerken-

Heidbergkloster, neogotische Kapelle und Teil des Ostflügels

Heidbergkloster, Schulgebäude, 1913

nung als Lyzeum. 1963 entstand ein weiteres Schulgebäude. Seit der Fusion des *Heidberg-Instituts* mit dem *Collège Patronné* nennt sich die Schule *Pater-Damian-Schule*. Sie genießt über die Stadtgrenzen Eupens hinaus einen guten Ruf. 2014 wurde in den inzwischen von der DG übernommenen Klosterbauten das *Seminar- und Eventzentrum Kloster Heidberg* eröffnet.

Die tapfere Nonne vom Heidberg

Eine Episode aus der langen Geschichte des Klosters: In der Nacht zum 1. Mai 1740 wurden die Schwestern von einer damals von der Bevölkerung *Bockreiter* genannten Räuberbande heimgesucht. Eine Schwester, die fliehen konnte, stieg beherzt den Glockenturm hinauf und schlug mit einem Hammer die Kirchenglocke. Daraufhin flüchtete die Bande und ließ sämtliches Diebesgut zurück. Übrigens wurden die lange Zeit das Land unsicher machenden Räuber *Bockreiter* genannt, weil man sich erzählte, sie ritten, das Gesicht mit einem Tuch verdeckt, rücklings auf Ziegenböcken durch die Lüfte, womit man sich ihr plötzliches Auftauchen erklärte. Der Bock galt als eine Verkörperung des Teuflischen. Die tapfere Schwester scheinen die von Aberglauben geprägten Geschichten wenig beeindruckt zu haben.

Stockem

Die Hochbank Baelen war schon früh in mehrere große Grundherrschaften eingeteilt, die Lehensgüter des Herzogs von Limburg waren. Eine bedeutende Grundherrschaft im Gebiet Eupens war die der Herren von Stockem. Sie zerfiel im Laufe der Zeit in eine Reihe von Lat- oder Lehnshöfen mit eigener Gerichtsbarkeit. Der Lehnshof Stockem war der bedeutendste darunter. Auf seinem Gebiet lag auch der Ortskern der heutigen Stadt Eupen mit der Nikolauskirche und dem Marktplatz. Das Gebiet der heutigen Unterstadt gehörte damals noch zum Hertogenwald, der dem Herzog von Limburg unterstand.

Die **Burg Stockem** (vom Marktplatz aus über die Hufengasse, dann am Rotenbergplatz halbrechts in die Straße namens Stockem) wird erst Mitte des 14. Jh. urkundlich erwähnt. Die Anlage wurde mehrfach umgebaut und restauriert, zu Beginn des 16. Jh. (1502) wohl sogar teilweise neu errichtet. Der nach Auskunft einer Inschrift 1634 weitgehend neu erbaute Wirtschaftshof fiel 1778 überwiegend einem Feuer zum Opfer. Die Burg war offensichtlich schon im frühen 17. Jh. stark heruntergekommen und zerfallen.

Die heutige Anlage mit ihren Wirtschaftsgebäuden

Heidbergkloster, neogotische Kapelle

Eupen, Burg Stockem, Torbau, 18. Jh.

und Resten runder Flankierungstürme stammt überwiegend aus dem 18. und 19. Jh. Trotz erheblicher Veränderungen vermittelt sie doch noch einen gewissen Eindruck von einem befestigten Bauernhof früherer Zeiten. Elegant wirkt der liebevoll wiederhergestellte doppelgeschossige **Torbau** aus dem 18. Jh. (1778) mit der risalitartig vorgenommenen, von einem Dreiecksgiebel bekrönten Mittelachse. Er wird von zwei aus Backstein gemauerten Rundtürmen flankiert, von denen der östliche allerdings erst aus dem 19. Jh. stammt. An der Südseite des Hofes ragt, zurückliegend und von Backsteinbauten weitgehend verdeckt, der

Michaelskapelle, 17. Jh., Stockem

ehemalige, 1502 neu errichtete, leider heute durch ein Satteldach und die späteren Anbauten entstellte Bergfried auf mit seinem mächtigen Mauerwerk. Er war früher von einem Wassergraben umgeben.

Wenn man die Straße Stockem weiter stadtauswärts geht, an der oktogonalen **Michaelskapelle** aus dem 17. Jh. mit ihrem schlichten Barockaltar (18. Jh.) und einer Figur des hl. Michael vorüber, gelangt man an die verkehrsreiche Vervierser Straße. Gehen Sie an dieser Landstraße etwa 400 Meter nach links (Richtung Baelen), dann treffen Sie auf die interessante **Klosterkirche Garnstock** (s. Baelen, S. 216 f.).

Gespenster und Aberglaube

Unsere Vorfahren waren abergläubisch. Das gilt für die Menschen in Deutschland wie etwa auch in Italien, Frankreich, Polen oder in der Wallonie. Das gilt natürlich auch für die Menschen früherer Jahrhunderte in Eupen. Nur wenig von ihren Vorstellungen von Geistern, Gespenstern, Unglücksboten usw. ist uns heute noch bekannt. Überliefert aber ist, dass es oberhalb der Stockemer Burg einen Barockbau gab, der nie fertiggestellt wurde und lange als verfallender Rohbau dastand. Die Leute erzählten sich, immer wenn der Schreiner die Fensterrahmen eingesetzt habe, seien sie über Nacht gleich wieder verschwunden – von Geisterhand natürlich. Schließlich habe der Bauherr darum auf eine Fertigstellung seines Hauses verzichtet und es unvollendet gelassen. Niemand, ob Kind oder Erwachsener, konnte im Dunkeln ohne Gruseln an dem Gemäuer vorübergehen. Wenn die von ihren Eltern geschickten Kinder zur Burg kamen, um den dort hergestellten Käse zu kaufen, nahmen sie am Spukhaus die Beine in die Hand und liefen, so schnell sie konnten.

Auf dem Heidberg strich nachts die *Rahmejuffer* umher, eine üble Gestalt, die sich an den Rahmen zu schaffen machte, die dort zum Trocknen und Spannen der Wolltuche aufgestellt waren.

Als letztes Beispiel für den Spukglauben der einstigen Eupener Bevölkerung: Wie in Aachen gab es auch in Eupen ein *Baakauf*. Das lichtscheue zottige Ungeheuer mit seinem unförmigen Ochsenkopf und mächtigen Schwanz soll sich nachts Menschen, die in der Nähe des Stadtbaches unterwegs waren, von hinten genähert haben, um den zu Tode Erschrockenen seine Vorderbeine über die Schultern zu legen und ihnen bis nach Hause zu folgen. Sobald der arme Mensch aber zu Hause die Tür öffnete und ins Licht trat, war das scheußliche

Unwesen verschwunden. Es drängt sich der Verdacht auf, dass die Geschichte von biederen Eupener Ehefrauen zwar vielleicht nicht erfunden, wohl aber gerne in Umlauf gehalten wurde, um den Kneipenbesuch ihrer Männer in Grenzen zu halten. Wenn man weiß, dass *Baakauf* eigentlich schlicht *Bachkalb* bedeutet, hört sich die Geschichte übrigens schon längst nicht mehr so schrecklich an. Zudem: Es ist auch nicht überliefert, dass das Baakauf jemals einem Menschen wirklich etwas Schlimmes angetan hätte.

Pfarrkirche St. Katharina, Eupen-Kettenis

Kettenis

Auch in der landschaftlich reizvollen **Umgebung Eupens** gibt es viel Interessantes und Schönes zu entdecken: Burgen, kleine Schlösser und Herrenhäuser, alte Bauernhöfe, Kirchen, Kapellen und die für die Region so typischen Fußfälle am Wegesrand. Ich schlage einen Abstecher zum nahe gelegenen, heute zu Eupen gehörenden Dorf **Kettenis** vor, wo besonders die **Pfarrkirche** und das **Schloss Libermé** einen Besuch wert sind. Der Ort gehörte im Mittelalter zur Bank (Verwaltungs- und Gerichtsbezirk) und bis 1648 auch zur Pfarre Walhorn. Walhorn oder *Harna* war in karolingischer Zeit Königshof gewesen (gegründet vermutlich um 850), dessen Aufgabe es war, zum Unterhalt der Aachener Pfalz beizutragen. Im Jahre 1072 hatte Heinrich IV. den Königshof dem Aachener Marienstift zum Geschenk gemacht. Ein wahrhaft königliches Geschenk, umfasste das Grundgebiet des Hofes doch neben Walhorn selbst auch den Grund und Boden der heutigen Orte Kettenis, Eynatten, Hauset, Hergenrath, Raeren und Lichtenbusch, ja selbst noch des heute zu Aachen gehörenden Weilers Sief samt der darauf lebenden und wirtschaftenden Grundholden – auch wenn damals hier noch ausgedehnte Waldflächen bestanden.

Pfarrkirche St. Katharina (Winkelstr. 1): Inmitten eines eingefriedeten Kirchhofs steht das aus heimischem Blaustein errichtete Gotteshaus des Dorfes. Vermutlich im 14. Jh. war in Kettenis eine neue Kirche erbaut worden – die ältere stand an anderer Stelle –, von der sich der schwere, fast ungegliederte Turm des jetzigen, der hl. Katharina von Alexandrien geweihten Gotteshauses erhalten hat. Ende des 15. Jh. begann man abermals mit einem Neubau. Man errichtete ein dreischiffiges Langhaus, an das man einen fünfseitigen, schmalen Chor anfügte. Nach der Loslösung von der Mutterpfarre im benachbarten Walhorn (1648) wurde 1691 eine zweijochige Taufkapelle an die Südseite des Turms angebaut. Die ursprünglich spitzbogigen Fenster der Seitenschiffe wurden im 17. oder 18. Jh. zu rundbogigen umgestaltet, während der Chor eine ursprünglichen spitzbogigen behalten hat. Nur das Fenster im Scheitel der Apsis wurde später zugemauert. Dort steht heute eine Figur der hl. Katharina, der Patronin der Kirche. Der schwere Turm trägt eine weithin sichtbare, spitze, achtseitige Schieferhaube. Das ebenfalls verschieferte Dach des Langhauses ist über die Seitenschiffe herabgezogen. Auch seine beachtliche, dunkelschimmernde Fläche ist für die wuchtige Gesamtwirkung des Gebäudes mitverantwortlich.

Das Innere: Wir betreten eine dreischiffige Hallenkirche mit erheblich erhöhtem Mittelschiff (Stufenhalle), das wie der Chor von einem spätgotischen Netzgewölbe überspannt wird. Im Chor präsentieren die mittleren Schlusssteine Figürchen des Erlösers, der hl. Katharina und eines Engels, die seitlichen Wappenschilde, während an den Ausgangspunkten der Rippen in barocker Zeit Engelsköpfchen angebracht wurden.

Pfarrkirche St. Katharina, Eupen-Kettenis

Sakramentshäuschen und barocke Muschelnischen mit Figuren; rechts: hl. Barbara, 16. Jh.

Zu den schönen Ausstattungsstücken der Kirche gehört vor allem der **barocke Hochaltar** aus der zweiten Hälfte des 18. Jh., der an den in der Eupener Nikolauskirche erinnert und vielleicht ebenfalls von Couven entworfen worden ist. Das Altarbild wurde 1750 von dem Italiener Bernardini gemalt. Es zeigt die Enthauptung der hl. Katharina. Die Vorderseite des Tabernakels schmückt ein Relief der Opferung Isaaks, einer alttestamentlichen Präfiguration (Vorausdeutung) des Opfertodes Christi.

Die Seitenaltäre stammen erst aus dem 19. Jh., doch ist das Ölbild des südlichen (rechts) älter. Es entstand bereits im 17. Jh. Auf ihm wird die hl. Anna dargestellt, die ihre Tochter Maria auf eine Stelle in der Heiligen Schrift hinweist. An der Nordwand des Chores sehen wir ein schlichtes **Sakramentshäuschen** aus Blaustein auf polygonaler, teilweise gedrehter Säule, darüber eine barocke Muschelnische mit seitlichen Voluten und Fruchtgehängen, in der eine hölzerne **Statue der hl. Barbara** aufgestellt ist, die auf den Beginn des 16. Jh. zurückgeht.

An der gegenüberliegenden Wand birgt eine hölzerne Nische eine ebenso hübsche **Figur der hl. Katharina** gleichen Alters, die in der Hand ein Buch hält, Zeichen ihrer hohen Bildung und Weisheit, mit der sie die Philosophen und Gelehrten Alexandrias beeindruckte und zum Christentum bekehrte. Sie setzt einen Fuß auf das Haupt eines bärtigen Königs. Der Turban, den er auf seinem Haupte trägt, soll ihn als Heiden kenntlich machen. Gemeint ist der römische Kaiser Maxentius, der nach der Legende die Hinrichtung der Königstochter befohlen haben soll, weil sie nicht bereit war, ihren Glauben an Christus zu verleugnen. Auf dem Schalldeckel der schlichten Kanzel aus dem 18. Jh. steht der hl. Michael, der den teuflischen Drachen ersticht.

Die beiden zweigeschossigen **Häuser aus Blaustein** mit dem Mansarddach schräg gegenüber der Kirche (Winkelstr. 8/10) entstanden gegen Ende der 18. Jh. Auf dem Schlussstein des segmentbogigen Portalsturzes des linken ist die Jahreszahl 1790 zu lesen.

Wohnhaus aus dem 18. Jh., Eupen-Kettenis, Winkelstr. 8

Schloss Libermé, Eupen-Kettenis

Arme Weber

Die Bevölkerung des Dorfes Kettenis verdiente in früheren Jahrhunderten ihr karges Brot weitgehend durch das Weben von Wolltuchen. In den 1880er Jahren soll das noch bei zwei Drittel der Menschen der Fall gewesen sein. Oft genug reichte der Verdienst nicht aus, um den Hunger zu stillen. Im 18. Jh. verfasste man in einem der Nachbardörfer ein Spottlied über die armen Ketteniser Weber, das zu handfesten Schlägereien Anlass gab:

Die Leineweber nehmen keinen Lehrjungen an,
der nicht sechs Wochen fasten kann.
Die Leineweber schlachten alle Jahr zwei Schwein,
das eine ist gestohlen, und das andere ist nicht sein.

Es ist gut, sich die Armut der kleinen Weber zu vergegenwärtigen, die für die Verleger arbeiteten, deren prächtige Stadthäuser wir in Eupen bewundert haben. Der Reichtum und Luxus der Fabrikanten und Kaufleute und das Elend der kleinen Leute sind nicht voneinander zu trennen.

Besonders sehenswert ist das **Schloss Libermé** an der nach Aachen führenden Straße kurz hinter Kettenis (links, etwa 100 m von der Landstraße, Privatbesitz). Bereits für das Jahr 1334 ist das Stocklehen Libermé als Besitz des Aachener Marienstiftes bezeugt. Ab 1534 wurde ein Neubau mit Vorburg und Bauernhof errichtet. Das Hauptgebäude wurde 1684 von französischen Truppen niedergebrannt, aber wieder aufgebaut. Ein erneuter Wiederaufbau erfolgte nach einem Brand im 18. Jh. Zu Beginn des 20. Jh. wurden der Südwestflügel aufgestockt, das Schloss komplett renoviert und mit einem neuen Mansarddach versehen. Die Vorburg mit Bauernhof stammt aus dem 16. Jh.

Das L-förmige, von einem breiten Wassergraben und schönem alten Baumbestand umgebene Schloss, zu dem eine kleine Steinbrücke (Mitte des 18. Jh.) hinüberführt, präsentiert sich zur Straße hin mit einer zweigeschossigen Hausteinfassade über hohem Sockelgeschoss und schiefergedeck-

Schloss Libermé, Eupen-Kettenis

Schloss Libermé , Vorburg, Eupen-Kettenis

tem Mansarddach sowie Kegelhaube. Über eine Treppe erreicht man die Belétage. Auf der anderen, der Straße abgewandten Seite trägt das noch erhaltene Fachwerk des Obergeschosses besonders zu der ausgesprochen reizvollen Wirkung des weithin sichtbaren Baus bei. An der Straßenfront wurde es 1919 durch Mauerwerk ersetzt. Sonst zeigt sich das Schloss heute im Wesentlichen in der Gestalt, die es bei der Wiederherstellung nach einem Brand im 18. Jh. erhielt.

Mit dem Schloss ist eine bemerkenswerte **Vorburg** mit Bauernhof – ursprünglich aus dem 16. Jh. – verbunden. Aus dieser Zeit stammt noch das von zwei Türmen mit hohen Sockeln und spitzen, achteckigen Schieferdächern flankierte Tor. Die heute bewohnte Torburg (für den an der Landstraße stehenden Betrachter durch einen jüngeren Blausteinbau verdeckt) trägt das Datum 1534 (in einem Fenstersturz). Auf dem Bogen der einstigen Durchfahrt sehen wir seitlich die Wappen des Erbauers und vermutlich seiner Gattin. Dem Tor schließt sich (südwestlich) ein insgesamt fünfachsiges, geknicktes Gebäude mit Satteldach an.

Nördlich des Torbaus erstreckt sich ein langer, zweigeschossiger Wohnbau, ebenfalls aus Blaustein. Er besteht aus drei aneinandergereihten Häusern (Nr. 308-312). An dem rechten bilden angebrachte Ankereisen die Jahreszahl 1835.

In Kettenis und seiner unmittelbarer Umgebung gibt es noch weitere Schlösser und Herrenhäuser. Das **Wasserschloss Groß-Weims** (Weimser Str. 52-54), ein massiver, zweigeschossiger Wohnturm hinter zwei langen parallelen Wirtschaftsgebäuden und einer hohen Lindenallee, wird 1334 erstmals urkundlich erwähnt. Die Errichtung des heutigen Wohnturms erfolgte im 16. Jh. 1756 wurde er restauriert und modernisiert.

Die **Wirtschaftsgebäude** waren früher ebenfalls von einem Wassergraben umgeben. Sie bestehen aus

Wasserschloss Groß-Weims, Eupen-Kettenis

Schloss Thal, Eupen-Kettenis

zwei langen Flügeln aus verschiedenen Epochen. Das Ende des rechten Flügels zum Wohnturm hin stammt wohl noch aus der Wende vom 16. zum 17. Jh. Daneben befindet sich eine Wageneinfahrt, die auf der dem Hof abgewandten Seite ein steinernes Rundbogentor präsentiert, das früher mit einer Zugbrücke versehen war. Auf der Hofseite sehen wir weiter rechts über dem aus Blaustein gemauerten Parterre Ankereisen, die die Jahreszahl 1761 bilden.

Schloss Thal (1758/59, Talstr. 32) errichtete kurz vor seinem Tode der Eupener Tuchfabrikant Reiner Franz von Grand Ry (1716–1777) an der Stelle eines schon gegen Ende des 16. Jh. erwähnten Baus im Ketteniser Ortsteil *im Tal*. Der wohlhabende Fabrikant war zwanzig Jahre zuvor Bürgermeister Eupens gewesen.

Das in einem Park gelegene Landschlösschen besteht aus einem zweistöckigen Hauptgebäude mit fünf Fensterachsen, an das sich beidseitig Anbauten zu je zwei Achsen anschließen. Leider wurden im frühen 19. Jh. die schönen Kamine und die Tapeten (heute im Museum in Verviers) veräußert. Zeitweilig stand das Schlösschen leer. Einer der wechselnden Besitzer quartierte in den 80er Jahren des 19. Jh. in dem Haus vierzehn Weberfamilien ein, die hier zweiundvierzig Webstühle aufstellten. Später wurde in Schloss Thal ein Hotel-Restaurant eingerichtet. Auch diente es zeitweilig als Ferienaufenthalt für Heimkinder. Erst in den 80er Jahren des 20. Jh. wurde das schöne Gebäude einer grundlegenden Renovierung unterzogen. Auch der Park wurde wieder instand gesetzt.

In Kettenis-Merols liegen das hinter Bäumen und Buschwerk verborgene **Waldenburghaus** (17. Jh., Hochstr. 265-269) mit seinem stillen Weiher und das in den Wiesen weithin sichtbare **Philippenhaus** (18. Jh., Hochstr. 272). Auch diese beiden Schlösser sind für Besucher nicht zugänglich.

Das **Waldenburghaus**, auch Schloss Merols genannt, besteht aus dem imposanten Bau des Herrenhauses mit rechteckigem Grundriss und einem dreiflügeligen Bauernhof. Das Herrenhaus des bereits im 14. Jh. als *Hooghuis von Merols* bekannten Anwesens war ursprünglich eine einfache Wasserburg. Der heutige zweigeschossige Ziegelbau auf hohem Bruchsteinsockel mit sieben Fensterachsen stammt aus dem 17. bis 18. Jh.

Der dreiflügelige, mit dem Schloss durch eine kleine Steinbrücke über dem Wassergraben verbundene Wirtschaftshof in U-Form aus Bruchstein geht auf das 17. und 18. Jh. zurück (im Wesentlichen auf das Jahr 1669) und ist weitgehend in seiner ursprünglichen Form erhalten. Dazu gehören u. a. das Eingangsportal mit Wagenschuppen im Nordwesten, die beiden Wohntrakte des nord-

Waldenburghaus bzw. Schloss Merols, Eupen-Kettenis

westlichen und südöstlichen Flügels mit den wappenverzierten Eingängen sowie das Portal und der danebenliegende Schuppen im Südosten. Das Waldenburghaus ist schon wegen seines guten Erhaltungszustands ein wichtiges Zeugnis einer Hofanlage, die das Repräsentationsbedürfnis seiner einstigen adeligen Besitzer widerspiegelt.

Philippenhaus: An der Stelle des heutigen großen, zweigeschossigen Herrenhauses aus dem 18. Jh. (Baubeginn: 1767) stand ursprünglich eine Wasserburg mit dem Namen *Hof Merols*. Von der Wasserburg sind nur einige Spuren der Gräben im Nordwesten erhalten. Leider verunstalten neuere Wirtschaftsgebäude das Umfeld.

Gastronomische Hinweise: Das von Radfahrern und Wanderern gerne angesteuerte Restaurant *Haus Ternell* (Ternell 2/3; Tel.: 0032 (0)87 / 30 00 48; **www.ternell.be/restaurant**) liegt etwa auf halber Strecke zwischen Eupen und dem (deutschen) Venn-Dorf Mützenich an der Landstraße mitten im Wald. Hier kann man unter alten Kastanienbäumen Kaffee oder belgisches Bier trinken und Kuchen oder auch etwa Herzhaftes essen.

In Eupen gibt es angesichts der bescheidenen Größe des Städtchens eine erstaunliche Fülle guter und sehr guter Restaurants und Cafés, die wir hier unmöglich alle würdigen können.

Gehobene Kochkunst bieten in der Eupener Unterstadt das in einem alten Bürgerhaus eingerichtete, sehr gemütliche Restaurant *Arti'Choc* (Haasstr. 38; Tel.: 0032 (0)87 / 55 36 04; **www.artichoc-eupen.be**) und das Restaurant *Visé* (Haasstr. 63; Tel.: 0032 (0)87 / 55 31 27; **www.restaurant-vise.eu**).

Empfehlenswert und etwas weniger teuer ist das Restaurant *Ratskeller* in der Oberstadt unweit des Marktes (Klötzerbahn 2; Tel.: 0032 (0)87 / 30 16 01; **www.ratskeller-eupen.be/de**), wo man u. a. gut Muscheln oder Bouletten nach Lütticher Art essen kann.

Einfache Gerichte, Kaffee, Eis und ein gutes belgisches Bier erhalten Sie auch rund um den Markt, im Sommer auch im Freien unter großen, schattenspendenen Bäumen. Besonders empfehlenswert: *Café Fonck* (Tel.: 0032 (0)87 / 35 50 49; **www.fonk.info/baeckerei/belgien/filiale-eupen-oberstadt**).

Wesertalsperre, Eupen

Hohes Venn

Empfehlenswert ist das Eiscafé *Panciera* (Marktplatz 3). Bei der Weltmeisterschaft *Gelato World Tour* in Rimini hat Egidio Panciera mit seiner Eissorte *Isabella Traube* 2017 die Silbermedaille gewonnen (**www.panciera.be**).

Empfehlungen für Wanderer und Radfahrer

Wanderungen (1-6)

Der **Hertogenwald** westlich von Eupen gehört zu den schönsten und größten Waldgebieten in Belgien. Auch das Naturschutzgebiet **Hohes Venn** ist gut erreichbar.

1) Vom Fuß der Straße *Frankendelle* in der Unterstadt aus (Parkmöglichkeiten in der Umgebung) führt ein **durchgehend mit einem roten Rechteck markierter Wanderweg** überwiegend durch Wald zur Eupener Talsperre (Baubeginn: 1935, Fertigstellung: 1951).
Start: gegenüber dem Hotel Bosten am Kreisverkehr in der Unterstadt.
Länge: 10 km
Knotenpunkte: 88, 20, 25, 81, 78, 35, 16, 66, 72, 9, 46, 47, 51, 35, 55, 69, 89, 20, 88
Anstiege: 160 m
Einkehrmöglichkeit: Caféterrasse mit Seeblick am Besucherzentrum Wesertalsperre (Langesthal 164; Tel. (Besucherzentrum): 0032 (0)87 / 74 31 61; **www.eupener-talsperre.be**)

2) Vom Parkplatz des Besucherzentrums (**www.eupener-talsperre.be**, im Winter nur Sa. u. So. von 11-18 Uhr geöffnet) an der Staumauer des Eupener Stausees aus (Langesthal 164) führt ein **durchgehend mit einem liegenden roten Rechteck auf weißem Grund markierter, asphaltierter Wanderweg** rund um den See.
Länge: ca. 14 km
Anstiege: nur mäßig
Einkehrmöglichkeit: Caféterrasse mit Seeblick am Besucherzentrum Wesertalsperre (Langesthal 164, Tel. (Besucherzentrum): 0032 (0)87 / 74 31 61, **www.eupener-talsperre.be**)

3) An der Straße von Eupen nach Monschau (N67) finden Sie – zwischen dem Natur- und Informationszentrum der Deutschsprachigen Gemeinschaft Belgiens **Haus Ternell** (Ternell 2/3, Einkehrmöglichkeit s. o.) und dem schon auf der deutschen Seite gelegenen Dorf Mützenich – einen interessanten und gut beschilderten **Natur-**

Hohes Venn

lehrpfad (Länge: 3,8 km) mit Bretterstegen im Platten Venn (rechts der Straße, Parkplatz etwas dahinter links).

4) ✱ und 5) Vom Haus Ternell aus (Ternell 2/3; Tel.: 0032 (0) 87 / 55 23 13; **www.ternell.be**, Parkplatz, Einkehrmöglichkeit s. o.), **Höhe:** ca. 500 m) gibt es schöne **Wandermöglichkeiten auf markierten Wegen**. Zudem werden im Winter attraktive Strecken für den **Ski-Langlauf** gespurt. Skier können vor Ort ausgeliehen werden.

4) ✱ Von Haus Ternell aus führt ein **mit einem grünen Kreuz auf weißem Grund markierter Weg** durch die malerischen Täler des Getzbachs (aufwärts) und der Hill (abwärts).
Länge: 8 km
Knotenpunkte: 62, 71, 5, 49, 25, 36, 96, 62
Anstiege: 180 m
Hinweis: festes und hohes Schuhwerk erforderlich

5) Von Haus Ternell aus führt ein **mit einem roten Rechteck auf weißem Grund markierter Weg** durch die malerischen Täler der Hill (aufwärts) und des Getzbachs (abwärts) sowie durch Heide und Moorgebiete des Venns (Allgemeines Venn, Brackvenn, Nahtsief). Auch schöne, weite Aussichten über die Vennlandschaft werden geboten.
Länge: 20 km
Knotenpunkte: 62, 71, 24, 64, 17, 84, 1, 77, 80, 71, 76, 63, 32, 95, 46, 65, 39, 96, 62
Anstiege: 180 m
Hinweis: für gut Trainierte; festes und hohes Schuhwerk erforderlich

Lebensfeindliches Wasser

Das aus dem Hochmoor – etwa über die Hill und den Getzbach – abfließende Wasser ist sauer und enthält wenig Mineralstoffe. Dadurch ist die Entwicklung von Leben im Wasser erheblich eingeschränkt. Fische können hier nicht überleben. Blühende Pflanzen fehlen. Auch gibt es nur wenig Algen und Moose. Dass wir mitunter auf der Oberfläche des braunen Wassers eine beträchtliche weißliche Schaumbildung beobachten können, hat nichts mit einer Verschmutzung des Wassers zu tun. Das uns zunächst befremdlich anmutende Phänomen wird vielmehr durch aus den Torfmooren mitgeführte Elemente mit einer schäumenden Wirkung (pflanzliche Saponide, ungesättigte Fettsäuren) hervorgerufen.

6) Vom Eupener Marktplatz aus führt ein **mit einem grünen Rechteck auf weißem Grund markierter Wanderweg** durch grünes, von Weißdornhecken eingefasstes Wiesenland. Dabei passiert der Wanderer fünf Schlösschen. Im Touristen-Informationsbüro in Eupen (Marktplatz 7) ist dazu ein Faltblatt erhältlich.
Start: Eupener Marktplatz
Länge: etwa 10 km

Radtouren (1-2)

Von Haus Ternell aus kann man verschiedene schöne Radtouren unternehmen. Die Orientierung anhand nummerierter Knotenpunkte ist einfach. Ich empfehle die folgenden beiden Rundtouren:

1) Die durchgehend asphaltierte Strecke weist gleich am Anfang ein langes Steigungsstück von etwa 10 km Länge auf, das E-Bikern natürlich weniger Probleme bereitet als Radlern mit konventionellen Rädern. Es geht hier zunächst nur durch Wald. Haus Ternell liegt auf einer Höhe von etwa 500 m. Der Pannesterzkopf, den wir bei Knotenpunkt 63 passieren, hat eine Höhe von 662 m. Unser Weg erreicht hier etwa 640 m Höhe. Dann geht's über den zu Kalterherberg gehörenden Wei-

Fachwerkhof in Ruitshof

Fachwerkhof in Ruitshof mit typischer Rotbuchenhecke

Hohes Venn

Ausblick von Ruitshof aus

Die Rur bei Küchelscheid

ler Ruitshof, einer deutschen Enklave, umgeben von belgischem Gebiet, z. T. recht steil bergab nach Küchelscheid zum ehemaligen Bahnhof von Kalterherberg (deutsch-belgische Grenze). Hier befinden wir uns auf einer Höhe von etwa 509 m.

Einkehrmöglichkeit: Am ehemaligen Bahnhof können wir uns in einem alten Eisenbahnwaggon oder auf der Terrasse davor mit einer belgischen Waffel und einem Kaffee oder mit einem Eis für die Weiterfahrt stärken. Ganz in der Nähe (Küchelscheid) gibt es eine kleine Wirtschaft, in der allerdings nur Getränke angeboten werden.

Nun fahren wir die nächsten 11 km bis zum Knotenpunkt 24 stetig leicht bergauf auf der Trasse der einstigen Vennbahn. Wir befinden uns dabei auf deutschem Gebiet. Nach dem Ersten Weltkrieg musste das Deutsche Reich 1920 aufgrund des Versailler Vertrags die seit 1815 preußischen Kreise Eupen und Malmedy und damit auch St. Vith einschließlich der Vennbahn an Belgien abtreten. Darum ist der etwa 10 m breite Streifen der Vennbahntrasse noch belgisch, wo ihn deutsches Gebiet umgibt.

Zunächst begleitet uns die Rur. Nach etwa 1,5 km vom Kalterherberger Bahnhof aus sehen wir rechts einen Weiher und dahinter das alte Kloster Reichenstein.

Kloster Reichenstein

Hohes Venn am Steling

Vorsicht: den Abzweig von der Vennbahn in *Entenpfuhl* (Konzen) nicht verpassen (an Knotenpunkt 24, kurz vor der Querung der Bundesstraße B258). Nun folgt der landschaftlich und hinsichtlich seiner Vegetation schönste und interessanteste Abschnitt der Tour durch das Hohe Venn, am Berg Steling (658 m, links, vom Weg aus nicht sichtbar, Knotenpunkt 52) und am Steinley bzw. Imgenbroicher Venn (rechts) vorüber. Am Knotenpunkt 53 liegt hinter Büschen (nördlich) das Naturschutzgebiet Nahtsief und Brackvenn. Im Frühsommer ist es ein wunderbarer Anblick, wenn die watteartigen, weißen Schöpfchen des Wollgrases in der Sonne leuchten, vor allem morgens und ab dem späteren Nachmittag bei schräg stehendem Sonnenlicht.

Jetzt geht es ein langes Stück (ca. 4 km) fast nur noch bergab, den Getzbach entlang, der hier in einem mitunter fast schluchtartigen Tal zwischen Geröll und Feldblöcken dahinrauscht, um schließlich in die Wesertalsperre zu münden. Das Wasser ist übrigens braun vom Torf des Hochmoores, das der Bach mit sich führt. Fahren Sie nicht zu schnell, damit Sie die großartige Landschaft genießen können. Bei Knotenpunkt 54 biegen wir links ab und gelangen bald zum Haus Ternell.

Start: Parkplatz am Haus Ternell (s. o.)

Länge: ca. 35 km

Hohes Venn, Nahtsief

Getzbach

Hohes Venn bei Sourbrodt

Die Rur zwischen Küchelscheid und Sourbrodt

Blütenpracht am Vennbahnweg

Knotenpunkte: 84, 85, 63, 72, 38 (D), 27 (D), 25 (D), 24 (D), 51, 52, 53, 54

2) Das erste Drittel der Rundstrecke (bis zum Knotenpunkt 38) ist identisch mit der zweiten Hälfte der Empfehlung 1. Allerdings fahren wir in umgekehrter Richtung.
Start: Parkplatz am Haus Ternell (s. o.)
Länge: ca. 50 km; mehrere Steigungsstücke
Knotenpunkte: 54, 53, 52, 51, 24 (D), 25 (D), 27 (D), 38 (D), 42, 43, 79, 80, 83, 84, 54
Wir überqueren die Landstraße am Zebrastreifen und fahren in den Waldweg, der im rechten Winkel auf die Landstraße stößt. Dabei folgen wir den hölzernen Hinweisschildern mit den weißen Aufschriften *Talsperre, Neu-Hattlich, Getzbach*. Erst nach 1.200 m treffen wir auf Knotenpunkt 54 und damit auf das erste Hinweisschild für Radfahrer.
Ab Knotenpunkt 54 (Höhe etwa 480 m) folgt ein etwa 5 km langes, aber landschaftlich sehr reizvolles Steigungsstück, das Tal des zwischen Geröll und Feldblöcken rauschenden Getzbachs hinauf bis zum Knotenpunkt 53 (Höhe etwa 600 m). Am Knotenpunkt 53 liegt hinter Büschen (nördlich) das Naturschutzgebiet Nahtsief und Brackvenn. Bei gutem Wetter bezaubern im Frühsommer auf den Vennflächen die wie Wattebäuschchen aussehenden Schöpfchen des Wollgrases im Sonnenlicht, vor allem morgens und ab dem späteren Nachmittag, wenn die Sonnenstrahlen schräg einfallen. Wir passieren Knotenpunkt 52, den Berg *Steling* (658 m, rechts, vom Weg aus nicht sichtbar) und das *Imgenbroicher Venn* (links). Kurz hinter Knotenpunkt 51 überqueren wir unbemerkt die Grenze nach Deutschland und stoßen beim Knotenpunkt 24 auf den Vennbahnradweg, dem wir nun bis zum Knotenpunkt 43 im belgischen Bosfagne (Bahnhof Sourbrodt) folgen. Zunächst passieren wir die deutschen Vennorte Konzen und Imgenbroich (beide links), die für uns allerdings hinter Bäumen und Buschwerk weitgehend verborgen bleiben. Ein Stück hinter dem ehemaligen Bahnhof von Monschau sehen wir links hinter einem Weiher das alte Kloster Reichenstein.
Einkehrmöglichkeit: Siehe auch unter Empfehlung 1. Wenn man Zeit hat, lohnt sich an Knotenpunkt 38 ein Abstecher von ca. 1.000 m bergauf in Richtung der Knotenpunkte 72 und 71 zu *Carmens Café* (*le Café*) am Waldrand. Hier gibt es Kaffee

und Kuchen, Bier, manchmal Flammkuchen und Carmen, ein echtes Original. Im Sommer kann man unter Sonnenschirmen im Freien sitzen. Wohlgemerkt: Bringen Sie etwas Zeit mit. Mit Hast und Eile ist man bei Carmen Hensen nicht am rechten Platz (Auf dem Hau 46, B-4750 Küchelscheid; Tel.: 0032 (0)80 / 33 06 08; **carmenhensenlecafe.jimdo.com/**).

Vom einstigen Kalterherberger Bahnhof (Knotenpunkt 38, Höhe etwa 509 m) bis zum Knotenpunkt 43 (563 m) ist nochmals ein längeres, aber nicht steiles Steigungsstück zu bewältigen. Dabei radeln wir durch ausgesprochen schönes Gelände, in dem uns einige Zeit die hier noch ganz junge Rur begleitet. In Bosfagne/Sourbrodt erreichen wir eine Höhe von etwa 563 m.

Empfehlung: Die hervorragende Metzgerei *Schneider* in Bosfagne (am Knotenpunkt 43 noch etwa 100 m geradeaus) am Bahnhof von Sourbrodt (Rue de la Station 48; B-4950 Sourbrodt; Tel.: 0032 (0)80 / 44 60 38; **www.boucherie-schneider.be**) bietet Nahrhaftes von bester Qualität zu moderaten Preisen. Zum Verzehr im Freien sind Tische und Bänke aufgestellt. Bekannt ist die Metzgerei für ihre Venn-Wurstwaren und ihre geräucherten Produkte.

Der wohl schönste Abschnitt der Radstrecke ist der von Knotenpunkt 80 bis 84 bzw. zum Parkplatz. Hier bieten sich u. a. weite Aussichten über die Vennlandschaft, über Moor und Heide, ohne dass ein Haus oder sonst etwas, das auf Menschen hinweist, zu sehen ist, außer dem hier über eine längere Strecke geschotterten und bei stärkerem Gefälle dadurch rutschigen Weg, auf dem wir uns befinden. Ein Stück hinter Knotenpunkt 83 erreichen wir übrigens auch den höchsten Punkt unserer Radstrecke mit etwas über 600 m. Bei dem Bach, den wir am Ende der Gefällestrecke unten im Tal überqueren, handelt es sich um den Miesbach. Dann folgen wir der Hill, einem besonders reizvollen Weserzufluss und passieren dabei den Herzogenhügel, dessen Name daran erinnert, dass hier einst die drei Herzogtümer Limburg, Jülich und Luxemburg aneinanderstießen. Vom Hilltal aus geht es ein letztes Mal bergauf bis zum Knotenpunkt 84. Dabei blinkt unten im Tal zwischen den Baumstämmen die Hill. Ab Knotenpunkt 84 rollt es sich fast von alleine. Haus Ternell und der Parkplatz, an dem wir gestartet sind, liegen 1.200 m vor Knotenpunkt 54.

Café am ehem. Bahnhof Kalterherberg

Carmens Café bei Küchelscheid

In der Traditionsmetzgerei Schneider am Bahnhof von Sourbrodt

Kelmis / La Calamine

Zur etwas über 11.000 Einwohner zählenden (Stand 2018), 1977 durch Fusion entstandenen **Gemeinde Kelmis** (frz. *La Calamine*) gehören die Orte Hergenrath, Kelmis (früher Altenberg oder Neutral-Moresnet) und Neu-Moresnet (einst Preußisch-Moresnet). Die zweitgrößte Gemeinde in der DG liegt im Dreiländereck in unmittelbarer Nachbarschaft zu Vaals in den Niederlanden und Aachen in Deutschland (8 km). 37,5 Prozent der Einwohner haben nicht die belgische Staatsangehörigkeit. Die weitaus meisten darunter sind aus Deutschland zugezogen und arbeiten auch dort.

Sowohl der deutsche als auch der französische Name der Gemeinde Kelmis leitet sich von dem Erz Galmei ab. Das schon in der Römerzeit abgebaute Galmeierz benötigte man vom Mittelalter bis ins 18. Jh. vor allem für die Messingherstellung. Messing wurde gewonnen, indem man Kupfererz mit Galmei, vermischt mit Holzkohle, einschmolz, sodass sich die beiden Metalle zu einer gelblichen Legierung verbanden. Zentren der Herstellung der begehrten Messingprodukte durch die sog. Kupferschläger waren Dinant und später Aachen und Stolberg. Sie waren entsprechend auch die Hauptabnehmer des Galmeis aus Altenberg.

Grenzsteine am Dreiländerpunkt

Im Mittelalter gehörte die Grube Altenberg lange zur freien Reichsstadt Aachen, die sich ihre Besitzrechte 1423 in einer Urkunde durch König Sigismund bestätigen ließ. Doch schon 16 Jahre danach riss Herzog Philipp der Gute von Burgund den Altenberg an sich. Seitdem gehörte die Mine zum Herzogtum Limburg, das in Personalunion mit Brabant verbunden und mit diesem Bestandteil des burgundischen Staates war. Später gehörte Limburg zu den Spanischen, dann zu den Österreichischen Niederlanden. Die Verpachtung der Grube brachte gute Einnahmen. Erst seit Anfang des 17. Jh. betrieb die landesherrliche Verwaltung

Historische Karte von Neutral-Moresnet, Kelmis, Belgisch-Moresnet und Bleyberg/Altenberg (um 1875) (Foto: MVM)

die Mine zumeist in eigener Regie. Kaiserin Maria Theresia ließ die Lütticher Straße bauen, die den Galmeitransport zur Maas wie auch nach Aachen erheblich erleichterte.

Am **Dreiländereck** (nld. *Drielandenpunt*) markiert ein Grenzstein den Punkt, an dem die Grenzen Belgiens, Deutschlands und der Niederlande zusammentreffen. Die touristische Anziehungskraft dieses an sich wenig spektakulären Ortes ist erstaunlich groß: Ca. 800.000 Menschen kommen jedes Jahr hierher, besteigen auf dem mit 323 Metern höchstgelegenen Punkt der Niederlande einen Aussichtsturm, verzehren Pommes frites oder tummeln sich in einem aus Hecken angelegten Labyrinth. Heute steht der Dreiländerpunkt für das friedliche und freundschaftliche Miteinander der Bewohner der Euregio, für *Land ohne Grenzen*. Bis zu Beginn des 20. Jh. wurde von einem *Vierländerpunkt* gesprochen. In der Pflasterung rund um den Grenzstein, welche die hier zusammentreffenden Grenzlinien der drei Nachbarländer sichtbar macht, sind auch die eines heute nicht mehr bestehenden vierten Landes gekennzeichnet, die des einstigen neutralen Gebiets von Moresnet. Dieser Miniaturstaat, der als *Neutral-Moresnet* (dt. auch *Altenberg*) von 1815 bis 1919 zunächst zwischen den Niederlanden und Preußen, später zwischen Belgien und dem Deutschen Reich bestand, ist eine der größten Merkwürdigkeiten in der euregionalen Geschichte.

Nach dem 1814 in Waterloo endgültig erfochtenen Sieg über Napoleon wurde auf dem Wiener Kongress auch die Grenzziehung zwischen dem neu geschaffenen Vereinigten Königreich der Niederlande und der ebenfalls neuen preußischen Rheinprovinz verhandelt. Belgien bestand damals noch nicht. Besonders an einer Stelle westlich von Aachen herrschte Uneinigkeit über den genauen Grenzverlauf, da hier das Zinkerz Galmei abgebaut wurde, das man schon seit der Römerzeit zur Messingherstellung verwendete. Seit dem 19. Jh. aber benötigte man es auch zur Produktion des neuen Werkstoffs Zink, aus dem man preisgünstig Bleche, vor allem für die Dacheindeckung, für Dachrinnen, Badewannen, Eimer und andere Alltagsgegenstände fertigte.

Erst 1816 erreichte man nach Verhandlungen in Aachen einen Kompromiss: Man teilte das umstrittene Gebiet auf in das niederländische Moresnet im Westen (ab 1830 belgisch), Preußisch-Moresnet im Osten und ein neutrales, ca. 3,4 Quadratkilometer großes Gebiet, das einer gemeinschaftlichen Verwaltung unterstellt wurde und militärisch neutral bleiben sollte. Dieses **Neutral-Moresnet**, das man

Historische Darstellung der Galmeigrube, 19. Jh. (Foto: MVM)

Fotografie der Galmeigrube und des Verwaltungsgebäudes um 1900 (Foto: MVM)

sich als ein Provisorium vorstellte, erstreckte sich vom heutigen Dreiländerpunkt bis zur Lütticher Straße in Kelmis.

Zwei königliche Kommissare, ein preußischer in Aachen sowie ein niederländischer und ab 1835 ein belgischer Kommissar hatten die Aufsicht über das Gebiet und ernannten den Bürgermeister.

Bei seiner Entstehung lebten in dem Miniaturstaat nicht mehr als 256 Menschen. Durch die Entwicklung der **Zinkgrube** und einer **Zinkgießerei**, ab 1837 *Société des Mines et Fonderies de Zinc de la Vieille Montagne*, nahm die Einwohnerzahl jedoch stetig zu. Dazu trug wesentlich bei, dass die Steuern niedriger waren, die Löhne aber höher als in den Nachbarstaaten. So entstand ein buntes Miteinander von Deutschen, Wallonen, Flamen und Niederländern. Bis 1847 kamen auch viele junge Männer, um den Militärdienst zu umgehen. Kurz vor dem Ersten Weltkrieg zählte Neutral-Moresnet 4.668 Einwohner. Zwischen 1830 und 1860 war Moresnet mit den Goldgräberstädten vergleichbar, wie sie zwei Jahrzehnte später im Wilden Westen Amerikas entstanden, ein Magnet für Glücksritter und Entwurzelte. Wegen der in Moresnet nicht erhobenen Verbrauchssteuer blühte der Schmuggel, vor allem mit Alkohol. Manchem in Belgien, Deutschland oder den Niederlanden gesuchten Gauner gelang es hier, seiner Gefängnisstrafe zu entgehen. All dem stand nur ein, noch dazu nur mit einem Knüppel bewaffneter Gendarm gegenüber.

Zu Beginn des 20. Jh. gab es eine Gruppe von Esperanto-Anhängern, die aus Neutral-Moresnet einen Esperanto-Staat machen wollte. Eine der treibenden Kräfte war der damalige Chefarzt der Erzgrube, der nach 1881 auch stellvertretender Bürgermeister war. Im Jahr 1908 verlegte der Weltbund der Esperantisten seinen Hauptsitz von Genf in das kleine Moresnet.

Als man 1895 den Galmeibergbau einstellte, gab es eigentlich für das Königreich Belgien und das deutsche Kaiserreich keinen Grund mehr, das neutrale Gebiet zu erhalten. Dennoch bestand es bis zum Ersten Weltkrieg fort. Vermutlich interessierte sich die große Politik nicht sonderlich für das unbedeutende Fleckchen Erde. 1914 allerdings wurde es von deutschen Truppen besetzt. Im Versailler Vertrag musste Deutschland 1919 die volle Souveräni-

Ehem.Verwaltungsgebäude der Bergbaugesellschaft (1910), heute Museum

tät Belgiens über Neutral-Moresnet anerkennen. Neutral-Moresnet änderte seinen Namen in *Kelmis*, im Französischen *La Calamine*, das französische Wort für Galmei. Aus Preußisch-Moresnet, das nun mit den Kreisen Eupen und Malmedy ebenfalls an Belgien fiel, wurde Neu-Moresnet (zur Gemeinde Kelmis gehörend, etwa 2.400 Einwohner).

2018 wurde in Kelmis (Lütticher Str. 280/288) im ehemaligen **Verwaltungsgebäude** der einstigen Bergbaugesellschaft *Société Anonyme des Mines et Fonderies de Zinc de la Vieille Montagne* ein **Museum** (Museum Vieille Montagne) eingerichtet, das seine Besucher nachverfolgen lässt, wie es zum Bergbau kam, wie Neutral-Moresnet entstand und wie die Lebens- und Arbeitsverhältnisse dort waren. Auch werden Gebrauchs- und Alltagsgegenstände aus Zink ausgestellt (Öffnungszeiten: Mi.–Sa. und an jedem 1. u. 3. So. 10-17 Uhr; Tel.: 0032 (0)87 / 65 75 04; **www.mvm-kelmis.be**).

Das 1910 erbaute ehemalige **Verwaltungsgebäude** ist das markanteste erhaltene Baudenkmal des Zinkerzbergbaus in der Gemeinde Kelmis. Es ist größtenteils im originalen Zustand erhalten. Die Fassade (heute als Rückseite wahrgenommen) und das sehenswerte Treppenhaus im Inneren des Gebäudes sind wertvolle Zeugnisse der Architektur des beginnenden 20. Jh.

In der durch einen Giebel akzentuierten Mitte der gut gegliederten, zweistöckigen Fassade aus rotem Ziegelstein mit weißen Putzflächen über den breiten, rundbogigen Fenstern befindet sich der einst für die Direktion bestimmte Haupteingang. Der schlichtere Nebeneingang in der rechten Gebäudehälfte war für das Verwaltungspersonal vorgesehen. Zwischen den Geschossen in der Mittelachse und weiter oben an den Seiten sind drei mit Girlanden geschmückte Medaillons angebracht. Wir lesen: *Direction, V19* und *M10*. Die Buchstaben V und M stehen für Vieille-Montagne und die Zahlen 19 und 10 für das Erbauungsdatum 1910. Die Fenster sind teilweise noch im Originalzustand erhalten. In der Mitte der ebenfalls aus rotem Ziegelstein gemauerten, unten hell verputzten heutigen Vorderfassade, einst Rückfront, befindet sich ein großes Fenster mit farbiger Bleiverglasung (gelb und grün), das im Inneren das repräsentative Treppenhaus belichtet. Vier mit Girlanden versehene Medaillons schmücken die einstige Rückseite des Baus. Das gesamte Mansarddach hat eine Zinkeindeckung.

Treppenhaus im ehem. Verwaltungsgebäude der Bergbaugesellschaft (1910)

Im Inneren des Gebäudes ist vor allem das lichtdurchflutete Treppenhaus von Interesse mit seinen großen Fenstern und einem schönen Geländer. Die Flure sind mit einem mit Mosaiken und Arabesken dekorierten Terrazzo-Boden ausgelegt, der vor Ort gegossen wurde. Die Wände des Erdgeschosses sowie die des Treppenaufgangs sind mit Wandfliesen verkleidet, die an Leisten und Ecken Verzierungen zeigen. Die Gläser der Oberlichter und Türen sind teilweise aus Buntglas (grün und gelb).

Ebenfalls an der Lütticher Straße verdient der große Hof Nr. 323/325 unsere Beachtung. Der ***Hof Hirtz*** wurde im 17. Jh. aus Bruchstein erbaut und im

Hof Hirtz, Lütticher Str. 323/325

Casinoweiher, Kelmis

18. Jh. teilweise verändert. Auf dem Torbogen finden sich das Datum der Erbauung sowie die Initialen der Erbauer (Lambert Franck und Catharina Wertz).

Während der österreichischen Herrschaft im 18. Jh. befand sich in dem Hof der Sitz des Schöffengerichts. Den Namen Hirtz trägt er wohl erst seit der zweiten Hälfte des 18. Jh. Damals soll sich dort eine Herberge befunden haben, deren Herbergsschild ein Herz trug, von dem sich der Name *Hirtz* ableitet.

Der **Casinoweiher** genannte Stauweiher südlich der Lütticher Straße, da, wo die Casinostraße abzweigt (Parkplatz), wurde im 19. Jh. von der Bergwerksgesellschaft *Vieille Montagne* angelegt. Er diente als Wasserreservoir für die Wäsche der Galmeierze. Die Halden am Staudamm des Casinoweihers sind die Ablagerungen der Erzwäsche. Dort haben sich Pflanzen angesiedelt, die nur auf schwermetallhaltigen Böden vorkommen. Wir folgen dem Spazierweg, der dem Ufer des Weihers folgt, nur wenige Meter, um dann rechts auf die Halde zu steigen, wo wir die Pflanzen von Bretterpfaden aus betrachten können.

Eyneburg: Über dem Tal der Göhl erhebt sich malerisch die mittelalterliche Eyneburg (Hergenrath, Emmaburgerweg, leider schon seit einigen Jahren nicht mehr zugänglich). Sie ist eine der wenigen Burgen des Herzogtums Limburg, die auf einer Anhöhe liegen. Im 13. Jh. errichtet, wurde sie im Laufe der Zeit erweitert und verändert, besonders im 17. und 19. Jh. Die Benennung Emmaburg entstand im 19. Jh. Sie geht auf eine Sage zurück, nach der Emma, eine Tochter Karls des Großen, sich hier mit

Eyneburg, Burgturm

ihrem heimlichen Geliebten Einhard getroffen haben soll, einem wichtigen Berater ihres Vaters in der Pfalz zu Aachen, dann auch Biograf des Frankenherrschers. Emma soll Einhard – in der Sage Eginhard – nach einem nächtlichen Rendezvous durch den überraschend in der Nacht gefallenen Schnee in sein Schlafgemach zurück getragen haben, damit die Fußspuren des Mannes ihn nicht dem auf der Burg weilenden Kaiser verrieten. Die Bezeichnung Eyneburg rührt von dem bereits im 13. Jh. erwähnten Geschlecht der Herren von Eyneburg her, welches die Anlage bis ins 16. Jh. besaß.

Der älteste Teil der Burg ist der hohe, ganz aus Blaubruchstein erbaute Palas in ihrer Nordostecke, der sich von der Kapelle im Osten bis zu einem hohen runden Turm im Norden erstreckt. Das oberste Geschoss wurde nach einem Brand im Jahre 1640 aufgesetzt. Zum Hof hin wurden später noch weitere Veränderungen vorgenommen. Im Norden erhebt sich ein schwerer Rundturm des 13. oder 14. Jh. unter hohem, spitzem und kegelförmigem Dach mit starken Aufschieblingen.

Ihr romantisches, sich für jeden Märchenfilm als Kulisse eignendes Erscheinungsbild erhielt die Burg vor allem am Ende des mittelalter- und ritterbegeisterten 19. Jh. Damals kaufte der Aachener Tuchfabrikant Theodor Nellessen das halbverfallene Gemäuer und ließ es unter der Leitung des Straßburger Dombaumeisters Ludwig Arntz restaurieren und umbauen. Die Ritterburg sollte ihm künftig als Familiensitz dienen.

Arntz ließ auch die neogotische Kapelle errichten und beim Umbau Fachwerk verwenden, das für limburgische Burgen ganz untypisch ist, sich aber ausgesprochen pittoresk in das märchenhafte Gesamtbild einfügt.

Empfehlung für Wanderer

Interessant und reizvoll ist die folgende, **etwa 10 km lange Wanderung auf einem Rundweg, der mit einem grünen Rechteck markiert ist**.

Start: Parkplatz am Casinoweiher in Kelmis

Knotenpunkte (ab 2019)**:** 99, 15, 68, 53, 35, 49, 87, 77, 33, 99, 69, 41, 65, 80, 1, 18, 22, 46

Hinweis: Der Weg kann nach Regenfällen an einigen Stellen morastig sein

Von Kelmis aus gehen wir zunächst entlang eines Weihers und einer alten Minenhalde, die an den einstigen Galmeibergbau in Kelmis erinnert. Der

Galmeiveilchen

Weiher diente als Wasserreservoir, um Galmeierze zu waschen (s. S. 68). Die Halden sind heute von einer ungewöhnlichen Flora bewachsen, die Schwermetall verträgt. Hier blühen im Frühjahr und im Sommer Galmeiveilchen. Dann ist auch der Westfälische Schwingel anzutreffen. Hinter dem Weiher folgen wir ein Stück weit der Göhl. Im weiteren Verlauf kommen wir an der Eyneburg (s. S. 68 f.) vorbei, die leider nicht mehr zugänglich und seit längerer Zeit bereits dem Verfall preisgegeben ist. Dann geht's in den Wald. In Astenet haben wir Gelegenheit, uns das Château Thor anzusehen samt der Johanneskapelle. Auf der anderen Seite der Landstraße liegt Schloss Mützhof (s. S. 76). Später passieren wir das neogotische Katharinenstift. Hier befinden wir uns auf der sog. Lontzener Heide. Wiesen, Hecken und Obstbäume prägen dort das Landschaftsbild. Wir schauen weit bis zur Kirchturmspitze von Walhorn. Durch das Hohnbachtal geht's zurück nach Kelmis. Dass hier einst Bergbau betrieben wurde, ist heute kaum mehr zu erkennen. Die Natur hat sich ihren Raum längst zurückerobert.

In Kelmis gibt es eine Fülle von **Einkehrmöglichkeiten**, darunter eine gute Eisdiele. Zu moderaten Preisen kann man in dem einfachen, aber soliden Restaurant und Café *Living* essen (Kirchstr. 19; Tel.: 0032 (0)87 / 34 10 31).

Lontzen

Die heutige **Gemeinde Lontzen** im Nordwesten der DG mit ihren etwa 5.700 Einwohnern (Stand 2018) besteht aus den Orten Lontzen, Herbesthal und Walhorn mit Astenet. Die Dorfkerne der Ortschaften sind gut und liebevoll restauriert. Besonders das Dorf Lontzen mit seinen schönen, sich harmonisch in die Heckenlandschaft einfügenden Gebäuden ist sehenswert.

Geschichte: Funde von Keramikscherben deuten auf eine Besiedlung schon zur Keltenzeit hin. Die erste urkundliche Erwähnung stammt aus dem Jahre 1076. Damals schenkte der König Heinrich IV. die Vogteien Lontzen, Walhorn und Mesch (bei Montzen) dem Aachener Marienstift. Schon im 13. Jh. bildete ein wehrhafter Wohnturm Mittelpunkt der aus den beiden Dörfern Lontzen und Busch bestehenden Herrschaft Lontzen. Sie war durch die Schenkung des Salierkönigs eigentlich ein Reichslehen, eine Freie Reichsherrlichkeit des Aachener Marienstiftes, eine Enklave im Herzogtum Limburg, umgeben von den Banken Walhorn, Baelen und Montzen. Doch gewannen die wechselnden Herrscherhäusern angehörenden Herzöge von Limburg zunehmend Einfluss auf Lontzen. Dessen sich so entwickelnde doppelte Unterstellung unter das Aachener Marienstift und das Herzogtum Limburg, das seit 1714 Teil der Österreichischen Niederlande war, dauerte bis zum Ende des Ancien Régime im ausgehenden 18. Jh. an.

Pfarrkirche St. Hubertus in Lontzen

Mittelschiff und Chor der Pfarrkirche St. Hubertus

Lohnenswert ist ein Besuch der **Pfarrkirche St. Hubertus.** Eine erste Kapelle wurde 1328 durch eine Pfarrkirche ersetzt. Das dreischiffige Langhaus des heutigen Baus entstand im 18. Jh. (1768–1770). Architekt war der angesehene, aus Mailand stammende Aachener Baumeister Joseph Moretti. Der schwere Turm mit der hübschen Schieferhaube wurde erst 1910 errichtet. Ihm hat man das ältere barocke Rundbogenportal eingefügt.

Im Inneren des Gotteshauses finden wir eine dreischiffige Halle vor. Von Interesse ist der **Hochaltar** aus dem Jahre 1776 mit dem Bild der unbefleckten Empfängnis. Die Seitenaltäre sind aus der gleichen Zeit und Aachener Werkstatt. Anfang des 20. Jh. (vermutlich 1906–1908) wurde der Innenraum mit interessanten Wandmalereien ausgeschmückt, die man dem Art-déco-Stil zurechnet. Die figürlichen Darstellungen am Gewölbe des Mittelschiffs zeigen die von Engeln umgebene hl. Cäcilia an der Orgel, die Arche Noah mit der Aussendung der Taube, zwei am Lebensbrunnen trinkende Hirsche und das Lamm Gottes inmitten von Engeln und den vier Evangelisten. Ein Feld ist der Missionierung der Welt vorbehalten. In der Mitte sehen wir auf blauem Grund die Taube, Symbol des Hl. Geistes. An den Seiten sind Menschengruppen vor Goldgrund dargestellt: Im Norden erkennen wir den hl. Jakobus den Älteren, zwei Ritter und eine

Arche Noah, Aussendung der Taube, Gewölbemalerei im Mittelschiff

Frau mit Kind, im Süden – zumeist kniend – einen Araber, einen Indianer mit Federschmuck, einen Orientalen und eine weitere Person vor einem segenspendenden Priester.

Mit der Kirche verbinden sich zahlreiche pittoreske Häuser zum reizvollen Gesamtbild eines historischen Ortskerns. Stattlich ist das Haus Dorfstraße 44 aus der zweiten Hälfte des 18. Jh.

An der Schlossstraße (Nr. 33) liegt das **Schloss Lontzen** (B-4710 Lontzen), eine vierflügelige Anlage aus dem 15. bis 19. Jh.

Geschichte: Von dem wehrhaften Wohnturm des 13. Jh. war bereits die Rede. Er stand an der Stelle

Die hl. Cäcilia an der Orgel, Gewölbemalerei im Mittelschiff, St. Hubertus

Schloss Lontzen und Wegekreuz

des heutigen Schlosses und wurde 1288 im Zuge des Limburgischen Erbfolgekrieges zerstört. Wieder aufgebaut wechselte die Burg in den folgenden Jahrhunderten vielfach ihren Besitzer. Als Graf Johann Ludwig von Harscamp, General in kurpfälzischen Diensten und Gouverneur von Jülich, die mittelalterliche Burg 1732 erwarb, befand sie sich in einem ruinösen Zustand. Er ließ die vorhandenen Gebäudereste bis auf wenige Teile der Vorburg abreißen und um 1746 an gleicher Stelle ein Schloss bauen. Schon 1738 hatte er am südlichen Rand des Anwesens ein Eingangsportal errichten lassen. 1845 erwarb die begüterte Eupener Tuchmacherfamilie Grand Ry das Schloss. Andreas Julius von Grand Ry ließ das Herrenhaus von Grund auf erneuern und dabei seine Frontseite in klassizistischer Manier umgestalten. An die Bauarbeiten erinnert noch heute das Wappen der Familie Grand Ry über dem Haupteingang. 1882 kaufte der Aachener Tuchfabrikant Leo Nellesen die Immobilie. Die wertvolle Inneneinrichtung ging bei einem Brand im Jahre 1970 verloren. Das Schloss ist seit 1991 samt dem Wirtschaftshof (Vorburg) und dem umgebenden Park (nicht zugänglich) als Kulturdenkmal geschützt.

Baubeschreibung: Eine dreibogige Steinbrücke führt über einen Wassergraben zum zweigeschossigen Herrenhaus mit Mansarddach. Die beiden äußeren

Schloss Lontzen

Schloss Lontzen, Vorburg

Achsen der Fassade sind flügelartig vorgezogen. Den die Mittelachse mit dem Portal akzentuierenden Rundgiebel ziert das Wappen der Familie Grand Ry aus der Mitte des 19. Jh. Eine Freitreppe führt zum Haupteingang. Die großen Fenster haben stichbogige Rahmungen aus heimischem Blaustein. An der Nordwestseite kragt im Obergeschoss ein Kapellenerker aus dem späten 19. Jh. vor, mit Welscher Haube und offener Laterne.

In der **Vorburg** haben sich noch Reste erhalten, die bis ins 15. Jh. zurückgehen. Überwiegend aber stammen ihre etwa hufeisenförmig angeordneten Wirtschaftsgebäude (heute Privatwohnungen) aus dem 17. Jh. Türen und Fenster wurden im 19. Jh. verändert.

An der Nordwestecke erhebt sich ein wuchtiger Rundturm mit geschweifter polygonaler Haube, an der Südwestecke ein kleinerer. Das Schlossareal wird von einer Bruchsteinmauer eingefasst, die durch ein rundbogiges Portal im Süden Zugang gewährt. Über dem Tor erkennen wir das Wappen des Johann Ludwig von Harscamp und seiner Frau sowie die Jahreszahl 1738.

In Lontzen kann eine **dorfgeschichtliche Sammlung** mit Dokumenten und Bildern zur Geschichte der *Freien Herrlichkeit Lontzen* und zum hier früher so bedeutenden Bergbau besichtigt werden (auf dem Dorfplatz vor der St. Hubertuskirche im Dorfhaus; Öffnungszeiten: Feb.–Okt., 1. u. 3. Sonntag im Monat, 14-16.30 Uhr oder auf Vereinbarung; Nov.–Jan. nur jeden 1. So.; **www.drei-grenzen.be** oder **www.lontzen.be**).

St. Annakapelle in Lontzen-Busch

Die auf einer Anhöhe in Lontzen-Busch gelegene St. Annakapelle (1898, Kapellenstr. 21) birgt in einem neogotischen Schrein kostbare **Reliefs eines flämischen Schnitzaltars** aus dem 15. Jh. In der Mitte

Reliefe eines flämischen Schnitzaltars, 15. Jh., St. Annakapelle in Lontzen-Busch

Relief eines flämischen Schnitzaltars, 15. Jh., St. Annakapelle in Lontzen-Busch

Bürgerhaus, 1714, Lontzen

sehen wir ein vielfiguriges Relief der Kreuzigung Jesu. Die Seitenflügel zeigen Geißelung, Kreuztragung, Kreuzabnahme und Auferstehung des Herrn. In der ebenfalls aus dem 15. Jh. stammenden Predella sind Büsten Christi und der zwölf Apostel angebracht. Die beiden Seitenaltäre sind neogotisch (Öffnungszeiten: tägl. 9-19 Uhr).

An der Straße nach Busch (Schulstr. 31) ist ein zweigeschossiges **Bürgerhaus** aus rotem Ziegel und grauem Naturstein mit Walmdach von Interesse, das im Türsturz ein Doppelwappen trägt und die Jahreszahl 1714.

Der stattliche **Hof Weißhaus** (Neutralstr. 352 / Lütticher Str. 2, am nordwestlichen Rand der Gemeinde) wurde 1792 von Freiherr von Thiriart, Besitzer des nahe gelegenen Schlosses Mützhagen, als Bauernhof mit Herberge und Pferdewechselstation an der zur Zeit der Kaiserin Maria Theresia um 1750 erbauten Landstraße von Aachen nach Lüttich errichtet. In der zweiten Hälfte des 18. Jh. wurde die Straße gepflastert, etwas für die damalige Zeit noch absolut nicht Selbstverständliches. Als ab 1785 die Postkutsche zwischen Aachen und Lüttich über diese Chaussee verkehrte, bot sich für den Freiherrn von Thiriat die lukrative Möglichkeit, an dem Verkehrsweg ein Gut mit Herberge und Pferdewechselstation einzurichten, eine zweifellos lohnende Investition, zumal hier Passagiere aus Eupen in der warmen Wirtsstube auf die Kutsche warten konnten, um zuzusteigen. Das Weißhaus ist ein wertvolles Beispiel einer vollständig geschlossenen Hofanlage des 18. Jh., die in ihrer Gesamtheit bis heute ohne wesentliche Umbauten erhalten ist.

Weißhaus, 1792, Lontzen

Château Thor, Astenet

Château Thor, Toreinfahrt, 1732

Die Hofanlage ist aus geweißtem Ziegel und Blaustein errichtet. Das Wohnhaus trägt ein leider heute mit Eternitplatten gedecktes Mansarddach (an der den Giebelseiten abgewalmt) mit oktogonalem Türmchen auf der Firstmitte. Die Wirtschaftsbauten sind teils mit Sattel-, teils mit Mansarddächern versehen. Die rundbogigen Zufahrtstore, durch die einst Pferde- und Ochsengespanne ein- und ausfuhren oder das Vieh getrieben wurde, liegt im Nordwesten (Lütticher Str.) und im Südwesten (Neutralstr.), der zweigeschossige Wohntrakt im Nordwesten. Vier Stufen führen zur Eingangstüre der Hoffassade des Wohnhauses. Das Oberlicht zeigt dünne, strahlenförmig angeordnete Sprossen. Die Nordwestfassade zur Lütticher Straße hin hat sechs Achsen stichbogiger Öffnungen mit Keilstein in ungleichmäßigen Abständen. In der Fassadenmitte liegt das Portal. Heute ist in dem einstigen Gutshof ein Restaurant der gehobenen Art eingerichtet namens *La Maison Blanche* (Tel.: 0032 (0)473 / 86 50 44; **www.maison-blanche.be**).

Empfehlung für Wanderer

Die Gegend um Lontzen ist durch zahlreiche markierte Wanderwege erschlossen.

Etwa 100 m von der Kirche steht am Parkplatz an der Bergstraße eine Tafel mit einer gute Wanderkarte (ggf. mit dem Smartphone abfotografieren). Vom Dorfzentrum bzw. von dem Parkplatz aus sind vier Wege von 4, 7 und 9 km Länge gehbar.

Ein Spaziergang durch Lontzen führt an schönen Gehöften aus typischem Graustein aus dem 18. Jh. vorüber.

Astenet

In dem heute etwas über 600 Seelen zählenden **Dorf Astenet** (ca. 1,5 km von Lontzen entfernt) war im 14. bis 18. Jh. das Töpferhandwerk von Bedeutung. In dem winzigen Ort gibt es noch einige historische Häuser sowie das im Ortskern errichtete **Château Thor** (heute Hotel, Nierstr. 5). Seinen eigentümlichen Namen verdankt das Schloss dem 1732 vermutlich nach einem Entwurf des bedeutenden Aachener Baumeisters Johann Joseph Couven errichteten Torbau.

Château Thor hat seinen Ursprung in einer Brauerei, die im 14. Jh. dem Geschlecht derer von Astenet gehörte. Im Jahre 1652 wurde die Anlage vergrößert. Johann Heyendal baute im Jahre 1700 anstelle der Brauerei eine neue Anlage, die man nun *Castel* nannte. Seine Söhne erhielten 1732 die Erlaubnis, in der neu erbauten Schlosskapelle die Messe zu feiern und ließen 1738 den Gartenflügel errichten. Im 19. Jh. entstand der Turm in der Ecke zwischen Hauptgebäude und einen weiterem Flügel des Schlosses.

Die Gebäude gruppieren sich um einen schön gepflasterten Hof. Die Toreinfahrt im Nordosten befindet sich in einem kleinen Gebäude aus Bruchstein. Der Keilstein des Rundbogens zeigt die Jahreszahl 1732 unter dem Wappen der Familie Heyendal. Darüber findet sich eine barocke, fein gearbeitete Muschelnische mit einer Statuette der Muttergottes mit Kind. Auf beiden Seiten des Eingangs sind zwei große gekuppelte Rechteckfenster mit Gittern in das raue Mauerwerk eingelassen. Sie sind mit grauem Kalkstein eingefasst und mit Gittern versehen.

Kapelle bei Schloss Thor, Astenet

Die Familie Heyendal, die das Schloss erbaute, ließ 1724 auch die Johannes dem Täufer geweihte **Kapelle** wieder errichten, die wir an der Straße sehen. Der kleine Bau aus geweißtem Bruchstein steht im Schatten hoher Buchen und Linden. Der Altar stammt aus der Kapelle des Waldenburgshauses in Kettenis-Merols (s. S.55 f.).

Das auf der anderen Seite der Landstraße liegende **Schloss Mützhof** geht auf das 15. Jh. zurück, verdankt aber seine heutige Gestalt dem 17. (Rückseite) und dem 19. Jh. (Wirtschaftsgebäude). Der Mützhof war ursprünglich nur ein kleiner Bauernhof im Besitz des Geschlechtes derer von Astenet. Im 15. Jh. geht er an die Familie Weims, genannt Wambach, und wechselt in der Folge noch vielfach den Eigentümer.

Walhorn

Der als Königshof *Harna* um 850 gegründete Ort wird erstmals in einer Bulle des Königs Arnulf erwähnt, die dem Aachener Marienstift die *Nona*, also den neunten Teil der Einkünfte, der Königshöfe Baelen und Walhorn bestätigt. Bestätigt wird damit eine ältere Urkunde Lothars II., eines Urenkels Karls des Großen, der von 855 bis 868 regiert hatte. Daraus lässt sich schließen, dass die Königshöfe Baelen und Walhorn bereits um 850 bestanden haben müssen. Aller Wahrscheinlichkeit nach gehen sie auf die Zeiten Karls des Großen zurück, vielleicht sogar auf die seines Vaters Pippin.

Die beiden Königshöfe dienten neben anderen dazu, den Unterhalt der Pfalz in Aachen sicherzustellen. Sie verwalteten große Gebiete, zu denen im Falle Harnas / Walhorns auch das Grundgebiet der heutigen Gemeinden Walhorn, Hergenrath, Hauset, Eynatten, Kettenis, Raeren und Lichtenbusch gehörte. Wir können uns vorstellen, dass von Walhorn aus manche Warenladung mit Butter, Käse, Fleisch und Getreide zum Königshof nach Aachen ging.

1072 schenkte König Heinrich IV. den Königshof Walhorn mit seinem ausgedehnten Grundbesitz dem Marienstift in Aachen. Der Herzog von Limburg übertrug 1176 dem Abt des Klosters Rolduc bzw. Klosterrath (Rode) die seelsorgerische Betreuung der Pfarreien des Herzogtums. Rolduc besetzte bis 1792 die Pfarrstellen der Gegend. Walhorn, das als Königshof sicherlich schon früh eine Kirche besaß, war bis 1695 Mutterpfarre der umliegenden Orte Lontzen, Kettenis, Raeren-Neudorf und Eynatten. Bis zum Ende des Ancien Régime (1795) war Walhorn eine der fünf Hochbanken (Verwaltungs- und Gerichtsbezirke) im Herzogtum Limburg. Zur Bank Walhorn gehörten zehn umliegende Dörfer.

1964 konnten durch Ausgrabungen auf Langmüs (nördlich des Ortskerns) Siedlungsspuren nachgewiesen und eine polierte Steinaxt gefunden werden. Diese Funde belegen, dass schon vor etwa 4.000 Jahren Menschen in der Umgebung Walhorns gelebt haben. Beim Bau der parallel zur Autobahn verlaufenden TGV-Trasse wurden gallo-römische Brennöfen für Eisenerz entdeckt. Dies weist darauf hin, dass Walhorn schon in der vorfränkischen Zeit eine gewisse Bedeutung besaß.

Die Pfarrkirche St. Stephanus: Die in verschiedenen Phasen errichtete Pfarrkirche mit ihrer weithin sichtbaren Turmspitze steht inmitten eines von einer Mauer eingefassten Friedhofs. Der an der Nordwestecke des Gotteshauses stehende Turm mit doppeltem Rücksprung und schmalen Schießscharten geht wahrscheinlich noch auf das 12. Jh. zurück (Portal vermutlich um 1724, 1873 in gotischen Formen umgestaltet). Das Mittelschiff und der Chor mit der schmalen, dreiseitigen Apsis stammen hauptsächlich aus dem 15. Jh. Für das

Pfarrkirche St. Stephanus in Walhorn

Pfarrkirche St. Stephanus in Walhorn, Mittelschiff und Chor aus dem 15. Jh., neogotische Altäre

Jahr 1504 ist die Altarweihe eines Neubaus bezeugt, wohl einer einschiffigen Anlage mit östlichem Querschiff. Die Seitenschiffe wurden in den Jahren 1724/25 errichtet. 1868 erfolgte eine Restaurierung der Kirche. Dabei wurden rundbogige Fenster regotisierend mit Spitzbögen versehen. 1880–1883 wurde der Turm erneuert. Der **Innenraum** ist eine dreischiffige Halle mit leicht überhöhtem Mittelschiff, das über den drei westlichen Jochen ein Netzgewölbe ohne Konsolen aus dem 18. Jh. trägt. Einer der Schlusssteine zeigt ein Relief des Evangelisten Johannes, ein anderer einen Engel mit einem Wappen. Die neogotischen Altäre – der linke Seitenaltar ist der Gottesmutter, der rechte der hl. Anna geweiht – wurden in den 1870er Jahren angefertigt. Kanzel und Kommunionbank konnten zwischen 1790 und 1797 erworben werden..

Das Pfarrhaus: 1607 wird erstmalig ein Pfarrhaus in Walhorn urkundlich erwähnt, das bis auf seine

Pfarrhaus, 1751, Walhorn

Gut Danshof, Walhorn

Grundmauern niederbrannte. Das neue Pfarrhaus (Dorfstraße, nördlich der Kirche) wurde 1751 errichtet. Das Datum ist auf den Ankereisen der Vorderfassade sowie im Chronogramm des Ziergiebels zu lesen.

Malerisch präsentiert sich das **Gut Danshof** (Dorfstr. 33a) unterhalb der Kirche, dessen unteres Geschoss an der Straßenseite aus grauem Naturstein besteht, während darüber mit Ziegel ausgemauertes Fachwerk zu sehen ist.

Die **Schützenbruderschaft** von Walhorn steht seit 1706 unter dem Patronat des hl. Stephanus, des Patrons der Pfarrkirche und Mutterkirche der ehemaligen Bank Walhorn. Doch ist die Bruderschaft offensichtlich sehr viel älter. Nach neueren Erkenntnissen soll sie bis auf das Jahr 1076 zurückgehen.

Empfehlung für Wanderer

Start: Karolingerplatz (Parkplatz) hinter der Kirche in Walhorn

Länge: ca. 5,5 km

Der **mit einem gelben Rhombus auf weißem Grund markierte Weg** führt zunächst entlang der Kirche die Dorfstr. hinauf bis zur Kreuzung. Dort wandern wir links entlang der Ketteniser Str. weiter. Nach etwa 400 m biegen wir hinter dem Wartehäuschen an der Bushaltestelle links ab in den Rotscherweg. Dem folgen wir nun, auch wenn zwischendurch Markierungen fehlen. Wir setzen unseren Weg zwischen Fußballplatz und Steinbruch fort. Inzwischen ist aus dem Rotscherweg die Leichengasse geworden, die nun an der unter Bäumen idyllisch gelegenen Brigidakapelle in eine Kreuzung einmündet, von der rechts die Hochstr. und links der Weg Merolser Heide (dann Langmüsgasse) abgehen. Rechts sehen wir in den Wiesen das aus rotem Backstein errichtete Philippenhaus (s. S. 55 f.). Die hl. Brigida, die Patronin Irlands, der die Kapelle geweiht ist, wurde und wird noch heute von den Bauern als Beschützerin des Viehs verehrt.

Landschaft bei Walhorn

Wir gehen zwischen Weiden über den von Büschen und Bäumen gesäumten Weg Merolser Heide und die passagenweise nach Regen recht schlammige Langmüsgasse weiter. Man kann es kaum glauben, dass wir uns auf dem Weg befinden, der im Mittelalter und in den Zeiten der Postkutschen als Verbindung zwischen Aachen und Eupen bzw. Limburg diente. Aber im 18. Jh. dürfte sie in einem weitaus schlechteren Zustand gewesen sein als heute.

Landstraßen in alter Zeit

Für heutige, gute Asphaltstraßen gewohnte Menschen ist es nur schwer vorstellbar, welche Mühsal es für Mensch und Tier bedeutete, Frachtgespanne, die mit bis zu gut zwei Tonnen beladen sein konnten, durch die tiefen Karrengeleise aufgeweichter Erdwege voranzubringen. Bei solchen Straßenverhältnissen waren Achs- und Radbrücke, auch bei Postkutschen, kein Wunder. Von den notwendigen Reparaturen an den Fuhrwerken lebten Huf- und Wagenschmiede, Stellmacher und Sattler in der Nähe der Straßen. Manches Wegekreuz zeugt noch heute von der Gefährlichkeit des Fuhrmannberufs. Leicht geschah es, zumal bei Gefällestrecken und wenn Alkohol im Spiel war, dass ein Fuhrmann vom eigenen Gespann überrollt wurde.

Die heutige vielbefahrene Landstraße (einige 100 m weiter östlich) wurde erst 1828, also in der preußischen Zeit erbaut. Sie wurde *Aktienstraße* genannt, weil sie von den Eupener Tuchfabrikanten finanziert worden war, die dazu eine Aktiengesellschaft gegründet hatten. Ihnen war das Recht eingeräumt worden, von den Nutzern der fast schnurgeraden *Kunststraße* eine Maut zu erheben.

Landschaft bei Walhorn

Landschaft bei Walhorn

Nach einer Weile kommen wir zu einer Wegkreuzung mit einem kleinen Fußfall, an der wir die Merolser Str. überqueren. Wir befinden uns nun auf der asphaltierten Straße Johberg, von der aus sich schöne, weite Aussichten bieten über die Walhorner Heide auf das im Tal gelegene Dorf Walhorn mit seinem spitzen Kirchturm. Nach etwa 1.200 m zweigt unser Weg links ab. Wenn wir noch Zeit und Lust haben, können wir geradeaus noch einen Abstecher zur Banneux-Kapelle auf dem Johberg machen. Im Eupener Land stoßen wir immer wieder auf solche Andachtsstätten. 1933 soll in dem südöstlich von Lüttich gelegenen Ardennenort Banneux (gut 30 km südwestlich von Walhorn) einem in ärmlichen Verhältnissen aufgewachsenen Mädchen mehrfach die Gottesmutter Maria erschienen sein und sich als die Jungfrau der Armen vorgestellt haben. Deren Wunsch entsprechend wurde eine Kapelle erbaut, um die herum sich ein Wallfahrtsort bildete. Heute ist der 1985 auch von Papst Paul II. besuchte Wallfahrtsort über die Region hinaus bekannt.

Auf dem sandigen Johberg (Johannesberg) stehen in preußischer Zeit gepflanzte Kiefern. Bis zum Ende des Ancien Régime stand hier auf der baumlosen Heide ein Galgen. Ein steinerner Unterbau für einen der Holzpfähle, zwischen denen die Verurteilten erhängt wurden, ist noch erhalten. Eine solide Einkehrmöglichkeit bietet in Walhorn die Brasserie *Zur alten Post* im *Haus Harna* neben der Kirche (Tel.: 0032 (0)87 / 56 10 01; **www.hausharna.org/brasserie-zur-alten-post**).

Raeren

Die etwa neun Kilometer von Eupen entfernte **Gemeinde Raeren** (Aussprache mit Dehnungs-e) am Fuße des Venns setzt sich seit der Gemeindefusion im Jahre 1976 aus den ehemaligen Dörfern Raeren, Eynatten und Hauset zusammen sowie den Weilern Berlotte, Lichtenbusch, Merols und Petergensfeld. Die Großgemeinde zählt heute mehr als 10.000 Einwohner, wovon ungefähr die Hälfte aus dem Umfeld der benachbarten Stadt Aachen in Deutschland zugewandert ist.

Der Ortsname Raeren leitet sich von dem Wort *roden* ab und weist darauf hin, dass die Siedlung mitten im Aachener Reichswald entstanden ist. Als Rodungsperiode nimmt man die Zeit um 800 bis 1200 an. Der Ortsteil Neudorf wird erstmals 1241 in einer Urkunde des Aachener Marienstifts erwähnt. Die erste urkundliche Erwähnung des Namens Raeren datiert aus dem Jahre 1400.

Bis zur Franzosenzeit (1794) waren Raeren und Neudorf zwei getrennte Dörfer, die aber (ab 1670) eine Pfarre bildeten und eine gemeinsame Pfarrkirche hatten. Die beiden Ortschaften waren an je einem Arm des Öslinger Wegs entstanden, der von Aachen nach Trier führte – eine im Mittelalter bis in die Neuzeit hinein wichtige Nord-Süd-Verbindung – und sich nördlich Raerens und Neudorfs auf Berlotte gabelte.

Raeren war im 16., 17. und 18. Jh. ein **Zentrum der Töpferei**. Hier gefertigte Krüge und Gefäße waren in Europa wegen ihrer Qualität und der künstlerischen Gestaltung ihres Dekors begehrt. Die ältesten bekannten Bruchstücke hiesiger Produktion stammen aus dem 12. Jh., sind allerdings noch recht primitiv. Bis zum 15. Jh. stellte man schlichte Keramik her, vorzüglich für den lokalen Bedarf. Es folgen etwa dreihundert Jahre, in denen Tonerzeugnisse aus Raeren auf den Märkten Europas bis nach England und Skandinavien feilgeboten wur-

Raerener Steinzeug

den. Scherben von Raerener Steinzeug wurden sogar in einem holländischen Schiffswrack aus dem frühen 17. Jh. vor der Küste Australiens gefunden. In den Bauernstuben brannten Raerener Öllämpchen, Milch goss man in Raerener Humpen, und in den Schenken trank man Bier und Schnaps aus Raerener Gefäßen, etwa aus sog. Schnellen. Doch in dem Dorf am Fuße des Venns wurde nicht nur einfaches Gebrauchsgeschirr hergestellt, sondern auch auf den Tischen von Königen, Fürsten, Bischöfen und Patriziern standen dort gebrannte Krüge. Reiche Tonvorkommen von hervorragender Qualität, das Holz der benachbarten Wälder und Wasser waren dafür entscheidende Voraussetzungen. Die Blütezeit der Raerener Töpferkunst reicht von 1560 bis 1630.

Bei den Raerener Töpfereiprodukten handelte es sich um sog. Steinzeug, das über mehrere Tage bei mehr als 1.250 °C gebrannt wurde, sodass die Tonmasse sinterte und dadurch absolut wasserdicht und außerordentlich hart wurde. Die aufgebrachte Salzglasur diente als Dekor. Sie war geruchs- und geschmacksneutral und säurebeständig.

Die größten Brennöfen hatten eine Länge von bis zu zwölf Metern, eine Breite von drei und eine Innenraumhöhe von fast zwei Metern. Um einen solchen Ofen zu heizen, wurden bis zu 30 Kubikmeter Buchenholz benötigt. In der zweiten Hälfte des 16. Jh. waren in Raeren etwa 50 Öfen in Betrieb. Die Jahresproduktion betrug etwa 300.000 bis 600.000 Objekte.

Die Sozialstruktur der Raerener Bevölkerung war vollkommen ungewöhnlich. Bestand die Einwohnerschaft anderer Dörfer ganz überwiegend aus Bauern, so gab es 1693 in Raeren und Neudorf 39 Töpferfamilien, 36 Bauernfamilien, 34 Tagelöhnerfamilien und 28 Familien von Fuhrleuten. Jährlich verließen fast 2.000 hochbeladene Fuhrwerke das Dorf, um das Raerener Steinzeug zu den Absatzmärkten zu transportieren. Der wichtigste Umschlagplatz war die Hansestadt Köln. Auf dem Rückweg brachten Fuhrleute, die in Richtung Osten oder Norden gefahren waren, Salz aus Westfalen oder Lüneburg mit. Davon wurden etwa 100 Tonnen pro Jahr für die Glasuren verbraucht.

Prächtige, kunstvoll gestaltete Erzeugnisse der Raerener Töpfereien sind heute in vielen großen Museen der Welt zu bewundern. Im liebevoll eingerichteten **Töpfereimuseum** in der **Burg Raeren** (Burgstr. 113) hingegen ist mehr das einfache Gebrauchsgeschirr zu finden, doch begegnet man hier auch sehr schönen Stücken. Besonders typisch sind sog. Schellen (hohe Krüge).

Burg Raeren

Raerener Steinzeug

Raerener Steinzeug auf Pieter Bruegels Gemälde Bauerntanz, 1567 oder 1569, Ausschnitt

Burg Raeren, heute Töpfereimuseum

Burg Raeren, Toreinfahrt

Die Wasserburg ist am Zusammenfluss zweier Bäche gelegen. Schon im 14. Jh. bestand hier ein von Wassergräben umgebener Wohn- und Wehrturm, der vom Aachener Marienstift abhängig war (Lehen). Dessen Kapitel hatte seit 1072 die Grundherrschaft im Gebiet des auf karolingische Zeit zurückgehenden Walhorner Königshofes und damit auch in Raeren inne. Der Wohnturm und die zugehörigen Wirtschaftsgebäude waren von zwei Wassergräben und mehreren Teichen umgeben.
1474 wird erstmals ein Besitzer der Burg urkundlich erwähnt. Im 16. Jh. wurden erhebliche Veränderungen an ihr vorgenommen. So hat man 1583 den bis dahin fast quadratischen Wohnturm zu einem **Palas** erweitert (Datum über dem Oberlicht oberhalb der Eingangstüre zum Wohntrakt), Beringmauern, Ecktürme, Wirtschaftsgebäude und Portal hinzugefügt. Weitere Veränderungen (z. B. Stichbogenfenster des 18. Jh., spitzbogige Fenstertüren aus dem 19. Jh. an der Nordseite und Aufstockung des Nordwestturms) sollten folgten. Der von Vasen flankierte Giebelaufsatz über dem Tor zeigt das Doppelwappen der Familie (Vondergracht-de Nys), welche die Burganlage von 1791 bis 1916 besaß. Die Zufahrt wird von prachtvollen Linden gesäumt (Öffnungszeiten: tägl. außer Mo. 10-17 Uhr; Tel.: 0032 (0)87 / 85 09 03; **www.toepferei-museum.org**).

Gehöft in Raeren, Burgstr. 95

Das **Gehöft** schräg gegenüber der Burg (Burgstr. 95) stammt aus der Mitte des 17. Jh. Der Keilstein der rundbogigen Toreinfahrt trägt Initialen – vermutlich die des Töpfermeisters Winand Emonts – und die Jahreszahl 1641. Scherbenfunde in einer benachbarten Wiese weisen darauf hin, dass das Anwesen einst ein Töpferhof war. Leider ist das ganz aus Blaustein erbaute Wohnhaus zur Straße hin mit hässlichen Eternitplatten verkleidet. Rechts neben dem Haus hat man ein steinernes Grabkreuz aufgestellt. Es erinnert an den im Jahre 1587 verstorbenen Töpfer Emont Emonts.
Charakteristisch für Höfe im Töpferdorf Raeren (sog. Reihenhäuser) ist das im rechten Winkel zur Straße stehende, lang gestreckte, aus heimischem Blaustein errichtete Gebäude (Nr. 103) aus der

Mitte des 19. Jh. *(Haus Zahlepohl)*. Es besteht aus mehreren aneinandergebauten, z. T. dreigeschossigen Wohnabschnitten. In seinem vorderen, an der Straße »abgeknickten« Teil ist heute ein gutes Restaurant untergebracht (Restaurant *Schmackhaft*, Tel.: 0032 (0)494 / 11 25 29).

Die in Raeren und den anderen Dörfern des Eupener Landes aus dem 18. Jh. erhaltenen Häuser sind bereits vollständig aus Stein erbaut. Auch im Herver Land, etwa in Clermont, begegnen wir diesem auch auf dem Lande früh einsetzenden Steinbau. Er ist von Westen bis hierher vorgedrungen, während man etwa in der benachbarten Nordeifel, am Rhein oder im Süden Limburgs (heute Niederlande) außerhalb der größeren Städte noch über Jahrzehnte hinweg Fachwerkhäuser errichtete. Endgültig haben die Bau- und Feuerschutzvorschriften zur Zeit der Kaiserin Maria Theresia dem Fachwerkbau wie auch den Strohdächern in den Österreichischen Niederlanden ein Ende bereitet bzw. dieses Ende eingeleitet. Es gehört mit zum Reiz und Reichtum der deutsch-belgisch-niederländischen Grenzregion, dass hier auch auf dem Gebiet des Hausbaus unterschiedliche Formen und Traditionen nah beieinander liegen.

Unweit der Burg Raeren, von der Straße weiter zurückliegend, erhebt sich das sog. **Haus Raeren** (Burgstr. 96), ein imposanter Donjon (ein Typ des Wohn- und Wehrturms aus dem französischen Kulturkreis) mit rechteckigem Grundriss. Der hervorragend erhaltene, im frühen 15. Jh. aus Blaustein errichtete, von einem hohen Walmdach (19. Jh.) bekrönte Wohn- und Wehrturm ist noch heute von einem breiten Wassergraben umgeben. Er repräsentiert in besonders authentischer Weise die für die Gegend typische mittelalterliche Niederungsburg und ist eine der am besten erhaltenen Wasserburgen im alten Herzogtum Limburg. Veränderungen – neue Stichbogenfenster und Türöffnungen – erfolgten vor allem im 18. Jh. Auch die hölzerne Zugbrücke konnte man in den überwiegend friedlichen Zeiten der österreichischen Habsburger, als man weder mit marodierenden Soldaten noch Räuberbanden[3] mehr rechnen musste, durch eine doppelbogige Steinbrücke ersetzen.

Doch sind im Erdgeschoss noch schmale Schießscharten vorhanden, die den einstigen wehrhaften

Haus Zahlepohl, typisches historisches Reihenhaus aus Blaubruchstein in Raeren, Mitte 19. Jh.

Charakter der Burg belegen. Auch erkennen wir an allen Seiten des Baus im oberen Bereich des Mauerwerks vorkragende Steine und Löcher darüber. Hier waren hölzerne Wehrgänge befestigt, von denen aus man im Verteidigungsfall Angreifer abwehren konnte.

Oberhalb von Haus Raeren und der Burg liegt auf einer Anhöhe unter schönen alten Linden die

Haus Raeren, imposanter Donjon aus dem 15. Jh.

[3] Eine Ausnahme bildete die Räuberbande der Bockreiter (s. S. 12).

Sankt-Anna-Kapelle, Raeren

Pfarrkirche St. Nikolaus in Raeren

kleine, vermutlich 1716 aus Blaustein erbaute, von einem Glockentürmchen bekrönte **Sankt-Anna-Kapelle** (Kapellenstr.). In ihrem Inneren sehen wir an den Seitenwänden vier Kreuzwegstationen, aus Stein geschlagene Reliefs, von Maria Hasemeier-Eulenbruch aus den Jahren 1919 bis 1932. In der Umgebung der Kapelle begegnen wir typischen Raerener **Reihenhäusern** aus heimischem Blaustein.

Kirche St. Nikolaus: Raeren und Neudorf wurden erst ab 1670 eine eigenständige Pfarre. Bis dahin waren die Orte von der Mutterpfarre Walhorn abhängig. Die von einem Kirchhof umgebene Kirche St. Nikolaus (westlich der Hauptstr.) wurde in den Jahren 1720 bis 1723 nach den Plänen des bekannten Aachener Barockarchitekten Laurenz Mefferdatis neu errichtet, der auch die Eupener Nikolauskirche entwarf. Ihr ging ein bereits 1489 erwähntes, 1616 bis 1628 nach einem Brand neu aufgebautes Gotteshaus voraus. Die Kirche des 18. Jh., eine dreischiffige Halle mit Rundpfeilern, wurde im Jahr 1847 durch den Raerener Architekten Pesch um zwei Joche und einen schmalen, teilweise von den Seitenschiffen umfassten Turm verlängert.

Inneres: Das von Säulen flankierte Gemälde des Hochaltars von Ludovicus Reinardsteine aus dem Jahr 1778 stellt die Verkündigung des Engels an Maria dar. Die beiden farbig gefassten Holzskulpturen über den seitlichen Türen, links der hl. Nikolaus

Kreuzwegstation von Maria Hasemeier-Eulenbruch, St.-Anna-Kapelle

Typische Raerener Wohnhäuser aus Blaustein

Pfarrkirche St. Nikolaus in Raeren, Mittelschiff und Chor

von Myra, der Pfarrpatron, rechts der hl. Nepomuk, schuf 1697 der Aachener Barockbildhauer Derich Schwartz. Im Segmentbogengiebel erkennen wir die Wappen der Stifterfamilien de Thier und Liverlo. Eine Figur des hl. Antonius Abt stammt aus der zweiten Hälfte des 15. Jh. 1966 ließ man das Innere der Kirche neu ausgemalen.

Haus Bergscheid (Hauptstr. 104-106), ein hauptsächlich aus dem 18. Jh. stammender, gänzlich aus Blaustein errichteter, befestigter Hof in der Nähe des Ortszentrums bietet einen ausgesprochen harmonischen Anblick. Der Vorgängerbau gehörte Ende des 15. Jh. als Lehen zum Haus Raeren. Er wurde zu Beginn des 16. Jh. (1527) davon abgetrennt. Das heutige Haus wurde 1753 neu errichtet.

Wie in anderen Orten des landschaftlich außerordentlich reizvollen Ostbelgiens sind auch in Raeren noch weitere interessante historische Bauten zu entdecken. Zu erwähnen sind etwa der etwas außerhalb des Ortes gelegene, schöne, befestigte, im 17. Jh. erbaute **Hof Meurisse** (Walheimer Str. 59) oder die schöne **Knoppenburg** (Neudorfer Str. 5). Bei der Burg handelt es sich um einen großen befestigten Gutshof, ein Vierseithof mit klassizistischem Herrenhaus und zwei runden Türmen im Norden und Westen. Doch würde die Berücksichtigung all dieser Denkmäler leider den Rahmen dieses Buches sprengen.

Haus Bergscheid, 18. Jh., Raeren

Hof Meurisse, Raeren

Landschaft in der Umgebung Raerens

Typische Blausteinhäuser, Raeren

Gastronomische Hinweise: In Raeren gibt es mehrere Gaststätten. In der Bäckerei Kockartz (Hauptstr. 38) kann man auch eine Tasse Kaffee trinken, Frühstücken und Plundergebäck oder kleine belgische Kuchen essen. Die Qualität ist sehr gut.

Meine besondere Empfehlung: Weitab vom Dorf Raeren, aber noch am Rande des Gemeindegebiets liegt an der Bundesstraße (B258) von Aachen über Roetgen nach Monschau, auf der Höhe zwischen Roetgen und Konzen, das gepflegte Restaurant *Fringshaus* (B-4731 Raeren, Fringshaus 2), wo man zu vergleichsweise moderaten Preisen sehr gut essen kann (Tel: 0049 (0)2471 / 31 13, **www.fringshaus.com**). Auch die Weinkarte kann sich sehen lassen.

Empfehlungen für Wanderer und Radfahrer

Wanderungen (1-2)

Start: Parkplatz gegenüber der Raerener Burg (Burgstr. 113) mit dem Töpfereimuseum.

In der Nähe des Parkplatzes vermittelt eine Tafel mit einer großen Karte einen Überblick über attraktive markierte Wanderwege. **Empfehlung:** mit dem Smartphone abfotografieren!

Im Museum können Sie für einen Euro ein Wanderheftchen erstehen, in dem auch die im Folgenden beschriebenen Wanderungen enthalten sind. Die darin abgedruckten kleinen Karten sind allerdings kaum brauchbar.

Eine neue, aktualisierte Karte ist in Vorbereitung.

1) Ich empfehle wegen der schönen Landschaft und der für die Region so typischen Wiesenwege und Weißdornhecken eine 7,8 km lange, mit einem gelben Kreuz auf weißem Grund markierte Wanderung. Fotografieren Sie die Karte am Parkplatz mit dem Smartphone! In den Wiesen ist der Weg für nicht ortskundige Wanderer ohne Karte abschnittsweise nicht leicht zu finden. Die Wanderung führt uns gleich anfangs an Haus Raeren (s. S. 83) und an der Sankt-Anna-Kapelle (s. S. 84) vorüber, später auch an der Brigidakapelle auf Berlotte (Eynatten, s. S. 78, 88). In Raeren gibt es mehrere Einkehrmöglichkeiten (s. Empfehlung 2).

2) Interessant und ausgesprochen reizvoll ist auch der mit einem grünen Rechteck (mal stehend, mal liegend) markierte Rundwanderweg, der vor allem durch das Dorf Raeren führt (ebenfalls Start am

Töpfereimuseum). Auf dem Weg kommen wir u. a. am Haus Raeren vorbei (s. S. 83). Immer wieder ist man überrascht, welche Idyllen der Ort zu bieten hat. Einer davon begegnen wir an der Hohen Brücke. Der Name wurde der Brücke verliehen, weil ihr steinerner Bogen die stolze Höhe von fast sechs Metern über dem Periolbach erreicht. Das Bauwerk musste so hoch sein, weil die Fuhrleute mit ihren hochrädrigen Karren, mit denen die Raerener Töpfereiprodukte zu den Märkten transportiert wurden, das Bachbett als Fahrweg nutzten und daher unter dem Bogen hindurchfahren können mussten.

Vorsicht: Vor dem Bahnhofscafé (hinter dem ehemaligen Raerener Bahnhof) rechts die bergab führende Straße Langenbend nicht verpassen und dann sogleich nach links in einen kleinen Pfad zwischen den Häusern abbiegen.

Einkehrmöglichkeiten: Fr.–Sa. 11-18 Uhr im *Bahnhofscafé* am ehemaligen Raerener Bahnhof (1885), werktags und samstags vormittags in der Bäckerei *Kockartz* (mit Sitzgelegenheiten) an der Hauptstr. (Nr. 38).

Radtouren (1-2)

1) Folgende schöne Radtour (ca. 32 km) von Raeren durch das Butterländchen nach Eupen ist zu empfehlen. Die Route ist als Radstrecke mit nummerierten Knotenpunkten markiert. Sie führt über wenig befahrene Nebenstraßen durch schönes Hecken- und Wiesenland und bietet, besonders in Eupen, viel kulturhistorisch Sehenswertes.

Start: Raeren, Parkplatz an der Raerener Burg (Burgstr. 113) mit dem Töpfereimuseum (s. S. 81 f.)
Länge: ca. 32 km
Knotenpunkte: 29, 30, 45, 34, 32, 31, 19, 18, 27, 29
Wir fahren vom Parkplatz aus auf der Burgstr. nach rechts, dann an Knotenpunkt 29 links, nun den Zeichen folgend, die zum Knotenpunkt 30 führen. Nach Überquerung der Eynattenerstr. / Hauptstr. setzen wir unseren Weg für ein kurzes Stück auf der Neustr. fort. Schon bald biegen wir links in die Bachstr. ein. An deren Ende stoßen wir auf die Neudorferstr., der wir nach links folgen. Nach wenigen Metern halten wir uns an der Kreuzung rechts. Nach kurzer Zeit führt uns die Pfaustr. recht steil bergauf (die einzige stärkere Steigung auf unserer Strecke). Nach etwa 600 m biegen wir nach rechts in eine kaum befahrene Nebenstraße, die Mähhei-

Typische Blausteinhäuser, Raeren

Kettenis

St.-Rochus-Fußfall bei Kettenis, 1724

Zwischen Eupen und Eynatten

Bei Eynatten, im Hintergrund Burgruine Raaf

Brigidakapelle in Berlotte (Eynatten)

Kreuzwegstation an der Brigidakapelle in Berlotte (Eynatten)

der Str., ein (Knotenpunkt 30; nun den Zeichen für Punkt 45, dann 34 bis Eupen folgen), auf der wir nun für längere Zeit bleiben. Die Straße führt uns durch sanft gewelltes Wiesen- und Heckenland am Fuße des Venns entlang (vorüber an Knotenpunkt 45) und bietet schöne, weite Aussichten. Bald taucht westlich auch der spitze Turm der Pfarrkirche von Kettenis auf.

Nach etwa 4,5 km macht die Straße Am Busch eine scharfe Rechtskurve und geht in die Talstr. über. Schon unmittelbar hinter der Kurve biegen wir nach links in den ansteigenden Katharinenweg ein, der uns bald durch eine kleine Siedlung und schließlich auf den Couvenplatz im Eupener Stadtteil Nispert führt (Beschreibung von Johannes- bzw. Enthauptungskapelle und Haus Fettweis, s. S. 47.). Über die Straße *Nispert*, den Werthplatz, Gospert, Klötzerbahn (s. S. 25–31) gelangen wir an eine Kreuzung, an der uns das Knotenpunktschild nach links weist. Wir aber radeln zunächst nach rechts über die Kirchstr. zum Markt (s. S. 20–25), wo wir uns im Schatten der alten Linden stärken und ausruhen können (sehr guter Eissalon).

Danach fahren wir zurück über die Kirchstr., um wenige Meter hinter der uns bereits bekannten Kreuzung rechts in eine Gasse einzubiegen, die uns zunächst über einen Parkplatz und dann durch einen Park führt. Wir stoßen schließlich auf die Straße Rotenberg. Der folgen wir bis zum Verteilerkreis nach rechts. Hinter dem Verteilerkreis setzen wir unsere Fahrt auf der Straße Stockem fort, an der wir bald links die Burg Stockem und rechts die Michaelskapelle (s. S. 49 f.) passieren. Bei Knotenpunkt 34 biegen wir rechts ab und überqueren bald die viel befahrene Vervierser Str. Hier verdient die in den 30er Jahren erbaute, von Dominikus Böhm entworfene Kirche des einstigen Franziskanerklosters Garnstock unser Interesse (s. S. 216 f.). Wir setzen unsere Fahrt auf der Hochstr. fort, wobei wir an einem Verteilerkreis die verkehrsreiche Herbesthaler Str. überqueren. Wir bleiben einige Zeit auf der Hochstr. **Vorsicht!** Ein Stück weit (ca. 1,8 km) hinter Knotenpunkt 32 biegt die Vorfahrtsstraße an einem steinernen St.-Rochus-Fußfall (Bildstock) nach links ab. Wir aber fahren geradeaus. Über der rundbogigen Nische des Fußfalls, an dem Vorüberkommende früher niederknieten, um ein kurzes Gebet zu sprechen oder auch nur ein Kreuzzeichen zu machen, sehen wir ein Basrelief mit Christus am Kreuz zwischen Johannes und Maria. Die Rückseite zeigt Maria unter dem Kreuz mit dem Schwert der Schmerzen in der Brust und die Jahreszahl 1724. Wir werfen einen Blick rechts über die Wiesen hinweg auf das etwa 700 m entfernt liegende Schloss Libermé (s. S. 53f.). Die nun betonierte Straße heißt weiterhin Hochstr. Sie war übrigens in den Postkutschenzeiten der Verbindungsweg zwischen Aachen und Limburg. Die heutige Landstraße entstand erst im 19. Jh. Die Hochstr. führt uns am Waldenburghaus samt dazugehörigem Gutshof (rechts) und am Philippenhaus (links) vorüber (s. S. 55 f.).

Hinter einem Kapellchen (rechts; Knotenpunkt 31) setzen wir unsere Fahrt geradeaus durch die Langmüsgasse fort, die sich bald in einen Schotter- und Erdweg verwandelt, der nach Regenfällen mitunter schlecht passierbar ist.

Wir überqueren die Merolser Str. und fahren über den Johberg. Dabei passieren wir eine Marien-Andachtsstätte, die links unter hohen Fichten steht (s. S. 79). Ganz in der Nähe stand einst der Galgen, von dem noch Spuren vorhanden sind. Bald geht es über eine Schotterpiste bergab auf das Dorf Eynatten zu (über die dortigen Sehenswürdigkeiten s. S. 90–92). Auf der Hauseter Str. rollen wir nach links, über die Autobahn hinweg und dann bergab. Da, wo wir nach rechts abbiegen, liegt links unter schönen großen Linden eine Rochuskapelle (1899). Hier passieren wir Knotenpunkt 19. Weiter geht es über die Kirchstr. Auf den Knotenpunkt 18 stoßen wir schon bald vor der Hauseter Kirche. Nun fahren wir rechts ab in die Straße Botzefeld, bald durch ein Waldstück, über die N63 (Aachen – Eupen) hinweg, um nun der Straße Wesselbend zu folgen. Erneut radeln wir über die Autobahn hinweg. An der Lichtenbuscher Str. geht es kurz nach rechts an einem alten Bauernhof vorüber, um dann links in die Stesterstr. (Bauernhof links, s. S. 92) einzubiegen, der wir nun folgen. Rechts liegt in den Wiesen, von Bäumen weitgehend verdeckt, die Burgruine Raaf (s. S. 92). Wir gelangen zum Knotenpunkt 27. Hier, in dem Weiler Berlotte, steht an der alten Römerstraße Kinkebahn eine kleine, ursprünglich zu Ehren der Heiligen Familie erbaute Kapelle, in der seitens der bäuerlichen Bevölkerung aber schon bald die Brigida, die Schutzpatronin des Viehs, verehrt wurde. Initiiert durch eine Schenkung aus dem Jahr 1695, wurde das kleine Gotteshaus im Jahre 1711 erbaut und bereits 1722 um ein Joch vergrößert. Eine abermalige Erweiterung, bei der die dreiseitige Apsis entstand, erfolgte 1907.

Am Vennbahnradweg zwischen Raeren und Roetgen

Weiter geradeaus fahren wir über die Grachtstr. durch schönes Wiesenland nach Raeren zum Knotenpunkt 29 und zum Parkplatz an der Raerener Burg.

2) Die folgende Strecke ist landschaftlich abwechslungsreich und ausgesprochen reizvoll.

Start: Raeren, Parkplatz am ehemaligen Bahnhof

Länge: ca. 49 km

Knotenpunkte: 29, 48, 11 (Roetgen, D), 12, 16 (Lammersdorf, D), 24 (D, rechts abbiegen!), 51, 52, 53, 54 (links ab ca. 500 m bis zur Einkehrmöglichkeit Haus Ternell), 55, 41, 43, 30, 29, 48 (von dort sind es nur wenige Meter bis zum Parkplatz)

Nach längerem, allerdings mäßigem Anstieg auf der Trasse der einstigen Vennbahn, zum größeren Teil auf deutschem Gebiet (bis Knotenpunkt 24), begeistert besonders der Abschnitt, der über das Imgenbroicher Venn führt (Knotenpunkte 51-53, s.

Staumauer der Wesertalsperre

S. 61), aber auch die Talfahrt entlang des Getzbachs zur Wesertalsperre (Knotenpunkte 53-55). Vom Start bis ca. 1 km hinter Knotenpunkt 43 fahren Sie über Wege, die für Autos gesperrt sind. Etwa 8,5 km radeln Sie über wenig befahrene Straßen.

Einkehrmöglichkeiten: Am alten *Raerener Bahnhof* mit Stellwerk und historischer Drehscheibe ist seit 2018 ein Café-Pavillon mit einer Terrasse eröffnet. Zwei historische Waggons bieten zusätzliche Sitzgelegenheiten. Nur wenige Schritte vom Vennbahn-Radweg entfernt bietet der neue »Balkon Raerens« eine weite Aussicht über das Töpferdorf bis hin zum Aachener Wald und in das weite Wiesenland.

An Wochenenden und Feiertagen werden von 11 bis mindestens 18 Uhr Snacks, Kaffe, guter Kuchen und belgische Biere angeboten. Radfahrer, die über den Vennbahnradweg aus Aachen kommen, stärken sich hier gerne noch einmal, bevor sie die Steigung in Richtung Roetgen und Lammersdorf in Angriff nehmen.

Eine erfrischende Pause bei Wanderungen und Radtouren um Raeren lässt sich im *Eissalon Venezia* einlegen (Winkelstr. 6; Tel.: 0032 (0)87 / 39 86 11).

Mehrere Einkehrmöglichkeiten gibt es in Roetgen. Zu *Haus Ternell* s. S. 56, 58

Eynatten

Das sich in alle Himmelsrichtungen entlang der Landstraßen weit ausdehnende Dorf **Eynatten** – 1213 erstmals erwähnt und wie Raeren und Hauset einst zur Bank und zur Pfarre Walhorn gehörend – liegt in nächster Nähe zu Aachen (ca. 6 km) und zur deutschen Grenze. Wenn Sie durch den vom Autoverkehr arg strapazierten Ort kommen, sollten Sie den Wagen für eine Weile auf dem Parkplatz vor der Dorfkirche abstellen und in ein bezauberndes, denkmal- und landschaftsgeschütztes historisches Ensemble eintreten, das man hier nicht erwartet und das auch kaum ein Aachener kennt. Spazieren Sie an der dem hl. Johannes dem Täufer geweihten **Pfarrkirche** aus dem 18. Jh. (nach Brand 1953 Restaurierung und Vergrößerung; im linken Seitenschiff Kreuzigungsbild mit Maria und Johannes, um 1750) und dem Pfarrhaus (1762) vorüber die wenigen Schritte hinab zum Eynattener Dorfweiher. Rechts davon erhebt sich eines der schönsten Wasserschlösser der Umgebung, **Schloss Amstenrath** (Aachener Str. 27), das auf die zweite Hälfte des 15. Jh. zurückgeht, seine heutige Gestalt aber im 17. Jh. erhielt. Eine alte Steinbrücke verbindet es mit den vorgelagerten Wirtschaftsgebäuden. Trauerweiden und Rotbuchen des Parks spiegeln sich im Schlossteich.

Pfarrkirche in Eynatten

Schloss Amstenrath in Eynatten

Schloss Amstenrath in Eynatten

Auf der anderen Seite des benachbarten Dorfweihers liegt ein Bauernhof (einst zum Vlattenhaus gehörend), über dessen Hoftor neben dem Namen des einstigen Besitzers die Jahreszahl 1781 zu lesen ist. Dahinter liegt das – wie Schloss Amstenrath – aus dem 15. Jh. stammende, im 18. Jh. neu errichtete **Vlattenhaus**. Es wurde 1944 von einer Fliegerbombe schwer getroffen und an seiner Ostseite vom Dachstuhl bis zu den Fundamenten hinunter aufgerissen. Ein halbes Jahrhundert lang stand es leer und verfiel. In den 90er Jahren wurde es wieder aufgebaut. Die im Krieg zerstörte Ostseite haben die jetzigen Besitzer in gelungener Weise als große, moderne Glasfront gestaltet.

Im Zentrum Eynattens liegt an der Eupener Straße (Nr. 2-4) ein **altes Gehöft** aus dem 18. Jh., ein langgestreckter Bau mit gemauerter Giebelseite. Die Hofseite zeigt im Erdgeschoss Blaubruchstein und darüber Fachwerk mit Ziegelfüllung. Die Fensteröffnungen wurden im 19. Jh. vergrößert.

Seit vielen Jahrzehnten unbewohnt und in ruinösem Zustand ist das schöne Haus Nr. 8 an der Eu-

Vlattenhaus in Eynatten

Altes Gehöft im Dorfzentrum Eynattens

pener Straße, ein in U-Form aus Blaustein erbautes **Herrenhaus** aus der zweiten Hälfte des 18. Jh. Den Hof schließt ein Gitter auf einer Mauer mit schönen quadratischen Pfeilern zur Straße hin ab.

Auf einer alten Aufnahme (Ansichtskarte) aus der Zeit um 1950 sehen wir auf der Aachener Straße in der Nähe der Kirche eine Straßenbahn. Seit 1906 war Eynatten mit Aachen durch eine *Elektrische*, wie die Leute damals sagten, verbunden. Die Tram fuhr ein Stück oberhalb von Walhorn vorüber bis Eupen. In Eynatten gab es zudem einen Abzweig nach Raeren. Auch das ein Zeichen für die enge Verbundenheit des Eupener Landes mit der alten Kaiserstadt. Nach 45 Jahren wurde der Straßenbahnverkehr 1951 eingestellt.

Unweit des Dorfzentrums liegt an der nach Lichtenbusch führenden Straße (Lichtenbuscher Str. 19) das **Haus Lambertz**, von den älteren Einheimischen auch *Alcázar* genannt. Das Bürgerhaus mit

Historische Aufnahme: Straßenbahn in Eynatten

Haus Lamberts, Eynatten

seiner schönen, symmetrisch gestalteten Fassade aus heimischem Kalkstein, sog. Blaustein, wurde 1734 erbaut.

Ausgesprochen interessant ist die von Bäumen weitgehend verdeckt in den Wiesen liegende **Burgruine Raaf** (im Ortsteil Berlotte, Stesterstr. 32). Es handelt sich um einen typischen, einst ganz von Wassergräben umgebenen Wehr- und Wohnturm vom Ende des 14. Jh., der auf noch älteren Fundamenten steht. Leider ist der stattliche Bau seit den 30er Jahren des 19. Jh. unbewohnt und ohne Dach, sodass er gänzlich dem Verfall preisgegeben ist. Zur Burg gehört der östlich davon gelegene Wirtschaftshof (18. bis 19. Jh., seitdem aber erheblich verändert).

Das **Gut Stester** (Stesterstr. 31), ein Bau aus regelmäßig gemauertem Kalkbruchstein aus der zweiten Hälfte des 18. Jh., zeigt an der Fassade mit Ankereisen das Datum der Erbauung an: 1760. Aber bereits 1566 wird der Hof erstmalig erwähnt.

Der wohl älteste Gutshof Eynattens ist das nördlich der Burg Raaf, etwa 50 m südlich der Lichtenbuscher Straße gelegene **Gut Neuenhof**. Wahrscheinlich entstand es schon 1440. Im 16. Jh. war das Anwesen im Besitz der Familie Crümmel, der Herren von Burg Raaff. Gegen Ende des 17. Jh. wurde der Hof wegen der unsicheren Zeiten (s. S. 11 f.) zu einer wehrhaften Anlage ausgebaut. Im Gelände sind noch Reste eines Wassergrabens zu erkennen. Auch sind noch Schießscharten erhalten. Veränderungen erfolgten im 18. und 19. Jh. Zum Eingang des zweigeschossigen Haupthauses mit hohen, gewölbten Kellern führt eine repräsentative Freitreppe.

Empfehlung für Wanderer
Länge: ca. 11 km
Start: Parkplatz an der Kirche, Aachener Str.
Der Weg ist durchgehend mit einem grünen Kreuz auf weißem Grund markiert. Zu Beginn werden wir durch den schönen Dorfkern geführt mit seinen zahlreichen historischen Bauwerken (s. o.).
Wir überqueren die Aachener Str. am Zebrastreifen und gehen durch die kurze Louisenstr. zur Lichtenbuscher Str. (Haus Nr. 19, Haus Lambertz, s. o.) Der Lichtenbuscher Str. folgen wir nach links in nordöstlicher Richtung, um nach etwa 900 m in einer Kurve nach rechts in die Raafstr. einzubiegen. Wir folgen ihr, bis wir links in die Stesterstr. abbiegen. Bald liegt rechts, leider von einer hohen Hecke weitgehend verdeckt, Gut Stester (Stesterstr. 31, s. o.). Auf der gegenüberliegenden Straßenseite führt ein Privatweg zur Burgruine Raaf (s. o.), von der wir ebenfalls nur wenig sehen, weil sie von großen Bäumen umgeben ist. Da, wo die Stesterstr. auf die Lichtenbuscher Str. stößt, liegt links das imposante Gut Neuenhof (Lichtenbuscher Str. 170, s. o.). Weiter geht's nach rechts über die Lichtenbuscher Str., wo bald links Hof Steinkaul aus dem 18. und 19. Jh. (Lichtenbuscher Str. 191/193) zu sehen ist. Dahinter geht es links in die Straße Wesselbend. Vor der Autobahn biegen wir rechts in eine kleine Straße ein, die zeitweilig auf beiden Seiten von Rotbuchen begleitet wird, deren zum Teil recht merkwürdiger Wuchs dadurch zu erklären ist, dass sie aus einer Hecke emporgewachsen sind. Wir stoßen auf die Straße Hebscheider Heide, der wir nur kurz nach links folgen, um gleich wieder rechts in die Pleistr. einzubiegen, die uns an die Grenze nach Deutschland im Dorf Lichtenbusch führt. Wir folgen nun der Raerener Str. in nördlicher Richtung entlang der Grenze. Nach etwa 700 m biegen wir an einem kleinen Kapellchen in einen Waldweg ein. Der Weg führt uns nach geraumer Zeit wieder auf die Stesterstr., der wir nun nach links folgen. Dann setzen wir nach rechts abbiegend unseren Weg auf der Kinkebahn fort, einer alten Römerstraße. In dem Weiler Berlotte steht eine Kapelle, die ursprünglich zu Ehren der Heiligen Familie errichtet worden war, in der aber schon bald seitens der bäuerlichen Bevölkerung die hl. Brigida, die Schutzpatronin der Tiere, verehrt wurde. Initiiert durch eine Schenkung aus dem Jahr 1695, wurde das kleine Gotteshaus im Jahre 1711 erbaut und bereits 1722 um ein Joch vergrößert. Eine abermalige Erweiterung, bei der die dreiseitige Apsis entstand, erfolgte 1907. Noch heute werden in der Kapelle in jedem Jahr am 1. Februar, dem Fest der hl. Brigida, im Rahmen einer Messfeier Wasser, Brot und Salz für die Tiere gesegnet.

Burgruine Raaf bei Eynatten

Für die Region typische Figurennische mit Marienfigur an Haus Lamberts, Eynatten

Etwa 100 m hinter der Brigidakapelle wandern wir links weiter über eine Straße mit dem merkwürdigen Namen Rattenhaus. Über die Straße Panneschopp finden wir zur Kinkebahn zurück, der wir nun ein kurzes Stück nach rechts folgen, um dann links über die Wegestr. weiterzuwandern. Die verlassen wir nach einiger Zeit nach links (vor Haus Nr. 42), um über den Berlotter Kirchweg, einen Wiesenweg, zum Ortskern von Eynatten zurückzugelangen.

Gastronomische Hinweise: In Eynatten wird u. a. im Restaurant *Sel et Poivre* (Aachener Str. 140; Tel.: 0032 (0)87 / 55 33 08; **www.seletpoivre-eynatten.be**) eine gute Küche geboten.

Einfacher, aber originell ist das auf der Grenze nach Deutschland gelegene *Manneken Frit*, das allerdings schon auf dem Gebiet des Dorfes Hauset steht (Aachener Str. 267; Tel.: 0032 (0)80 / 44 40 13; **www.mannekenfrit.be**).

Im Dorfkern gibt es an der Aachener Str. (Nr. 5-7) eine Pizzeria namens *Casa Bella Italia 2* (Tel.: 0032 (0)87 / 44 63 87; **www.casabellaitalia2.be**). Auch gibt es zwei Cafés, u. a. das Café Kockartz, das gutes Backwerk bietet.

Hauset

1266 wird ein *Bosch von Hoisoit* urkundlich erwähnt, ein erster Hinweis auf das heutige Dorf Hauset. 1271 erscheint in einer Urkunde die Burg von Hauset, von der heute noch der Grundriss im Gelände erkennbar ist. 1676 wurde das Dorf von der Pfarre Walhorn losgelöst und der Pfarre Eynatten zugeordnet. Erst 1801 wurde Hauset eine eigene Pfarre. Heute, in Zeiten des Priestermangels, gehört sie zum Pfarrverband Raeren-Eynatten-Hauset.

Bedeutende historische Denkmäler bietet der Ort am Rande des Aachener Waldes nicht. Doch seine Umgebung zählt landschaftlich zum Schönsten, was Ostbelgien zu bieten hat.

Die Pfarrkirche St. Rochus und St. Genoveva im Dorfzentrum (Kirchstr.) zwischen Schule und Pfarrhaus ist ein Beispiel für einen neogotischen Kirchenbau aus dem frühen 20. Jh. Die ursprüngliche Kapelle aus dem Jahr 1858 wurde 1909 durch ein Querschiff erweitert. Den imposanten, den Dorfkern überragenden Turm hat man erst 1950 errichtet.

Wenn wir der Kirchstraße etwa 300 m in südlicher Richtung folgen, kommen wir bald zu dem in

Dorfstraße in Hauset mit der Pfarrkirche St. Rochus und St. Genoveva

Bruchsteinhaus in Hauset

Gehöft in Hauset, 17. Jh.

einem alten Blausteinhaus eingerichteten, an der Göhl (nld. *Geul*, frz. *Gueule*, an der deutschen Grenze bei Lichtenbusch entspringendes Flüsschen) gelegenen Restaurant *Auberge zur Geul*. Hier erfahren wir durch eine Hinweistafel, dass es im 19. Jh. entlang des Wasserlaufs eine ganze Reihe von **Mühlen** gab, darunter Lohmühlen (für 1760 sind zwei nachgewiesen), zum Zermahlen von Eichenrinde, die von Gerbereien verwendet wurde, und eine Kupfermühle.

Kupfermühlen

Man vermutet, dass es in Hauset schon im 15. Jh. eine Kupfermühle gab. Die Wasserkraft benötigte man bei diesen in der Region einst häufig anzutreffenden Mühlen, um Hämmer anzutreiben, mit denen man Rohmessing und Messingbleche bearbeitete. Noch heute verwendet man den Begriff *Kupfermühlen*, weil man Messing früher als Gelbkupfer bezeichnete.

Nach der Zerstörung Dinants durch den Burgunderherzog Karl den Kühnen im Jahre 1466 wanderten viele in der dortigen Messingproduktion und Messingverarbeitung tätige Fachkräfte nach Aachen ab. In diesem Zusammenhang entstand auch die Kupfermühle Hausets. Die Mühlenteiche, die sicherstellten, dass die Mühle auch in regenarmen Zeiten bei Bedarf über genügend Wasser verfügte, sind heute noch an der *Göhlpromenade* zu sehen. Übrigens wird die Kupfermühle beim Bearbeiten der Bleche für erheblichen Lärm gesorgt haben. Allzu idyllisch dürfen wir uns das Leben in Hauset in vergangenen Jahrhunderten nicht vorstellen.

An der Kirchstraße hat sich (Haus Nr. 7) ein altes geschlossenes **Gehöft aus dem 17. Jh.** erhalten. Die zugehörigen Gebäude sind eher bescheiden. Auf der rechten Seite steht im rechten Winkel zur Straße der malerische, zweigeschossige Wohnbau. Das Parterre besteht aus Bruchstein, das Obergeschoss aus Fachwerk und Ziegel (an der Fassade Fachwerkimitation). Der Türsturz präsentiert ein Wappenschild mit der Jahreszahl 1692.

Rochuskapelle am Ortsrand von Hauset

Rochuskapelle

Hof van Weersth bzw. Grosshaus, Hauset

Malerisch unter hohen Bäumen liegt die **Rochuskapelle** an einer Gabelung der Straße von Hauset nach Eynatten bzw. Astenet, etwa 900 m südwestlich des heutigen Ortskerns (Hauseter Str. / Asteneter Str. / Kirchstr.). Sie stammt aus dem späten 17. oder frühen 18. Jh. Wahrscheinlich wurde sie nach der großen Pestepidemie von 1635 bis 1637 erbaut und dem Schutzpatron der Pestkranken, dem hl. Rochus von Montpellier, geweiht. Im Jahr 1899 wurde die Hauptfassade erneuert. Einst befand sich der Dorfkern an der Kapelle, weshalb die älteren Einheimischen noch heute sagen, das Gotteshaus stehe *ejen Dörp* (*im Dorf*).

Unterhalb der Kapelle, auf der anderen Seite der Asteneter Straße (Nr. 6-8), liegt ein Gutshof aus dem 17. Jh. **Hof van Weersth** oder auch Grosshaus genannt, der aus Bruchstein (Parterre), Ziegel und Fachwerk (Obergeschoss) erbaut wurde. Auch hier eines der in der Umgebung nur noch selten erhaltenen Beispiele für Fachwerk an Hausfassaden. Man vermutet, dass der Gutshof mit der einst gegenüberliegenden, heute verschwundenen Burg Hauset verbunden war. In der Wohnstube hat sich noch eine gusseiserne Kaminplatte (sog. Takenplatte) erhalten, die das Datum trägt und den Reichsadler zeigt.

Das imposanteste Bauwerk Hausets ist die etwa zwei Kilometer vom Ortskern (westlich) entfernte **Hammerbrücke**. Der ursprüngliche, 1843 errichtete Bau war zur Zeit seiner Entstehung eine der imposantesten Eisenbahnbrücken weit und breit. Das doppelbödige Bauwerk war 206 Meter lang und über 36 Meter hoch. Mehr als acht Millionen Ziegelsteine wurden an ihr verbaut. Die Brücke war Teil der Eisenbahnlinie Köln – Aachen – Lüttich – Antwerpen, der ersten internationalen Eisenbahnstrecke

Hammerbrücke bei Hauset

Gehöft am Ortsrand von Hauset

der Welt. Ihren Namen verdankt sie dem kleinen Flüsschen Hammer, über den sie hinwegführt.
Die ursprüngliche Brücke wurde im Mai 1940 durch belgische Grenzsoldaten gesprengt, um das Vorrücken der einmarschierenden deutschen Truppen zu behindern. Die heutige Brücke wurde geschaffen, als die Eisenbahnstrecke für den Verkehr von Hochgeschwindigkeitszügen hergerichtet wurde.

Empfehlung für Wanderer (1-2)

Zahlreiche markierte Wanderwege durchziehen die hügelige, ausgesprochen reizvolle Wiesenlandschaft rund um das Dorf am Aachener Wald. Vor allem das Göhltal weist eine artenreiche Flora und Fauna auf, die in weiten Teilen unter Naturschutz stehen.
An der Kirche des Ortes (Kirchstr.) beginnen mehrere markierte Wege. Hier ist auch eine **Wanderkarte** ausgehängt (ggf. mit dem Smartphone abfotografieren).

1) Der **rot-weiß-rot markierte Weg von 5 km Länge** führt einmal rund um das Dorf herum. Vom Parkplatz aus gehen wir zunächst nach rechts ein Stück die Kirchstr. entlang, um hinter Haus Nr. 69 unmittelbar vor dem Wartehäuschen an der Bushaltestelle nach rechts in die Göhlpromenade abzubiegen. Wir passieren einen verträumten Weiher und kommen bald an die alte Kupfermühle. Von dort aus ist es nicht mehr weit zu dem gemütlichen *Café Nussstöck*, wo wir freitags, samstags und sonntags von 11 bis 17 Uhr einkehren und im Sommer Kaffee und selbst gemachten Kuchen auch im Freien einnehmen können (**www.nussstoeck.eu**). Später geht's über die schöne Hauseter Heide und durch ein Waldstück, wo wir wieder auf die Göhl (nld. *Geul*) treffen.

2) Der **blau-weiß-blau (waagerechte Streifung!) markierte Weg hat eine Länge von etwa 7,5 km**. Gleich am Anfang muss man zweimal aufpassen: Dass man (1.) nicht den Abzweig nach rechts von der Straße Botzefeld in die Straße An der Follmühle verpasst. Und (2.)

Göhl im Wald bei Hauset

dann nicht wiederum den Abzweig von der Straße Gostert in den Weg Schnellenwind verpasst (an dieser Kreuzung verlässt man die Asphaltstraße und geht, im rechten Winkel nach rechts abbiegend, auf einem Erdweg in die Wald hinein, der bald auf eine asphaltierte Straße – Schnellenwind – stößt). Manchmal muss man sich schon sehr aufmerksam umsehen, um Markierungen nicht zu übersehen. Auch besteht immer das Risiko, dass eine verlorengegangen ist.

Der Weg führt an Siebenweihern (Angelteiche) vorbei bis zur Hammerbrücke (s. S. 96 f.), durch den Weiler *Fossei* und schließlich zu einem aufgegebenen Bergbaustollen der *Société des Mines et Fonderies de Zinc de la Vieille Montagne* (s. S. 66 f.). Hier wurde von 1878 bis 1918 Zink- und Bleierz mit von Pferden gezogenen, auf Gleisen fahrenden Loren aus tiefen Stollen an die Oberfläche gebracht. Die Verarbeitung erfolgte in Kelmis.

Dann geht's (schon einige Schritte vor dem Stollen) rechts ab, ein Stück die Göhl entlang (die uns linker Hand begleitet), unter der Eisenbahnbrücke hindurch und schließlich über den Beschessbärch (Beschissenberg) hinweg zurück nach Hauset. Die Landschaft ist außerordentlich reizvoll.

Knotenpunkte (ab 2020): 79, 90, 85, 39, 78, 23, 15, 43, 73, 89, 91, 7

Im Ortszentrum von Hauset gibt es unweit der Kirche ein Café, in dem man sich nach einer Wanderung stärken kann. Vom *Café Nussstöck* war bereits die Rede.

Butterländchen

Früher sprachen Aachener oft noch vom Butterländchen, wenn sie das Eupener Land meinten. Von dort bezog man nämlich vor dem Ersten Weltkrieg, als es zwischen Aachen und Eupen noch keine Grenze gab, Molkereiprodukte, besonders die hervorragende Butter des grünen Wiesenlandes. Manche Bauersfrau aus Eynatten, Hauset, Hergenrath oder gar dem entfernteren Raeren machte sich wöchentlich einmal auf, um mit schweren Butterkörben zum Markt zu gehen oder Kunden aufzusuchen. In fußlangen Röcken, mit Schürze und Kopftuch, die Henkel von zwei Körben über die Unterarme gestreift, einen weiteren Korb auf dem Kopf balancierend, hatte man die Hände frei, um den Rosenkranz zu beten. Selbst wenn die Frauen kräftig ausschritten, benötigten sie für den Fußmarsch je nach Herkunftsort ein bis zwei Stunden, mitunter gar an die drei. Und das war nur der Hinweg. Sie gingen bei jedem Wetter, bei Hitze, Regen, Frost und Schnee. Die verderbliche, goldgelbe Ware musste zum Kunden. Nach Verkauf oder Ablieferung machte man sich sogleich wieder auf den Rückweg, um zu Hause nach Kindern, Haushalt und Vieh zu sehen. Auch für ältere Frauen waren dergleichen Strapazen selbstverständlich. Manche Großmutter nahm ihre Enkelin zur Hilfe und Gesellschaft mit und um sie bei der Gelegenheit bei der Kundschaft einzuführen. Nebenbei lernte sie dabei, den Rosenkranz zu beten.

Ab 1906 gab es endlich eine große Erleichterung.

Wiesenland bei Hauset

Hohes Venn im Sommer

Von Eynatten oder Raeren aus konnte man nun mit der Straßenbahn nach Aachen fahren, die zwischen der Kaiserstadt und Eupen angelegt worden war. Auch ein Abzweig nach Raeren gehörte mit dazu. Die Fahrt war verhältnismäßig preisgünstig – zumal im Vergleich mit den für einfache Leute unerschwinglich teuren Fahrten mit der Postkutsche – und damit auch für den Weg der Bauersfrauen zum Markt erschwinglich.

Zersiedelung

Bei allem Zauber der Landschaft und allem Reiz vieler Ortschaften sollten wir eine geradezu dramatische Entwicklung nicht übersehen, nämlich den unverantwortlich hohen Flächenverbrauch und Grad der Zersiedelung, den man sich hier wie fast überall in Belgien leistet. Durch eine leichtfertige Umwandlung landwirtschaftlich genutzter Flächen in Bauland und Gewerbegebiete hat Eynatten (Gemeinde Raeren) seinen alten, ehemals homogenen dörflichen Charakter bereits weitgehend eingebüßt. Entlang der radial vom Ortskern ausgehenden Straßen frisst sich die Bebauung krebsartig immer weiter in die Wiesenlandschaft hinein und empfängt den aus Aachen kommenden Besucher mit der seelenlosen Architektur von Möbelhäusern, Tankstellen und Discounter-Filialen.

Eifel, Ardennen, das Hohe Venn und der Deutsch-Belgische Naturpark

Geografisch handelt es sich bei **Ardennen** und **Eifel** um Teile desselben Mittelgebirges. Zur Zeit Cäsars wurde der gesamte westlich des Rheins gelegene Flügel dessen, was die Geografen als das Rheinische Schiefergebirge bezeichnen, und noch erhebliche Gebiete darüber hinaus bis zur Schelde *Arduenna silva, Ardenner Wald*, genannt. Hier wurde die keltische Jagd- und Waldgöttin *Arduinna* verehrt, der die Region ihren Namen ver-

Hohes Venn im Sommer

dankt. Erst im 8. Jh. taucht der Name *Eifelgau, Eiflensis pagus*, auf, der sich damals nur auf einen kleinen Teil dessen bezog, was wir heute unter Eifel verstehen. Doch im Laufe der Zeit hat sich der so bezeichnete Raum immer weiter ausgedehnt. Seit dem 19. Jh. meint er den deutschsprachigen Teil des ursprünglich insgesamt Ardennen genannten waldreichen Mittelgebirges. Darum liegen Malmedy, Stablo und Spa eindeutig in den Ardennen, während etwa Bütgenbach, Büllingen oder St. Vith als Gemeinden der *Deutschsprachigen Gemeinschaft Belgiens* (*DG*) der Eifel angehören.

Bei den Ardennen und dem belgischen Teil der Eifel handelt es sich um ein Gebirge mit Hochflächencharakter, mit mäßigen, nassen, kalkarmen Böden, rauem Klima und großen Waldflächen auf einem Untergrund, der vor allem aus Schiefer besteht, ein von der Natur benachteiligtes, wegearmes Gebiet. Doch das, was in früheren Jahrhunderten ein Nachteil war, macht heute für den Touristen den Reiz des Gebirges aus: eine weitgehend in ihrer Ursprünglichkeit erhaltene Landschaft mit geringer Bevölkerungsdichte. Größere Städte fehlen vollständig.

Der Deutsch-Belgische Naturpark ist von Aachen, Köln und Bonn wie von Lüttich aus mit dem Pkw schnell zu erreichen.

Die sich von Nordosten nach Südwesten bis nach Malmedy erstreckende **Hochfläche** des **Vennmassivs** ist in ihrem Kern unbesiedelt und menchenleer. Dadurch und weil sie auf dem Gebiet wallonischer Gemeinden liegt, scheidet sie den nördlichen und den südlichen Kanton der DG. Das Venn schiebt

Hohes Venn im Winter

sich gewissermaßen zwischen die Kantone Eupen und St. Vith.

Das Vennmassiv ist geologisch älter als Eifel und Ardennen rundum. Auf seinem wasserundurchlässigen Untergrund entwickelte sich im Laufe vieler Jahrtausende in einem feuchten, regenreichen Klima eine in Mitteleuropa einzigartige **Hochmoorlandschaft**. So, wie wir sie heute vorfinden, ist sie jedoch das Ergebnis jahrhundertelanger menschlicher Nutzung. Bis ins Mittelalter hinein bedeckte Laubwald fast das ganze Venn. Im 13. Jh. begannen die Menschen der umliegenden Ortschaften und Gehöfte mit der Rodung, um Flächen für die Viehweide, die Heu- und Streuernte und Torfgewinnung zu erhalten. Wegen des Rückgangs der Wälder wurde Torf in der Neuzeit trotz seines geringen Heizwerts für die Vennbewohner als Brennmaterial immer wichtiger. Vereinzelt konnte man noch über die Mitte des 20. Jh. hinaus Männer bei der schweren Arbeit des Torfstechens beobachten.

Dem heutigen Besucher präsentiert sich der **Deutsch-Belgische Naturpark** mit dem herben Charme einer naturnahen Wald- und Erholungslandschaft. Gerade der Anschein rauer Ursprünglichkeit schlägt den Städter in seinen Bann. Doch der

Hohes Venn im Winter

Schein trügt. Kaum mehr lässt sich erahnen, dass hier seit dem Mittelalter bis in die erste Hälfte des 19. Jh. hinein eine von Menschenhand verursachte ökologische Katastrophe angerichtet worden ist, die unserem romantisierenden Bild vorindustrieller Epochen so gar nicht entsprechen will. Über große Flächen des einst vollständig mit mächtigen Rotbuchen- und Eichenwäldern bedeckten Gebirges breitete sich spätestens im 18. Jh. unfruchtbare Heide aus, über die im Winter der eisige Wind pfiff. Die Reste des ehemaligen Waldes waren zu schmächtigen Gehölzen degeneriert. Im 15. und besonders im 16. Jh. hatte das Aufblühen der Eisenindustrie zu einem unkontrollierten Raubbau an dem zunächst noch reichlich vorhandenen Wald geführt. Ein geschlossenes Nachwachsen des Waldes wurde durch die allgemein übliche Waldweide verhindert. Das Ausmaß der Waldverwüstung durch Kohlholzschlag im Verlaufe des 17. und 18. Jh. erreichte dann kaum vorstellbare Ausmaße. Um 1550 bezog allein die Eisenhütte zu Gemünd jährlich 1.600 Wagen Holzkohle aus dem nahe gelegenen Kermeter Wald. Dafür mussten etwa 533 Hektar Wald gerodet werden. Der Bedarf der Eisenhütten sowie der Eisen oder andere Metalle verarbeitenden Gewerbe an der Maas, etwa in Lüttich und Dinant, dürfte ähnlich hoch gewesen sein. Auch die Messingherstellung in Aachen und Stolberg war natürlich nicht ohne Brennmaterial möglich. 1431 genehmigte die herzogliche Behörde zwei Eisenhütten bei Limburg und eine bei Eupen. Noch heute trägt ein Ortsteil in Eupen (am Schilsweg in der Unterstadt) den Namen *Hütte* und erinnert damit daran, dass hier im 15. Jh. Eisenhütten und Hammerwerke ansässig waren. Ein geschlossenes Nachwachsen des Waldes wurde durch die allgemein übliche Waldweide verhindert, da das Vieh die jungen Baumtriebe abfraß.

Hochmoorgebiet im Hohen Venn im Winter

Die Wiederaufforstung der Eifel und der Vennregion, also auch des Gebiets um Malmedy und St. Vith, ist vor allem den Bemühungen des preußischen Staates zu danken. Das Projekt der Ödlandrekultivierung war gigantisch. Dass die Wiederaufforstung überwiegend mit Nadelholz, vor allem mit Fichten, erfolgte, hatte nicht mit »preußischem Rentabilitätsdenken« zu tun. Vielmehr glaubten die Forstfachleute, auf den heruntergekommenen Böden vermöchten Laubbäume kaum mehr zu gedeihen. In den belgischen Ardennen herrscht bis heute der Laubwald vor, Buchen, Eichen, untermischt mit Erlen, Birken, Eschen und anderen Baumarten. Doch gibt es auch hier große Fichten-Monokulturen. Das gilt besonders für die Umgebung des Venns. Mehr und mehr aber gehen deutsche wie belgische Forstleute gegenwärtig dazu über, Nadelgehölze durch Laubwälder zu ersetzen.

In unseren Tagen hat sich die Situation des 19. Jh. geradezu umgekehrt. Während damals große waldlose, verödete Gebirgsregionen aufzuforsten waren, gilt es nun, die noch bestehenden Reste offener Heide- und Moorflächen vor der Verwaldung zu schützen und damit eine einzigartige Flora und Fauna zu erhalten. Das, was früher die Schafe besorgten, die das frische Grün der jungen Bäume wegfraßen und damit das Aufkommen des Waldes verhinderten, muss nun der Mensch mühsam und kostenträchtig selbst erledigen. Teilweise werden nun Fichten wieder abgeholzt, um Heiden und Moore neu entstehen zu lassen, Heideflächen werden durch das Entfernen der obersten Erdschicht oder durch Mahd renaturiert. Durch diese Maßnahmen ermöglicht man das

Narzissenblüte im Hohen Venn (Ende März bis April)

Aufkommen von Heidekrautgewächsen. Auch werden kleine Staudämme errichtet und Drainagegräben geschlossen, um das sich ausbreitende Pfeifengras zu überfluten und Moore wieder zu beleben.

Unter den extremen Bedingungen der nährstoffarmen, sauren und nassen Hochmoore mit ihren extremen Temperaturschwankungen überleben nur besonders angepasste Pflanzen. Hier bilden unterschiedliche Torfmoose dicke Kissen. Hier wächst das Schmalblättrige Wollgras, dessen weiße, seidenweiche Fruchtstände im Frühjahr in der Sonne leuchten, zusammen mit Schnabelried und Insekten fressendem Sonnentau. An höhergelegenen, trockenen Stellen siedeln Heidekraut, Glockenheide, Heidelbeere (Blaubeere), Preiselbeere und Rauschbeere mit dem Sandginster, dem Englischen Ginster, der Becherflechte, dem Widertonmoos und dem selten gewordenen Wacholder, den man früher zum Räuchern des Ardenner Schinkens verwendete.

Jedes Jahr wieder zieht Ende März und im April die Narzissenblüte Naturliebhaber ins Venn, wo ganze Wiesen von der in der Sonne gelb leuchtenden Blütenpracht wilder Narzissen überzogen sind. Ein geradezu märchenhafter Anblick!

Im gesamten Venngebiet sind Hirsche, Rehe und Wildschweine verbreitet. Hier leben aber auch besonders geschützte Arten wie Birkhuhn, Marder und Wildkatze sowie zahlreiche seltene Vogel- und Insektenarten. Seit dem Jahre 2003 sind sogar Luchse wieder ausgemacht worden. 2018 wurde in den südbelgischen Ardennen bei Gedinne in der

Narzissen Blüte im Hohen Venn

Gegend von Bouillon seit 100 Jahren zum ersten Mal wieder ein Wolf gesichtet.

Empfehlung für Wanderer
Besonders eine Wanderung im **Hohen Venn** (frz. *Hautes Fagnes*), einem der letzten Hochmoore Europas, mit seiner herben Landschaft, seiner Einsamkeit, Urwüchsigkeit und Stille ist zu jeder Jahreszeit ein Erlebnis. Das Hohe Venn ist ein grenzübergreifendes Gebiet mit einer Ausdehnung von über 600 km^2. Davon liegen 133 km^2 in Deutschland, der größere Teil in Belgien, davon ein kleinerer in der Deutschsprachigen Gemeinschaft Belgiens.
Baraque Michel und **Botrange**, gewissermaßen das Herz des Venns, werden im Kapitel *Weismes / Waimes* behandelt.

Schmuggel und Flucht

Der Wegfall von Zöllen und Grenzen im vereinten Europa hat dem über Jahrhunderte mal mehr, mal weniger blühenden Schmuggel im Osten des heutigen Belgien ein Ende bereitet. In den letzten Jahren wird viel über den Schmuggel nach dem Zweiten Weltkrieg geschrieben und immer wieder auch im Fernsehen berichtet. Dabei schleicht sich ein mitunter nostalgisch eingefärbter Ton von Abenteuergeschichten ein, der der Sache nur sehr bedingt gerecht wird, hat der Schmuggel doch eine ganze Reihe von Menschenleben gekostet.
Schmuggel gab es schon im 18. Jh. Nur ein Beispiel: Als das Herzogtum Jülich die Ausfuhr von verarbeitetem Kupfer in die Österreichischen Niederlande verbot, betraf dies auch das zu den Österreichischen Niederlanden gehörende Herzogtum Limburg. Die Stolberger Messingindustrie, die ihre Produkte (nach damaligem Sprachgebrauch Produkte aus Kupfer oder Gelbkupfer) u. a. nach Limburg oder über das Gebiet Limburgs in andere Gebiete der Österreichischen Niederlande vertrieb, geriet in erhebliche Schwierigkeiten.
Die Stolberger Kupferschläger erwirkten deshalb von der Regierung in Brüssel 1765 die Erlaubnis, auf Limburger Gebiet, mitten im *Osthertogenwald* am Zusammenfluss von Eschbach und Hill (heute etwas oberhalb des Weserstausees) eine Kupfermühle zu errichten. Schon bald diente die Mühle weit weniger der Herstellung von Messingprodukten als dem nächtlichen Schmuggel von Fertig- und Halbfertigfabrikaten über die Landesgrenze zwischen den Herzogtümern Jülich und Limburg, die der Eschbach damals bildete.
In den Krisenzeiten des 19. Jh. war es naheliegend, dass sich die ärmere Bevölkerung des Grenzgebiets im Nachbarland mit Lebensmitteln und anderen für das Alltagsleben notwendigen Produkten versorgte, die dort billiger waren. Entlang der Grenze in Belgien und in den Niederlanden entstanden damals sog. *Schmuggelbuden*, die die von Grenzgängern gewünschten Waren bereithielten. *Salz, Streichhölzer, Petroleum?* soll die Standardfrage der preußischen Zöllner gelautet haben.
Doch spielte der Schmuggel in den relativen Wohlstandsjahren vor dem Ersten Weltkrieg keine sehr große Rolle mehr. Die Zollbestimmungen waren großzügig und erlaubten z. B. die Einfuhr recht großer Kaffeemengen von Belgien ins Deutsche Reich, wovon z. B. Ausflügler, die an Wochenenden von Eupen mit einem Schmalspurbähnchen nach Dolhain und Limburg fuhren, reichlich Gebrauch machten. In der Erinnerung vieler Menschen blieb das in den Wirren und Bedrängnissen der folgenden Jahrzehnte die gute alte Zeit.
In den ersten Jahren nach dem Zweiten Weltkrieg (bis in die beginnenden 50er Jahre) jedoch war der Tausch von Kaffee aus Belgien gegen Wertsachen oder Alltagsgegenständen aus Deutschland – besonders für viele Bewohner auf der deutschen

Ein Denkmal für Schmuggler an der deutsch-belgischen Grenze bei Mützenich

Seite – ein Weg, Not und Hunger zu lindern. Andere witterten das große Geschäft oder zumindest einen schnellen Nebenverdienst. Vor allem für junge Männer war die Versuchung groß. Die Ware wurde in Säcken, in Innentaschen von Mänteln oder in den Reifen von Lastwagen geschmuggelt. Immer wieder wurden auch Zöllner bestochen.

Der Schmuggel trug auf beiden Seiten der Grenze zur Linderung der Nachkriegsnot bei. Die Gebiete entlang der Grenze waren vielfach durch die Ardennenoffensive zerstört. Oft waren den Menschen die wirtschaftlichen Grundlagen ihrer Existenz entzogen worden. Der Schritt in die Illegalität des Schmuggels lag daher nahe und war für manchen ein notwendiges Übel.

Man geht davon aus, dass ungefähr zwei Drittel des Kaffees, der in den Jahren von 1945 bis 1953 an Rhein und Ruhr getrunken wurde, Schmuggelware war. In den Ortschaften entlang der belgischen Grenze war in den ersten Kriegsjahren ein großer Teil der Menschen in irgendeiner Weise mit Schmuggel verbunden oder profitierte davon direkt oder indirekt.

Der Schmuggel geschah oft nicht ohne Gewalt. So brachen besonders brutale Schmuggler mit gepanzerten Lastwagen durch die Barrieren der Zollbeamten und warfen sog. Krähenfüße, auch Wurfeisen genannt, auf die Straße, um verfolgenden Zöllnern zu entkommen. Bisweilen kam es bei diesen Verfolgungen zu Unfällen. So gab es viele Verletzte und auch einige Tote, darunter Menschen, die von Zöllnern erschossen wurden. Trotz all dieser Gewalt wird die Erinnerung an den Kaffeeschmuggel heute vielfach romantisiert.

Ein Denkmal für Schmuggler

Auch die Bronzestatue, die am alten Zollamt in Mützenich an der deutsch-belgischen Grenze an den Kaffeeschmuggel der Nachkriegsjahre erinnert, ist von romantisierender Tendenz nicht frei. 1952 warteten 45 junge Männer aus Mützenich im Kölner Gefängnis *Klingelpütz* wegen Schmuggels auf ihren Prozess. Spötter sollen damals dem Gefängnis den Beinamen *Eifeler Hof* verliehen habe. Wegen Spielermangels infolge der Verhaftungen musste der Mützenicher Fußballverein absteigen.

Schon immer boten Grenzen Kriminellen oder aus anderen Gründen von der Obrigkeit Gesuchten die Möglichkeit, sich ihren Verfolgern durch einen Grenzübertritt zu entziehen. Im Zusammenhang mit dem besonderen Fall Neutral-Moresnet war schon davon die Rede. Noch heute nutzen Kriminelle die Grenze, um etwa mit gestohlenen Fahrzeugen der Polizei zu entkommen.

Ein besonders dramatisches und schreckliches Kapitel in der Geschichte der deutsch-belgischen Grenze war die **Flucht** Verfolgter der nationalsozialistischen Diktatur aus dem Deutschen Reich nach Belgien. Bereits kurz nach der Machtübernahme der Nationalsozialisten in Deutschland im Januar 1933 setzt eine Fluchtbewegungen in das Nachbarland Belgien ein. Schon bald wurden Menschen auch in organisierter Form über die Grenze gebracht.

Bei den Flüchtenden handelte es sich zunächst vor allem um Leute, die als Anhänger der Linksparteien im Reich verfolgt wurden. Im Raum Aachen/Eupen wurden damals insbesondere Sozialdemokraten über die Grenze gebracht. Erleichtert wurde die Fluchthilfe durch vielfältige persönliche und familiäre Kontakte über die Grenze hinweg.

Die Flucht von Juden nach Belgien nahm mit der sich verschärfenden Repression gegen diese Menschen bis zum Krieg ständig zu. Einen ersten Höhepunkt erreichte sie bereits nach dem sog. *Anschluss Österreichs* im März 1938. Nach der Reichspogromnacht wurden die Zustände an der Grenze mehr als dramatisch. Das Ausmaß der Verzweiflung der Menschen, die nicht wussten, wie sie über die Grenze gelangen sollten, war entsetzlich.

Wer Glück hatte, wurde in der Eifel vielfach von Arbeitern, die beim Westwallbau beschäftigt waren, bis zum Grenzgraben gebracht. Dort wurden sie von Belgiern, oft professionellen Schmugglern, übernommen und weitergeführt. Nur wenn es dem Flüchtenden gelang, unbemerkt durch die erste, etwa fünf bis zehn Kilometer breite Grenzzone zu gelangen, war er halbwegs sicher, wenn er von der belgischen Gendarmerie aufgegriffen wurde, nicht an die deutschen Behörden ausgeliefert zu werden.

Zweifellos, die Fluchthilfe wurde oft aus menschlicher Anteilnahme oder christlicher Gesinnung geleistet, oft aber auch, um sich an Menschen in Not und Angst zu bereichern. So wurden viele Flüchtlinge um ihre letzte Habe gebracht.

Zwischen den Bergen fand sich noch Raum
für Häuser und steinige Felder;
unten ein schmaler Wiesensaum,
drüber Wälder und Wälder …

Eifeldörfer, von Ernst Thrasolt (1878–1945)

Der Süden der DG

Ausblick von Maspelt aus (südöstlich von Galhausen)

Sankt Vith

Die Stadtgemeinde **Sankt Vith**, zu der heute eine ganze Anzahl von Dörfern gehört, bildet mit vier weiteren Gemeinden den Kanton St. Vith im Süden der Deutschsprachigen Gemeinschaft Belgiens (DG).

Geschichte: Im Mittelalter hatte St. Vith als Marktort Bedeutung, vor allem aber durch seine Lage am Schnittpunkt der noch aus römischer Zeit stammenden Straße Köln – Reims und der Verbindung zwischen den im 7. bzw. 8. Jh. gegründeten Abteien Stablo-Malmedy und Prüm, die ja nicht nur geistliche, sondern auch wichtige wirtschaftliche Zentren im Eifel-Ardennen-Raum waren. In nächster Nachbarschaft befand sich der karolingische Königshof *nova villa* (heute *Neundorf*). Im Mittelalter führte die volkstümliche Verehrung der im Gotteshaus des Marktfleckens aufbewahrten Reliquien des hl. Vitus zur Entstehung einer Wallfahrt, der der Ort den Namen *ad Sanctum Vitum* (*zum hl. Vitus*) verdankte, aus dem sich das heutige *Sankt Vith* entwickelte.

Unter der Herrschaft des Johann von Valkenburg-Montjoie hat man den Marktort, der seit 1271 Lehen der Grafschaft Luxemburg war, um 1350 mit einer turmbewehrten Mauer befestigt; die in den Ring einbezogene Burg wurde ausgebaut. Noch im 14. Jh. erhielt St. Vith auch die Stadtrechte.

St. Vith nach dem Bombardement an den Weihnachtstagen 1944

Mehrfach hatte die Stadt in schrecklicher Weise unter Krieg und Feuersbrünsten zu leiden. So war es nicht die erste Katastrophe, als St. Vith 1543 von Truppen des Herzogs von Jülich niedergebrannt wurde, der mit Franz I. von Frankreich im Krieg gegen Kaiser Karl V. verbündet war. 1602 kam es zur Brandschatzung durch die holländische Soldateska Ludwigs von Nassau. 1632 überfielen abermals holländische Truppen die Stadt und plünderten sie. Das Jahr 1689 brachte die vollständige Zerstörung durch die Franzosen. Die Befestigung der Stadt wurde geschleift. 1748 kam es zu einer Feuersbrunst.

Nach seiner Zugehörigkeit zu den Spanischen und dann zu den Österreichischen Niederlanden und der französischen Herrschaft schlug der Wiener Kongress 1815 auch St. Vith den preußischen Rheinlanden zu. 1887 wurde die Stadt durch die

St. Vith, St.-Vitus-Pfarrkirche

Relief des hl. Markus vor einem der Eingangsportale

St.-Vitus-Pfarrkirche, Innenansicht

Vennbahn mit Aachen und Luxemburg verbunden. Ein Jahr später kam die Bahnverbindung nach Gerolstein hinzu. Der Ort entwickelte sich von nun an zu einem beachtlichen wirtschaftlichen Zentrum.

Nach dem Ersten Weltkrieg kam St. Vith durch den Versailler Vertrag mit den Kreisen Eupen und Malmedy an das Königreich Belgien. Am 10. Mai 1940 erfolgten der Einmarsch deutscher Truppen und die Annexion der heutigen Ostkantone Belgiens durch Hitler-Deutschland. Am 3. oder 4. September 1944 wurde die Stadt angesichts der von Frankreich her vordringenden amerikanischen Truppen evakuiert. Bald darauf rückten US-Truppen kampflos in St. Vith ein.

Am 16. Dezember 1944 begann die deutsche Ardennenoffensive unter anderem mit dem Beschuss St. Viths. Die Stadt wurde von den amerikanischen Truppen mehrere Tage lang verteidigt; dann zog wieder deutsches Militär ein. An den beiden Weihnachtstagen 1944 legten alliierte Bomberverbände St. Vith in Schutt und Asche. In der Flammenhölle starben 153 Einwohner und über 1.000 Soldaten, über 90 Prozent der Gebäude wurden zerstört oder schwer beschädigt. Ein Trauma! Der Wiederaufbau dauerte bis in die 1960er Jahre an.

St.-Vitus-Pfarrkirche (Kirchstr.)**:** Im Jahre 1130/31 wird erstmals eine Kirche in St. Vith erwähnt. Im 15. Jh. kam es zu einem Neubau. 1907 bis 1909 wurde dieser durch ein neogotisches Gotteshaus ersetzt. Dabei blieben allerdings der mittelalterliche Turm und der alte Chor erhalten. Bei der Bombardierung St. Viths an den Weihnachtstagen 1944 wurde auch die Pfarrkirche zerstört. 1954 legte man den Grundstein für einen romanische Formen aufgreifenden Neubau mit flach gedecktem Schiff, der 1959 konsekriert werden konnte. Die Pläne des imposanten Baus, einer modernen Gottesburg, zeichnete der Brüsseler Architekt Jean Gilson.

Äußeres: Die Kirche präsentiert sich dem herantretenden Betrachter als ein mächtiger Bau mit nur wenig vortretendem Querschiff und halbrunder Apsis (im Norden). Auffällig kleine, oftmals zu Fünfergruppen zusammengefasste Fenster durchbrechen und gliedern die vollkommen schmucklosen Außenwände. Der mächtige Turm verjüngt sich nach oben und wird weitgehend vom Langhaus umfasst. Er trägt eine Zwiebelhaube mit sehr hoher Spitze. An den Seiten treten neben den kurzen Querhausarmen Kapellen mit halbrunden Apsiden vor. Das Steinrelief auf halber Höhe der Turmfront über einer Fenstergruppe zeigt den hl. Vitus mit einer Schar schutzsuchend sich an ihn drängender Menschen. Unwillkürlich denken wir an die Gluthölle der Weihnachtstage 1944. Unten – klein, angesichts der Mächtigkeit des Turms – ist ihm eine dreiteilige Portalanlage vorgesetzt.

Dabei handelt es sich nicht um eine Vorhalle, sondern um tiefe, rundbogige, fast höhlenartige Einzelzugänge zu den Portalen. Die Seitenwände der Zugänge sind mit Reliefs der Evangelisten und ihrer Symbole versehen, die von dem Brüsseler Bildhauer Siegmund Dobrzycki geschaffen wurden.

Inneres: Wenn wir unter der niedrigen Emporen hervortreten, stehen wir in einer hohen und weiten, flach gedeckten Halle. Anders als bei der Betrachtung des Außenbaus erwartet, gibt es keine Seitenschiffe, sondern der beeindruckende Saal öffnet sich an den Seiten mit breiten Rundbögen zu jeweils drei mit Quertonnen überwölbten Anräumen, die untereinander durch niedrige Durchgänge verbunden sind. Der Blick richtet sich sofort auf den Chor. Das Halbrund der Apsis öffnen sieben hohe, rundbogige Nischen. Auch sie sind untereinander durch niedrige Durchgänge verbunden, was an das *Deambulatorium* (Chorumgang) mittelalterlicher Kirchen erinnert.

Die uns umgebenden Wände wirken außerordentlich massiv. Dieser Eindruck wird noch durch die kleinformatigen Rundbogenfenster gesteigert, die im Hauptraum – auf beiden Seiten zu je zwei Fünfergruppen geordnet – hoch unter der flachen, von Betonunterzügen getragenen Decke angebracht sind. Von dort flutet der größte Teil des Lichts in den Sakralraum.

Barocke Marienfigur mit Jesuskind, 18. Jh.

Als Wiederauferstehungskirche ist St. Vitus voller Symbolik. Schon der mächtige, sich nach oben verjüngende, wie breitbeinig dastehende Turm kann sinnbildhaft verstanden werden. Vor allem der imposante **Christus im Chor** – das später hinzugefügte Kreuz müssen wir uns wegdenken – ist ein Zeichen der Hoffnung, klingt doch in der Gestaltung des Gekreuzigten schon dessen Auferstehung an. Es handelt sich übrigens um einen sog. Viernageltypus, bei dem die Füße nebeneinander zu sehen und nicht übereinander geheftet sind. Auch hier wird ein romanisches Motiv aufgegriffen.

Auch die **Reliefe** der *Maria Orans* (betende Maria, dem Gekreuzigten zugewandt) über dem rechten Nebenaltar und der Herz-Jesu-Darstellung über dem linken sowie der aus Ton farbig gestalteten Kreuzwegstationen sind bemerkenswerte Werke von Siegmund Dobrzycki. Dazu gehört auch das **geometrische Deckenbild** auf blauem Grund über Vierung und Chor. Mit sich kreuzenden Linien und einer diese durchdringenden Spirale symbolisiert es das Universum und die Allgegenwart des Schöpfergottes.

Der Zerstörung entgingen der frühgotische **Taufstein** mit Wappenschildchen – abwechselnd mit Kreuz und Gesichtsmaske – am polygonalen Rand (im Eingangsbereich), das **Grabmal des Friedrich von Rolshausen** († 1517) mit fast freiplastischem Relief des Toten, kniend betend in seiner Rüstung, und **einige Figuren**, so die barocken der Madonna (18. Jh., neben dem linken Seitenaltar) und des hl. Josef (18. Jh., neben dem rechen Seitenaltar). Außerdem sind ein hl. Vitus mit Löwe und Kessel aus dem alten Hochaltar (18. Jh., heute im Anraum hinten links) und die Skulpturen der hll. Rochus (Anfang 16. Jh., rechte Seitenwand) und Eligius (18. Jh., linke Seitenwand) erhalten. Die Figuren an den Seitenwänden der modernen Gottesburg wirken etwas verloren auf den weiten, nackten Mauerflächen.

Zum hl. Vitus, dem jugendlichen Märtyrer, Pfarr- und Stadtpatron, pilgern auch heute noch viele Menschen, besonders während der alljährlichen Vitus-Oktav im Juni (Öffnungszeiten: in der Regel zugänglich; Tel.: 0032 (0)80 / 54 88 26).

Das **Heimatmuseum** St. Viths (Schwarzer Weg 6) *Zwischen Venn und Schneifel* informiert über die Wohnkultur des 19. Jh., Mobiliar und Kleidung. Es präsentiert zudem Werkzeug aus Handwerk und

Bei St. Vith

Landwirtschaft, aber auch sakrale Kunst und Takenplatten. Hinzu kommt eine Ausstellung zur Geschichte der Eisenbahn im Land zwischen Venn und Schneifel (Öffnungszeiten: Mo.–Do. 13-17 Uhr, Fr. 13-16 Uhr, Sa. 14-16 Uhr, So. 14-17 Uhr; Tel.: 0032 (0)80 / 22 92 09; **www.zvs.be**).

Der **Katharinenmarkt** im November ist unter den Märkten St. Viths der überregional bekannteste und beliebteste. Früher wurde er am Festtag der hl. Katharina (25. Nov.), einer der im Rheinland und der Eifel beliebtesten Heiligen, gehalten. Der Katharinenmarkt ist heute mit einer vielbesuchten Kirmes verbunden.

Trödelmarkt: Anfang August findet in St. Vith einer der größten Trödelmärkte Belgiens statt. Hier treffen mehr als 1.200 Aussteller bzw. Verkäufer aus der Wallonie, aus Flandern und der DG, aus Deutschland, Luxemburg, den Niederlanden und Frankreich zusammen. 2019 erstreckte sich der rege besuchte Markt über eine Länge von etwa fünf Kilometern durch die Stadt (aktuellen Termin beim Touristen-Informationsbüro erfragen).

Gastronomische Hinweise: In dem vergleichsweise kleinen Ort Sankt Vith gibt es erstaunlich viele solide Einkehrmöglichkeiten. Dazu zählen etwa die Restaurants *An den Linden* (An den Linden 1; Tel.: 0032 (0)80 / 68 58 48). *Am Steineweiher* (Rodter Str. 32; Tel.: 0032 (0)80 / 22 72 70) und *Zur Post* (Hauptstr. 39; Tel.: 0032 (0)80 / 7 22 80 27). Auch das *Bistro La Grappa* ist empfehlenswert (Malmedyer Str. 20A; Tel.: 0032 (0)80 / 22 10 52). Das *Café Fonk* (Hauptstr. 103, Tel.: 0032 (0)80 / 22 81 23) bietet nicht nur guten Kuchen, sondern auch kleinere Gerichte.

Empfehlung für Radfahrer

Start: Triangel, Vennbahnstr. 2 in St. Vith, großer, gebührenfreier Parkplatz

Länge: ca. 40 km

Knotenpunkte: 149, 138, 140, 113, 141, ggf. 142, 143, 144, 183, 155, 154, 147, 149

Steigungen: ca. 497 m

Zu Beginn unserer Rundtour helfen uns die Knotenpunkte leider nicht. Wenn wir den Eingang von Triangel im Rücken haben, wenden wir uns nach links und halten nach dem großen Backsteinbau des alten Bahnhofs Ausschau. Wir fahren **nicht** über den Vennbahnweg, sondern so an dem Bahnhof vorüber, sodass wir ihn linker Hand haben. Dabei führt die Straße (Schwarzer Weg) ein Stück bergauf. Oben stoßen wir am Autohaus Bach (SEAT) auf die Landstraße (N626). Auf der fahren wir nach links bis zum Verteilerkreis. Dort nehmen wir die Straße (N626) nach Manderfeld und Schönberg (s. S. 119, 138 f.). Nach etwa 500 m biegen wir an Knotenpunkt 148 in einer Rechtskurve, dem Hinweisschild auf Knotenpunkt 138 folgend, links ab. Nun geht es zunächst steil bergauf. Die Schranke darf

uns nicht hindern, weiter bergauf zu fahren, bis wir auf die Landstraße stoßen, der wir nun nach links folgen. Hinter der Schreinerei Gangolf biegen wir links, erneut einem Hinweisschild auf Knotenpunkt 138 folgend, nach Wallerode ab.
Von nun an können wir uns relativ leicht an den Knotenpunkten orientieren.
Noch ein Stück über das Dorf Meyerode hinaus geht es etwa 12 km lang ganz überwiegend bergauf, wofür aber die schöne Landschaft vollauf entschädigt. Dann rollen wir hinab ins schöne Ourtal, das wir bei Knotenpunkt 141 vor Schönberg erreichen. Wenn wir in Schönberg eine Stärkung zu uns nehmen wollen, machen wir einen Abstecher zum Knotenpunkt 142 und fahren später zum Punkt 141 zurück. Nun müssen wir leider ein Stück weit über eine Landstraße (143, 144). In Mackenbach ist die hübsche gotische Dorfkirche (s. S. 114 f.) einen Besuch wert. Bei Knotenpunkt 144 bzw. dem Weiler Setz biegen wir links in eine Nebenstraße Richtung Steinebrück ein. Jetzt können wir wieder das landschaftlich so reizvolle Ourtal genießen. Der Autoverkehr stört uns nun kaum noch.
Bei Knotenpunkt 183 erreichen wir den RAVeL (Linie 47, ab Knotenpunkt 155 Vennbahnradweg), der uns nach St. Vith zurückführt. Dabei geht es, anfangs noch der Our, später dem Bach Braunlauf folgend, überwiegend leicht bergauf. In Steinebrück unterqueren wir die Brücke der Autobahn Verviers-Prüm, die hier in einer Höhe von etwa 80 m das Tal überspannt. In Wiesenbach, wo wir die Landstraße queren, lohnt ein Besuch der schönen Sankt-Bartholomäus-Kapelle (s. S. 122 f.).
Einkehrmöglichkeiten: In Schönfeld ist das *Café Keller* zu empfehlen (Bleialfer Str. 10; Tel.: 0032 (0)80 / 54 80 77). St. Vith: s. o.

Die Our bei Steinebrück

Meyerode, nordöstlich von St. Vith, mit der in den 1950er Jahren wieder aufgebauten Pfarrkirche

Galhausen

Besonders idyllisch liegt der zur Gemeinde St. Vith gehörende, kaum über 200 Einwohner zählende **Weiler Galhausen** im Tal des sich durch Weideland und Buschwerk schlängelnden Flüsschens Braunlauf (3 km südl. von St. Vith in der Nähe der Ausfahrt 15 der Autobahn E 421). Am westlichen Ortsrand befinden sich keltische Hügelgräber aus der Eisenzeit (*Schinkelsknopf)*, die auf etwa 750 bis 100 v. Chr. datiert werden.

In dem Weiler haben sich interessante, für die Region typische Bauernhäuser erhalten, die unsere Aufmerksamkeit verdienen, vor allem der **Hof Steinkelt 15** und **Gut Galhausen** (Braunlaufweg 10). Typisch bei dem Hof Steinkelt 15 sind die weiße Kälkung der Außenwände und die Rahmung von Fenstern und Haustür durch behauenen roten Sandstein. Das bis zum 18. Jh. allein als Dacheindeckungsmaterial verwendete Stroh wurde durch Schieferschindeln ersetzt, die in Steinbrüchen der Region hergestellt wurden. Leider wurden die Schiefereindeckungen etwa ab 1900 oft durch zweckmäßige, billige, aber unansehnliche Materialien – etwa Eternitplatten – ersetzt. Steinkelt 15 ist ein schönes Beispiel für einen Breitgiebelhof. Der unverputzte Bruchsteinhof Nr. 10 ist hingegen ein 1852 erbautes, typisches Trierer Haus (s. S. 130,162 f.).

Die meisten Bauernhäuser in der belgischen Eifel und der benachbarten Ardennenregion sind traditionell *Eindachhäuser*, bei denen Wohnbereich, Stall und die Scheune hintereinander unter einem Dachfirst liegen und dort entsprechend die Gesamtheit der nicht im Freien stattfindenden bäuerlichen Arbeiten stattfinden.

Der Vorteil der Eindachbauweise bestand darin,

Ausblick von Maspelt aus (südöstlich von Galhausen)

dass die Arbeit auf dem Hof – vor allem für die Bauersfrauen – durch den direkten Zugang vom Wohnbereich (Küche) zum Stall vereinfacht war, mussten doch die Tiere zwei- bis dreimal am Tag gemolken und gefüttert wurden. Vor allem bei der rauen Witterung in den höheren und exponierten Gebirgslagen, bei Regen und Schnee liegt der Vorteil von Eindachhäusern auf der Hand.

Später wurde die direkte Verbindung von der Küche zum Stall aus Hygienegünden beseitigt oder die räumliche Einteilung wurde geändert, indem man den sich an die Wohnung anschließenden Bereich als Scheune nutzte, der dann erst der Stall folgte.

Ein weiterer Vorteil des Eindachhauses war die Wirtschaftlichkeit dieser Bauweise im Hinblick auf die erforderlichen Baumaterialien, da das Gebäude nur vier Außenmauern benötigte. Dadurch war es bei der Errichtung kostengünstig und vergleichsweise leicht instand zu halten. Darüber hinaus entsprach das Eindachhaus der bis ins 19. Jh. üblichen

Typische Gehöfte, sog. Langhaushöfe, Galhausen bei St. Vith

Wirtschaftsweise, der Verbindung von Viehhaltung und Ackerbau. Die mehrzellige Bauweise des sog. quergeteilten Eindachhofes oder Einhaushofes ermöglichte all dies in der Tiefe des Gebäudes. Im Winter war auch vorteilhaft, dass es nur eine einzige Öffnung des Wohnbereichs nach außen gab, die auf der Traufseite lag. Dass es bei Hof Steinkelt 15 auch eine Eingangstüre in der Giebelwand gibt, ist untypisch.

Mackenbach

Es ist schon erstaunlich, dass wir in dem ca. neun Kilometer östlich von St. Vith (an der Landstraße N626) im Ourtal gelegenen kleinen **Weiler Mackenbach** auf eine verhältnismäßig große **gotische Pfarrkirche** stoßen.

Geschichte: Das dem hl. Laurentius geweihte Gotteshaus samt Friedhof liegt ein wenig abseits des Dorfes. Der Legende nach soll die Kirche über dem Grab des hl. Lukerus erbaut worden sein, eines nur an diesem Ort verehrten Heiligen, der hier als Eremit gelebt haben soll. Eine Kapelle wird erstmalig im Jahr 1500 urkundlich erwähnt. Seit gut 200 Jahren ist Mackenbach Pfarrort für die umliegenden Dörfer Schlierbach, Setz, Atzerath, Alfersteg, Rödgen und Heuem.

Nach dem Regionalheiligen und Nebenpatron der Kirche Lukerus ist eine Quelle benannt, die in einer Entfernung von einigen hundert Metern weiter talwärts sprudelt. Früher glaubte man, das Wasser des Brunnens helfe gegen Augenkrankheiten. Kirche und Quelle waren deshalb ein gern aufgesuchtes Ziel für Wallfahrer.

Gotische Pfarrkirche St. Laurentius in Mackenbach

T-förmiges Kreuz, St. Laurentius in Mackenbach

Äußeres: Das Mauerwerk des aus dem 15. Jh. stammenden Westturms mit dem oktogonalen, spitzen Schieferhelm ist erkennbar geneigt (d. h. der Turm verjüngt sich nach oben). Er weist keinerlei Bauzier auf. Seine einzigen Öffnungen sind das Portal an seiner Südseite und kleine, rechteckige Schalllöcher unter der Traufkante. Die gesamte Kirche (Langhaus aus dem 15.–16. Jh.) ist aus weiß verputztem Bruchstein gebaut. Schwere Strebepfeiler fangen den Gewölbeschub auf. Die Strebepfeiler

St. Laurentius, Mittelschiff und Chor

Wanderweg bei Mackenbach

des Chores, deren Köpfe und Deckplatten aus rotem Sandstein unverputzt geblieben sind, tragen zum malerischen Erscheinungsbild ebenso bei wie der Kontrast zwischen den weißen Mauerflächen und den dunkelroten Einfassungen und Maßwerken der spitzbogigen Fenster. Das Portal in der Südwand ist neogotisch. Das weit heruntergezogene Dach des Langhauses mit Aufschieblingen (mit unten abflachender Dachneigung) ist schiefergedeckt. An der Südseite des Turms ist ein Stein eingelassen, der die Jahreszahl 1713 trägt. An die Südwand des Chores schließt sich die 1871 restaurierte Sakristei an, die ebenfalls mit Strebepfeilern versehen ist. An der Friedhofsmauer lehnen alte Grabsteine.

Inneres: Wir betreten eine breite, dreischiffige Halle von drei Jochen. Die Apsis schließt dreiseitig mit zweibahnigen, spitzbogigen Maßwerkfenstern. Die Gewölberippen sind tief heruntergezogen. Sehenswert sind die gotischen Holzskulpturen und die modern verglasten Fenster. Das Holzkreuz in T-Form stammt aus dem 16. Jh.

Empfehlung für Wanderer

Empfehlenswert ist ein in Mackenbach beginnender, **mit einem blauen Rechteck und Knotenpunkten gut markierter Rundwanderweg.** Dreimal begegnen wir unterwegs Orientierungskarten, sodass man sich wirklich nicht verlaufen kann. Der Weg führt auf den Gipfel eines Hügels im Ahlenbusch. Auf dem Rückweg folgen wir dem Treisbach.

Start: Parkplatz neben der Mackenbacher Kirche

Länge: ca. 8 km

Knotenpunkte: 10, 8, 18, 72, 11, 10

Höhenmeter: ca. 160 m

Wanderweg bei Mackenbach

Neundorf

Geschichte: In dem zur Stadtgemeinde St. Vith gehörenden **Ort Neundorf** ist die schöne **Pfarrkirche Mariä Himmelfahrt** sehenswert. Schon für 1130/31 ist hier eine Kirche nachweisbar. Der Ort ist noch erheblich älter. 888 wird er erstmals als fränkischer Königshof *Nova Villa* genannt. Die Kirche des Hofes diente im Frühmittelalter als Pfarrkirche für einen weiten Umkreis.

Die dreischiffige Hallenkirche mit fünfseitigem Chor aus verputztem Bruchstein wurde im 14. und 15. Jh. erbaut (Chor 1347, Langhaus 1496). Im 17. Jh. wurde das rechte Seitenschiff zerstört. Erst 1763 hat man es im barocken Stil neu erbaut. Auch die Vorhalle stammt aus dieser Zeit. Der Unterbau des Turms geht auf das 11. bis 12. Jh. zurück. Das Obergeschoss wurde im 14. oder 15. Jh. neu daraufgesetzt. Im Mittelalter diente der Turm in unruhigen Zeiten auch der Zuflucht und Verteidigung.

Das Äußere: Der schwere, zweigeschossige Turm steht fast frei (nicht von den Seitenschiffen umfasst) vor dem Langhaus. An seiner Süd- und seiner Nordseite erkennen wir Licht- und Schießscharten. Seine Westseite ist geschlossen. Die spitzbogigen Fenster des nördlichen Seitenschiffs mit Fischblasenmaßwerk sind in Rotsandstein gerahmt. Die der Südseite wurden im 18. Jh. rundbogig erweitert. Die Fenster des Chores sind zweiteilig. Auch sie haben Fischblasenmaßwerk. In der Vorhalle sehen wir an der Westseite in einer flachen Muschelnische ein Hochrelief der Gottesmutter aus dem 18. Jh. Die Steinbank darunter soll früher dazu gedient haben, den Zehnt zu entrichten. Das Kreuz über dem korbbogigen Zugang trägt die Jahreszahl 1762.

Muschelnische mit Relief der Gottesmutter, 18. Jh., Mariä Himmelfahrt, Neundorf

Pfarrkirche Mariä Himmelfahrt, Neundorf

Kreuzstock (1630) an der Friedhofsmauer der Pfarrkirche in Neundorf

Barbaraaltar (1686), Mariä Himmelfahrt, Neundorf

Inneres: Wir betreten eine dreischiffige Hallenkirche mit Kreuzrippengewölbe und leicht überhöhtem Mittelschiff. Die Breite der Seitenschiffe ist ungleich. Sie werden durch spitzbogige Arkaden auf Pfeilern vom Mittelschiff geschieden. Dessen westlicher Schlussstein zeigt ein spätgotisches Bild der Madonna im Strahlenkranz.

Der spätgotische **Hochaltar** ist mit einem zweigeschossigen barocken Retabel mit Säulen und geschnitzten Seitenwangen versehen (1686). Das Bild im Zentrum zeigt die Himmelfahrt Mariens (18. Jh., Rubens nachempfunden). Oben erkennen wir eine spätgotische Figur des hl. Michael. Die Bilder der beiden **Nebenaltäre** (beide 1686) zeigen die Martyrien (Enthauptung) der hl. Barbara (rechts) und des hl. Johannes des Täufers (links). Oben stehen (rechter Altar, v. l. n. r.) Figuren des Heiligen Nikolaus (spätgotisch), Johannes der Täufer und Servatius (mit dem Schlüssel, Ende 17. Jh.) und (linker Altar, v. l. n. r.) der heiligen Frauen Anna und Barbara sowie einer weiteren Heiligen.

Die bemalte **Kanzel** aus Schieferstein wurde im 18. Jh. angefertigt. Den Korb zieren Medaillons mit Reliefs der Evangelisten. Der **Taufstein** stammt noch aus dem 11. bis 12. Jh. Die als wundertätig verehrte Madonna im Chor entstand im 18. Jh. Die Verglasung der Fenster erfolgte 1979.

In einer Nische der Friedhofsmauer steht (an der Abzweigung der Straße nach St. Vith) ein alter **Kreuzstock** aus dem Jahre 1630, leider seit Menschengedenken mit leerer Nische.

Recht

Recht, heute der am weitesten westlich gelegene Ort der Stadtgemeinde St. Vith, erscheint bereits in einer Urkunde König Childerichs II. aus dem Jahre 670 als *Refta*. 1380 verkaufte Poncin von Welchenhausen den Ort an den Herzog von Luxemburg. Eine Kapelle mit Rektor, die zur Pfarre Amel gehörte, wird 1496 erwähnt. Zwar wird die Kapelle bereits 1732 Pfarrkirche genannt. Eine formelle Erhebung erfolgte aber erst 1803.

Etwas außerhalb von Recht kann ein 1886 eröffneter **Schieferstollen** besichtigt werden (vom Ortskern aus beschildert). Der Schieferabbau und das Steinmetzhandwerk waren im 18. und 19., ja selbst noch im beginnenden 20. Jh. in dem Eifeldorf von erheblicher Bedeutung. Das belegen vor allem viele unverputzte Häuser aus Bruchstein, aber auch Kreuze an Wegen und auf Friedhöfen. Auch die Fußböden von Kirchen wurden mit dem hochwertigen Blauschiefer ausgelegt. Vier um 1725 eingewanderte Steinmetze aus Südtirol trugen wesentlich zur Blüte des Ortes bei. Zwar wurde schon zuvor in Recht Schiefer gebrochen, doch begann der Abbau im großen Stil erst mit der Ankunft der Tiroler. (Zum Schieferstollen 9A, Öffnungszeiten: Di.–So. 10-18 Uhr; Mai–Okt.: tägl. Führungen 11-14 Uhr; Nov.–April: Führungen auf Anfrage; Tel.: 0032 (0)80 / 57 00 67; **www.schieferstollen-recht.be**)

Alte Lore am Schieferstollen in Recht

Altes Backhaus in Recht (um 1840)

Interessant und pittoresk ist das um 1840 wahrscheinlich von den Tiroler Steinmetzfamilien, die sich zwischen 1725 und 1735 in Recht niederließen, errichtete **Gemeinschaftsbackhaus**, das 1994 unter Denkmalschutz gestellt wurde (am oberen Ende der Straße *Zum Schieferstollen*).

Die Pfarrkirche St. Aldegundis: In die nach Plänen des Architekten Emile Deshayes aus Lüttich im Jahre 1925 erbaute Aldegundiskirche wurden Teile einer älteren, im 15. bis 16. Jh. errichteten und im 18. Jh. erweiterten Kirche integriert. Zu diesen älteren Elementen gehört der eingerückte Bruchsteinturm mit dem schönen zwiebelförmigen Turmhelm aus dem Jahre 1771.

Der 1496 als Kapelle erstmals erwähnte und 1732 als Pfarrkirche bezeichnete Sakralbau erhielt 1753 ein neues Langhaus im barocken Stil. Als man 1925 das bestehende Schiff abriss und im rechten Winkel zur früheren Achse einen nach Norden ausgerichteten Neubau errichtete, ließ man den gotischen Chor bestehen, um ihn als Kapelle zu nutzen, ebenso den bereits erwähnten Turm. Wie dieser ist auch das neue, mit einem Schieferdach versehene Kirchengebäude aus dem heimischen braunen Bruchstein gemauert. Der Zugang erfolgt von der östlichen Längsseite aus. Die Fensterverglasung stammt aus dem 20. Jh. Wenn wir um die Kirche herumgehen, sehen wir an ihrer Südseite noch einige alte, aus dem heimischen Schieferstein gefertigte Grabkreuze aus dem 18. und 19. Jh. An der Ostseite des Gotteshauses ist noch der weiß verputzte gotische Chor der alten Kirche mit

Alte Grabkreuze an der Südseite der Pfarrkirche

Pfarrkirche St. Aldegundis, Recht

Ostseite der Pfarrkirche mit dem alten gotischen Chor (weiß verputzt)

Blick über Recht und sein Umland

einem barocken Dachreiter erhalten. An einem der gequaderten Sterbepfeiler der Apsis ist ein stark verwittertes kleines Steinrelief einer Pietà (Vesperbild) erkennbar.

Neben der Kirche steht (nordwestlich) das wuchtige **Pfarrhaus**, das ebenfalls aus dem braunen Bruchstein der Region errichtet wurde. Zwei Türbögen tragen die Jahreszahl 1788. Zwei Nischen an der Giebel- und Eingangsseite dienten der Aufnahme von Heiligenfiguren. Auf der gegenüberliegenden Straßenseite (Dorfstr. 42) sehen wir einen für die Region typischen, ebenfalls aus Bruchstein errichteten, langgestreckten **Bauernhof** mit bemooster Schieferdeckung.

Schönberg

Das seit 1977 zur Gemeinde St. Vith gehörende **Dorf Schönberg** mit seinen etwa 740 Einwohnern (Stand 2015) liegt ca. zehn Kilometer östlich von St. Vith in einer hügeligen Landschaft mit Wiesen und Wäldern im Tal der Our.

Geschichte: Die Herrschaft Schönberg war eine Gründung der Fürstabtei Prüm. Sie wurde durch eine Burg gesichert, die im Jahre 1689 von den Truppen Ludwigs XIV. zerstört wurde. Das Dorf gehörte ab 1374 bis zum Einmarsch der französischen Revolutionsheere 1794, also bis zum Ende des Ancien Régime, zum Kurfürstentum Trier und war Sitz des kurtrierischen Amtes Schönberg, zu

Hof aus heimischem Bruchstein, Recht

Lourdesgrotte, Schönberg

Pietà, Pfarrkirche St. Georg, Schönberg

dem die Höfe Amelscheid, Auw und Manderfeld gehörten.

Mit der Gründung des Saardepartements in der französischen Republik 1798 wurde Schönberg Hauptort eines Kantons im Arrondissement Prüm. Durch den Wiener Kongress kam es 1815 zum Königreich Preußen und gehörte zunächst zum Kreis St. Vith, nach dessen Auflösung ab 1821 zum Kreis Malmedy.

Während der Ardennenoffensive im Winter 1944/45 wurden fast alle Häuser der Ortschaft zerstört.

Die Pfarrei: Das durch die Our geteilte Dorf gehörte über Jahrhunderte zu zwei verschiedenen Pfarreien und Diözesen: Der Ortsteil auf dem linken Ourufer war als sog. Kapellengemeinde (mit den Orten Amelscheid, Alfersteg und Rödgen) Bestandteil der Pfarre Bleialf in der Diözese Lüttich. Der rechte Ortsteil gehörte hingegen über die Filiale Mackenbach zur Pfarre Amel und damit zum Erzbistum Köln. Ein wahres kirchliches Kuriosum, aber für die Menschen, vor allem die Betagten und Gebrechlichen, auch eine Plage. Denn obwohl Bleialf sieben und Amel zehn Kilometer von Schönberg entfernt waren, mussten doch alle Taufen, Trauungen und Beerdigungen in den Pfarrdörfern vorgenommen werden. Der Pfarrer zu Amel übertrug diese Amtshandlungen vor allem im Winter auf seinen Vikar in der Filiale Mackenbach. Der Pfarrer von Bleialf war verpflichtet, die Gottesdienste in Schönberg an Sonn- und Feiertagen durch einen Kaplan verlesen zu lassen, um den Menschen dort den weiten Fußweg zu ersparen, der bei Regen, Wind und Schnee mit Hin- und Rückweg beschwerlich sein konnte.

1803, in napoleonischer Zeit, wurde Schönberg zur Hilfspfarrei erhoben. Sie gehörte nun ungeteilt zur Diözese Trier. 1825, also in preußischer Zeit, wurde der Ort dem Erzbistum Köln eingegliedert. Die Umwandlung der Hilfspfarrei in eine ordentliche Pfarrei sollte sich noch bis 1888 hinziehen.

Pfarrkirche St. Georg: Seit der Errichtung der Burg Schönberg hat es sicherlich auch eine Kapelle gegeben, Im Jahre 1475 ist in einer Urkunde von einer Antoniuskapelle zu Schönberg die Rede. Seit 1520 wird allerdings nur noch eine dem Ritterheiligen Georg geweihte Burgkapelle erwähnt.

Die Schlosskapelle wurde noch zur Verrichtung von Gottesdiensten genutzt, als die Burg längst verfallen war. Pläne, das kleine gotische Gotteshaus in den 1780er Jahren durch einen Neubau zu ersetzen, wurden nicht verwirklicht. Stattdessen wurde die Burgkapelle 1803 zur Pfarrkirche erhoben.

Erst 1822 wurde sie schließlich abgerissen und 1926 endlich der längst ins Auge gefasste Neubau in Angriff genommen. Die Pläne stammten von dem berühmten Baumeister Karl-Friedrich Schinkel. Die klassizistische Kirche wurde 1944 durch Artilleriebeschuss weitgehend zerstört. Die Ruine musste nach dem Krieg gänzlich niedergelegt werden. Der heutige Bau konnte 1962 geweiht werden. Sehenswert ist die in einer kleinen Kapelle aufgestellte **Pietà**, ein bemerkenswertes Werk des 16. Jh. Das Vesperbild gehört sicherlich zum Anrührendsten und Kostbarsten, was der Kanton St. Vith zu bieten hat.

Empfehlung für Radfahrer

Start: Schönberg, Kirche (s. S. 119 f.), kostenfreier Parkplatz

Länge: 41 km

Knotenpunkte: 142, 115, 114, 108, 106, 101, 28, 27, 26, 24, 23, 18, 112, 116, 141

Steigungen: Die Strecke weist einige Steigungen auf und ist deshalb nur für halbwegs trainierte Fahrer zu empfehlen oder für Radler mit E-Bikes. Zudem fahren Sie die ersten 9 km Steigung und noch ein gutes Stück darüber hinaus sowie die letzten 10

Am Vennbahnradweg zwischen Losheim und Honsfeld

km über Landstraßen.

Hinweis: Mehr als die Hälfte der Strecke ist nicht autofrei. Und schließlich ist der Straßenzustand der Landstraßen teilweise abenteuerlich. Da rappelt es nicht nur Rad und Fahrer kräftig durch, sondern man ist auch wegen der besonders üblen Wegesränder immer wieder gezwungen, weiter in der Fahrbahnmitte zu fahren und hört zudem schlecht, ob von hinten ein Auto kommt. Für Fahrten mit Kindern ist die Strecke daher nicht geeignet. Aber sie bietet schöne und weite Aussichten in einer großartigen Landschaft.

In Losheim kommen Sie unmittelbar hinter der belgisch-deutschen Grenze auf den gut ausgebauten Kylltal-Radweg (Knotenpunkte 28 bis 23). Die etwa 10 Kilometer auf diesem Weg sind in jeder Hinsicht ein Genuss. Einige Kilometer rollen wir hier über deutsches Gebiet, um, ohne es zu bemerken, bald wieder auf die belgische Seite zurückzukehren.

In Krewinkel wohin man kommt, wenn man zwischen den Knotenpunkten 102 und 28 die westliche (rechte), etwas längere Strecke nimmt, ist die spätgotische St.-Eligius-Kapelle sehenswert (s. S. 134 f.).

In Losheim können Sie im alten Zollhaus auf der belgisch-deutschen Grenze die **ArsKRIPPANA** besuchen, die damit wirbt, man könne hier *die größte und wichtigste Krippenkunstausstellung Europas* entdecken (Hergersberg 1, B-4760 Büllingen; Tel.: 0032 (0)80 / 54 87 29 oder Prümer Str. 55, D-53940 Losheim; Tel.: 0049 (0)6557 / 92 06 30; **www.arskrippana.net**).

Einkehrmöglichkeiten gibt es in Schönberg und in Losheim. In Schönberg ist das *Café Keller* zu empfehlen (Bleialfer Str. 10, 0032 (0)80 / 54 80 77), das sich in der Nähe der Lourdes-Grotte befindet.

Landschaft bei Schönberg

Wiesenbach, St.-Bartholomäus-Kapelle

St.-Bartholomäus-Kapelle, Chor mit barockem Hochaltar (1688)

Wiesenbach

Geschichte: Schon für das Jahr 915 ist der Ort **Wiesenbach** *(Wisonbronna)* urkundlich belegt (etwa 2 km südöstlich der Stadt St. Vith). Die **St.-Bartholomäus-Kapelle** (Wiesenbach 8) wird 1593 erstmals genannt, ist aber sicherlich eines der ältesten Kulturdenkmäler der Deutschsprachigen Gemeinschaft Belgiens. Archäologische Untersuchungen haben ergeben, dass sie im 13. Jh. auf einem Gräberfeld errichtet wurde. Von dem gotischen Bau des 15. Jh. ist der Altarraum erhalten. Im Langhaus werden Reste noch älteren Mauerwerks vermutet. Eine Inschrift über der Eingangstüre wurde anlässlich einer Erneuerung im Jahre 1680 angebracht.

Mit Malereien (15. Jh.) geschmücktes Chorgewölbe, St.-Bartholomäus-Kapelle

Abermals wurde die Kapelle Ende des 18. Jh. wiederhergestellt.

Beschreibung: Mit den sie umstehenden uralten Linden bietet die St.-Bartholomäus-Kapelle ein ungemein malerisches Bild. Westlich ist dem schlichten, mit einem Dachreiter versehenen Bau eine Vorhalle angefügt, deren hohes Pultdach von zwei Säulen gestützt wird. In dieser Halle sehen wir an der Westwand eine Steinbank mit Tisch. Hier soll einst das Schöffengericht von St. Vith getagt haben (mündliche Überlieferung). Im Stichbogen des Eingangs lesen wir in fehlerhaftem Latein: *IM HONORE SANCTE BARTOLOMEI RENOVATUM ANNO 1680*.

Inneres: Den Gemeinderaum deckt ein Flachbogengewölbe, während den niedrigen Altarraum ein Rippengewölbe auf Runddiensten mit schlichten Kapitellen überspannt. Die 1982 aufgedeckten **Wandmalereien** im Chor aus der zweiten Hälfte des 15. Jh. sind wohl der größte Schatz der Kapelle. Wir erkennen Szenen aus der Passion Christi, Engel mit Marterwerkzeugen, die Symbole der vier Evangelisten, Christus als Weltenrichter und Heilige (Katharina, Barbara, Cornelius und Hubertus).

Auf dem Bild des **barocken Hauptaltares** (1688) ist die Kreuzigung Christi dargestellt. Das Kreuz umstehen (v. l. n. r.) die hll. Bartholomäus, Lucia und Hubertus. In der Bekrönung des Retabels steht eine Figur der hl. Lucia, einer frühchristlichen Glaubenszeugin aus Syrakus auf Sizilien († 304). Sie hält einen Palmzweig in der Hand, Zeichen des Sieges über den Tod im Martyrium und des Einzuges in das Paradies. Das ihr durch den Hals gestoßene Schwert weist darauf hin, wie sie nach verschiedenen Martern und Wundern schließlich zu Tode kam.

Ein schönes **Ölbild** aus dem **17. Jh.** (linke Wand) stellt die Verkündigung des Engels an Maria dar. Oben erscheint auf Wolken Gottvater. Der Thron neben ihm, auf dem Krone und Zepter liegen, ist verlassen. Das Jesuskind fliegt soeben zur Jungfrau hinab. Eine Grabplatte erinnert an einen spanischen Oberst, der hier im Dezember 1649 beigesetzt wurde.

Auf dem Friedhof stehen interessante alte Kreuze, zwölf aus Schiefer und zwei aus Rotsandstein. In die südliche Kirchhofsmauer erbaute 1800 ein Einsiedler ein kleines Häuschen.

Amel

Die **Gemeinde Amel** mit ihren etwa 5.500 Einwohnern grenzt im Nordwesten an die französischsprachigen Gemeinden Weismes (frz. *Waimes*) und Malmedy (frz. *Malmédy*), im Norden an Bütgenbach, im Osten an Büllingen und im Süden an St. Vith. Sie liegt also ganz im Zentrum des südlichen Teils Ostbelgiens. Mit einer Gesamtfläche von 125,72 Quadratkilometern ist sie zur Hälfte bewaldet. Holzgewinnung und Holzverarbeitung bilden den Schwerpunkt der Wirtschaft.

Geschichte: Der Name *Amel* ist keltischen Ursprungs und bedeutet Wasser. Im Ort entspringt der gleichnamige Wasserlauf, die Amel (frz. *Amblève*).

Das Gebiet Amels wurde in römischer Zeit von der bedeutenden Heerstraße Köln – Reims gequert, später auch von der in merowingischer Zeit angelegten *Via Mansuerisca*, die Maastricht mit Trier verband. 1868 hat man die Überreste einer römischen Villa freigelegt.

Erstmals urkundlich erwähnt wird Amel um 670 unter dem Merowingerkönig Childerich II. Die Ortschaft Amel ist damit wohl die älteste Siedlung der Ostkantone. Im Jahre 716, als die in den Metzer Annalen erwähnte Schlacht zwischen Austrasiern und Neustriern stattfand, in der Karl Martell den Sieg errang, bestand in Amel bereits eine Kirche.

Pfarrkirche St. Hubertus, Amel

St. Hubertus, Chor mit neogotischem Hochaltar

Für die wirtschaftliche Entwicklung Amels war die Vennbahn von großer Bedeutung, also die Eisenbahnlinie zwischen Aachen und Ulflingen bzw. (frz.) Troisvierges in Luxemburg über Monschau und St. Vith mit Anschlüssen nach Eupen, Malmedy, Jünkerath, Prüm und Stolberg (Rheinland). Im November 1887 begann der Bahnverkehr auf dem Streckenabschnitt zwischen Weismes und St. Vith. 1898 wurden im nächstgelegenen Bahnhof, dem von Montenau (ca. 3 km), bereits 11.500 Fahrkarten verkauft, 1913 waren es 21.134. Nach den Zerstörungen des Zweiten Weltkrieges wurde der Eisenbahnverkehr zwar wieder aufgenommen, die alte Bedeutung konnte er aber nicht mehr erlangen. Der Personenverkehr wurde 1954 eingestellt, das alte Bahnhofsgebäude 1972 abgerissen. 1982 befuhr der letzte Güterzug die Strecke. Heute verläuft auf der Trasse der attraktive Vennbahn-Radwanderweg (s. S. 161 f.).

Zum alten bäuerlichen Brauchtum gehört das *Ganshauen*, bei dem einmal im Jahr der König des Dorfes ermittelt wird: Er muss einer aufgehängten toten Gans mit verbundenen Augen den Kopf abschlagen. Der Junggeselle, dem das gelingt, darf sich dann aus den Mädchen des Dorfes seine Königin aussuchen. Das für zartbesaitete Seelen befremdliche Ganshauen zählt in den zur Gemeinde Amel gehörenden Dörfern wie auch in anderen Eifelorten zu den Höhepunkten des Jahres. Hier zeigt sich einmal wieder, wie weit das verklärende, romantisierende Bild des modernen Städters vom Landleben früherer Zeiten von den einstigen Realitäten entfernt ist. Hühner oder ein Schwein zu schlachten, gehörte für die Landbevölkerung mit zum Alltagsleben. Was sollte diese Menschen am Ganshauen stören?

Die heutige, dem hl. Hubertus geweihte **Pfarrkirche** Amels wurde erst 1930/31 in neogotischem Stil als

Lambertusfigur und Monstranz (Kirchenschatz von St. Hubertus)

Taufe Christi, Figurengruppe auf dem Deckel des Taufsteins in St. Hubertus

Marktkreuz, 1722, Amel

Hallenkirche mit dreiseitigem Chorschluss errichtet. Nur der Turm aus dem Jahr 1541 (s. Jahresstein an der Südwestecke) blieb vom Vorgängerbau erhalten. Auch der Hochaltar ist neogotisch. Zum Kirchenschatz gehören Kelche, Messgewänder, Reliquien und diverse historische Kirchengerätschaften (Vitrine im linken Seitenschiff). Kirche, Friedhof, Antoniushäuschen und Marktkreuz bilden ein schönes Ensemble.

Am Michaelstag, später am Hubertustag wurde früher im Ort ein Markt abgehalten. Das noch erhaltene, ca. 3,50 Meter hohe **Marktkreuz** war Symbol des Marktfriedens und der gewährten Marktfreiheit. 1931 wurde es auf den Friedhof versetzt. Es handelt sich um einen Bildstock aus Rotsandstein in einem ländlichen, derben Barockstil. Leider wurde das schöne Monument während der Ardennenoffensive beschädigt.

Oben stehen unter dem Kreuz die trauernde Maria und der Apostel Johannes. Darunter folgen das Relief einer Pietà und die Jahreszahl 1722. Vor allem die Gottesmutter unter dem Kreuz und die Pietà sind recht grob, fast unbeholfen gestaltet. Über einem fast würfelförmigen Sockel, der auf der Vorderseite mit dem Relief eines geflügelten Puttenkopfes verziert ist und an den Flanken Vasen mit Blumen präsentiert, folgt eine Art Volute. Auf dem Schaft darüber sehen wir auf der Vorderseite eine Reliefdarstellung des hl. Urbanus (Inschrift: *S.VRBANVS*), dessen Gesicht und Attribute abgeschlagen sind, und an den Seiten schwere Fruchtgehänge mit Trauben.

Man vermutet, dass das Marktkreuz im Kylltal geschaffen wurde, wo es zahlreiche Rotsandsteingruben gab. Aber es könnte auch im Moselgebiet hergestellt worden sein oder dort ursprünglich gestanden haben, weil Trauben dargestellt sind und der hl. Urbanus von Winzern um Hilfe gegen Nachtfröste angerufen wird. Im Moselgebiet gibt es mehrere fast identische Bildstöcke, was auf eine Serienfertigung schließen lässt.

In der Nähe des Marktkreuzes befindet sich das sog. **Antoniushäuschen**. Einst eine gotische Kapelle aus dem 14. bis 15. Jh., um 1600 zum Pfarrhaus umgebaut, dient das wohl älteste Gebäude Amels heute als Wurzelmuseum und als Leichenhalle.

Eibertingen

St.-Sebastian-Kapelle: Die dem hl. Sebastian geweihte, um 1700 erbaute, weiß getünchte Kapelle in Eibertingen (Sebastianweg), ein einschiffiger Sa-

Antoniushäuschen, Amel

St.-Sebastian-Kapelle, Eibertingen

St.-Sebastian-Kapelle in Eibertingen, Hochaltar

Figurengruppe des hl. Sebastian mit Engel über dem Tabernakel, St.-Sebastian-Kapelle

kralraum mit zwei Jochen und dreiseitiger Apsis, ist typisch für Eifeler Kapellen.
Sehenswert ist in dem schlichten Innenraum der farbig gefasste Barockaltar mit Säulenaufbau. Das Expositorium über dem Tabernakel zeigt eine Darstellung der Opferung Isaaks durch Abraham, in der man eine alttestamentliche Vorausdeutung auf den Opfertod Christi erkannte. Darüber steht eine Figurengruppe des hl. Sebastian, des Patrons der Kapelle, mit einem Engel, der ihm einen Pfeil aus der Seite zieht. In der Bekrönung des Retabels erscheint Gottvater segnend in den Wolken mit der Weltkugel in der Linken. In den seitlich angebrachten Muschelnischen stehen neogotische Figuren: Jesus (links) und der hl. Josef mit dem Jesusknaben (rechts).
Auch eine Figur des hl. Agilolf von Köln und des hl. Nikolaus von Tolentino aus dem 18. Jh. gehören zu den Schätzen der Kapelle (Seitenwände). Auffallend ist die Vielzahl der Reliquien (von 81 Heiligen), die in der Stille des Kapellchens geborgen sind. Die Verglasung der Stichbogenfenster ist rechts mit Bildern des hl. Sebastian und des hl. Johannes des Täufers versehen, links sehen wir den hl. Michael und die hl. Susanna von Rom.

Figur des hl. Nikolaus von Tolentino, St.-Sebastian-Kapelle

Figur des hl. Agilolf von Köln, St.-Sebastian-Kapelle

Den 14 Nothelfern geweihte neogotische Altäre (1907), St.-Barbara-Kapelle

Montenau-Iveldingen

Die etwa 500 Einwohner zählende **Doppelortschaft Montenau-Iveldingen** liegt reizvoll im schönen Tal des Flüsschens Amel. Zu ihrem Charme tragen ein gepflegtes Ortsbild mit alten Bauernhäusern und das Waldgebiet Wolfsbusch bei.

St.-Barbara-Kapelle: Die kleine Barbarakapelle aus Bruchstein wurde laut einer Inschrift im Westgiebel 1688 erbaut. Damals gab es im Doppelort Montenau-Iveldingen nur 14 Haushalte. Der einstige Eingang im Westen ist heute vermauert und zu einer Nische umgestaltet. Hier steht ein Schieferkreuz, das das Datum 1794 trägt. Laibungen und Stürze der Tür- und Fensteröffnungen sind aus großen, sich vom übrigen Mauerwerk abhebenden Steinblöcken gefügt. Über dem ursprünglichen Eingang stellt ein Rotsandsteinrelief zwei Stationen des Leidenswegs Christi dar.

Eine 1907 vorgenommene Erweiterung des Baus nach Osten wurde im Rahmen einer 1987 durchgeführten Restaurierung wieder entfernt. Auf dem Dachfirst sitzt im Westen ein schieferverkleidetes Glockentürmchen. Im Inneren – heute als Totenkapelle genutzt – stehen zwei 1907 geschaffene, neogotische Altäre, die den 14 Nothelfern geweiht sind.

Die **heutige Pfarrkirche** wurde 1984 fertiggestellt. Sie besteht im Wesentlichen aus heimischem Naturstein und Holz und trägt ein pyramidenförmiges Schieferdach.

Pfarrkirche St. Barbara, Montenau-Iveldingen

Typischer Bauernhof, Montenau-Iveldingen

Montenauer Schinkenräucherei

Auch **alte Bauernhäuser** tragen mit zum Charme des Ortes bei.

Gastronomische Hinweise: Wie der berühmte Ardenner Schinken hergestellt wird, können Sie an Werktagen in der *Montenauer Schinkenräucherei* beobachten (Am Bahnhof 19; Tel.: 0032 (0)80 / 34 95 86; **www.montenauer.com**). Der unter Feinschmeckern bekannte Schinken kann vor Ort verkostet und natürlich auch erworben werden.
Eine gute Küche unmittelbar an der Vennbahntrasse bietet die *Restaurant-Brasserie Terminus* (Am Bahnhof 28; Tel.: 0032 (0)80 / 34 13 44; **www.terminus-montenau.be**). Auf der Terrasse kann man auch einfach nur einen Kaffee oder ein Bier trinken.

Amel bei Montenau-Iveldingen

Empfehlungen für Wanderer und Radfahrer

Wanderung ✻
Start: Montenau, Parkplatz in der Nähe des Begegnungszentrums St. Raphael bzw. Klosters Montenau (in Richtung Ligneuville)
Länge: 9 km
Knotenpunkte (ab 2020)**:** 21, 83, 84, 45, 46, 21
Anstieg: insgesamt ca. 150 m
Von dem Weiler Montenau aus ist eine Wanderung auf einem mit einer blauen Raute gekennzeichneter Rundweg empfehlenswert, der über große Strecken am Flüsschen Amel entlangführt.
Hinweis: Obwohl es im sumpfigen Gelände im Tal der Amel bisweilen Bretterstege gibt, ist festes und

Landschaft bei Montenau-Iveldingen

An der Vennbahntrasse bei Montenau-Iveldingen

hohes Schuhwerk empfehlenswert.

Radtour

Am Bahnhof in Montenau kann man gut in den Vennbahn-Radweg einsteigen (gute Parkmöglichkeiten). Sowohl die Strecke in Richtung Sankt Vith (ca. 11 km), Burg-Reuland im Ourtal (ca. 22 km) und Troisvierges in Luxemburg (ca. 44 km) als auch die in Richtung Weismes bzw. Waimes (ca. 6 km), Sourbrodt und Kalterherberg/Bahnhof (27 km) ist landschaftlich außerordentlich reizvoll.
Ebenso schön ist die Strecke Richtung Sankt Vith und Prüm (ca. 47 km, Abzweig von der Vennbahntrasse in Steinebrück).
Steigungen: Richtung St. Vith, Burg-Reuland und Troisvierges: überwiegend mäßig, aber zwischen Lengeler und Burgplatz kurze (ca. 1,5 km) steilere Passage; Rückweg: längere und z. T. steilere Passagen zwischen Troisvierges und Lengeler (ca. 12 km) und vor St. Vith (ca. 7 km)

Schoppen

In der Bergregion im Süden Ostbelgiens begegnen wir bei unseren Spaziergängen in den Dörfern und Weilern wie auch bei unseren Wanderungen vergleichsweise wenigen attraktiven Profanbauten, seien es nun Bürger- oder Bauernhäuser. Die Menschen in der Eifel und den Ardennen lebten in bescheidenen Verhältnissen. Viele waren arm. Stattliche, schön anzuschauende Höfe waren hier seltener als etwa in der Jülicher Börde, am Niederrhein oder im (heute belgischen) Haspengau. Heute gibt es sie kaum noch. In der kargen, rauen Gebirgsregion wimmelte es nicht von Schlössern und Herrenhäusern wie an der Maas. Wo sollten in diesem wegearmen, verkehrsfeindlichen Landstrich die stattlichen Kaufmanns- und Fabrikantenhäuser herkommen, die wir in Eupen bewundern? Dennoch gibt es hier ausgesprochen Interessantes zu sehen und über die traditionelle Architektur und über die verwendeten Baumaterialien zu erfahren.
Wir gehen hier von einem konkreten Beispiel aus, dem **Hof Georges** (Am Brunnen 1) in dem zur Gemeinde Amel gehörenden **Weiler Schoppen**.

Hof Georges in Schoppen

Typischer Bauernhof in Schoppen

Dieses Bauernhaus, vermutlich eines der wertvollsten und schönsten in Ostbelgien wurde im 18. Jh. unmittelbar unterhalb der Dorfkapelle erbaut. Es diente nicht nur als Bauernhaus, sondern – wir befinden uns in den Zeiten der Postkutschen – zugleich als Post-Raststelle. Eine Einfriedungsmauer mit Rundbogenportal schließt die Anlage ab.

Das Gebäude ist aus Sandsteinblöcken gemauert und mit einem abgewalmten Satteldach versehen. Seit etwa 250 Jahren ist die Verwendung von Naturstein für die Errichtung von Bauernhöfen in den einst zu den Österreichischen Niederlanden gehörenden Gebieten der Eifel und in den Ardennen die Regel. Fachwerkhäuser verschwanden infolge der Anordnungen der Kaiserin Maria Theresia nach und nach aus dem Landschaftsbild.

Typisch für die Region sind der dominierende Wohnbereich, der höher ist als das Dach des Wirtschaftsbereichs, die Breite des Gebäudes (drei Räume, sog. Breitgiebelhaus) und der Zugang an der Traufseite (sog. Quererschließung). Der Wohnbereich wird in jedem der beiden Geschosse an der Giebelseite durch zwei Fenster mit Schieferlaibung erhellt. Im Querbalken des Türoberlichts lesen wir die Jahreszahl 1766, das Datum der Errichtung des Hauses.

Das seit 1988 denkmalgeschützte Bauernhaus konnte 2007 wieder einer neuen Nutzung zugeführt werden.

Nur wenige Schritte entfernt sehen wir ein gepflegtes, ebenfalls unverputztes, zweigeschossiges **Trierer Haus** (s. S. 130, 162 f.) mit Schieferdeckung. Wie bei den meisten Bauernhäusern in der belgischen Eifel (s. Galhausen) und der benachbarten Ardennenregion handelt es sich um ein *Eindachhaus*, bei denen Wohnbereich, Stall und die Scheune hintereinander unter einem Dachfirst liegen und dort entsprechend die Gesamtheit der nicht im Freien erfolgenden bäuerlichen Arbeiten stattfinden.

Bäuerin in einem Eifeler Bauerngarten, Freilichtmuseum Kommern (gestellt)

Einstige Lebensverhältnisse in der Eifel

Wenn wir vor den stattlichen Bauernhäusern in Schoppen stehen oder in Galhausen und uns für die Besonderheiten ihrer Bauart interessieren und auch daran erfreuen, sollten wir nicht die karge und raue Lebenswirklichkeit der Menschen vergessen, die einst hier gelebt haben.

Für heutige Mitteleuropäer ist kaum noch vorstellbar, unter welchen Bedingungen Bauersfrauen, denen traditionell die häuslichen Arbeiten oblagen, bis weit in die Neuzeit hinein den Hof und das Vieh versorgten, den Garten bestellten, kochten, ihre Kinder aufzogen und auch gebaren. Die Arbeit war schwer, der Tag lang, auch für Schwangere oder Kranke. Bis unmittelbar vor der Niederkunft versah man die notwendigen Tätigkeiten in Garten, Stall und Küche.

Wenn irgend möglich, verrichtete man Arbeiten vor den Haus: Gemüse putzen und Kartoffeln schälen, Strümpfe stopfen und Hosen flicken, Wolle zupfen oder spinnen, stricken, nähen usw. Draußen waren die Luft besser und vor allem die Lichtverhältnisse. In Dunkeln gab es nur den kümmerlichen Schein einer Petroleumlampe. Und da musste gespart werden, denn Petroleum war teuer.

Noch zu Beginn des 18. Jh. bestand der Boden des Herd- und des Wohnraums in den Bauernhäusern der Eifel vielfach aus nichts anderem als dem festgestampften Erdboden. Auch zu Beginn des 20. Jh. waren die Fugen der Steinplatten im Herdraum oft nur mit Lehm gefüllt. Auf dem Venn wurden die Wohnräume noch um 1900 mit selbstgefertigten Heidekrautbesen gefegt. Reinigungsmittel gab es nicht. Entsprechend strotzten Herdraum und Stube vor Schmutz. Im Sommer waren die Fliegen eine unablässige Plage. Kein Wunder, wenn der Hofraum bis zur Haustüre voll Mist lag oder Herdraum und Stall unmittelbar aneinanderstießen. Kaum hatte man ausgefegt, da wurde von Stall und Hof erneut Schmutz hereingeschleppt, vor allem an Regentagen. Man musste eben damit leben und kannte es auch nicht anders. Dass solche Bedingungen entscheidend zur erschreckend hohen Sterblichkeit der Kindbetterinnen wie auch der Neugeborenen beitrugen, liegt auf der Hand.

Und der Nachtschlaf? Man schlief auf Strohsäcken, oft in Wandbetten, mitunter auch auf den Bänken der Stube. Betten kommen bei den einfachen Leuten erst im Laufe 19. Jh. auf, gegen dessen Ende auch Schlafzimmer. Nicht selten gab es Wandbetten bzw. Bettschränke, sog. Alkoven, mit schließbaren Holzwänden, wodurch sich im Winter die Wärme besser speichern ließ und Zugluft vermieden wurde. Für jedes vorhandene Bett muss bis weit ins 19. Jh. hinein mit mindestens zwei bis drei Schläfern gerechnet werden. Als Bettwäsche diente ein Leintuch, das kaum je gewaschen oder gewechselt wurde.

Alte Menschen hatten bis zu ihrem Tod ihren Platz in der Familie. Sie waren nach der Übergabe des Hofes an ihre Nachkommen ganz auf diese angewiesen. Solange sie dazu körperlich in der Lage waren, arbeiteten sie mit. Doch sobald die Kräfte oder die Gesundheit nachließen, hatten gerade die alten Menschen unter den schlechten Lebensbedingungen zu leiden, unter den beengten Wohnverhältnissen und dem Fehlen jeglicher Bequemlichkeit. Krankheiten und Schmerzen, im Alter oft die Folgen der schweren körperlichen Arbeit, mussten ertragen werden.

Büllingen

Büllingen (frz. *Bullange*) ist die flächenmäßig größte Gemeinde der Deutschsprachigen Gemeinschaft Belgiens, während die Zahl ihrer Einwohner mit 5.473 (Stand 2018), recht bescheiden ausfällt. Stattliche 46,5 Prozent des Gemeindegebietes sind bewaldet. Die Wälder erstrecken sich über den gesamten Norden und Nordosten Büllingens. Zudem zieht sich ein ausgedehnter Waldgürtel von Nordost nach Südwest durch die Großgemeinde und teilt sie in zwei Hauptsiedlungsgebiete, nämlich einerseits das um den Hauptort Büllingen im Nordwesten, andererseits das Manderfelder Land im Südosten. Die Siedlungsstruktur des Manderfelder Landes ist in besonderer Weise durch kleine und kleinste Dörfer bzw. Weiler geprägt.

Der Berg **Weißer Stein** ist mit etwa 690 Metern der zweithöchste Belgiens. Er liegt auf der deutsch-belgischen Grenze sowohl auf dem Gemeindegebiet Büllingens als auch Hellenthals (NRW, Kreis Euskirchen). Der *Weisser Stein* genannte Felsen (etwa drei Meter Länge) befindet sich in einem bewaldetem Gebiet auf der belgischen Seite in einem kleinen Moor am *Boxvenn* (660 m Höhe). Er ist über einen Steg erreichbar.

Geschichte: Büllingen dürfte wie die meisten Orte, deren Namen auf -ler, -heim oder -ingen enden, in der Zeit der Fränkischen Landnahme (450–600 n. Chr.) entstanden sein. Die Mönche der Doppelabtei Stablo-Malmedy christianisierten die Region und trugen wesentlich zu Besiedlung und Urbarmachung bei. 789/790 wird erstmalig eine *villa Bollingen* in einem Schenkungsakt der Abtei Echternach erwähnt, eine Kirche erscheint urkundlich erstmals 1130/31.

Die Herzöge von Luxemburg, die Kurfürsten von Trier und die Herren von Schleiden stritten um das Büllinger Land. Vermutlich um 1200 gelangte der Ort Büllingen unter den Einfluss Luxemburgs. In den Jahren 1348 bis 1350 wütete auch im Büllinger Land die Pest und führte zum Aussterben ganzer Dörfer. Zu einer vergleichbaren Katastrophe mit Bevölkerungsverlust und Verwüstungen wurde der Dreißigjährige Krieg. 1767 zählte Büllingen 219 Einwohner. In der preußischen Zeit kam es 1845/46 und abermals 1883/84 durch schlechte Ernten zu Hunger und Auswanderungswellen. Im Laufe des 19. Jh. nahm die Bedeutung Büllingens als Marktort kontinuierlich zu. Vieh- und Krammärkte gaben dem Ort wirtschaftliche Impulse. Hinzu kam 1899 die Gründung einer Molkerei. Mit dem Bau der Strecke Jünkerath – Weywertz wurde 1912 endlich auch Büllingen an das Eisenbahnnetz angeschlossen, was zu einer weiteren wirtschaftlichen Belebung beitrug (Sägewerke, Holzverkauf, Viehhandel).

Im Winter 1944/45 war das jetzige Gemeindegebiet von Büllingen von der Ardennenoffensive betroffen. Dabei wurden zahlreiche Dörfer, insbesondere die Doppelortschaft Rocherath-Krinkelt, fast völlig zerstört. Durch die Gemeindefusion im Jahre 1977 wurden die Altgemeinden Manderfeld, Büllingen und Rocherath zur Großgemeinde Büllingen fusioniert.

Die **St.-Eligius-Kirche** wird erstmals im Jahre 1130 urkundlich erwähnt. Aus dieser Zeit stammten auch der **ehemalige Wehrturm** und das romanische mit Menschenköpfen an seinem oberen Rand versehene Taufbecken. 1513 bis 1520 wurden Chor und Schiff errichtet. Nach dem Zweiten Weltkrieg hat man im rechten Winkel zu der alten Kirche ein neues, nach Norden orientiertes Langhaus erbaut, um mehr Raum für die Gemeinde zu schaffen, und einen neuen Chor. Dabei wurde das alte, quadratische Schiff in das neue integriert. Über dem heutigen Eingang sehen wir in einer Nische das Rotsandsteinrelief des hl. Michael als Seelenwäger aus dem 16. Jh.

Inneres: Wir betreten eine gotische Einstützenkirche, deren Netzgewölbe in der Mitte von einer zentralen, achteckigen Säule aus rotem Sandstein getragen wird. Nach links (Norden) erstreckt sich der neue, neogotische Chor und ein ihm vorgesetztes neues Langhausjoch. Ein weiteres Lang-

Alter gotischer Chor der Pfarrkirche St. Eligius in Büllingen

Gewölbeschlussstein, St. Eligius in Büllingen

Romanischer Taufstein, St. Eligius in Büllingen

hausjoch hat man an der Südseite des alten Baus angefügt. Sehenswert sind im alten, gotischen Gewölbe die zahlreichen **Schlusssteine** mit Reliefs des Gekreuzigten, von Heiligen, Engeln und Wappenschilden sowie das spätgotische Chorkreuz aus dem 16. Jh. Das romanische **Taufbecken** wirkt ausgesprochen archaisch. Man kann bei den Köpfen nicht von Schmuck sprechen, denn sie hatten zweifellos eine symbolische Bedeutung. In der Kunstwissenschaft hat man sie als Symbole für die vier paradiesischen Ströme (nach 1. Mose 2,10-14) gedeutet und damit als Symbole des aus göttlicher Schöpferkraft quellende Wassers, das allen Geschöpfen zum Segen gereicht. Vermutlich meinen die Köpfe auch die vier Himmelsrichtungen und Weltgegenden, also den gesamten Erdkreis, dem die Erlösung durch die Taufe auf den Namen Christi verheißen ist. Zu der **neogotischen Einrichtung** des Gotteshauses gehören zwei Retabel mit bemalten Holzreliefs.

Das Eligiuspatronat erhielt die Kirche erst 1771 durch päpstlichen Erlass. Zuvor war sie den hll. Petrus und Paulus geweiht. Der hl. Eligius wurde auch in der Eifel als Schutzpatron der Schmiede verehrt. Vor dem Westturm steht ein fast drei Meter hohes schönes **Kreuz aus Rotsandstein**. Es trägt die Jahreszahl 1698. Den Schaft des Sockels über einer Nische zieren Weinranken.

Ebenso sehenswert ist ein ganz ähnliches **Kreuz** aus gleichem Material in der Dorfmitte (vor Hauptstr. 25) mit der Jahreszahl 1697. Hier werden auf dem Schaft des Sockels die Leidenswerkzeuge dargestellt. Im *Brotstübchen* der Bäckerei *Halmes* gibt es gute Backwaren (Marktplatz 13), ebenso in der Bäckerei *Mertens* (mit Café, Hauptstr. 26).

Kreuz bzw. Schaft eines Kreuzes aus Rotsandstein, 1698 bzw. 1697

Krewinkel

Das **Dorf Krewinkel** im äußersten Osten des Kantons St. Vith liegt idyllisch in einem kleinen ruhigen Tal. Kaum irgendwo sonst in der belgischen Eifel hat man den typischen Charakter eines Dorfes so liebevoll bewahrt wie hier.

Krewinkel entstand bereits sehr früh, vermutlich vor 600 n. Chr., wahrscheinlich schon in römischer Zeit. Doch erst 1397 wird der Ort erstmals urkundlich erwähnt. In diesem Jahr verpfändeten die Herren von Daun, die in Manderfeld, Auw und Tornbach Besitz hatten, mehrere Güter und Dienstleute, darunter den Henkin Dewardt, Vogt zu Krewinkel, an Gerhard von Blankenheim. 1621 zählte das Dorf 13 Haushalte. Nach dem Dreißigjährigen Krieg waren es nur noch drei. 1886 war die Zahl wieder auf elf angewachsen. In der zweiten Hälfte des 18. Jh. erhielt Krewinkel – für ein kleines Eifeldorf ganz ungewöhnlich – ein amtlich geregeltes Schulwesen.

Die meisten Wohngebäude liegen an der Hauptstraße des Ortes. Sie gehören zum Typ des Langhauses. Von Zeit zu Zeit ist der Dachfirst über dem Wohnbereich der schlichten Bauten erhöht. Dies zeigt den im Laufe der Zeit gewachsenen Bedarf

Fenster in der Apsis und gotische Wandmalereien, Kapelle St. Eligius in Krewinkel

an Komfort und den Wunsch, dem eigenen Haus ein stattliches Aussehen zu verleihen. Die alten Gebäude sind noch oft auf traditionelle Weise gekalkt (sog. Kalkmilchanstrich), wodurch sie im Sommer bei Sonnenlicht geradezu zu leuchten scheinen inmitten des Wiesengrüns.

Die **Kapelle St. Eligius**, ein verputzter Bruchsteinbau auf einer leichten Anhöhe im alten Kern des kleinen Ortes Krewinkel zählt zu den schönsten Kapellen der Eifel. Sie entstand spätestens in der ersten Hälfte des 16. Jh. Doch können wir annehmen,

Kapelle St. Eligius in Krewinkel

dass ihr ein älteres Gotteshaus vorausging. Das Erdgeschoss des massiven, untersetzten Westturms mit starker Eckquaderung weist Schießscharten auf, was darauf hinweist, dass der Turm älter als das gotische Schiff ist und ursprünglich eine wehrhafte Funktion hatte. An der Nord- und an der Südseite sind noch gotische Schalllöcher erhalten. Die hohe, achteckige Spitze ist mit heimischem Schiefer verkleidet. Langhaus und Chor werden außen auf jeder Seite von je einem Strebepfeiler gestützt.

Inneres: Wir betreten das Gotteshaus durch ein niedriges, rundbogiges Portal an der Südseite. Das Schiff mit seinen zwei Jochen ist kurz, fast quadratisch. Polygonale Dienste tragen ein Netzgewölbe mit gekehlten Rippen. Der vermutlich ältere, flach abschließende, zweiachsige Chor ist schmäler (eingezogen). Er ist mit schönen gotischen Wandmalereien versehen (zwischen 1480 und 1530), die im Zuge der Restaurierung Ende des 20. Jh. entdeckt und freigelegt wurden. Wir erkennen oben eine Darstellung des Jüngsten Gerichts. Links empfängt Petrus die Gerechten an der Himmelspforte. Rechts steht der Erzengel Michael mit der Seelenwaage am Rachen der

Kapelle St. Eligius, Innenansicht

Dorfleben in der Nachbarschaft Krewinkels *auf der Kehr* um 1900

Hölle. Darunter sind sechs Heilige abgebildet, vermutlich sechs der zwölf Apostel. Unten schließt das Ganze mit einer dekorativen Vorhangmalerei ab.

Von den Seiten her wird der Chor durch zwei gekuppelte gotische Fenster belichtet. Ein drittes Fenster, das in der flachen Apsis, das lange vermauert war, wurde im Rahmen der erwähnten Restaurierungen wieder geöffnet. Das spitzbogige, tief heruntergezogene Gewölbe ruht auf eingelassenen Säulchen ohne Kapitell. Schön sind die skulptierten Schlusssteine. Die des Schiffes stellen den hl. Eligius und den hl. Servatius dar. Der hl. Eligius war der Schutzpatron der Schmiede und metallverarbeitenden Berufe. Seine Präsenz dürfte auf den im Mittelalter in Krewinkel betriebenen Erzabbau zurückzuführen sein. Der heilige Bischof Servatius hält einen Schlüssel in der Rechten. Man nimmt an, dass die Kapelle ursprünglich dem hl. Servatius geweiht war, sein Patrozinium aber im Spätmittelalter – vermutlich infolge des Erzabbaus – von dem des hl. Eligius verdrängt wurde. Die beiden Schlusssteine des zweijochigen Chores zeigen den Kopf des Erlösers oder Gottvaters und eine Blüte. Man hat dies als eine Gegenüberstellung des Ewigen, Göttlichen und des Vergänglichen, Irdischen gedeutet. Leider wurde das gesamte barocke Mobiliar, darunter der Hauptaltar aus dem 17. Jh., in den 1960er Jahren veräußert.

Die Turmhalle trägt ein Kreuzgratgewölbe und öffnet sich mit einem spitzbogigen Durchgang zum Schiff.

Heute wird die Kapelle als Kultur- und Begegnungsstätte genutzt.

Gehöft in Krewinkel

Das Eifeler Schulwesen in früheren Jahrhunderten

Der weitaus größte Teil der Bevölkerung in der Eifel und in den Ardennen konnte weder lesen, schreiben noch rechnen und fand das so auch ganz in Ordnung. Wenn noch 1755 in St. Vith bei der Unterzeichnung einer Abmachung von 250 Hofleuten nur 28 eine Unterschrift zu leisten vermochten, so stellt das keine Ausnahme dar.

In den Landgemeinden lag das Elementarschulwesen, sofern es dergleichen überhaupt gab, allein in den Händen der Kirche. Die ersten Dorfschulen wurden in den Pfarrorten, die oft recht weit voneinander entfernt lagen, und den größeren Filialorten eingerichtet. Die Pfarrer und Kapläne sowie die Rektoren der Filialkirchen waren es, die sich des Unterrichts der Dorfjugend annahmen. An besser dotierten Pfarreien konnten auch ein sogenannter Frühmesser oder der Küster, soweit dieser selbst des Schreibens und Lesens halbwegs mächtig war, den Schulunterricht versehen. Frühmesserstellen wurden eingerichtet, um in Zeiten, da Geistliche pro Tag nur eine Messe lesen durften, sonntags eine zweite Messe am frühen Morgen halten zu können. Der Unterhalt der Rektoren und Frühmesser, ganz von frommen Stiftungen und einem von den Eltern zu zahlenden Schulgeld abhängig, war meist mehr als dürftig. Dies führte dazu, dass die Geistlichen, sobald sich ihnen eine Pfarrstelle bot, abwanderten. Entsprechend gering war oftmals die Kontinuität ihrer Unterrichtstätigkeit.

Mitunter konnte auch irgendein Mann aus dem Volk, meist ein Handwerker, der einige Kenntnisse vom Singen, Beten, Lesen, Schreiben und vielleicht sogar Rechnen vorweisen konnte, mit der Unterrichtung der Dorfkinder betraut werden (sog. Handwerkerlehrer). Die Entlohnung solcher Leute war erbärmlich. Sie bestand in Naturalien, einem geringen Geldbetrag oder freiem Tisch reihum, dem sog. Wander- oder Wandeltisch.

Selten gab es eigene Schulgebäude. Der Unterricht fand oft in den Häusern des Dorfes statt. Auch mussten Heuschober und Tennen als Klassenzimmer dienen.

Abgesehen von einigen Ansätzen gegen Ende des 18. Jh. gab es für die Eifeler Kinder keinen Schulzwang. Gelegentliche landesherrliche Verordnungen, die die Landgemeinden zur Einrichtung von Schulen verpflichteten oder die Untertanen, mitunter unter Androhung von Strafen, dazu aufforderten, ihre Kinder zur Schule zu schicken, blieben ohne nachhaltige Wirkung und gerieten bald in Vergessenheit. Wo es durch die Initiative der Pfarrer und Rektoren einen Unterricht gab, fand er oft nur im Winter statt, da die Kinder im Sommer als Arbeitskräfte in der Landwirtschaft benötigt wurden, vor allem zum Viehhüten. Im Sommer gab es mitunter sonntags vor dem Hochamt und nachmittags nach der Andacht eine notdürftige Unterweisung (Sonntagsschule) oder die sog. Hüteschule, die besucht werden konnte, wenn das meist von den Kindern gehütete Vieh in die Ställe zurückkehrte. In der Gemeinde Roet-

gen im Monschauer Land wurde die Hüteschule erst im Jahre 1900 abgeschafft.
Im Trierer Kurstaat wurde 1685 die allgemeine Schulpflicht erlassen, und zwar für alle Kinder vom siebten bis zum zwölften Lebensjahr. Allerdings war hier wie überall der Erfolg gering und die Anordnung war bald vergessen. Erst das 18. Jh. führte hier zu spürbaren Fortschritten.
Im Luxemburgischen führte Kaiserin Maria Theresia 1771 als Landesherrin die Schulpflicht ab dem achten Lebensjahr bis zum Empfang der Kommunion ein, also etwa dem zwölften Lebensjahr. Jede Pfarrei sollte eine eigene Schule unterhalten. Im Sommer aber wurden die Kinder als Arbeitskräfte in der Landwirtschaft benötigt. In dieser Jahreszeit wäre, das war dem Provinzialrat klar, ein Schulbesuch gar nicht durchsetzbar gewesen. Aber auch so blieb das Interesse der Landbevölkerung gering. Offensichtlich sah sie keinen unmittelbar greifbaren Nutzen des Schulbesuchs ihrer Kinder.
Preußen war der erste Staat, der 1794 die allgemeine Schulpflicht einführte und konsequent und zäh durchsetzte. 1825 wurde auch in der Rheinprovinz und damit auch in den heute zu Ostbelgien gehörenden Gebieten (inkl. Malmedy und Weismes) durch *Allerhöchste Kabinettsorder* die allgemeine Schulpflicht eingeführt. So wie er wirtschaftlich das Sorgenkind der preußischen Verwaltung war, bildete der Eifelraum zunächst auch im Schulwesen das Schlusslicht des Staates. Öffentliche Schulen waren eben kaum vorhanden, die verfügbaren Gebäude meist ungeeignet. Vielfach musste der Unterricht im Raum eines Privathauses abgehalten werden. Nur 30-60 % der schulfähigen Kinder nahmen überhaupt an einem Schulunterricht teil, der zum großen Teil nur im Winter gehalten wurde (Winterschule), und um die Qualifikation der meisten Landschullehrer stand es herzlich schlecht. Die Kooperationsbereitschaft der Eltern, die nicht einsahen, wozu Lesen und Schreiben gut sein sollten, war gering.
1827 wurden im Kreis Malmedy 56 Elementarschulen gezählt, darunter 24 im Schulbezirk Malmedy und 32 im Bezirk St. Vith. Schon dies waren beeindruckende Ergebnisse der konsequenten Bemühungen um den Ausbau des Elementarschulwesens in preußischer Zeit, obwohl angemessene Schulbauten noch weitgehend fehlten. 1861 gab es bereits 75 Elementarschulen mit 90 Klassen und 91 ordnungsgemäß ausgebildeten Lehrern. Von 5.605 schulpflichtigen Kindern des Kreises besuchten nun immerhin 5.505 regelmäßig eine Schule.

Winterlandschaft bei Krewinkel

Manderfeld

Die 440 Einwohner zählende, auf einer Höhe von 520 bis 575 Metern im oberen Ourtal gelegene **Ortschaft Manderfeld** ist als zentrales Dorf von 17 kleineren Dörfern und Weilern umgeben. Unweit erhebt sich der Höhenzug der Schneifel.

Geschichte: Die erste schriftliche Erwähnung des Ortes stammt bereits aus dem Jahre 854. Im Juni dieses Jahres trafen sich Kaiser Lothar I. und der Prümer Abt Eigil in dem fränkischen Königshof Manderfeld (*in palatium regium manderveld*).

Doch sind in der Umgebung auch bereits keltische Siedlungen nachgewiesen. So sind der Name *Our* und die Flurnamen *Sang* und *Born* keltischen Ursprungs. Aus der Römerzeit stammen Römerwall und Römerstraße in Holzheim und die Römerstraße auf der Kehr.

Das Manderfelder Gebiet wird im Dialekt auch das *Treeschland* (Trierer Land) genannt. Dies erinnert an die mehr als vierhundertjährige (ab 1374), bis zum Ende des 18. Jh. (1794) währende Zugehörigkeit zum Kurfürstentum Trier.

Die **St.-Lambertus-Pfarrkirche**, die erstmals zu Beginn des 14. Jh. erwähnt wird, steht möglicherweise auf Grundmauern des einstigen Königshofes. Die schöne gotische Kirche (2010 gut restauriert) mit ihrem massiven romanischen Turm aus dem 11. bis 12. Jh. unter oktogonalem Schieferhelm liegt mitten im Dorfkern. An einer Ecke des Turmes ist das Wappen des Richard von Greiffenclau zu Vollraths, Fürstbischof von Trier, zu erkennen, der im 16. Jh. wahrscheinlich Veränderungen an dem Gotteshaus vornehmen ließ.

St. Lambertus in Manderfeld

Neogotischer Hochaltar, St. Lambertus in Manderfeld

Kreuzwegstation, 1765, Manderfeld

Kreuzwegstation, 1765, Manderfeld

Grablegung im Siebenschläferhäuschen

Dessen rundbogiges, stark profiliertes Portal präsentiert im Keilstein das Datum 1789. Ein Ochsenauge im Westen belichtet den Durchgang unter dem Turm. Die Schalllöcher sind unterschiedlich, das im Norden ist noch gotisch.

Das 1549 aus Bruchstein errichtete dreijochige Schiff mit Strebepfeilern und Traufleiste hat bis auf eine Ausnahme (im Nordwesten) spitzbogige Fenster ohne Füllung. Der zweijochige Chor mit der dreiseitigen Apsis ist schmäler als das Schiff und mit Kreuzrippengewölben geschlossen. Ursprünglich war St. Lambertus eine Einstützenkirche, wie wir sie auch aus Büllingen und Weweler kennen. Leider wurde aber 1780 das gotische Gewölbe samt der zentralen Stütze entfernt.

1903 hat man den Kirchenraum vollständig mit neogotischem Mobiliar ausgestattet und mit Wandmalereien versehen, die jedoch in den 1950er Jahren größtenteils wieder entfernt wurden. Erhalten sind neogotische Figuren der vier Evangelisten (1903), die einst zur Predigtkanzel gehört hatten. Heute sind sie in einer Seitenkapelle aufgestellt.

Lassen Sie sich etwas Zeit bei der Betrachtung des **Kreuzwegs** neben die Kirche. Die 13 Bildstöcke wurden 1765 aus rotem Sandstein geschlagen. Der Kreuzweg endet mit der 14. Station, der Grablegung, in einer kleinen offenen Kapelle, dem sog. **Siebenschläferhäuschen**. Die barocken Reliefe, die den Leidensweg Christi darstellen, sind ausdrucksstark und von anrührender Ursprünglichkeit. Die Spuren der Verwitterung, Moos und Flechten auf dem roten Stein erhöhen noch die bezaubernde Wirkung.

Das Renkeshaus, ein typischer Bauernhof der Region, neben der Pfarrkirche ist nach dieser das älteste Gebäude des Dorfes.

Empfehlung für Wanderer

Die Umgebung Manderfelds ist ein attraktives Wandergebiet. Auf ca. 200 km ausgeschilderten Wegen durch Wälder und Felder erlebt der Wanderer eine noch intakt wirkende Natur. Höhen mit weiten Aussichten und idyllische Täler bieten reichlich Abwechslung.

Auch im Winter hat die Ortschaft wegen ihrer Höhenlage von 520-575 m für Naturfreunde einiges zu bieten, nicht nur Wanderungen durch die verschneite Landschaft, sondern auch vorgespurte Loipen. Langlaufskier können vor Ort geliehen werden.

Hinweis: Wenn man die an der Nordseite der Kirche entlangführende Straße etwa 150 m weiter hinauf (nach Westen) geht, kommt man an eine Kreuzung. Dort steht gegenüber dem *Hôtel des Ardennes* eine Infotafel mit Karte, die einen Überblick über die zahlreichen Wanderwege bietet, die es in der Umgebung Manderfelds gibt (ab 6 km Länge).

Empfehlung: Folgende, mit einem grünen Kreuz und nummerierten Knotenpunkten markierte Wande-

Bei Manderfeld

Altar der St.-Briktius-Kapelle in Merlscheid

rung (Panoramaweg) ist recht lang und weist einige Steigungen auf, bietet aber auch ein echtes Landschaftserlebnis und weite Ausblicke, mitunter das Gefühl der Abgeschiedenheit. Den Weg säumen Kapellen, z. B. die von Merlscheid (s. u.), und Kreuzwege.

Start: an der Kirche (Knotenpunkt 7)

Länge: 15 km

Knotenpunkte: 7, 2, 26, 5, 72, 10, 73, 31, 4, 11, 9, 13, 23, 8, 21, 7

Steigungen: 285 m

Merlscheid

Der beschauliche, in einer beachtlichen Höhe von 560 m gelegene kleine **Weiler Merlscheid** zählt nicht mehr als 59 Einwohner (Stand 2019). Wie Eimerscheid und Hüllscheid ist er eine Gründung der sog. späten fränkischen Ausbauperiode, also der Zeit von etwa 800 bis 1100. Nach Auskunft der sog. Feuerstättenverzeichnisse des 17. Jh. gab es in Merlscheid damals ganze zwei Haushalte.

Die weiß verputzte **St.-Briktius-Kapelle** ließ 1736 ein Privatmann aus Bruchstein erbauen. Sie hat zwei Joche und eine dreiseitige Apsis. Der quadratische, massive Turm ist nicht etwa älter und romanisch, sondern wurde erst 1868 angefügt. Im Inneren des Gotteshauses verdient besonders der vor einigen Jahren restaurierte **barocke Hochaltar** (erste Hälfte 18. Jh.) Beachtung. Das von Säulen flankierte Altarbild aus dem 19. Jh. zeigt die Kreuzigung Christi. Unter dem Kreuz stehen Maria und der Apostel Johannes. Das Bild des Altarauszugs stellt die Dreifaltigkeit dar, das Antependium die Aufnahme Mariens in den Himmel. Links neben dem Altar hat man eine Figur des hl. Jakobus (des Älteren) aufgestellt, Wir erkennen den Apostel an der Muschel und dem Pilgerstab. Die bäuerliche Bevölkerung rief ihn früher an, wenn sie sich Sorgen um das Wetter und die Feldfrüchte machte.

Rocherath

St.-Johannes-der-Täufer-Kirche: Nachdem die 1907 erbaute große, neogotische Pfarrkirche im Zuge der Ardennenoffensive im Winter 1944/45 zerstört worden war, errichtete man 1953 ein neues Gotteshaus (Vierschillingweg) nach den Plänen der Architekten G. Marchot und R. Busch aus Verviers aus braunem Kalkstein aus der Region.

Das äußere Erscheinungsbild der Kirche verrät sogleich den Einfluss italienischer Architektur. Auf ihn weist schon der campanileartig freistehende Glockenturm (Höhe: 30 m) mit seinem Zeltdach hin. Die Schallöffnungen oben, auf jeder Seite in zwei Reihen je drei, sind ebenso rundbogig wie die Öffnungen der Fassade des Schiffs. Dem Schiff ist im Westen eine Vorhalle vorgelegt, die sich mit drei großen, rundbogigen Arkadenbögen zum Vorplatz hin öffnet und von oben durch eine Reihe von fünf Fenstern erhellt wird. Darüber, die volle Höhe des Giebelfeldes einnehmend, folgt ein monumentales Steinrelief des Kirchenpatrons (Höhe: 6 m).

Inneres: Man betritt einen kastenförmigen Saal mit niedrigen Abseiten und einer flachen, dunklen Bal-

St.-Johannes-der-Täufer-Kirche in Rocherath

St.-Johannes-der-Täufer-Kirche in Rocherath

kendecke unter der im Chorbereich, sehr hoch oben, eng aneinandergereihte rundbogige Fenster Licht einfallen lassen. Die flache Chorrückwand öffnet sich unten durch Arkaden. Die drei Rundbögen gehen unmittelbar vom Boden aus (ohne Pfeiler, Säulen oder senkrechte Wandstücke). Bei aller Modernität des Innenraums sind doch neoromanische oder eher noch spätantike Anklänge deutlich spürbar.

Das **große Wandgemälde** von Frans Griesenbrock im Chor zeigt in der Mitte den gekreuzigten Christus. Unter dem Kreuz stehen Maria und der Jünger Johannes. Zugleich ist dieses Bild eine dramatische Darstellung des Weltgerichts: rechts vom Kreuz die Erlösten, die gute Werke verrichtet haben, darunter der Kinder segnende Papst Pius XII., und links die Mächte des Bösen, Apokalyptische Reiter, die Nackte und Elende bedrängen, Nationalsozialismus und Kommunismus. Das Bild ist ein beredtes Zeugnis seiner Zeit.

Alle **Keramikarbeiten** im Inneren der Kirche (Kreuzweg, Hauptaltar, Seitenaltäre, Predigtkanzel, Tabernakel, Taufstein, Ständer für die Osterkerze) sind Erstlingswerke des damals jungen belgischen Künstlers André Pirlot.

Die 1963 geschaffenen **Kirchenfenster** mit ihren kräftigen Rot- und Blautönen, besonders in der faszinierenden Westwand, sind nach den Entwürfen des Raerener Künstlers André Blank gestaltet. Sein Ziel war es, den Besucher der Kirche aus der Dunkelheit zum Licht zu führen. Deshalb werden die Fenster nach vorne hin zunehmend heller.

Wirtzfeld

Auf einer Anhöhe etwas abseits des Dorfes steht die einschiffige **Kirche St. Anna**, früher Pfarrkirche für die Ortschaften Wirtzfeld, Krinkelt und Rocherath, deren Verstorbene auf dem die Kirche noch heute umgebenden, ummauerten Friedhofes begraben wurden. Der mächtige Turm (nicht in der Verlängerung der Mittelachse des Schiffs) gehört wohl überwiegend noch dem 11. bis 12. Jh. an. 1954 wurde ihm ein weiteres Stockwerk aufgesetzt. Seine Mauern sind stark geneigt. Er trägt einen achteckigen Schieferturmhelm. An den Turm wurde 1601 ein dreijochiges gotisches Schiff mit zweijochigem Chor aus verputztem Bruchstein angefügt. Dessen ursprünglich spitzbogige Fenster wurden im 18. Jh., dem Geschmack der Zeit entsprechend, mit Rundbögen versehen. Die gotischen Strebepfeiler aus Rotsandstein zeigen Spuren, die vom Schleifen von Werkzeugen herrühren. Alle Fenster sind mit Quadern in Zahnschnittfolge eingefasst, teilweise aus Rotsandstein, teilweise aus Rechter Schiefer, was auf mehrere Bauphasen schließen lässt.

Inneres: Wir betreten die Kirche durch ein neoromanisches Kalksteinportal im Norden. Das Schiff wird von einem schönen, spätgotischen Netzgewölbe geschlossen, dessen skulpierte, farbig gefasste Schlusssteine unsere Aufmerksamkeit verdienen.

St.-Johannes-der-Täufer-Kirche in Rocherath, Westwand

Kirche St. Anna in Wirtzfeld

St. Anna, gotischer Chor mit barockem Hochaltar

Anna-selbdritt-Gruppe, 15. Jh. (Kopie), St. Anna in Wirtzfeld

Hl. Apollonia, die zweite Patronin der St.-Anna-Kirche, 16. Jh.

Wir erkennen einen Christus am Kreuz, einen betenden Engel, den hl. Rochus, den Hl. Rock (im Dom zu Trier aufbewahrte Reliquie, Tunika Christi), einen Stern und Blüten. Die Gewölberippen werden von Holzsockeln gestützt, die Marterwerkzeuge des Herrn zeigen und den Hahn, der krähte, als Petrus Jesus dreimal verleugnet hatte. Der Chor schließt mit einer dreiseitigen, fensterlosen Apsis. Das Gotteshaus ist mit barockem Mobiliar ausgestattet. In der Nische der Bekrönung des **Hochaltars** steht die Kopie einer spätgotischen Figur des Erzengels Michael. Das Gemälde (18. Jh.) stellt im oberen Teil die Dreifaltigkeit dar und unten den hl. Jakobus, die hl. Anna mit Maria und den hl. Laurentius. Die Chorbänke und die schöne Holzverkleidung der Chorwände wurden 1744 geschaffen, die **Kanzel** mit den Reliefs der vier Evangelisten 1743 in Prüm.

Besonders hervorzuheben ist eine in Köln geschaffene spätgotische **Anna-selbdritt-Gruppe** aus dem 15. Jh. Die im Jahre 2000 gestohlene Skulptur wurde Gott sei Dank wieder aufgefunden und konnte nach Wirtzfeld zurückgeführt werden. Was wir in der Kirche sehen, ist allerdings eine farbig gefasste Kopie. An der rechten Wand des Schiffs hängen **Holzfiguren der hl. Apollonia**, der zweiten Patronin der Kirche, **und des hl. Valentin** aus dem 16. Jh.

Die mehrmals veränderte Sakristei ist in der Verlängerung der Apsis angebaut.

Am Weg von Wirtzfeld nach Büllingen stehen teilweise stark beschädigte barocke **Kreuzwegstationen**, sog. **Fußfälle**, aus dem 18. Jh. In rundbogigen Rotsandsteinnischen stellen Terrakottareliefs die sieben Schmerzen Mariens dar. Von den ursprünglichen sieben Fußfällen sind heute nur noch vier erhalten. Der fünfte und sechste wurden im Zweiten Weltkrieg völlig zerstört, der vierte verwitterte. Die fehlenden Stationen hat man durch sehr einfache Stationen aus Holz ersetzt.

1688 wurde in Büllingen die *Bruderschaft der sieben Schmerzen Mar*iens gegründet, die sich der Förderung der Volksfrömmigkeit und der Nächstenliebe widmete. Sie stiftete 1722 die sieben Fußfälle. Die sieben Schmerzen Mariens sind der Gegenpol zu den *sieben Freuden* der Gottesmutter. Die Siebenzahl der Schmerzen steht symbolisch für die Gesamtheit des Leides, das Maria zu tragen hatte. Das Vorbild der mitleidenden Mutter soll alle Glaubenden dazu anhalten, die Passion ihres Sohnes und ihren Schmerz im Gebet nachzuempfinden. Von

Kreuzwegstation zwischen Wirtzfeld und Büllingen

Burg-Reuland

Fußfällen spricht man, weil die Gläubigen, wenn sie an den Stationen vorüberkamen, niederknieten und ein Kreuzzeichen schlugen.
Der Sockel des in Wirtzfeld in der Nähe der Kirche stehenden Fußfalls ist mit seitlichen Voluten versehen, einer zentralen Muschelnische und einem geflügelten Engelskopf.

Burg-Reuland

Die nach der Burg Reuland benannte Eifelgemeinde **Burg-Reuland** mit ihren rund 3.956 Einwohnern (Stand 2018) ist die südlichste der Deutschsprachigen Gemeinschaft Belgiens bzw. im Kanton St. Vith.
Die Freiheit Reuland wird erstmalig im Jahre 1410 erwähnt. Bereits im 13. Jh. gab es hier eine von Weweler abhängige Kapelle. Die heutige, ursprünglich einschiffige Pfarrkirche **St. Stephanus** ersetzte 1771 einen Bau des 17. Jh. Das Bruchsteinmauerwerk war ehemals weiß getüncht. Der mit Schieferschindeln gedeckte Zwiebelhelm des Turms überragt die umliegenden Häuser des Ortes. 1912 wurde das Gotteshaus durch Anbau des nördlichen Seitenschiffs, wohl auch des Chores, erweitert. Elegant ist das Eingangsportal, über dem in einer von Voluten flankierten Nische eine Statue der Gottesmutter mit Kind aufgestellt ist. In den Eckzwickeln neben dem Portalbogen lesen wir die Jahreszahl 1772.
Im Inneren hat sich das im 17. Jh. aus schwarzem Marmor geschaffene, beeindruckende **Grabmal** des Balthasar von Pallant († 1625) und der Elisabeth von Millendonck († 1614) erhalten. Auf der vorzüglich gearbeiteten Deckplatte ist das Ehepaar mit vor der Brust zum Gebet gefalteten Händen dargestellt. Er trägt eine ritterliche Rüstung; Helm und Handschuhe liegen zu seinen Füßen. Der Schlüssel an seinem Gürtel weist auf die mit der Herrschaft Reuland verbundene Würde des Erbkämmerers

Grabmal des Balthasar von Pallant und der Elisabeth von Millendonck, Pfarrkirche St. Stephanus in Burg-Reuland

Chor mit barockem Hochaltar, Pfarrkirche St. Stephanus in Burg-Reuland

von Luxemburg hin. Sie, Elisabeth von Millendonck, ist in ein kostbares, langes Brokatgewand und einen pelzverbrämten Mantel gehüllt. Ihr Hals wird von einer ausladenden Halskrause, einem sog. Mühlsteinkragen, umschlossen. An den Seiten und dem Fußende der Tumba sind Wappen angebracht.

Kanzel, Pfarrkirche St. Stephanus in Burg-Reuland

Haus van Orley, Burg-Reuland

Die kleine Grabplatte der Sabina von Barbanson aus dem 16. Jh. präsentiert ein Reliefbild des geflügelten Todes mit Pfeilen und Stundenglas (rechte Außenwand). Außer Altären und Beichtstühlen aus dem 18. Jh. und der Kanzel aus dem Jahre 1758 birgt die Kirche an den Seitenwänden des Chores noch barocke Holzfiguren in jüngerer polychromer Fassung der hl. Odilia (auch Odilie oder Ottilie) und der hl. Lucia von Syrakus mit dem ihr durch den Hals gestoßenen Schwert (Tel.: 0032 (0)80 / 32 91 48; **www.pfarrverband.burg-reuland.net**).

In der Nähe der Kirche liegt das 1747 errichtete **Haus van Orley**. Es präsentiert sich mit breiter Fassade und hohem, schiefergedecktem Mansarddach hinter einem stattlichen Hof. Der harmonisch proportionierte, zweigeschossige Bau hat jüngst seinen ursprünglichen roten Verputz zurückerhalten. Eine barocke Rahmung akzentuiert in der Mittelachse der Front das mit einem Oberlicht versehene Portal.

Villa, 1905, Burg-Reuland

Burg-Reuland, Burgruine

Wenn man Reuland in östlicher Richtung verlässt, sieht man ein wenig abseits des Dorfes eine typische **Villa aus der Zeit um 1900**. Sie gehörte ursprünglich der Familie von Cloedt, deren Namen sie noch heute trägt (*Haus Cloedt*). Der das Mauerwerk überdeckende Putz ist in den Farben Ocker und Beige gestrichen. Die Giebelwand, die einst von einem Adler bekrönt wurde, präsentiert in Zement geformte Jugendstil-Schmuckelemente: eine Frauenmaske, Bänder und Pflanzenmotive. Eine Villa wie Haus Cloedt wäre in Malmedy oder Eupen kaum der Rede wert, in den Dörfern der belgischen Eifel hingegen ist sie nicht häufig anzutreffen und wirkt fast ein wenig wie aus einer anderen Welt.

Die im Nordwesten des Ortes auf einer ins Tal der Ulf (Our-Zufluss) vorspringenden Anhöhe gelegene **Burgruine** (ganzjährig zugänglich) mit dem hohen, runden Bergfried stammt in ihren ältesten Teilen wahrscheinlich aus dem 15. Jh., doch wird hier bereits 963 eine Wehranlage erwähnt. Die Burg gehörte im Mittelalter dem Geschlecht der Herren von Reuland, die erstmalig im Jahre 1128 belegt sind, als Johann von Reuland Abt von Stablo-Malmedy war. Anfang des 14. Jh. starb die Adelsfamilie aus. Es folgten die Blankenheimer (14. Jh.), die Luxemburger und andere Geschlechter. In der französischen Zeit wurde die Burg in Brand gesetzt und größtenteils niedergerissen.

Dietrich von Reuland – Idealbild eines Kreuzritters

Der berühmteste Spross seiner Familie war Dietrich von Reuland, der 1187 im Heer Kaiser Friedrich Barbarossas am Dritten Kreuzzug teilnahm und sich 1189 – der Kaiser war längst in Kleinasien verstorben – bei der von Richard Löwenherz von England und König Philipp II. von Frankreich angeführten Belagerung der Hafenstadt Akkon auszeichnete. Er erlag wenig später den Verletzungen, die er sich bei einem gegnerischen Ausfall zugezogen hatte. Cäsarius von Heisterbach verklärt den Kreuzfahrer zum Idealbild eines frommen und tapferen Ritters. Wer sollte vermuten, dass eine solche, fast märchenhaft anmutende Gestalt aus einem abgelegenen Eifeltal stammt, dem so gar nichts Heroisches anhaftet? Das armselige Reuland und die orientalische Hafenstadt Akkon – dazwischen liegen Welten. Dietrich von Reuland hat seine Heimat nicht wiedergesehen.

Hinweis: Im Ortszentrum kann man sich auf der Terrasse vor der schlichten Bäckerei-Konditorei *Richter-Scholtes* (Hauptstr. 128) im Schatten einiger Bäume mit Kaffee und Kuchen stärken (Tel.: 0032 (0)80 / 32 91 40).

Empfehlung für Radfahrer

Vom **Vennbahn-Radweg**, der auch durch das Ourtal führt und Burg-Reuland berührt, war bereits die Rede (s. S. 129). Der Abschnitt durch das Ourtal

An der Our bei Burg-Reuland, Ausblicke vom Vennbahnradweg

ist einer der schönsten der ganzen 120 km langen Strecke. Empfehlenswert ist sowohl die Strecke das Ourtal hinauf nach Maspelt und von dort aus weiter nach St. Vith (Länge: etwa 20 km ohne Rückweg; Knotenpunke 172, 175, 155, 154, 147, 132) oder bis Weismes bzw. Waimes (weitere ca. 17 km; Knotenpunkte 150, 135, 139, 134, 130, 128, 129, 122, 123, 11) als auch die Strecke von Ouren nach Troisvierges in Luxemburg (Länge: ca. 22 km; Knotenpunkte 172, 175, 182.

Aldringen

Reisenden, die alte Dorfkirchen lieben, sei auch ein Besuch der **Pfarrkirche St. Martinus** in dem zur Gemeinde Burg-Reuland gehörende **Dorf Aldringen** (**www.pfarrverband.burgreuland.net**) empfohlen. Eine Kirche wird hier schon 1131 urkundlich erwähnt. Die heutige Pfarrkirche wurde Ende des 17. Jh. auf den Grundmauern eines älteren Gotteshauses erbaut. Am Turm ist ein Stein mit der Jahreszahl 1699 eingemauert. In die Wände der an den Chor angebauten Sakristei sind schöne alte Grabsteinen eingelassen.

Pfarrkirche St. Martinus, Aldringen

Inneres: In St. Martinus haben sich drei prächtige **barocke Altäre** vom Beginn des 18. Jh. erhalten, sämtlich zweigeschossig, mit einer ganzen Reihe von Figuren.

In der Bekrönung des rechten Seitenaltars (Altarauszug) verdient eine spätgotische **Anna-selbdritt-Gruppe** aus der zweiten Hälfte des 16. Jh. unsere besondere Aufmerksamkeit. Die Verehrung der hl. Anna, nach mittelalterlichen Legenden die Mutter Marias und Gattin des greisen Joachim, war gewissermaßen in die der Gottesmutter mit eingeschlossen. Während Anna bei älteren Skulpturen die mädchenhaft kleine Maria auf einem Arm oder auf dem Schoß hält und das Jesuskind auf ihrem anderen Arm oder dem Schoß Marias sitzt, werden seit dem ausgehenden 15. Jh. Anna und Maria nebeneinandersitzend dargestellt. Die Anna-selbdritt-Gruppe macht auf realistische Weise eine Generationsabfolge deutlich, an deren Ende der noch kindliche Erlöser steht. Als ideale Mutter und Witwe bot die hl. Anna zudem Frauen in entsprechenden Lebensphasen reichlich Ansatzpunkte zur Identifikation und ein stärkendes Vorbild.

Beachtenswert ist auch das schöne Kreuzigungsbild des **Hauptaltars** (17. Jh.). In der Muschelnische oben steht eine Figur des hl. Maternus. Ihn flankieren der hl. Hubertus (links) und der hl. Wendelin (rechts). Der Tabernakel wurde erst im 19. Jh. angefertigt.

Das Bild des linken Seitenaltars zeigt den vor dem Hirsch knienden hl. Hubertus. In der Nische der Bekrönung steht der hl. Eligius. Das Bild des rechten Seitenaltars stellt die himmlische Krönung Mariens dar. Von der Anna-selbdritt-Gruppe war bereits die Rede.

Aus dem 18. Jh. stammen die Kommunionbank und die Kanzel. Das Taufbecken im Turm ist das äl-

Barocke Altäre in der Pfarrkirche St. Martinus in Aldringen

teste Ausstattungsstück der Kirche. Als Sockel dient ihm ein Teil einer vermutlich römischen Säule (2. Jh.), der 1963 bei Arbeiten im Chor gefunden wurde.

Neogotisch sind die Figur der hl. Christina von Bolsena und die Reliefs von Kaspar Weiss an den fensterlosen Wänden des Chores mit Szenen aus dem Leben von Maria und Josef.

Auf einem Bort an der rechten Wand des Gemeinderaums stehen Figuren der Himmelskönigin mit Kind, des Evangelisten Johannes (links) und des hl. Laurentius (rechts). Hier kann der Betrachter nah genug herantreten, um zu erkennen, dass es sich um recht bescheiden-dörfliche Arbeiten handelt.

In der 1779 errichteten Kapelle des nur wenige Kilometer entfernten winzigen Dörfchens **Malscheid** (Gemeinde Burg-Reuland) ist eine 1580 geschaffene **Pietà** (Mater Dolorosa) sehenswert, deren farbige Fassung allerdings erst aus dem 19. Jh. stammt.

Eine weitere spätmittelalterliche **Pietà**, diese aus der ersten Hälfte des 16. Jh., gibt es in der modernen Pfarrkirche St. Georg in **Schönberg** (s. S. 120).

Spätgotische Anna-selbdritt-Gruppe, St. Martinus in Aldringen

Pietà, 1580, Kapelle in Malscheid

Taufbecken auf dem Stumpf einer römischen Säule, St. Martinus

Espeler, Pfarrkirche St. Walericus

Barocke Madonna, St. Walericus, Espeler

Espeler

Der Turm der **St.-Walericus-Pfarrkirche** ist noch von dem 1615 geweihten Vorgängerbau der heutigen Kirche erhalten. Seine Mauern sind stark geneigt. 1714 wurden das dreijochige Schiff und der dreiseitige Chor neu errichtet. Das Eingangsportal im Turm wurde 1780 gebrochen (vielleicht gib es auch weitere Veränderungen). Es ist mit Rechter Blaustein eingefasst und im Keilstein datiert. Darüber sehen wir in einer Muschelnische eine Relieffigur des hl. Walericus (auch Wallerich), eines sonst wenig bekannten, in der Region verehrten Heiligen. Im Turm hängt eine sehr alte, um 1350 gegossene Glocke.

Inneres: Wir betreten den holzgetäfelten Innenraum der Kirche. Der Hauptaltar stammt aus der Barockzeit (Anfang 18. Jh.). Ein sehr plastisches, farbig gefasstes Relief mit einer frei davor auf einer blauen Weltkugel stehenden Figur des emporschwebenden Erlösers stellt auf ländlich-naive und recht derbe Weise die Auferstehung und die Himmelfahrt Jesu dar. Christus wird von Gott Vater und

Barockaltäre der Pfarrkirche St. Walericus

Hauptaltar (Ausschnitt), St. Walericus

dem Hl. Geist in Gestalt einer Taube empfangen. Ein Engel hält die Siegesfahne. Wir denken an die bekannten Verse des seit 200 Jahren vorwiegend in der Osterzeit gesungenen katholischen Kirchenliedes *Wahrer Gott, wir glauben dir* von Christoph Berhard Verspoell:

du, der den Satan und Tod überwand,
der im Triumph aus dem Grabe erstand.
Preis dir, du Sieger auf Golgatha,
Sieger, wie keiner, alleluja.

Unten liegen, dem Text des Evangeliums entsprechend, schlafende Wächter neben dem Grab. In der Nische des Altarauszugs (Bekrönung) erscheint der hl. Walericus in bischöflichem Ornat.

Besonders bemerkenswert ist die stattliche Anzahl von Statuen, die zur barocken Ausstattung der Kirche gehören. Die im 19. Jh. angefertigten Gemälde der Seitenaltäre stellen rechts Jesus und die Emmausjünger dar und links die Krönung der hl. Barbara. Eine Figur dieser in Espeler offensichtlich besonders verehrten Heiligen steht in einer Nische an der Außenseite des Chores. Die Kanzel aus dem 18. Jh. zieren Voluten und Rocailleornament. Auf dem Schalldecke steht der Erzengel Michael. Die Kirche ist aus Sicherheitsgründen zumeist geschlossen. Der Schlüssel kann aber bei Herrn bzw. Frau Theis, Steinemannstr. 6, ausgeliehen werden.

Ouren

Das kleine **Dorf Ouren** mit seinen 118 (Stand 2018) Einwohnern liegt im hier recht engen Ourtal am Dreiländereck Belgien – Deutschland – Luxemburg. Die drei Grenzen berühren sich hier in der Our. Der Ort weist zwei räumlich getrennte Ortskerne auf. Auf der rechten Flussseite liegt der Ortsteil Peterskirchen, der als ursprünglich eigenständige Dorfgemeinschaft um die Peterskirche entstand. Auf der linken Flussseite befindet sich der um den Burgberg der ehemaligen Burg Ouren gelegene Ortsteil, der aus der Freiheit des Adelssitzes entstand.

Geschichte: Funde von Überresten einer antiken Hypokaustenanlage (Fußbodenheizung) belegen, dass das Gebiet von Ouren bereits in römischer Zeit besiedelt war. Spätestens seit dem 11. oder 12. Jh. gab es am linken Ufer der Our eine Burg, mit der die Geschichte des Dorfes eng verbunden ist. 1095 wird mit Rycardis de Hunrin erstmals das Geschlecht der Herren von Ouren urkundlich erwähnt. Man kann annehmen, dass die Burg Ouren damals bereits bestand. 1365 gelangte sie in den Besitz der Familie Malberg. Kurz danach wurde sie an den Erzbischof von Trier verpfändet. 1844 und 1845 hat man das inzwischen unbewohnte Gemäuer versteigert und dem Abbruch preisgegeben. Heute sind nur noch wenige Mauerreste erhalten. Eine Pfarre wird in Ouren bereits 1337 erwähnt.

Pfarrkirche St. Peter: Die alte, weiß verputzte Pfarrkirche St. Peter mit ihrem romanischen Turm (13. Jh.)

Pfarrkirche St. Peter in Ouren

Pfarrkirche St. Peter in Ouren

unter oktogonaler Schieferspitze liegt in einem eingefriedeten Kirchhof mit prächtigen Bäumen. Auch das niedrige Schiff ist zumindest im Kern noch romanisch. Doch wurden die Öffnungen im Süden im 15. Jh. gotisiert und ein Kreuzrippengewölbe eingezogen. Das Eingangsportal und der auffällige oktogonale Chor mit seiner barocken Schieferhaube kamen 1741/42 hinzu. Im Osten schließt sich an den Chor die 1912 erbaute Sakristei an.

Inneres: Wir betreten das einschiffige, dreijochige, relativ niedrige Langhaus. Es wird nur durch drei gotische Fenster an der Südseite erhellt. Das Kreuzrippengewölbe aus dem 15. Jh. ist mit verzierten Gewölbeschlusssteinen versehen. Die Altäre wurden um 1750 im Louis-quinze-Stil angefertigt. Auf dem Hochaltar stehen zwei lebensgroße Figuren der Apostelfürsten Petrus und Paulus aus dem 18. Jh. Zwei auf das Jahr 1625 datierte Sandsteinreliefs mit Wappen (von Giltingen und von Ouren) stammen von der einstigen Burg.

Entlang der Friedhofsmauer sehen wir eine Reihe alter Grabsteine aus Rechter Schiefer.

Das weiß verputzte **ehemalige Pfarrhaus** wurde um 1750 errichtet. Mit den zugehörigen Bauten bildete die große Anlage ehemals ein geschlossenes Viereck. Das Wohnhaus wurde mehrmals verändert. Im Westflügel befindet sich eine Backstube. Im Nordflügel war unter anderem ein Schafstall untergebracht.

Hinter der Kirche beginnt ein 1896 eingeweihter, 1992 erneuerter **Kreuzweg**, von dem aus sich großartige Aussichten ins Ourtal bieten. Er führt zu einem Kalvarienberg in einer offenen Kapelle. Der Kreuzstock aus rotem Sandstein, über dem sich das Kreuz erhebt, stammt noch aus dem Jahre 1628.

Empfehlung für Wanderer

In dem bezaubernden Ourtal kann man wunderbar wandern. Schön ist z. B. die in Ouren beginnende, **9 km lange** und **mit einem blauen Kreuz markierte Rundwanderung**.

Start: Parkplatz im Dorf Ouren

Knotenpunkte: 20, 25 14, 10, 18, 33, 17, 20

Vom Parkplatz aus gehen wir zunächst zu der schönen alten St.-Peter-Pfarrkirche (s. o.). Von dort aus folgt man zunächst weiter der Fahrstraße in Richtung Burg-Reuland. Schon bald erreicht man einen pittoresken Felsen (links) über Straße und Flüsschen, Rittersprung genannt. Der Sage nach soll hier ein Ritter, der die von ihm geliebte Frau

Landschaft bei Ouren

St.-Remaklus-Kirche in Thommen

St.-Remaklus-Kirche, Langhaus mit Chor

des Herrn von Ouren entführt hatte, durch einen mutigen Sprung seines Pferdes vom Felsen über die Our seinen Verfolgern entkommen sein. An der Stelle, an der der Schiebach in die Our mündet, verlassen wir die Landstraße nach links und folgen zunächst dem (links von uns) zu Tal strömenden Bach. Seitwärts liegt die Heinskill-Mühle. Später überqueren wir den Wasserlauf. Der nun folgende Anstieg aus dem Ourtal auf die Höhe zieht sich etwas (**Anstieg: 190 m**). Unterwegs erreichen wir in Ribbach das Dreiländereck Belgien, Deutschland und Luxemburg mit dem Europa-Denkmal.

Thommen

Auch in dem kleinen **Dörfchen Thommen** erwartet uns eine erstaunlich schöne alte Pfarrkirche. Urkundlich ist der Ort bereits für das Jahr 814 belegt. Doch ist er offensichtlich noch älter. Vor Jahren hat man merowingische Gräber gefunden.

Die St.-Remaklus-Kirche: Die Kirche von Thommen ist eine der ältesten der Umgebung. Über ihre Baugeschichte ist wenig bekannt. Überliefert ist, dass 1471 der Turm einstürzte. Vielleicht erfolgte danach ein völliger Neubau. Eine spätmittelalterliche, dreischiffige Hallenkiche mit fünfseitigem Chor und Turm ist jedenfalls im Kern des heutigen Gotteshauses erhalten. Das rechte Seitenschiff soll im 18. Jh. durch Feuer zerstört worden sein. 1910 wurde die Kirche erweitert. Der alte Bau blieb erhalten und steht nun in rechtem Winkel zu der neuen Anlage.

Äußeres: Der sich nach oben verjüngende Turm mit spitzbogigen Schallöffnungen im Norden und im Süden trägt eine achtseitige Schieferhaube. Das alte Langhaus mit drei Jochen hat Strebepfeiler, deren roter Sandstein sich ebenso wie der der Rahmung der spitzbogigen Fenster malerisch vom weißen Verputz abhebt. Der neue Teil der Kirche aus dem frühen 20. Jh. ist unverputzt.

Inneres: Der ursprüngliche Chor mit Triumphbogen hat ein sechsteiliges Rippengewölbe, dem ein Kreuzgewölbe auf Diensten vorgelagert ist.

Der Hochaltar wurde im 17. Jh. von einem Lütticher Meister angefertigt. Das von korinthischen, mit Weinlaub umrankten Säulen eingefasste Bild zeigt die Krönung Mariens. Unterhalb der auf Wolken schwebenden Gottesmutter, knien betend

Seitenaltar, St.-Remaklus

Seitenaltar, St.-Remaklus

Breitgiebelhof in Weisten, ein typisches Ardennenhaus

zwei Heilige, der hl. Remaklus in bischöflichen Gewändern (links) und ein Kapuzinermönch (rechts), hinter dem das ebenfalls kniende Stifterpaar erscheint. In der Nische darüber erhebt der in bischöfliche Gewänder gekleidete hl. Remaklus segnend seine Rechte, eine Figur von recht bescheidener Qualität.

Auch die beiden Seitenaltäre gehören dem 17. Jh. an. Das Bild des rechten zeigt die Marter des hl. Sebastian, das des linken (erst 1930 gemalt), wie die Gottesmutter dem hl. Dominicus den Rosenkranz überreicht. Die Bekrönung des rechten Altarretabels flankieren spätgotische Figuren der hll. Barbara und Katharina. Die in Renaissanceformen gestaltete Kanzel aus dem Jahre 1660 wurde 1911 wieder hergestellt. Der Taufstein geht auf das 11. oder 12. Jh. zurück. Die Sakramentsnische, ebenfalls im ursprünglichen Chor, ist gotisch.

Weisten

Der ansehnliche **Bauernhof** Schleidweg 21 in **Weisten** aus dem 18. Jh. beherrscht geradezu das Zentrum des Weilers. Wir stehen hier vor einem für die Ardennen typischen Breitgiebelhaus, einem sog. Ardennenhaus (s. S. 163). Der weiße Körper des breitgelagerten Baus ist flach, die Dachneigung nur gering. Der am Südgiebel liegende Wohnbereich wird nur von spärlichen, unregelmäßig angeordneten Fensteröffnungen erhellt, die offensichtlich im Laufe der Zeit Veränderungen erfahren haben. Die sich zur Straße hin öffnenden landwirtschaftlich genutzten Räume nehmen die ganze Breite des archaisch wirkenden, aus Bruchstein gemauerten Gebäudes ein. Schade ist, dass dieser Hof heute mit hässlichen künstlich hergestellten Platten eingedeckt ist, die Schieferschindeln nachahmen sollen. Es war schon davon die Rede, dass die Höfe in der Eifel und den Ardennen bis zum 18. Jh. grundsätzlich mit Stroh gedeckt waren. Dann wurden im Norden des zu den Österreichischen Niederlanden gehörenden Berglands Hartschiefer-Schindeln verwendet und im südlichen Bereich, also auch in Weisten, großflächige, runde Schieferschindeln. Dächer mit großflächigen Platten sind heute leider kaum noch erhalten. Der Hauptgrund dafür ist, dass sie nicht mehr hergestellt werden, der zweite, dass es kaum noch Menschen gibt, die sie verlegen können (in einer Lehmschicht), und der dritte, dass sie Dächer mit geringer Neigung erfordern, wie sie heute nicht mehr gebräuchlich sind.

Unverputzter Breitgiebelhof in Weisten

Die Verwendung von gebrannten Dachpfannen war im heutigen Kanton St. Vith eher selten. Bei unseren Spaziergängen durch die Ortschaften können wir aber noch einige Beispiele in Burg-Reuland, Thommen oder in Elsenborn entdecken. Sie werden sicherlich auch schon bemerkt haben, dass wir im Kanton St. Vith im Allgemeinen geringe Dachüberstände vorfinden, obwohl man doch gerade in dem hier vorherrschenden rauen und regenreichen Klima erwarten würde, dass die Dächer weiter überstehen, um die Hauswände besser vor Nässe zu schützen. Vielleicht hat unsere befremdliche Feststellung auch damit zu tun, dass größere Dachüberstände, wie wir sie etwa aus dem Schwarzwald oder aus den Alpen kennen, kräftige Holzsparren erforderten und teuer waren.
Übrigens dokumentieren alte Fotos, dass es in der Eifel und in den Ardennen noch zu Beginn des 20. Jh. zahlreiche stroheingedeckte Dächer gab. In der armen Gebirgsregion vollzogen sich Änderungen eben langsamer als andernorts.
Sehenswert ist auch der weniger breite, **unverputzte Bauernhof** auf der gegenüberliegenden Staßenseite.

St.-Hubertus-Kapelle in Weweler

Weweler

Malerisch liegt abseits allen Lärms und Getriebes der modernen Welt auf einer Anhöhe hoch über dem Ourtal bei dem **Dörfchen Weweler**, umgeben von einem Friedhof, die **Kapelle des hl. Hubertus** mit ihrer barocken Turmspitze. Rundum Weiden und bewaldete Berghänge. Ein Gotteshaus wird hier urkundlich erstmals im Jahre 1313 erwähnt. Vom ältesten, romanischen Kirchbau stammt vermutlich noch der Turm. Ein Langhaus und den fünfseitigen Chor hat man im 15. Jh. neu errichtet. Im 16. Jh. wurde das ursprünglich einschiffige Langhaus zweischiffig erweitert. Aus dieser Zeit stammt auch die Einwölbung. 1735 hat man an der Südseite eine Eingangshalle und eine Sakristei angefügt. Nachdem der Turm zum wiederholten Male vom Blitz getroffen worden war, hat man ihn 1712 um die heutige Glockenstube erhöht und ihm einen schönen barocken Helm aufgesetzt. Auch dieser wurde 1918 von einem Blitz zerstört, aber – Gott sei Dank – in den 80er Jahren rekonstruiert.
Im Inneren trägt eine runde Mittelsäule das Sterngewölbe des Gemeinderaumes. Wir befinden uns in einer sog. Einstützenkirche (ebenso in Büllingen). Bei Restaurierungen in den 80er Jahren hat man hinter den Seitenaltären Fragmente ausgezeichneter **Wandmalereien** aufgedeckt. Um sie bes-

St.-Hubertus-Kapelle in Weweler

Wandmalereien, St.-Hubertus-Kapelle

Seitenaltar (18. Jh.), St.-Hubertus-Kapelle

ser betrachten zu können, hat man sie auf die Rückwand des Schiffs transferiert.

Der von mit Schnitzwerk verzierten Portalen flankierte Hochaltar (1774 angefertigt, 1777 farbig bemalt), die Seitenaltäre, Chorgestühl, Kommunionbank und die Kirchenbänke sind noch von der ursprünglichen Einrichtung aus dem 18. Jh. erhalten. Beachtenswert ist die **Figur der hl. Agatha** (links am Eingangsbogen zum Chor). Die Märtyrerin trägt die ihr abgeschnittenen Brüste auf einem Tablett. Die meisten übrigen Figuren wurden leider 2005 gestohlen (inzwischen z. T. durch gute Kopien ersetzt). Das bedeutendste Stück der Ausstattung ist ein vermutlich aus dem 13. Jh. stammendes **Kruzifix** aus Eichenholz, wahrscheinlich die älteste und wertvollste Skulptur im weiten Umkreis. Das Kreuz hing früher auf dem Friedhof an der Südseite des Chores (Der Schlüssel der Kapelle ist erhältlich bei Frau Reuland, Hubertusstr. 45; Tel.: 0032 (0)80 / 32 95 81).

Beim Aufstieg nach Weweler oder auch von umgebenden Höhen und nicht zuletzt im Ourtal bieten sich schöne, oft sehr weite Blicke in eine **Landschaft**, deren herbem Reiz wir uns selbst im Winter kaum entziehen können. Und zumeist herrscht Stille, vor allem in der Abenddämmerung. Wir sollten hier einen Moment verweilen.

O Täler weit, o Höhen

Wenn ein Lehrer als Ziel eines Klassenausflugs oder eines Jugendherbergsaufenthalts die Eifel vorschlägt, muss er damit rechnen, dass ihm entgegenschallt: *In die Eifel? Was sollen wir denn da? Da ist doch nichts los.* Und man kann sie verstehen, die Kinder und Jugendlichen. Sie wollen etwas erleben. Dabei denkt man nicht an die Eifel oder an die Ardennen.

Im Grunde denken viele Erwachsene nicht anders. Für viele bedeuten Reisen und Urlaub Palmen unter blauem Himmel am Meer. Was man noch gesehen haben möchte im Leben, das ist der Grand Canyon, das ist New York, das ist ein afrikanischer Nationalpark – aber die Eifel?

Mit den genannten Traumreisezielen kann die Eifel nicht mithalten. Dort in der Ferne, da sind die Schluchten tiefer, die Häuser höher, die Tiere sensationeller und die Farben spektakulärer.

Eifel und Ardennen sind Mittelgebirge. Die vorherrschende Farbe ist Grün – in allen Schattierungen. Im Winter dominieren die Brauntöne. Und zumeist ist der Himmel eher blass. Palmen gibt es nicht. Oft aber Wolken.

Und was bieten die Dörfer? Man spürt noch allzu oft die Armut der Menschen in früheren Jahrhunderten. Kleine gotische Dorfkapellchen, das sind hier die Höhepunkte. Und doch liebe **ich** die Eifel und die Ardennen und möchte eine Lanze brechen für ihren herben Reiz. Er springt uns nicht an, begeistert vielleicht nicht auf den ersten Blick wie eine südliche Küste mit kalkweißen Felsen über tintenblauem Meer. Er muss entdeckt werden. Dazu muss man sich erst gewöhnen an das geringere Maß an Reizen, das uns hier begegnet, an die Stille, an das Alleinsein auf den menschenarmen Wegen. Aber dann erleben wir Natur, das Rauschen des Waldes, den Schrei des Bussardpärchens am Himmel, das Gurgeln der Bäche.

Landschaft unweit des Ourtals

Landschaft unter der Märzsonne im Ourtal

Wenn wir von einem Berg aus ins Weite schauen, dann erinnern wir uns vielleicht: *O Täler weit, o Höhen.* Und uns wird bewusst, dass Eichendorff beim Verfassen seines Gedichts vermutlich eine Landschaft vor Augen hatte wie die, in der wir uns gerade befinden. Wir denken an das Abendlied von Matthias Claudius: *Der Wald steht schwarz und schweiget / Und aus den Wiesen steiget / Der weiße Nebel wunderbar.* Das können wir hier erleben. Das wird uns hier geboten und nicht am Grand Canyon oder auf den Gipfeln des Himalaya. *Wie ist die Welt so stille.*

Man muss das erlebt haben, bei der Rückkehr von einer längeren Wanderung, wenn die Dämmerung sich schon über das Land breitet, wenn der Wald dunkel hinter den Wiesen steht. Vielleicht kehren wir noch ein in einer Dorfgaststätte, deren Licht schon im halben Dunkel leuchtet. Das muss man entdecken. Solche stillen Stunden sind wertvoll und schwingen nach. *Alles, was lange währt, ist leise,* sagt Ringelnatz. Das Glück ruht mitunter im Verborgenen.

Und noch etwas können wir entdecken in der Stille: einen guten Gesprächspartner, der manchmal auch mit uns schweigen kann und – uns selbst.

Eifeldörfer

von Ernst Thrasolt (1878, Saarburg – 1945, Berlin)

Zwischen den Bergen fand sich noch Raum
für Häuser und steinige Felder;
unten ein schmaler Wiesensaum,
drüber Wälder und Wälder.

Strömender Heid- und Wacholderduft,
Kiefern im Wind sich bauschend,
Sonnenschein und Blütenduft,
Bäche, stürzend und rauschend.

Kleingehörntes, mageres Vieh
weidet an buschigen Hängen,
hagere Hirten hüten sie
mit fremden, ernsten Gesängen.

Drunten schleift und kreischt ein Rad,
still sinnende Menschen reuten.
Hinaus führt ein halsgefährlicher Pfad
in die Welt und zu reichen Leuten.

Bütgenbach

Die **Gemeinde Bütgenbach** zählte 2018 5.605 Einwohner. Seit 1977 bildet sie mit Elsenborn, Berg, Küchelscheid, Leykaul, Nidrum und Weywertz eine Großgemeinde mit einer Gesamtgemeindefläche von 97,31 Quadratkilometern.

Geschichte: 1130/31 erscheint Bütgenbach urkundlich erstmalig samt Kirche in einem Verzeichnis von Abgaben an die Abtei Malmedy. Doch ist der Ort zweifellos älter. Man geht davon aus, dass er sich aus einer fränkischen Siedlung im Einflussbereich der Doppelabtei Stablo-Malmedy entwickelte. Von 1200 bis 1214 gehörte das Gebiet um Bütgenbach zum Besitz der Grafen von Luxemburg, dann zum Herzogtum Limburg.

Die Limburger ließen auf einem schmalen, von der Warche umflossenen Felssporn eine Burg errichten, die 1237 erstmals erwähnt wird, als während einer Fehde Truppen des Bischofs von Lüttich den Wehrturm zerstörten. Bütgenbach wurde zum Mittelpunkt eines Gebietes, das als *Hof Bütgenbach* bezeichnet wird. Zum Hofgebiet gehörten neben Bütgenbach die Ortschaften Berg, Elsenborn, Faymonville, Nidrum, Sourbrodt und Weywertz.

1265 erbte das Haus Falkenburg den Hof, das auch die Gebiete von Monschau und später auch Sankt Vith besaß. Walram von Falkenburg genehmigte im Jahre 1300 die Gründung eines Klosters *De Porta Coeli* (Himmelspforte) in Bütgenbach. Später ging der Ort nacheinander in den Besitz der Grafen von Vianden und des Hauses Nassau über.

1503 erhielt die Familie von Rolshausen von den Nassauern die Burg und den Hof Bütgenbach als Lehen, in deren Besitz sie bis 1786 blieben. Die Burg wurde mehrfach im Laufe kriegerischer Ereignisse zerstört, so während der Jülicher Fehde im 16. Jh. und 1689 von Truppen des französischen Königs Ludwig XIV., dann aber wieder aufgebaut. Während der französischen Besatzungszeit wurde die Burg Bütgenbach Ende des 18. Jh. endgültig zur Ruine. Die noch vorhandenen Gemäuer an der Warche wurden beim Bau verschiedener Häuser des Dorfes als Steinbruch verwendet.

Pfarrkirche St. Stephanus, Bütgenbach

Das Jahr 1912 war für Bütgenbach wegen der Inbetriebnahme der Eisenbahnlinie Jünkerath – Weywertz bedeutsam, weil dadurch auch das mit einem Bahnhof ausgestattete Bütgenbach endlich an das Eisenbahnnetz angeschlossen wurde. Heute

Pfarrkirche St. Stephanus

Oktogonaler Vierungsturm, Pfarrkirche St. Stephanus

wird die Trasse der längst stillgelegten Bahnstrecke als Radweg (*RAVeL*) genutzt.

Historische Baudenkmäler: Kulturhistorisch bedeutsame Baudenkmäler gibt es in der Gemeinde Bütgenbach kaum. Die Bütgenbacher **Pfarrkirche St. Stephanus**, deren hoher Turm weithin sichtbar ist, wurde 1931 nach Plänen des Architekten H. Cunibert aus Malmedy im neoromanischen Stil errichtet. Eine Besonderheit des Gotteshauses ist der oktogonale Vierungsturm. Dessen 24 Fenster lassen von oben Licht auf den Altar, den zentralen Ort der Eucharistiefeier, herabströmen.

Interessant sind einige Kostbarkeiten, die St. Stephanus birgt. Dazu zählen ein romanischer, am Rand mit Köpfen versehener **Taufstein** aus Blaustein (12.-13. Jh.) im Chor (links) sowie in einem Raum unter dem Glockenturm ein **gotisches Weihwassersbecken** (Jahreszahl: 1560) mit Maßwerk auf dem tragenden Pfeiler und die prächtigen **Grabsteine** der Ritter Jacob von Reiffenberg († 1576) und Johann Reinhard von Bulich († 1593). Die beiden Verstorbenen werden in voller Rüstung dargestellt, den Helm zwischen ihren Füßen. Der betende Johann Reinhard ist fast freiplastisch gestaltet.

Wertvoll ist der hohe, stattliche, in Aachen gegossene **Kronleuchter** aus Messing, den die Eheleute Reinh. Christoph von Reiffenberg und Maria Salome von Lontzen 1654 gestiftet haben. Über ihm erscheint die Madonna im Strahlenkranz (Doppelbild).

Grabstein des Ritters Johann Reinhard von Bullich, 1593, Pfarrkirche St. Stephanus

Vor allem aber verdient eine **thronende Madonna mit Kind** aus der ersten Hälfte des 14. Jh. (jüngere farbliche Fassung) unsere Aufmerksamkeit (rechter öst-

Thronende Madonna mit Kind, 14. Jh., Pfarrkirche St. Stephanus

Pietà, Pfarrkirche St. Stephanus

Hof Bütgenbach, heute Seniorenheim

licher Vierungspfeiler). Sie ist ein Werk der Kölner Schule, was auch Laien leicht an dem für Kölner Marienfiguren typischen schelmischen Lächeln erkennen können. Als Himmelskönigin trägt Maria wie der Jesusknabe eine Krone. Sie wird hier nach uralter Tradition als *Sedes Sapientiae* verstanden, als Thron der in Jesus Fleisch gewordenen göttlichen Weisheit.

Sehenswert sind auch eine schöne **Pietà** aus dem späten 16. Jh. (hinten im rechten Seitenschiff) und Figuren des hl. Stephanus, des Pfarrpatrons, des hl. Georg zu Pferde, der den Drachen tötet (Ende 16. Jh.), und des hl. Servatius (linker Querschiffarm).

Kulturhistorisch interessant ist im Zentrum des Dorfes der **Hof Bütgenbach** (Zum Walkerstal 15), heute Seniorenheim, eine auf das Mittelalter zurückgehende vierflügelige, geschlossene Hofanlage, die im Laufe der Zeit mehrmals wieder aufgebaut und verändert wurde. In den Innenhof gelangt man durch einen hohen, als Wohnung dienenden Eingangstrakt, den Peter Benignus von Baring im Jahre 1754 erbaute, der zugleich mehrere Flügel renovierte. Das Wappen der Familie schmückt das Portal. Die Anlage stammt – von den modernen Anbauten abgesehen – im Wesentlichen aus dem 18. und 19. Jh.

Der **Stausee** von Bütgenbach: Zwischen 1930 und 1932 wurde unter der Leitung des italienischen Ingenieurs Boldo im Tal der Warche ein 23 Meter hoher und 140 Meter langer Damm erbaut. Er diente und dient noch der Stromerzeugung und der Regulierung der Warche, die bis dahin als einer der besonders unberechenbaren Flüsse in Belgien galt. Der Damm sorgte gemeinsam mit dem schon 1929 weiter flussabwärts errichteten Damm von Robertville (Gemeinde Weismes) zugleich dafür, dass die inzwischen verschwundenen Gerbereien und die papierproduzierenden Firmen immer mit genügend Wasser versorgt waren.

Jährlich werden durch die Wasserkraft zwei Millionen kWH »sauberer« Strom erzeugt. Der See hat eine Fläche von 120 Hektar. Da man aus ihm kein Trinkwasser entnimmt, kann man in ihm schwimmen, segeln und Tretboot fahren.

Stausee von Bütgenbach

Empfehlungen für Wanderer und Radfahrer

Wanderung ✱

Eine Wanderung um den Bütgenbacher See ist reizvoll und wenig anstrengend, weil insgesamt nur etwa 40 Höhenmeter zu überwinden sind. Kleine Buchten und immer wieder neu sich bietende Panoramen laden zum Verweilen ein. Die zweite Hälfte der Strecke ist besonders schön.

Start: Seestr. (bei Nr. 53)

Länge: 10 km

Markierung: gelbes Rechteck auf weißem Grund

Knotenpunkte: 45, 42, 57, 56, 9, 6, 55, 50, 49, 45

Vom Parkplatz aus gehen wir parallel zur RAVeL-Strecke (L45a) in Richtung Staumauer (s. o.), um dann unseren Weg auf der nördlichen Seeseite fortzusetzen.

Radtour

Folgende schöne Radtour rund um den See von Bütgenbach führt über wenig befahrene Nebenstraßen durch hügeliges Wiesenland, mitunter auch kleinere Waldstücke. Kunsthistorisch bietet sie wenig Sehenswertes, aber immer wieder schöne Ausblicke in die prächtige Landschaft.

Start: Bütgenbach, Parkplatz (kostenfrei) am ehemaligen Bahnhof unweit des Sees (bei Seestr. 53)

Länge: ca. 33 km

Knotenpunkte: 18, 17, 16, 15, 14, 46, 45, 44, 87, 93, 99, 19, 18

Wir starten auf dem RAVeL L45a, der auf der Trasse einer einstigen Eisenbahnstrecke angelegt wurde. Den Stausee (s. o.) erblicken wir leider zunächst nicht. Er blinkt allenfalls gelegentlich durch die Bäume.

Wenn wir den See bereits hinter uns gelassen haben, fahren wir über eine ehemalige Eisenbahnbrücke, deren hohe Bögen das Warchetal überspannen. Nun bieten sich uns weite Ausblicke in eine bezaubernde Landschaft.

Beim Knotenpunkt 14 (bei Weywertz) stoßen wir auf die Vennbahn (RAVeL L48), auf deren Trasse wir nun unseren Weg in nördlicher Richtung bis zum Knotenpunkt 44 fortsetzen (Richtung Monschau). Nun geht es überwiegend über kleinere, wenig befahrene Nebenstraßen weiter. Dabei genießen wir eine außerordentlich reizvolle, nur dünn besiedelte Landschaft. Erst im Dorf Berg kommen wir wieder in die Nähe des Sees. Von

Am Stausee von Bütgenbach

Am Stausee von Bütgenbach, Warchezufluss

Stausee von Bütgenbach

Ehem. Eisenbahnviadukt bei Bütgenbach, heute Brücke des Vennbahnradwegs

Landschaft in der Umgebung des Stausees von Bütgenbach

Knotenpunkt 93 aus können wir einen Abstecher zur Staumauer am westlichen Ende des Sees machen. Danach setzen wir unsere Fahrt über den Knotenpunkt 99 am Rande Wirtzfelds fort, um bei Knotenpunkt 19 das östliche Ende des Sees zu erreichen, von dem wir hier allerdings nur einen Zipfel überblicken. Wir sehen allerdings, wie hier die Warche mäandrierend in ihn einmündet. Bis zum Parkplatz ist es nun nur noch ein kurzes Stück.

Wir starten auf einer Höhe von etwa 570 m, und bis zum Knotenpunkt 44 (etwa 8,5 km) spielen Steigungen keine nennenswerte Rolle. Dann wird das Höhenprofil der Strecke für etwa 20 km bewegter. Bei Elsenborn erreichen wir eine Höhe von etwas über 600 m. Das ist angesichts der Höhe des Ausgangspunkts nicht sonderlich beeindruckend. Aber es geht doch zwischendurch immer wieder ein Stück bergab und anschließend natürlich auch wieder bergauf.

In Bütgenbach gibt es mehrere **Einkehrmöglichkeiten**. Direkt am Parkplatz liegt das solide Restaurant *Carol's* mit einer Terrasse (Seestr. 53; Tel.: 0032 (0)80 / 44 64 13; **www.carols.be**).

Empfehlenswert ist das Café der Bäckerei *Heinen* am Marktplatz (Nr. 15; Tel.: 0032 (0)80 / 44 62 43). Hier gibt es guten Kuchen und eine Terrasse, auf der man ihn im Freien verzehren kann. Auch die Bäckerei *Halmes* (mit Café) ist eine gute Wahl (Marktplatz 13; Tel.: 0032 (0)80 / 44 65 93).

Vennbahn und Vennbahnradweg

Während z. B. schon 1843 eine **Eisenbahnverbindung** zwischen Köln und Antwerpen über Aachen und Lüttich befahren werden konnte, wurde erst 1883 der Bau einer Bahnlinie zwischen Aachen und Ulflingen bzw. (frz.) Troisvierges in Luxemburg über Monschau und St. Vith mit Anschlüssen nach Eupen, Malmedy, Jünkerath, Prüm und Stolberg (Rheinland) in Angriff genommen.

Die Bahnverbindung diente in erster Linie dem Transport von Kohle aus dem Wurm- und Inde-Revier zu den Eisenhütten in Luxemburg und in Gegenrichtung (nach Deutschland) der von Eisenerz zum Stahlwerk in Aachen-Rothe Erde und zur Konkordia-Hütte in Eschweiler. Außerdem erschloss die Strecke die strukturschwachen Wirtschaftsräume der Westeifel und des Hohen Venns. Schließlich bot sie Pendlern die Möglichkeit, zu den Arbeitsplätzen in den Aachener Industrieunternehmen zu gelangen.

St. Vith (s. S. 108-111) entwickelte sich zu einem bedeutenden Eisenbahnknotenpunkt. Der dortige Bahnhof beschäftigte zwischen 1910 und 1925 etwa 1.200 Personen und war der größte Arbeitgeber der Region. In den 1920er Jahren passierten ihn täglich rund 80 Güterzüge.

Nach dem Ersten Weltkrieg musste das Deutsche Reich aufgrund des Versailler Vertrags 1920 die seit 1815 preußischen Kreise Eupen und Malmedy und damit auch St. Vith an Belgien abtreten. Durch die neue Grenzziehung wechselte die Strecke in ihrem Verlauf nun mehrfach zwischen dem deutschen Reichsgebiet und Belgien hin und her. Von einer Grenzfeststellungskommission wurde verfügt, dass der belgische Staat auch auf deutschem Gebiet Eigentümer der Eisenbahnstrecke mitsamt ihren Bahnhöfen zwischen Raeren und Kalterherberg sein sollte.

Nach dem Zweiten Weltkrieg sank die Auslastung beständig, sodass die Strecke bis 1989 vollständig stillgelegt wurde. Auf der Trasse der Vennbahn wurde ein neuer, höchst attraktiver Fernradweg gebaut, der 2013 eröffnet wurde. Man versprach und verspricht sich von ihm positive wirtschaftliche Impulse für strukturschwache deutsche und belgische Eifelgebiete. Bisher sind diese Erwartungen allerdings nur in recht bescheidenem Maße Realität geworden.

Empfehlung für Radfahrer

Der neu angelegte **Vennbahnradweg** ist **für sportliche Biker wie für gemütliche Radler** eine echte Empfehlung. Er führt von Aachen (D) über Kornelimünster (D), Raeren (B), Roetgen (D), Lammersdorf (D), Konzen (D), Kalterherberg (D), Sourbrodt (B), Weismes / Waimes (B), St. Vith (B) und Burg-Reuland (B) im schönen Ourtal nach Troisvierges in Luxemburg (**125 km**). Man fährt über kleine Brü-

Landschaft in der Umgebung des Stausees von Bütgenbach

Landschaft in der Umgebung des Stausees von Bütgenbach

cken und große Viadukte und genießt herrliche Ausblicke auf Wälder, Wiesen, Moor, Bachläufe und Heide. Besonders schön ist die Strecke ab Konzen. In Weywertz zweigt ein **Radweg** über Bütgenbach (B) und Büllingen (B) zum Kylltal (D) ab, der zur Mosel führt. In Weismes gibt es einen Abzweig nach Malmedy (B), Stablo (B) und Trois-Ponts (B) an dem Ardennenflüsschen Amblève (**Länge: 22 km**). Ein weiterer **Abzweig** führt vor Maspelt (B) nach Prüm (D) bzw. von Pronsfeld (D) aus über den Enz-Radweg zur Sauer und nach Trier.

Mit dem Vennbahnradweg ist – etwa um St. Vith – ein Netz schöner, z. T. aber auch **steigungsreicher Radwege** verknüpft, auf denen man sich sehr einfach nach dem **Knotenpunktsystem** orientiert, wie wir es aus den Niederlanden kennen. Übersichtskarten halten die Touristen-Informationsbüros bereit.

Bauernhaustypen in der Eifel

Bei Ausflügen in die Eifel, in die deutsche wie auch die belgische, bei Wanderungen, Spaziergängen und Radfahrten, erfreuen wir uns vor allem an einer großartigen Natur und Landschaft, sodann an schönen Dorfkirchen oder Kapellen, zum Teil noch aus gotischer Zeit, und den in ihnen noch erhaltenen Kunstschätzen. Oft ziehen auch alte Bauernhöfe unser Interesse auf sich. Noch mehr Freude werden wir bei unseren Unternehmungen haben, wenn wir unseren Blick für diese Höfe ein wenig schärfen und unterschiedliche Bautypen zu unterscheiden lernen. Hier einige Hinweise:

In der nördlichen Eifel überwiegen die schmalen **einraumtiefen** (mit nur einem Raum in der Breite) **und die anderthalbraumtiefen Gebäude** mit hohen Wänden. Sie erscheinen als Einhaus, Winkelhaus oder Mehrseithaus.

Der sog. **Eifeltyp**, ein Winkelhof, ist für den Landschaftsraum des Monschauer Heckenlandes und des Hohen Venns besonders charakteristisch. Kennzeichnend ist ein quererschlossener, d. h. von der wettergeschützten Traufseite her zugänglicher, länglicher Baukörper mit ungleichschenkligem Dach. Die Wetterseite des Gebäudes wird durch eine abgeschleppte, also tief heruntergezogene Dachfläche gegen Wind- und Schneestürme geschützt. In der sog. Haustiefe (Breite) ist im Erdgeschoss gegenüber dem einraumtiefen Haus ein halber Raum zugegeben für Lager- und Nebennutzungen, der von der Abschleppung überdeckt wird. So liegt neben der Küche die *Huskammer* mit nur geringer Raumhöhe. Der Wirtschaftsteil ist dem Wohnhaus abgewinkelt angefügt (Winkelhof).

Die Außenwände sind überwiegend in Fachwerkbauweise errichtet, wobei die stark wind- und wetterexponierten Fassaden zusätzlich durch Holzbretter oder Schiefer verkleidet oder in Massivbauweise mit Naturstein gemauert sein können.

Zur zweiraumtiefen Gruppe gehört auch das zweigeschossige **Trierer Haus**, das im südwestlichen Teil der Eifel anzutreffen ist. Das Trierer Haus ist stets aus Stein erbaut, weil die Trierer Erzbischöfe als Landesherren schon nach dem Dreißigjährigen Krieg Fachwerk und Strohdach für den Bau von Bauernhäuser in ihrem Kurstaat verboten. Es begegnet uns zumeist weiß verputzt mit Werksteingewänden (Einfassungen der Fenster und Türen), oft aus rotem Sandstein, und, sofern noch erhalten, mit Schieferdach. Das Trierer Haus ist eine Sonderform des Streckhofs, bei dem Stall, Scheune und Wohnhaus unter einem einheitlich geneigten Dach mit durchlaufendem First liegen. Die Eingänge zum Wohnteil, Stall und Scheune erfolgen von der Traufseite her. Man spricht auch vom Trierer Quereinhaus.

Häuser Trierer Art gibt es im Norden bis zur Eifelwasserscheide, wobei die jahrhundertelange Zugehörigkeit der Fürstabtei Prüm zu Trier vermutlich mitbestimmend war. Im Westen grenzt das Trierer Quereinhaus an die Bauform des Lothringer Hauses, das äußerlich durch einen breiten Giebel und ein deutlich flacheres Dach gekennzeichnet ist. In dem uns interessierenden Eifelgebiet verläuft die Grenzlinie der Verbreitung von Ardennenhaus (nordwestlich) und Trierer Haus (südöstlich) ungefähr westlich von Aldringen und Montenau und biegt dann nordwestlich von Schoppen nach Osten ab, wobei sie über Büllingen verläuft.

Trierer Häuser entstanden oft als Doppelhäuser. Dadurch entstanden Traufzeilen von 30 bis 40 Metern Länge. In solchen Fällen spricht man von **Trierer Zeilen**. Die Trierer Zeile liegt in der Regel mit der Traufseite parallel zu Straße. Sie kommt jedoch auch ungeordnet vor, wenn ein Dorf nicht auf eine Straße hin orientiert war, sondern straßenlos entstand, also als sog. **Haufendorf**.

Zur Bauform des historisch älteren **Breitgiebelhauses** zählen in der Eifel das nur noch selten anzutreffende Vennhaus und das Ardennenhaus im Südwesten des Gebirges.

Das breitere, bisweilen sehr breite, ebenfalls von der Seite her zugängliche **Ardennenhaus**, das auch durch seine geringe Dachneigung auffällt, ist zumeist aus Stein erbaut. Die Wohnräume sind hinter dem breiten Giebel in die Tiefe des Hauses angeordnet. Das beste in diesem Buch berücksichtigte Beispiel für diesen Haustyp finden wir in Weisten (Schleidweg 21). Die aus Stein errichteten Bauernhäuser der Süd- und Westeifel bilden eine gemeinsame Hauslandschaft mit der Steinbauweise der Regionen Lothringen, Luxemburg, Wallonie, Ardennen und Saarland. Erst durch die Kriege und die Nationalismen nach 1870 wurden die Gemeinsamkeiten dieses Kulturraums zunehmend verwischt.

Natürlich gibt es Varianten der genannten Haustypen und Abweichungen. Die von der modernen Hausforschung verwendeten Termini sind nachträglich geschaffene Begriffsschubladen, um etwas zu ordnen, das sich aus den Bedürfnissen der Menschen, aus Zweckmäßigkeit, Traditionen und übernommenen Vorbildern entwickelt hat und nicht nach festen, vorgegebenen Regeln geschaffen wurde, wenn wir einmal vom durch obrigkeitliche Vorschriften (Trier, Luxemburg) geforderten Übergang vom Fachwerk- zum Steinbau absehen (s. S. 162).

Bei den Steinbauten gibt es beträchtliche Unterschiede hinsichtlich des **Mauerwerks der Außenwände**. Im Eupener Gebiet und unmittelbar um Malmedy verwendete man fast ausschließlich Haustein, den man unverputzt ließ. Als Beispiele können hier die schönen Höfe in und um Raeren und Eynatten dienen. In der Region St. Vith hingegen baute man die Bauernhäuser aus verputztem Bruchstein. Daneben gibt es vereinzelt Fachwerkbauten. Bei den Bruchsteinhäusern diente der Verputz sicherlich oft dazu, schnell verwitternden Stein zu schützen oder zu verhindern, dass der Stein Wasser zog. Feuchtigkeit war immer einer der Hauptrisikofaktoren für die Gesundheit der Hausbewohner.

Unverputztes, schiefergedecktes Trierer Haus in Montenau. Der fehlende Verputz und die teilweise aus Ziegel (statt Haustein) gemauerten Einfassungen zweier Türen, eines Fensters und des Scheunentors sind untypisch.

Das Hohe Venn, eines der letzten Hochmoore Europas, mit seiner herben Landschaft, seiner Urwüchsigkeit und Stille ist zu jeder Jahreszeit ein Erlebnis!

Malmedy und Weismes / Waimes

Kapelle Fischbach (1830) bei Baraque Michel

Malmedy

Die ganz überwiegend französischsprachige, 12.654 Einwohner zählende (Stand 2018) **Stadt Malmedy** (frz. *Malmédy*) gehört zu den sog. Fazilitäten-Gemeinden in Belgien mit Spracherleichterungen für die deutschsprachige Minderheit. Zur Stadt gehören auch die Ortsteile Bellevaux-Ligneuville und Bévercé.

Die kleine Kreisstadt zwängt sich in ein von weiten Wäldern umgebenes langgezogenes Tal am Zusammenfluss von Warche und Warchenne. Die umgebende Landschaft ist außerordentlich reizvoll. Leider sind die kulturhistorisch interessanten Bürgerhäuser Malmedys im letzten Krieg fast vollständig verlorengegangen. Zudem erstrecken sich vor allem nordwestlich Malmedys, zur Autobahn hin, moderne Gewerbegebiete, die auf den von dort anreisenden Touristen wenig gewinnend wirken. Dennoch ist Malmedy zweifellos einen Besuch wert.

Geschichte: Die meisten Einwohner des Städtchens sind französischsprachige Wallonen. Das war auch schon vor dem Ersten Weltkrieg so, als es mit Eupen noch zu Preußen und damit zum Deutschen Reich gehörte, wenngleich damals der Prozentanteil der Deutschsprachigen höher war als heute. Er liegt jetzt etwa bei zehn Prozent.

Wie das benachbarte Stablo verdankt auch Malmedy seine Entstehung dem hl. Remaklus. Der hl. Remaklus, Abt von Solignac und späterer Bischof von Maastricht, hatte hier und in dem etwa sechs Kilometer entfernten Stablo – an einer Stelle weiter Einöde, wo eine Menge wilder Tiere lebte – um 650 das **Doppelkloster Stablo-Malmedy** gegründet. Unterstützt wurde er dabei von dem Merowingerkönig Siegbert III. von Austrasien und dessen Hausmeier. Die Oratorien und die Konventsgebäude wird man sich sehr bescheiden, hauptsächlich aus Holz erbaut, vorzustellen haben. Von Anfang an bildeten die Mönche einen einzigen, zunächst nach der Regel des hl. Columban, später des hl. Benedikt lebenden Konvent, der nur einem Abt unterstand. Das blieb auch nach dem Tod des Remaklus so, der in Stablo begraben wurde. Die sich verbreitende Verehrung des heiligen Klostergründers trug wesentlich dazu bei, dass sich die Doppelabtei zu einem der herausragenden monastischen Zentren des fränkischen und später des deutschen Reiches entwickelte.

Zudem schufen die von der Doppelabtei betriebene Entwässerung von Sümpfen, die Urbarmachung von Wald und Heide, das Anlegen von Fischteichen, die errichteten Mühlen zum Mahlen von Getreide usw. die Voraussetzungen für die Entstehung und Entwicklung der Orte Stablo und Malmedy.

Nach den Zerstörungen durch die Normannen im Jahre 881 gelang rasch ein Wiederaufstieg zu neuer Bedeutung. Unter den Äbten Odilo (936–954) und Poppo (1020–1048) wurde das Benediktinerkloster zu einem Brennpunkt der monastischen Reform. Poppo, der strenge Asket und großartige Organisator, dem Kaiser Heinrich II. 1022 auch die Leitung von St. Maximin vor den Toren Triers anvertraute, der das Kloster Echternach reformierte und die Reform in einer ganzen Reihe weiterer Reichsklöster beaufsichtigte, gewann auch Stablo-Malmedy für die Idee einer Erneuerung. Als wichtige Voraussetzung dafür erlangte er vom Kaiser das Recht der freien Abtswahl. Er war es auch, der in Stablo die Errichtung einer Abteikirche in Angriff nahm, die zu den größten des damaligen Reiches gehören sollte. Von 1130 bis 1158 leitete der tatkräftige und hochgebildete Wibald das Doppelkloster. Er gilt als einer der bedeutendsten Kleriker seiner Zeit. Er gehörte zu den wichtigsten Beratern Lothars III., Konrads III. und Friedrich Barbarossas. Von diesem Kaiser wurde er zweimal in diplomatischer Mission nach Byzanz geschickt, von wo er bedeutende Reliquien mitbrachte, darunter zwei Splitter des Kreuzes Christi. Unter Wibald entwickelte sich die Benediktinerabtei in der Abgeschiedenheit der rauen Ardennen zu einem überragenden Kunstzentrum, in dem zahlreiche bedeutende Werke der Goldschmiedekunst geschaffen wurden. Wibald gab das beeindruckendste Werk in Auftrag, das von Goldschmieden des Maasgebiets geschaffen worden ist, ein vergoldetes Retabel für den Hochaltar der Abteikirche in Stablo. Leider wurde dieser hochromanische Kunstschatz im 17. oder 18. Jh. zerstört. Erhalten ist allerdings eine detaillierte Zeichnung aus dem Jahre 1666, die heute im Grand Curtius in Lüttich zu sehen ist.

Stets bestand eine gewisse Rivalität zwischen Malmedy und dem benachbarten Stablo um die Vorrangstellung, die aber schon früh eindeutig zu Stablos Gunsten entschieden war. Seine größte Katastrophe vor dem schreckensreichen 20. Jh. erlebte Malmedy wohl durch die Kriege Ludwigs XIV.

Im Oktober 1689 wurde es – ebenso wie Stablo – fast vollständig eingeäschert. Nur 60 der ehemals etwa 660 Häuser entkamen den von den französischen Truppen gelegten Bränden.
Nach der Niederlage Napoleons hat man Malmedy auf dem Wiener Kongress, da es nicht wie Stablo zum Bistum Lüttich, sondern zur Kölner Erzdiözese gehörte, den preußischen Rheinlanden zugeschlagen, bei denen es bis zur Umsetzung der Beschlüsse des Versailler Vertrags, also mehr als ein Jahrhundert lang, verblieb. Am 23., 24. und 25. Dezember 1944 wurde Malmedy, obwohl bereits von amerikanischen Truppen eingenommen, von US-Bombern irrtümlich angegriffen und weitgehend zerstört. Dabei kamen viele Zivilisten ums Leben, darunter auch aus Venndörfern hierher Evakuierte. Tafeln rechts neben der Kathedrale und ein Mahnmal weiter hinten erinnern an das schreckliche Ereignis. Ein anderes Mahnmal, das sich neben dem linken Kirchturm befindet, gedenkt der Menschen, die in der Zeit des Nazi-Terrors umgebracht wurden. Zu Beginn der Ardennen-Offensive ermordeten ganz in der Nähe 1944 Angehörige der Waffen-SS 72 amerikanische Kriegsgefangene. Das Kriegsverbrechen ist unter dem Namen *Malmedy-Massaker* bekanntgeworden.
Was Malmedy einmal war, lässt eine schöne Lithografie aus dem Jahre 1850 erahnen, die wir **Jean Nicolas Ponsart** verdanken, dem in dem Ardennen-

Malmedy nach dem Bombardement im Dezember 1944

städtchen als sechstes Kind einer Gerberfamilie geborenen Maler und Lithographen (1788–1870). Das Bild zeigt den Markt des Ortes, die heutige Place Albert Ier, zur Kirmeszeit. Stattliche, vom Wohlstand ihrer Bewohner zeugende Bürgerhäuser säumen den Platz mit dem 1781 als Marktbrunnen errichteten Obelisken. Im Hintergrund ragen die beiden Türme der ehemaligen Abteikirche über den Dächern auf. Dem Wallonen Ponsart, der etwa ab 1820 in Düsseldorf Malerei studiert und der später seine Kunst in Brüssel und Paris vervollkommnet hatte, verdanken wir übrigens neben weiteren Ansichten Malmedys und seiner Umgebung auch eine reizvolle Darstellung Stablos oder auch Bilder (Lithographien) von der neuen, 1843

Malmedy, Ansicht von Jean Nicolas Ponsart, 1850

vollendeten Eisenbahnlinie von Lüttich nach Aachen. Die Strecke durch die Ausläufer der Ardennen war eine die damaligen technischen Möglichkeiten an ihre Grenzen treibende Herausforderung gewesen. Mit ihren vielen Brücken und Tunnels galt sie damals als ein vielbestauntes Meisterwerk der Ingenieurkunst und offensichtlich auch ein lohnendes Motiv für einen ehrgeizigen Künstler.

Der wichtigste Wirtschaftszweig in Malmedy war das **Gewerbe der Gerber**. Schon um 1500 sind hier Lohgerbereien nachweisbar, für die das weiche Wasser der Warchenne und die Eichenrinde aus den umliegenden Wäldern gute Voraussetzungen boten. Im Laufe der Zeit entwickelten sie sich in einem Maße, dass in der zweiten Hälfte des 18. Jh. von Großbetrieben gesprochen werden kann. 1816, als das Rheinland an Preußen gelangt war, wird von dem blühenden Zustand der Gerbereiunternehmen in Malmedy und dem Reichtum der dortigen Fabrikanten berichtet. Sie beschäftigten damals rund 300 Arbeiter. 1844 waren es bereits 450, die pro Jahr immerhin 74.000 Stück Wildhäute verarbeiteten. Das Malmedyer Sohlleder wurde über die auch *chemin du cuir* (Lederstraße) genannte Lüttich – Koblenzer Straße zur Frankfurter Messe und weiter transportiert. 1843 sollen in den Ostertagen und zu Mariä Geburt täglich 300 Wagenladungen mit Leder in Richtung Frankfurt gerollt sein.

Auch die **Tuchmacherei** ist schon für das 15. Jh. belegt. Ende des 17. Jh. scheint sie sogar noch bedeutender gewesen zu sein als die Gerbereien. 1767 begann ein Mönch mit der **Papierherstellung**, die bald zu einem wichtigen Wirtschaftszweig werden sollte. Wenn Stablo als Residenz des Fürstabtes das rivalisierende Malmedy zurückstehen ließ, so gelangte die Stadt an Warche und Warchenne durch ihr florierendes Gewerbe und auch durch ihre Rolle als Umschlagplatz für den Handel zwischen Lothringen und dem Maasgebiet zu weit größerem Wohlstand und wies entsprechend bedeutendere Bürgerhäuser auf. Leider haben davon nur wenige das Bombardement des Jahres 1944 überstanden.

An die einstige Abtei erinnert die stilistisch sehr einheitliche, jedoch recht nüchtern, fast abweisend wirkende, 1776 bis 1784 erbaute **Cathédrale Saints-Pierre, Paul et Quirin** an der Place du Châtelet mit ihrer monumentalen Doppelturmfassade.

Als die bis dahin preußischen Kreise Eupen und Malmedy durch den Versailler Vertrag dem Königreich Belgien zugesprochen wurden, kamen Malmedy und Stablo in gewisser Weise wieder zusammen. 1921 verfügte eine päpstliche Bulle die Errichtung eins Bistums Eupen-Malmedy. Die Pfarrkirche von Malmedy erhob man zur Kathedrale. Dies war eine Kompromisslösung, mit der man die Wünsche der überwiegend deutschsprachigen Bevölkerung des neu gewonnenen Gebiets und die Forderungen der belgischen Regierung in Einklang zu bringen suchte. Der Bischof von Lüttich wurde zugleich auch Haupt der neu eingerichteten Diözese. 1925 wurde das Bistum wieder aufgehoben und sein Gebiet der Diözese Lüttich eingegliedert. Zumindest den Titel einer Kathedrale hat die Hauptkirche Malmedys aber behalten dürfen.

Cathédrale Saints-Pierre, Paul et Quirin, 1776–1784, Malmedy

Es handelt sich um einen einschiffigen, immerhin 56 Meter langen Bau, der durch das Querschiff annähernd in zwei Hälften geteilt wird (je drei Joche), mit zwei mächtigen, quadratischen Westtürmen und gerade abschließendem Chor. Die Türme sind durch einen leicht zurückspringenden, hohen Mittelteil zu einer Art Westbau miteinander verbunden. Die recht schmucklose Fassade wird durch zweigeschossige Pilaster und ein Zwischengesims sparsam gegliedert. Den Abschluss bilden kräftige polygonale Laternen mit kupfergedeckten, leicht geschweiften Hauben und abgesetzten Spitzen.

Der einschiffige **Innenraum** – durch flache Pilaster

Cathédrale Saints-Pierre, Paul et Quirin, 1776–1784

Stuckfigur des hl. Quirinus von Duckers über dem Reliquienschrein des Heiligen, Cathédrale

mit Kompositkapitellen, kräftig vorspringendes Gebälk und breite Gurtbögen des Tonnengewölbes gegliedert – ist hell und weit, wirkt aber doch recht kühl. Über der Vierung spannt sich eine flache Kuppel mit Laterne. Die Joche werden durch große, rundbogige Wandfenster erhellt sowie durch kleinere, die mit Stichkappen in das Tonnengewölbe eingeschnitten sind.

Chor der Cathédrale mit Hochaltar und Stuckrelief der Himmelfahrt Mariens (1782), flankiert von den Apostelfürsten Petrus und Paulus

Die Zwickel der Kuppel über den abgeschrägten Ecken der Vierung schmücken Stuckreliefs der auf Wolken sitzenden, von Putten umgebenen Evangelisten des Lütticher Stuckateurs François-Joseph Duckers. Demselben aus Lüttich stammenden Meister sind das **Stuckrelief der Himmelfahrt Mariens** in der Apsis (1782) zu verdanken sowie zwei lebensgroße, fast freiplastische Figuren der Apostelfürsten rechts und links des Hauptaltares.
Bemerkenswert ist die 1779 geschaffene hölzerne **Kanzel** mit Medaillons des Erlösers, der vier Kirchenväter und der Apostel Petrus und Paulus. Sie wird von zwei posauneblasenden Engeln flankiert. Der **Reliquienschrein des hl. Quirinus** vom Ende des 17. bzw. Beginn des 18. Jh. steht an der Abschrägung vom Langhaus zum linken Querschiff. Darüber befindet sich eine ebenfalls von Duckers geschaffene **Stuckfigur des Heiligen** im priesterlichen Ornat. Mit seiner Stola bändigt er einen geflügelten Drachen, während er mit der ausgestreckten Linken seine Schädeldecke emporhält – als Hinweis auf sein Martyrium. Der in Malmedy verehrte hl. Quirinus sollte nicht mit dem frühchristlichen Märtyrer und Stadtpatron von Neuss verwechselt werden. Der Tradition nach soll er Priester und Gehilfe des hl. Nicasius von Rouen gewesen sein und bei seiner Missionstätigkeit den Märtyrertod gefunden haben. Seine Reliquien kamen im 9. Jh. in die Ardennen.

Seitenaltar mit Barockstatue der Jungfrau mit Kind, um 1700, Cathédrale

Alabasterfigur des Apostels Johannes, Teil einer Kreuzigungsgruppe, Malmundarium

Die schöne Statue einer **Jungfrau mit Kind** des Seitenaltares (1773) im linken Querschiff wird dem bedeutenden Lütticher Barockbildhauer Jean Del Cour zugeschrieben (um 1700). Vier im 18. Jh. geschaffene **versilberte Reliquienbüsten** von Gefährten des hl. Gereon aus der thebäischen Legion sind in Nischen des Hochaltares eingestellt. Die des hl. Gereon selbst befindet sich in dem liebevoll eingerichteten Domschatz im benachbarten alten Klostergebäude. Die Reliquien wurden 1712 – damals noch in einfachen Bleibüchsen – von Köln nach Malmedy in die damalige Pfarrkirche St. Gereon überführt und kamen 1821 bei deren Abbruch hierher. Aufmerksam machen möchte ich noch auf das **Glockenspiel** der ehemaligen Abteikirche. 35 Glocken wurden 1781 bis 1783 gegossen. 1952 wurden noch fünf kleine hinzugefügt.

Malmundarium im ehem. Abteigebäude, Malmedy

In dem nüchtern wirkenden, so gar nicht mit dem in Stablo vergleichbaren **Abteigebäude** neben der Kathedrale, ist nach eingehender Restaurierung seit 2011 das sog. **Malmundarium** untergebracht. Das neue kulturelle und touristische Herz des Ardennenstädtchens beherbergt vor allem ein Museum, in dem u. a. auch der Domschatz besichtigt werden kann (Öffnungszeiten: April–Okt.: tägl. außer Mo. 10-18 Uhr, Jan.–März und Nov.–Dez.: tägl. außer Mo. 10-17 Uhr; Tel.: 0032 (0)80 / 79 96 68; **www.malmundarium.be**). Nachdem der Vorgängerbau 1689 von den Truppen Ludwigs XIV. niedergebrannt worden war, wurden bis um 1718 die heute noch bestehenden Bruchsteintrakte errichtet. In den Ausstellungsräumen im Parterre des ehemaligen Abteigebäudes erfährt der Besucher Wissenswertes über die früher in Malmedy heimischen Gewerbe der Leder- und der Papierherstellung ebenso wie über den heimischen Karneval. Insgesamt 15 Karnevalsfiguren mit ihren bunten Kostümen und eigentümlichen Masken sind zu bewundern. Der **Domschatz** (vom Südflügel des Kreuzgangs aus zugänglich) enthält einige gute Goldschmiedearbeiten. Beachtenswert sind auch

Place Albert Ier und 1781 errichteter Brunnenobelisk, Malmedy

Ansicht des einstigen Marktplatzes, heute Place Albert Ier, Lithografie von Jean Nicolas Ponsart, 1850/51

ein Ölbild der Heiligen Familie des Lütticher Malers François Walschartz aus der Mitte des 17. Jh., zwei aus Holz geschnitzte Leuchterengel aus dem 15. Jh., eine Statue des hl. Aubin aus dem Jahre 1320 sowie Alabasterfiguren der Gottesmutter und des Apostels Johannes (einst Bestandteile einer Kreuzigungsgruppe) aus dem 16. Jh. Die bereits erwähnte Reliquienbüste des hl. Gereon hat vor einem Barockaltar aus Wandre (Lüttich) einen angemessenen Platz gefunden (Südflügel des Kreuzgangs). Mit dem Aufzug gelangt man ins Dachgeschoss zum *Historium*, wo man sich unter den gewaltigen Balken des Dachstuhls über die Geschichte Malmedys informieren kann. Eine Kostbarkeit ist hier eine in Huy angefertigte Sonnenmonstranz aus dem Jahre 1663.

Nachdem wir Museum und Klostergebäude verlassen haben, sehen wir links (Rue Jules Steinbach 1) das von dem wohlhabenden Malmedyer Papierproduzenten Jules Steinbach erbaute und 1901 der Stadt geschenkte **Hôtel de Ville** (Rathaus). Weiter rechts folgen zwei Villen aus der gleichen Epoche, Villa Lang (Rue Jules Steinbach 2) und Villa Steisel (Place du Châtelet 4).

Von der Kathedrale aus gehen wir nach links zur nahe gelegenen **Place Albert Ier**, dem früheren Marktplatz, mit dem 1781 errichteten **Brunnenobelisken.** An ihm war bis zur Revolution das Wappen des Fürstabtes angebracht, der das Monument gestif-

Hôtel de Ville (Rathaus) und zwei Villen vom Beginn des 20. Jh., Malmedy

Eglise des Capucins (Kapuzinerkirche), 17. Jh.

tet hatte. Hier befand sich zuvor der Perron, der von einem Reichsadler bekrönt war. Leider ist von den schönen alten Häusern, die auf Ponsarts Bildern oder alten Fotografien den Platz säumen, nichts erhalten geblieben. Sie fielen den schrecklichen Bombardements des Jahres 1944 zum Opfer.

Über die Rue du Commerce und die Ruelle des Capucins gelangen wir zu der 1626 fertiggestellten und 1631 dem hl. Franz von Assisi geweihten **Eglise des Capucins** (Kapuzinerkirche). 1617 hatte der Fürstabt auf Bitten des Ortspfarrers Kapuziner aus Lüttich nach Malmedy gerufen, um hier einen Konvent einzurichten und die Seelsorge zu intensivieren. Im Zuge der Gegenreformation sollte auch in dem Ardennenstädtchen der zunehmende Einfluss der Reformation zurückgedrängt werden. Die wichtigsten Aufgaben der Kapuziner waren die Predigt, das Abnehmen der Beichte, die Glaubensunterweisung und die Krankenpflege. 1680 erbauten sie ein Haus für Pestkranke, das bis zu seiner Zerstörung während der Revolution der Pflege Kranker diente.

Die Kapelle ist ein schlichter, schiefergedeckter Bruchsteinbau. Über dem Eingang steht in einer Nische eine hölzerne Gottesmutter mit Kind aus dem 18. Jh. Die Inneneinrichtung des einschiffigen, tonnengewölbten Raumes stammt noch aus dem 17. Jh. Das **Bild des monumentalen Hochaltares** im Stil Ludwigs XIV. ist ein Werk des Lütticher Malers Englebert Fisen aus dem Jahre 1686. Es zeigt die Anbetung der Hirten. Unter den die Szene bevölkernden Personen befindet sich auch der hl. Franziskus. Links im Chor ist eine **Gottesmutter mit Kind** aufgestellt, eine ausgezeichnete, geradezu bezaubernde Skulptur des Lütticher Bildhauers Del Cour aus dem späten 17. Jh. Sie gehört sicherlich zum Schönsten, was Malmedy zu bieten hat.

An der Place du Pont-Neuf befindet sich zwischen zwei in den Platz einmündenden Straßen statt eines Eckhauses der auf quadratischem Grundriss errichtete, 1757 vollendete schöne Ziegelbau der

Gottesmutter mit Kind von Jean Del Cour oder einem seiner Schüler, um 1700, Eglise des Capucins

Chapelle de la Résurrection (Auferstehungskapelle), 1757

Chapelle de la Résurrection (Auferstehungskapelle). Die klassizistische Fassade mit ihren abgerundeten Ecken wird durch vier Sandsteinpilaster gegliedert. In der Mitte öffnet sich ein Korbbogenfenster über dem Portal, zu dem eine doppelläufige Freitreppe mit leicht geschwungenen Wangen hinaufführt. Die Mittelachse wird zugleich durch einen Dreiecksgiebel akzentuiert, der dem achtseitigen, flachen Kuppeldach vorgesetzt ist, das von einer ebenfalls oktogonalen Laterne bekrönt wird.

Im achteckigen **Inneren** des Baus tragen flache Pilaster mit Akanthuskapitellen hohes Gebälk mit kräftig vorspringendem Gesims. Die flache Kuppel ist mit Rocailleornament geschmückt. Die Architektur und die aus der Entstehungszeit der Kapelle erhaltene Ausstattung verbinden sich zu einer bezaubernden Gesamtwirkung. Das Ölbild des schönen Hochaltares zeigt die Auferstehung Christi. Das von oben einflutende Licht, das den Blick immer wieder hinauf zu Kuppel und Laterne zieht, passt zum Gedanken der Auferstehung, der das Gotteshaus geweiht ist. In Nischen aufgestellte Statuen der Heiligen Petrus, Paulus, Johannes der Täufer und Ignatius von Loyola stammen aus der zweiten Hälfte des 18. Jh.

Von der Place Albert Ier aus gelangt man nach wenigen Schritten zur 1724 erbauten **Maison Villers** (Chemin-Rue 11), einem der wenigen – wie durch

Maison Villers

ein Wunder – im Zentrum Malmedys erhaltenen alten Häuser. Der dreigeschossige, fünfachsige Bau ist aus Ziegel errichtet. Die Fenster werden von Kalksteinrahmen eingefasst. Zwei mit Voluten und Blattwerkornament geschmückte Gauben beleben das schiefergedeckte Mansarddach. Die Zimmer des Hauses sind mit ihren Holztäfelungen, Ölgemälden, Stuckaturen, Kaminen, farbigen Kacheln und vor die Wände gespannten, herrlich bemalten Leinwänden ausgesprochen sehenswert. Sie vermitteln einen Eindruck von großbürgerlicher Rokokowohnkultur (Öffnungszeiten: Mai–Dez.: Sa./So. 14-17 Uhr, Juli/Aug. auch Do. und Fr. 14-17 Uhr, Tel.: 0032 (0)80 / 79 96 68).

Hochaltar, Chapelle de la Résurrection

Maison Villers, Küche

Maison Villers, salon de chasse

Die Wände des rechten Hofzimmers im Erdgeschoss, genannt *le salon des Quatre Saisons*, sind über einem Sockel aus verzierten Eichenholzpaneelen mit Leinwand bespannt, auf die in Öl ländliche Szenen gemalt sind, welche die vier Jahreszeiten repräsentieren. Eine heitere Badeszene unter freiem Himmel steht für den Sommer, eine Gesellschaft beim Schlittschuhlaufen, unbeschwert und anmutig, und in edle Pelze vermummte Spaziergänger für den Winter. Das Frühlingsbild zeigt lachende junge Mädchen, die Blumen austauschen. Tänze, reife Weintrauben und ein Konzert in einem Park künden von den Freuden des Herbstes. - Nichts von Alltagsrealität und Lebensernst. Wir sehen ein launiges Spiel der Fantasie. Ein Schmuckstück des Raumes ist der Kamin aus Marmor und glasierten Kacheln. Aus einem geschnitzten Rokokorahmen des Kaminaufsatzes blickt uns das Porträt eines Besitzers des Hauses aus dem 18. Jh. entgegen. Die Wände der Küche sind zum großen Teil mit Delfter Kacheln geschmückt. Eine alte Wasserpumpe und das steinerne Becken erinnern an einst hier verrichtete Tätigkeiten.

Der schönste Raum des Hauses ist der große Salon im ersten Stock, der *salon de chasse*. Seinen Namen verdankt er den prächtigen Jagdbildern, die hier auf die Leinwand gemalt sind, welche oberhalb der mit Schnitzwerk versehenen, niedrigen Holztäfelung die Wände bedeckt. Die Gemälde sind von J. C. Hammer signiert, einem in Thüringen geborenen Maler, der sich in Frankfurt am Main niederließ und 1755 verschied. Im Aufbau des Kamins sehen wir das Bildnis eines Großbürgers, der durch Heirat in den Besitz des Hauses gelangte und von 1789 bis 1791 Bürgermeister von Malmedy war.

Das Zimmer, das an den großen Salon anstößt (ebenfalls an der Straßenseite), ist der *salon de Musique*. Auch seine Wände sind mit Leinwand bespannt, auf die vor gelbem Grund bezaubernde bunte Blumenbilder gemalt sind. Dazwischen tummeln sich Vögel und Schmetterlinge. Das rechte Hofzimmer ist mit Blumenmalereien auf grüner Leinwand versehen, die von Rocaille-Rahmen eingefasst werden.

Eines der schönsten Häuser Malmedys ist die **Maison Cavens** an der Place de Rome (Nr. 1). Der Bau wurde 1830 von dem wohlhabenden Bürger Johann Hubert Cavens im klassizistischen Stil als Waisenhaus errichtet, wie eine Aufschrift in französischer Sprache im Fries unter dem Kranzgesims verrät. Über

Maison Cavens

einem Sockelgeschoss werden die beiden oberen Stockwerke durch eine Pilastergliederung zusammengefasst. Über den Fenstern des ersten Stocks (Hauptgeschoss) sind lunettenförmige Schmuckfelder angebracht.

Auf der jüngst neu gestalteten, leider vom Durchgangsverkehr heimgesuchten **Place de Rome** wurde 1871 anlässlich des Sieges im deutsch-französischen Krieg ein Standbild zu Ehren Kaiser Wilhelms I. und der Soldaten aus Malmedy aufgestellt, die an den Kriegen von 1866 und 1870 teilgenommen hatten und von denen manche gefallen waren. Auf hohem Sockel stand die Statue eines die Fahne haltenden Soldaten in preußischer Uniform, den die Bürger *Peter Prüss* tauften. Als die Stadt an Belgien kam, wurde das Standbild entfernt und 1923 der Musikpavillon erbaut, dessen aus Beton gefertigte Elemente auf wenig geschmackvolle Weise Baumstämme und Äste nachahmen. Aber immerhin: sympathischer als ein Kriegerdenkmal ist das allemal.

Auch heute noch gibt es in Malmedy viele **schieferverkleidete Häuser**. Wegen des rauen Klimas und der starken Niederschläge am Venn hat sich dieser Wetterschutz in Zeiten, als die Möglichkeiten der Außenisolierung der Wohnhäuser begrenzt waren, als zweckmäßig erwiesen. Schöne Beispiele schieferverkleideter Bauten finden sich an der Rue de la Tannerie, deren Name an die einst in Malmedy so bedeutenden Gerbereien erinnert, an der Rue Devant les Religieuses und an der Place de la Fraternité.

An der Rue de la Tannerie (Nr. 17) steht die 1989 restaurierte **Scheune von Waty**, eine der wenigen erhaltenen Gerberscheunen des Ortes. Sehenswert ist der Bau nicht nur wegen seiner Fachwerkkonstruktion, sondern mehr noch als historisches Zeugnis eines Wirtschaftszweigs, der in Malmedy über Jahrhunderte eine wichtige Rolle spielte.

Auf dem Livremont-Hügel, der hinter der Kathedrale steil ansteigt, war schon im 17. Jh. ein aus hölzernen Kreuzen bestehender Kalvarienberg angelegt worden. 1728 ersetzte ihn ein Kapuzinerpater gemeinsam mit einigen jungen Pfarrangehörigen durch einen steinernen **Kreuzweg** mit fünf Stationen und erbaute eine sechseckige, den Heiligen Agathe und Appolonia geweihte Kapelle. 1873 wurden die Kreuzwegstationen erneuert und ergänzt, sodass wir heute 13 antreffen, deren anspruchslose, einst bunt gefasste Reliefs allerdings erst 1913 geschaffen wurden (von dem Aachener Künstler Carl Burger). 2005 erfolgte eine Restaurierung.

Bis zur Kapelle (97 Meter Höhe) geht man etwa 20 Minuten. In der Nähe (etwas unterhalb der Kapelle) befindet sich ein Aussichtspunkt. Zwar kann der Kreuzweg nicht zu den besonderen Höhepunkten eines Besuchs in Malmedy gezählt werden, doch vermittelt er etwas von der Volksfrömmigkeit, die einst für das Ardennenstädtchen und die Region rundum so charakteristisch war.

Über die schöne alte **Outrelepont-Brücke**, eine 1765 erbaute Steinbrücke mit fünf Bögen, gelangen wir

Häuser in Malmedy mit und ohne Schieferverkleidung

Die Outrelepont-Brücke

auf das rechte Warcheufer in das Stadtviertel Outrelepont. Schon für das 13. Jh. lässt sich eine Brücke über den Fluss nachweisen, die aber wohl noch aus Holz bestanden haben wird. Der Warcheübergang war bis weit in die Neuzeit hinein Teil der alten Straße nach Lüttich. Auf dem Scheitel des heutigen Baus aus dem 18. Jh. steht eine Steinfigur des hl. Johannes Nepomuk. Leider ist das Original in der Zeit der Französischen Revolution verschwunden. 1986 hat man eine neue Figur auf die Brüstung gesetzt.

Für besonders Interessierte: Unweit der Brücke befindet sich an der Square d'en Al Vallée (Nr. 4) das vermutlich **älteste Haus Malmedys**, das noch aus dem 16. Jh. erhalten ist. Es blieb von den Brandkatastrophen der Jahre 1587, 1689 und dem Inferno des Jahres 1944 sowie Überschwemmungen verschont. Außen ist das kleine, optisch wenig spektakuläre Gebäude weitgehend mit schwarz-weiß gestrichenen Holzplanken verkleidet, die leider nicht erkennen lassen, ob darunter noch Reste von Fachwerk und ggf. auch Lehmgefachen vorhanden sind.

Über die Rue Devant les Religieuses und die Warchennebrücke gelangen wir, nach wenigen Metern rechts in die Rue de la Chapelle einbiegend, zum ältesten Gotteshaus Malmedys, der 1544 wiedererrichteten **Chapelle des Malades** (Krankenka-

Das vermutlich älteste Haus Malmedys

Chapelle des Malades (Krankenkapelle), Malmedy

Chapelle des Malades (Krankenkapelle), Malmedy

pelle). Ein Vorgängerbau war bereits 1188 als Oratorium des Leprosenhauses geweiht worden. Die Leprakranken mussten, da es keine Mittel gab, ihre ansteckende Krankheit zu heilen, außerhalb der Städte und Ortschaften in Hütten und Häuschen fernab der Bevölkerung leben, mit der sie nicht in Kontakt kommen durften. Auch der Besuch der üblichen Gottesdienste war ihnen untersagt. Deshalb wurden eigene Kapellen für die auch als Aussätzige bezeichneten Menschen außerhalb der Ortschaften errichtet, wo Geistliche sich der Kranken annehmen konnten. Im 16. Jh. allerdings, als das Gotteshaus wieder hergestellt wurde, war die schreckliche Krankheit in unserer Region bereits fast vollständig verschwunden.

Das Kirchlein blieb vom großen Stadtbrand von 1689 verschont, wurde aber 1768 umgebaut. Seine Wände sind im Inneren von kleinen Marmortafeln mit Dankinschriften bedeckt. 1742 wurde auf dem Altar feierlich ein Gnadenbild aufgestellt, eine unter einem Säulenbaldachin sitzende Madonna mit Kind, die der Kapelle während einer Pestepidemie geschenkt und sehr bald als Jungfrau der Kranken hoch verehrt wurde. Die Figur wurde leider 1998 gestohlen und im folgenden Jahr durch eine wenig gelungene Nachbildung ersetzt.

Karneval in Malmedy

Interessant und höchst lebendig ist der Karneval in Malmedy, der *Cwarmê*, der mit großen, farbenfrohen Umzügen begangen wird. Dabei treten traditionelle Figuren wie die *Haguète* auf. Deren prächtiges Kostüm ist mit Fransen, Silber- und Goldborten geschmückt. Auf dem Kopf trägt sie einen Zweispitzhut mit bunten Straußenfedern, während auf ihrem Rücken der zweiköpfige Adler des Heiligen Römischen Reiches prangt. Mit großen Zangen ziehen die *Haguètes* lachende oder erschrockene Zuschauer aus den Reihen der Schaulustigen heraus. Zahlenmäßig dominieren wohl beim großen Umzug am Karnevalssonntag die langen

Nasen, *les Longs-Nés*, die sich Opfer suchen, welche sie so lange nachahmen, bis diese ihnen eine Runde ausgeben. Oft ergibt sich großes Gelächter, weil mancher versucht, sich durch Tricks, Flucht oder kleine akrobatische Einlagen der Verfolgung durch die, *Longs-Nés*, zu entziehen. Die *Long-Ramons*, die Langbesen hingegen, fegen mit ihren überlangen Besen den Zuschauern die Hüte und Mützen vom Kopf. Auch das Kostüm der dicken Bäcker (*Boldjî*) ist sehr beliebt. Mit ihren langen Brotschiebern beklapsen sie die Popos der Damen, die es sich auch gefallen lassen müssen, wenn die Schuhmacher zur allgemeinen Gaudi auf offener Straße ihre Füße vermessen. Zur Maske des *Sotê*, eines Kobolds, gehört ein bis auf die Schultern hinabreichender Zylinder. Der *Vèheû*, das Stinktier, schlägt den Leuten mit einer aufgeblasenen Schweinsblase auf die Köpfe.

Am Karnevalssamstag eröffnet die *Grosse Police* die Festlichkeiten. Der Bürgermeister übergibt dem *Trouv'lê* seine Macht. Am Sonntag erreicht der Straßenkarneval seinen Höhepunkt mit dem großen Umzug, bei dem rund 2.000 Teilnehmer die typischen

Masken und Kostüme tragen. Der Montag ist der »Rollentag«, der den Einheimischen vorbehalten bleibt, denn nur die Malmedyer verstehen die nun das Fest würzenden Späße über ihre Mitbewohner. Am *Fetten Dienstag*, dem *Mardi Gras*, endet das bunte und ausgelassene Treiben mit dem Verbrennen einer *Haguète*-Puppe. Das folkloristische Spektakel soll bis ins 15. Jh. zurückreichen. Jedenfalls sind die Umzüge schon sehr alt.

Gastronomische Hinweise: Bäckerei *Halmes* (mit Sitzplätzen und Tischen), Place Albert Ier 3 (Tel.: 0032 (0)80 / 33 73 79) oder Café *Dijan*, Rue du Commerce 7 (Verkauf im Parterre, Café im 1. Stock; Tel.: 0032 (0)80 / 77 05 85).

Wer gerne frische Forellen isst, wird in dem Restaurant *A la Truite Argentée* auf seine Kosten kommen (Bellevue 3, ca. 2,5 km östlich von Malmedy, zu erreichen über die N62; Tel.: 0032 (0)80 / 78 61 73; **www.alatruiteargentee.be**).

Auf einer Internetseite der in Eupen für die DG erscheinenden Zeitung *Grenz-Echo* war über das Restaurant zu lesen: *Folgendes gehört zum Zeremoniell des Hauses: Nachdem Sie sich für Forelle entschieden haben, geht der Chef zum nahe gelegenen Weiher und entnimmt dort eine große Forelle, die dem Gast präsentiert wird. Dann geht's ab in die Küche.*

Auf einem langen Teller kam das ansehnliche Tierchen dann wieder an den Tisch: die Sauce duftete verführerisch nach Riesling und Kräutern, eine bunte Salatmischung und ein Schüsselchen Fritten (leckere Kroketten und Pommes dauphines standen auch zur Auswahl) rundeten die Präsentation ab. Noch ein kleiner Tipp: Wenn Sie diese vorzügliche Weinsauce nicht so mögen, empfehle ich Ihnen die Estragonvariante […], die wie eine engelhaft leichte Béarnaise schmeckt. Beste belgische Küche. Natürlich gibt es auch Fleischgerichte.

Empfehlung für Wanderer

Start: Route de la Baraque Michel 51, B-4960 Malmedy;

Parkplatz: an der Auberge de la Fagne an der N68, Abzweig (westlich) der Route de l'Ancienne Douane in Richtung Francorchamps und Hockai; Entfernung von Baraque Michel: ca. 7 km

Länge: 15 km (Abkürzung möglich)

Anstiege: ca. 200 m

Hinweis: Festes, hohes Schuhwerk ist dringend anzuraten. Der Wanderweg ist – vor allem nach Regenfällen – stellenweise morastig. Auch zutagetretender Fels und freiliegende Baumwurzeln erfordern unsere Aufmerksamkeit.

Am Abzweig von der N69 steht eine große **Übersichtskarte**, die Sie sicherheitshalber mit dem Smartphone fotografieren sollten.

Der nach längeren Regenfällen nicht zu empfehlende, streckenweise über Bretterstege führende **Weg** ist **mit einem liegenden grünen Rechteck auf weißem**

Hohes Venn zwischen Mont, Xhoffraix und Hockai

Grund, kombiniert mit dem kleinen schwarzen Symbol einer Schlange, markiert. **Vorsicht:** Nach etwa 3 bis 4 km berührt unser Weg einen anderen, von Baraque Michel kommenden Weg, der ebenfalls mit einem grünen Rechteck (aber ohne Schlangensymbol) markiert ist.

Nach etwa 3 km überqueren wir auf Bretterstegen das schöne Fraineu-Venn (Fagne du Freineu). Hier bieten sich weite Ausblicke in westlicher Richtung. Eine Informationstafel unterrichtet uns über das **Abplaggen** in diesem Bereich des Venngebiets. Etwas später passieren wir uralte, bizarr gewachsene Buchen, *Les Six Hêtres*, ehemals ein Rastplatz für die Hirten der Umgebung.

Mehrfach überqueren oder folgen wir Vennbächen, die über Felsen zu Tal rauschen. Dazu zählt auch der Wildbach Trôs-Maret, der sich gegen Ende unserer Wanderung kaskadenbildend in einer Schlucht unseren Blicken entzieht. Menschen begegnen wir selten.

Das Abplaggen

Vor allem bedingt durch früher angelegte Drainagegräben sind große Teile der Feucht- und Trockenheiden sowie der Moore im Hohen Venn mit Pfeifengräsern überwachsen, die das Wachstum anderer, typischer Arten verhindern. Beim Abplaggen werden die Samen typischer Heide- und Moorpflanzen freigelegt, die unter der von Pfeifengras besiedelten, ca. 10 cm dicken Schicht liegen. Dies ermöglicht eine schnelle Wiederherstellung der gewünschten Biotope. Das abgeplaggte Material, also die abgeschälte Vegetation und der oberste Teil der Torfschicht, wird benutzt, um Drainagegräben zu verstopfen oder es quer zum Hang so abzulegen, dass das Abfließen des Wasser verhindert wird und feuchte Bereiche entstehen.

Pfarrkirche Saint-Aubin (1435), Bellevaux

Bellevaux
Das etwa sechseinhalb Kilometer von Malmedy entfernte **Dorf Bellevaux** liegt herrlich am Berghang oberhalb der Warche. Seinen Namen, der sich von belle vallée (schönes Tal) herleitet, trägt der Ort mit vollem Recht: Die Landschaft ist bezaubernd.
In Bellevaux wird bereits 1130/31 eine *ecclesia* (Kirche) erwähnt. Ein erstaunlich frühes Datum für einen abgelegenen kleinen Weiler. Die heutige **Pfarrkirche Saint-Aubin** ist ein 1435 errichteter, dreischiffiger spätgotischer Bau mit drei Jochen und dreiseitig geschlossenem Chor. Die Säulen der Arkaden tragen außerordentlich schlichte Kapitelle.

Chor der Pfarrkirche Saint-Aubin mit barockem Altar

Im Chor ist ein schönes Netzgewölbe erhalten. Der quadratische Turm im Westen ist noch mittelalterlich. Auf seiner Südseite sind einige merkwürdige geometrische Motive eingeritzt.
Das Bild des barocken Hauptaltars aus dem 17. Jh. zeigt eine Kreuzigung. Den Tabernakel ziert ein Relief mit der Opferung Isaaks durch Abraham. Auf dem Bild des linken Seitenaltars sehen wir

Landschaft bei Bellevaux

Mühle in Bellevaux

Brauhaus der Brasserie de Bellevaux

eine Kreuzabnahme. Das Bild des rechten Seitenaltars thematisiert die Erlösung armer Seelen aus dem Höllenfeuer durch die Fürsprache der Gottesmutter.

Interessant sind auch einige alte Gehöfte, besonders der schöne **Fachwerkhof**, *la maison Maraite* genannt (Allée des Tilleuls). Über dem Eingang lesen wir: *ANO. DNI 1592*. Leider ist die alte **Mühle** von Bellevaux (am Ende der Chemin du Meunier), die auf das Jahr 1387 zurückgehen soll, seit 1963 nicht mehr in Betrieb. Eisenanker am Haus des Müllers bilden das Datum 1882.

Empfehlung: Die landschaftlich wunderbar gelegene *Brasserie de Bellevaux* (Rue de la Foncenale 1) bietet hervorragende und längst im weiten Umkreis beliebte hausgebraute Biere. Im Sommer sitzt man auf der Terrasse – die reinste Ferienidylle (Öffnungszeiten der *salle de dégustation*: außer im Januar Sa./So. 11-18 Uhr; Tel.: 0032 (0)80 / 88 15 40; **www.brasseriedebellevaux.be**).

La Maison Maraite, Fachwerkgehöft, Bellevaux

Arme Eifel!

Schon mehrfach war von der einstigen Armut in den Dörfern und Weilern der heute belgischen Eifel und der angrenzenden Ardennen die Rede. Auch angesichts des Erlebnisses der herrlichen Landschaft rund um Bellevaux sollten wir das harte und karge Leben der Landbevölkerung – oft bis weit in das 20. Jh. hinein – nicht vergessen. Es ist hier an der Zeit, die Dinge an einigen Beispielen ein wenig zu konkretisieren.

Bevölkerungszunahme im Zusammenwirken mit der Realteilung sind seit Beginn des 18. Jh. neben den ungünstigen naturräumlichen Voraussetzungen – karge Böden und raues, regenreiches Klima – die wesentlichsten Faktoren für die weithin herrschende, sich im 19. Jh. besonders zuspitzende Armut. Durch die Erbteilung waren auch im preußischen Kreis Malmedy (d. h. auch um St. Vith) die kleinbäuerlichen Betriebe (unter fünf Hektar) am häufigsten vertreten.

Wegen der geringen Betriebsgröße, der Ungunst des Klimas und der meist schlechten Bodenqualität bildete die Viehhaltung einen wichtigen Ernährungs- und Wirtschaftsfaktor. Die Kuh lieferte Milch und damit auch Butter und Käse, also wertvolle eiweißhaltige Nahrung. Ihre Bedeutung als Fleischlieferant hingegen war vergleichsweise gering, da das wertvolle Hornvieh nur selten geschlachtet wurde. Vor allem musste die Kuh den Ochsen oder das Pferd, die sich die meisten Eifeler Kleinbauern nicht leisten konnten, als Zugtier vor Karren und Pflug ersetzen. Mancher Bauer war sogar so arm, dass er sich zum Pflügen eine Kuh bei einem Großbauern oder Viehhändler ausleihen musste.

Viehfutter war bis zur die Landwirtschaft geradezu revolutionierenden Einführung des Kleeanbaus knapp. So war das Eifeler Hornvieh, die sog. Eifeler Landrasse, aufgrund der chronisch schlechten Futterversorgung, der schlechten Pflege sowie fehlender Zuchtauslese im Laufe der Jahrhunderte derart degeneriert, dass sich bis zum Ende des 18. Jh. eine regelrechte Zwergform herausgebildet hatte. Die Tiere waren nicht viel größer als eine Dogge. Sie waren zwar genügsam, erbrachten aber nur eine geringe Milch- und Fleischleistung und waren kaum in der Lage war, den Pflug zu ziehen.

Ein besonderes Problem stellte die Versorgung des Viehs während des Winters dar. In diesen Monaten mussten sich die Tiere mit wenig Heu, Stroh und Spreu begnügen. Wo Kartoffeln und Rüben zugefüttert werden konnten, handelte es sich schon um wohlhabendere Ackerer. Der kümmerliche Wintervorrat an Futter war bei Kleinbauern bereits im Februar oder März verbraucht, sodass das Vieh fast nur noch Stroh und Häcksel zu fressen bekam. Jede Missernte musste unter solchen Bedingungen katastrophale Folgen haben. So wird berichtet, dass die Tiere noch 1885 nach einer vorangegangenen Missernte zu Skeletten abgemagert gewesen seien.

1836 schreibt ein Agrarökonom über den Zustand der Eifelkühe, die Weide falle *an vielen Orten so kärglich [aus], daß die Kühe und Rinder nicht selten darauf zusammenfallen, und auf einer Leiter, wie auf einem Trauergerüste, ausgestreckt, nach Hause getragen werden müssen.*

In der Eifel war bis ins frühe 19. Jh. die Schiffelwirtschaft weit verbreitet. Da es wenig Vieh gab, war wenig Dünger vorhanden, der vor allem dem Gemüsegarten vorbehalten blieb und den in der Nähe des Hauses liegenden Feldern. Bei der für die Eifel erstmals um 1360 belegten Schiffelwirtschaft wurde der Bewuchs von Brachland vollständig gerodet und die Grasnarbe abgeschält und getrocknet. Sie wurde samt Ginster, Gebüsch und Baumwurzeln verbrannt. Die Asche verteilten die Bauern gleichmäßig über die Fläche. Nun wurde Winterroggen gesät und samt der Asche und Erde mit der Hacke umgegraben. Nach ein- oder zweijährigem Anbau war die Fruchtbarkeit des Bodens verbraucht. Nun folgte eine mehrjährige, mitunter jahrzehntelange (bis vierzigjährige!) Brache, in der das verheidende, wacholderbestandene Schiffelland lediglich als Schafweide diente. Zu einem Wiederaufwuchs von Niederwald konnte es hier nicht kommen, da die Baumwurzeln entfernt worden waren und die Schafe junge Triebe abfraßen. Die langfristigen ökologischen Folgen waren natürlich katastrophal. Um 1800 gab es in der Eifel weit mehr Ödlandflächen als Wald. Erst um 1900 kam in den Dörfern Kunstdünger auf, der dem bis dahin chronischen Mangel an Dünger ein Ende bereitete.

Empfehlung für Wanderer (1-2)

1) Bellevaux ist ein idealer Ausgangspunkt für Wanderungen mit bezaubernden Ausblicken. Die folgende ist **mit einem blauen Rechteck und einem kleinen schwarzen Hahn** markiert.
Start: Parkplatz an der Kirche
Länge: ca. 9 km
Anstiege: ca. 160 m
Hinweis: Festes Schuhwerk wird empfohlen. Nach Regenfällen ist der Weg streckenweise (besonders zur Warche hinunter und den Fluss entlang) schlammig und rutschig.
Die Wanderung führt u. a. zum Falize-Felsen, von wo aus man eine prachtvolle Aussicht genießt, und zum Warchefelsen (der Weg führt unter der Autobahn hindurch ein Stück das Bachtal hinauf). Besonders schön ist auch der Abschnitt des Weges, der die Warche entlangführt.

2) Eine ebenfalls an der Kirche beginnende, **mit einem roten Rechteck und einer kleinen, schwarzen Ziege gekennzeichnete Rundwanderung** ist ähnlich schön, aber nur halb so lang und durchgehend asphaltiert. Sie führt uns zur Amblève (dt. *Amel*).
Länge: 4 km
Anstiege: ca. 70 m

Brasserie de Bellevaux bei Malmedy

Warchetal bei Bellevaux

Der Falize-Felsen, Bellevaux

Bévercé

Der **Ortsteil Bévercé** mit seinen etwa 300 Einwohnern liegt idyllisch im Tal der Warche an der Landstraße von Malmedy nach Eupen (vom Ortszentrum Malmedys aus etwa 2 km; N68). Das Dorf wird übrigens schon 1188 urkundlich erwähnt.

Die kleine, aus braunem Bruchstein erbaute, mit einem hohen Dachreiter auf dem Schieferdach versehene **Kapelle** Saint-Antoine – dem hl. Antonius (Antonius Abt) geweiht – wurde von 1723 bis 1732 auf Initiative des Abtes Jean-Joseph Libert erbaut, der auch die Kosten trug. Der einschiffige Raum mit nur einem Joch ist mit einer dreiseitigen Apsis versehen. Der Keilstein des Eingangsportals zeigt die Jahreszahl 1723. Bemerkenswert sind das Altarretabel mit einem von Nic. François Rhénastène im frühen 18. Jh. gemalten Bild des hl. Isidor und die um 1600 entstandenen Figuren des hl. Antonius Abt und der hl. Elisabeth von Thüringen.

Zur **Ferme Libert** fahren wir links (einem Hinweisschild folgend) steil ein gutes Stück den Berg hinauf. Sie (Restaurant s. u.) besteht aus drei stattlichen alten Fachwerkhäusern (Route de la Ferme Libert 33). Das rechte Gebäude ist das älteste, die beiden linken wurden später hinzugefügt. In einen Balken rechts neben der Eingangstür eingekerbt lesen wir: *ANNO + 1736*. Leider ist außen nur noch recht wenig vom originalen Fachwerk erhalten bzw. sichtbar.

Ferme Liberme, Bévercé bei Malmedy

Von der Ferme aus gelangt man über einen Wanderweg, vom Dorf aus über eine schmale, steile Straße (Chemin de l'Ermitage, braunes Hinweisschild) zu einer 1446 vom damaligen Abt von Stablo-Malmedy (Heinrich von Merode) eingerichteten und seitdem fast ununterbrochen bewohnten **Einsiedelei** (*eremitage*), die heute noch Ziel von Menschen ist, die einen Ort der Kontemplation und Ruhe suchen. Auch finden hier immer noch Eucharistiefeiern statt. Die Einsiedelei ist ein länglicher Bau am Rande des Waldes, der zum größeren Teil aus einer Kapelle besteht und zum kleineren aus der bescheidenen Wohnung des Einsiedlers.

Kapelle Saint-Antoine in Bévercé bei Malmedy

Eremitage (Einsiedelei), Bévercé bei Malmedy

Bei den schönen Holzskulpturen, die in der Kapelle aufgestellt sind, handelt es sich um Kopien. Die Originale befinden sich im Malmundarium in Malmedy. Besonders schön ist ein farbig gefasstes Relief aus dem 16. Jh., das die hl. Anna, den hl. Joachim und deren Tochter Maria mit dem Jesusknaben zeigt. Die Kopie einer thronenden Gottesmutter aus dem 13. Jh. und der Figur des hl. Antonius Abt (mit einem Schwein) aus dem 16. Jh. sollen zumindest erwähnt werden sowie das Altarbild, das die Himmelfahrt Mariens darstellt.

Kaum eine Lebensform erscheint uns heute befremdlicher als die des Einsiedlers. Er sucht die Einsamkeit, weil er sich berufen fühlt, ganz für Gott zu leben. Sein Leben besteht aus Gebet, Arbeit, Verzicht auf jeglichen Luxus und Stille. Sein Gebet ist nie nur auf persönliche Bedürfnisse und das eigene Seelenheil hin orientiert, sondern schließt immer die ganze Menschheit mit ein. Auch wenn er sich von der Welt zurückzieht, ist er Besuchern gegenüber gastfreundlich. Seine Türe ist immer offen. Er glaubt, durch sein Leben in der Stille und im Verborgenen, durch sein Gebet, in geheimnisvoller Weise eine gute Wirkung auf eine Welt auszuüben, auf die er selbst verzichtet.

Die Kapelle der Eremitage ist dem hl. Antonius geweiht, dessen Skulptur wir in der Kapelle gesehen haben. Es handelt sich hier nicht um den hl. Antonius von Padua, sondern um den ägyptischen Einsiedler des 4. Jh. (geboren um 251 n. Chr.), der als junger Mann in der Nachfolge Jesu seinen Besitz verkaufte, den Erlös unter den Armen verteilte und sich schließlich in die Wüste zurückzog, um in Einsamkeit und Gebet für Gott zu leben. Doch zog der offensichtlich faszinierende Mann Menschen an, die sich in seiner Nachbarschaft zu ihm gesellten, um seinem Vorbild zu folgen. So sehen wir heute im hl. Antonius den Vater des eremitischen Mönchtums. Das Schwein, das Darstellungen des hl. Antonius oft beigegeben ist, symbolisiert die vielfältigen Versuchungen, mit denen der Einsiedler zu ringen hatte. Es ist dafür verantwortlich, dass der Heilige in früheren Jahrhunderten angerufen wurde, die Schweine oder anderer landwirtschaftlich genutzte Tiere vor Krankheiten zu schützen. Am Festtag des hl. Antonius herrschte in der Klause bei Bévercé bis in unsere Zeit hinein ein reger Zustrom.

Kaffee und Waffeln in der Ferme Liberme

Gastronomischer Hinweis: In der *Ferme Libert* (Route de la Ferme Libert 33; Tel.: 0032 (0)80 / 33 02 47; **www.fermelibert.be**) kann man in rustikalem Ambiente essen. Spezialitäten sind Wildgerichte. An den Wochenenden kommen nachmittags zahlreiche Gäste aus der Umgebung, um Kaffee zu trinken und dicke belgische Waffeln zu essen, die oft bergeweise dampfend und duftend mit hausgemachter Waldbeer- oder Heidelbeerkonfitüre, Sahne oder Schokoladensauce, aus der Küche heraus zu den Tischen getragen werden.

Empfehlung für Wanderer (1-2)

1) Von der Ferme Libert aus sind Spaziergänge, aber auch ausgedehntere Wanderungen möglich. Die folgende kleine Wanderung mit einigen leichten Kletterpassagen, bei denen man sich an einem Seil festhalten kann, ist besonders reizvoll.

Start: Parkplatz an der Ferme Libert

Länge: 4,8 km

Anstiege: ca. 100 m

Markierung: blaues Rechteck auf weißem Grund

Hinweis: Wegen des teilweise zerklüftet felsigen Untergrunds und der Baumwurzeln (bei Nässe glitschig!) ist es allerdings ratsam, feste und möglichst auch hohe Wanderschuhe anzuziehen. Der Weg ist passagenweise etwas schwierig und erfordert eine gewisse Trittsicherheit.

Von der Ferme aus gehen wir sofort in den Wald. Bald folgen wir dem Gebirgsbach *Trôs-Maret,* der, dem Moor entspringend, wild durch Felsen zu Tal rauscht. Über eine kleine Brücke gelangen wir auf die andere Seite des Gewässers. Nun wird das Tal zunehmend enger, ja geradezu zur Schlucht. Nach der abermaligen Überquerung des Baches und einem Anstieg kommen wir schließlich auf eine Lichtung.

Landschaft bei Bévercé

Hier hat man ein Schild aufgestellt, das uns über die Renaturierung des Laubwaldes informiert. Wir erfahren hier, dass während des 19. Jh. auf dem Venn großflächig Fichten angepflanzt wurden. Doch habe sich dieser, hier ursprünglich nicht heimische Baum auf nassen und torfigen Böden als unrentabel erwiesen. Deshalb erntet man die Fichten heute großflächig per Kahlschlag, um Platz zu schaffen für standortangepasste Laubbäume, also etwa Birken und Eichen. In den Quellgebieten von Wasserläufen werden Schwarzerlen und Ohrweiden angepflanzt. Bei einem Wegkreuz biegen wir nach links vom Höhenweg ab, um schon bald zum Ausgangspunkt unserer Wanderung zurückzukehren. Nun hat man sich eine Stärkung in der Ferme Libert oder in einem Café in Malmedy verdient.

2) Ein anderer Wanderweg ist zwar etwas länger und wir haben mehr Anstiege zu bewältigen. Hinzu kommen steile Abstiege, die bei Regen rutschig sein können. Aber es gibt nicht die bei Nässe gefährlichen Passagen des oben beschriebenen Weges. Der Rundweg führt auch zur Einsiedelei (nach ca. 600 m, s. S. 184 f.). Der Wendepunkt des Rundwegs ist die Kathedrale in Malmedy (s. S. 168-170), um die der Weg herumführt.

Start: Parkplatz an der Ferme Libert

Länge: 7,2 km

Anstiege: ca. 240 m

Markierung: grünes Rechteck auf weißem Grund

Einkehrmöglichkeiten gibt es reichlich in Malmedy, z. B. im Café der Bäckerei *Halmes* (s. o.), und natürlich in der *Ferme Libert*.

Weismes / Waimes

Das wie Malmedy zur Provinz Lüttich gehörende und im französischen Sprachgebiet gelegene **Weismes** (frz. *Waimes*, so auch amtlich) zählt zu den Kommunen mit Spracherleichterungen für die ansässige deutschsprachige Minderheit, also zu den sog. Fazilitäten-Gemeinden. Mit ihren 7.429 Einwohnern (Stand 2018) ist sie die höchstgelegene Belgiens. Zusammen mit Malmedy bildet Weismes den Kanton Malmedy. Das Flüsschen Warche durchfließt das Gemeindegebiet von Ost nach West und speist den Stausee von Robertville (s. S. 198 f.). Weismes schiebt sich zwischen die deutschsprachigen Kantone Eupen im Norden und St. Vith im Süden und teilt so die Deutschsprachige Gemeinschaft in zwei Teile. Auf dem Gebiet der Gemeinde liegt der höchste Punkt Belgiens, die im Hohen Venn gelegene Botrange (694 m). Der Bereich nördlich der Warche gehört zum deutsch-belgischen Naturpark Hohes Venn-Eifel.

Die Großgemeinde Weismes umfasst seit 1977 insgesamt 15 Ortsteile, darunter Faymonville, Ovifat, Robertville und Sourbrodt. Auf Ihrem Gebiet liegen auch, mitten auf der ansonsten unbewohnten Fläche des Venns, das Gasthaus Baraque Michel und das Naturparkzentrum Botrange, denen wir uns noch eingehender widmen werden (s. S. 190-199).

Geschichte: Die frühesten Spuren menschlicher Besiedlung gehen auf die Keltenzeit zurück. In dem Weiler Walk hat man die Überreste eines kleinen befestigten Platzes aus der Hallstattzeit (800–400 v. Chr.) gefunden. Vor der Ankunft der Römer wurde an mehreren Flüssen, so in der Nähe der Quellen der Warchenne bei Faymonville und an der Amblève, Gold gewaschen. Überreste aus der Römerzeit sind rar. Selbst der Verlauf damaliger Wege ist umstritten.

Weismes ist zwischen 500 und 750 aus einem fränkischen Königshof hervorgegangen. 888 wird der Ort in einer Urkunde Arnulfs von Kärnten erstmals schriftlich erwähnt.

Wichtigste Nachricht aus dem Mittelalter: 1354 erhielt Reinhard von Weismes von Wenzeslaus von Luxemburg die Erlaubnis, auf einem Felsvorsprung über dem Tal der Warche eine Burg zu errichten.

Im Jahr 1795 erfolgte die Annexion durch das revolutionäre Frankreich und bald gehörte auch Weismes zum napoleonischen Kaiserreich, und zwar zum Ourtedepartement. Ab 1815 teilte das Dorf das Schicksal von Eupen, Malmedy und St. Vith und wurde preußisch. Wenn dies in den deutschsprachigen Gemeinden im Laufe der Zeit angenommen wurde, so war dies in Weismes, wo – wie überwiegend auch in Malmedy – Wallonisch gesprochen wurde, anders. Die nach der Reichsgründung einsetzende Germanisierungspolitik stieß hier auf Wiederstand. Das wohl wichtigste Ereignis in Weismes vor dem Ausbruch des Ersten Weltkriegs war die Eröffnung des Bahnhofs und damit der Anschluss an das Eisenbahnnetz.

Wir machen einen Sprung zum Ende des Zweiten Weltkriegs: Auch um die im September 1944 von amerikanischen Truppen befreite Gemeinde Weismes tobte ab Dezember die sog. Ardennenoffensive. Das benachbarte Faymonville wurde während der schweren Kämpfe zerstört. Dass Weismes den Bombenangriffen entging, empfanden seine Bewohner als ein Wunder.

Der kulturhistorisch interessanteste Bau in Weismes ist die zweischiffige gotische **Hallenkirche Saint-Saturnin** (Place de l'Eglise).

Geschichte: Bereits 1131 werden in Weismes eine Kirche und ein Priester urkundlich erwähnt. 1254 wurde die damalige Kirche durch Soldaten des Herzogs von Limburg zerstört. Von dem nach dieser

Pfarrkirche Saint-Saturnin, Weismes / Waimes

Pfarrkirche Saint-Saturnin, Blick zum Chor

Zerstörung errichteten Bau ist noch der untere Teil des Turms erhalten, der ursprünglich auch als Zufluchts- und Verteidigungsort diente. Den oberen Teil des Turmes hat man nach einem Blitzschlag im 19. Jh. in seiner jetzigen Höhe neu aufgeführt und nach Kriegsschäden wiederhergestellt. Das Langhaus der Pfarrkirche wurde zwischen 1530 und 1534 errichtet. Gotische Zweischiffkirchen wie St. Saturnin kennt man aus dem Rheinland. In Belgien ist dieser Bautyp sonst nicht bekannt. In den Jahren 1926 bis 1927 erfolgte eine Erweiterung der Kirche durch den Anbau eines Querschiffs und eines neuen Chores mit Umgang.

Im Inneren ist besonders das schöne Netzgewölbe über dem Langhaus bemerkenswert, das in der Mitte von vier achteckigen Stützen ohne Kapitelle getragen wird. Im ersten Joch zeigen Schlusssteine Christus mit der Dornenkrone, die Taube, Symbol des Hl. Geistes, und den hl. Rock. An Pfeilern im Übergang vom Chor bzw. Schiff zu den Querschif-

Figuren der hll. Remaklus, Rochus und Hubert, 17. Jh.

Taufstein, 1620, Saint-Saturnin

farmen sind **Figuren** der Heiligen Rochus (links vorne) und Saturnin (rechts hinten) sowie Hubert (links hinten) und Remaklus (rechts hinten) aus dem 17. Jh. angebracht.
Der größte Schatz der Kirche, der aus Messing gefertigte **Hängeleuchter** aus dem 17. Jh., ein Geschenk der Kaiserin Maria Theresia, wurde leider vor einigen Jahren gestohlen. Der Taufstein mit achteckigem Becken stammt aus dem Jahre 1620, dem Jahr, in dem das Gotteshaus zur Pfarrkirche wurde.
Noch ein paar Informationen zum einstigen **Bahnhof von Weismes**. Der lag nämlich nicht wie üblich neben der Bahnstrecke, sondern zwischen den nach St. Vith führenden Gleisen und den Gleisen nach Malmedy. Er wurde 1885 eröffnet. Doch fuhren die Züge zunächst nur nach Malmedy. Mit der Inbetriebnahme der Strecke nach St. Vith sollte es noch bis 1887 dauern. Die wirtschaftliche Bedeutung der Eisenbahn für die von ihr berührte Eifelregion und damit auch für Weismes war außerordentlich. Die Eisenbahn bedeutete den Anschluss an die Welt, Warenverkehr, zaghaft sich entwickelnden Tourismus, die Möglichkeit, Arbeitsplätze in entfernteren Orten zu erreichen, die Erschließung einer bis dahin abgelegenen, verkehrsarmen und rückständigen Mittelgebirgsregion durch ein modernes Verkehrsmittel. Was noch fehlte, war der Überlandbus, durch den erst ein Verkehrsnetz über die Fläche der Gebirgsregion gespannt werden konnte. Erste Buslinien wurden in der Eifel nach dem Ersten Weltkrieg eingerichtet. Bis zum Privat-Pkw sollte es noch einige Zeit dauern.
Der Personenverkehr wurde auf der Vennbahn 1954 eingestellt. Der Güterverkehr fand 1982 sein Ende. Am Vennbahnradweg sind zahlreiche Informationstafeln aufgestellt, die – auch mit historischen Fotografien – Wissenswertes und Nostalgisches über die Geschichte der für die Wirtschaft der Eifel so wichtigen Eisenbahnstrecke vermitteln.

Gastronomische Hinweise: In Weismes gibt es gute Restaurants, u. a. ein italienisches, *Aux Saveurs d'Italie*, in dem man auch Pizzen bestellen kann (Rue d'Eupen 3; Tel.: 0032 (0)80 / 88 14 74). Empfehlenswert ist auch die *Boulangerie-Pâtisserie Heindrichs* (Rue du Centre 17) gegenüber der Pfarrkirche (Tel.: 0032 (0)80 / 67 92 16). Die *Brasserie 49/50* (mit Restaurant) kann mit einer großen Auswahl belgischer Spezialbiere aufwarten (Rue du Centre 21; Tel.: 0032 (0)80 / 33 09 12; **www.le4950.be**)

Empfehlung für Radfahrer
Start: Waimes, Rue de la Gare 91 (am ehemaligen Bahnhof)
Länge: ca. 32 km
Knotenpunkte: 11, 12, 14, 15, 95, 20, 19, 31, 33, 34, 30, 28, 11
Hinweis: Etwa die Hälfte der Rundtour führt autofrei über den Vennbahnradweg.
Vom einstigen Bahnhof des Ortes aus geht es zunächst in östlicher Richtung etwa 10 km auf der Trasse der ehemaligen Venn-Eisenbahn mäßig bergauf. Der Radweg (RAVeL 48 / Vennbahnradweg) ist in hervorragendem Zustand, der Rollwiderstand gering, sodass die Steigung nicht sehr ins Gewicht fällt, zumal sie unter 2 % bleibt. Viel mehr konnten die Dampflokomotiven, die hier früher Personen- und Güterzüge hinaufschleppten, nicht bewältigen. Die Landschaft ist schön und abwechslungsreich.
Bei Knotenpunkt 15 verlassen wir den RAVeL 48 und fahren kurz über ein Stück der RAVeL-Linie 45a, um dann auf Wirtschaftswegen und Nebenstraßen über die Knotenpunkte 15 und 95 zu dem hübschen Dorf Schoppen (s. S. 129 f.) zu gelangen und damit zu Knotenpunkt 20. Dabei geht es überwiegend, von kürzeren Steigungsstücken abgesehen, bergab.
Nach Knotenpunkt 19 (Möderscheid) gilt es, die Augen offen zu halten. Auf dem nun folgenden Stück unserer Rundtour sind die Schilder für die neuen Knotenpunkte (31, 33, 34, 30) noch nicht angebracht. Die alten Schilder mit den mitunter irreführenden orangefarbenen Pfeilen und den alten Nummern – 131 (Amel), 133, 134, 130 – sind bisweilen nur schwer ausfindig zu machen. Hier kann nur eine vernünftige Karte helfen. Vor allem auf dem Stück von Deidenberg nach Montenau (s. S. 127 f.) hat sich schon mancher verfahren. Fahren Sie lieber die 2 km von Deidenberg nach Montenau über die Landstraße (gute Einkehrmöglichkeit in Montenau, s. u.).
Von Montenau aus radeln wir die letzten etwa 8 km bis Weismes bei mäßiger Steigung über den Vennbahnradweg. Gleich zu Beginn überqueren wir dabei das sich malerisch durch die Wiesen schlängelnde Flüsschen Amel. Auch hier, wie auf der ganzen Rundtour, erwarten uns wieder prächtige Ausblicke.
Einkehrmöglichkeiten gibt es reichlich in Weismes (s. o.), aber auch in Amel (*Amel Mitte*, Bar-Bistro-Restaurant, Auf dem Kamp 1A; **www.amelmitte.be**) und in Montenau (*Restaurant-Brasserie Terminus,*

Hohes Venn im Winter

Am Bahnhof 28, s. Montenau, S. 128).
In Montenau verdient auch die Schinkenräucherei einen Besuch, wo wir den hier hergestellten hervorragenden Ardenner Schinken und eine gute Salami verkosten und natürlich auch kaufen können (s. Montenau, S. 128).

Baraque Michel und Mont Rigi

Der aus Sinzig am Rhein stammende, im Weiler Herbestier (Gemeinde Jalhay) wohnende Schneider und Familienvater Michel Schmitz erbaute auf der Hochfläche des Venns an der Weggabelung von Jalhay nach Malmedy und Sourbrodt eine einfache Hütte (Baraque) zur Rettung Verirrter, die schon auf der Tranchotkarte von 1808 auf der Hochfläche des Venns eingetragen war.
1827 ließ der Lederfabrikant Chevalier Henri Fischbach-Toussaint aus Malmedy an der **Baraque Michel**, mittlerweile ein fester Steinbau, eine kleine Signalglocke anbringen. Unweit des Hauses errichtete er 1830 eine Kapelle zu *Ehren Unserer Lieben Frau von der immerwährenden Hilfe* und erfüllte damit das Gelübde seines Schwiegervaters, der sich im Winter auf dem Venn verirrt hatte und aus höchster Not gerettet worden war. Der Glocke der Verirrten und einem Leuchtfeuer im Türmchen der Kapelle hatten bis 1842 über 125 Reisende ihre Rettung zu verdanken. Als 1856 die Landstraße von Eupen nach Malmedy fertiggestellt war, wurde Baraque Michel zur Relaisstation für die preußischen Postkutschen.
Auch heute noch kommt es vor, dass Menschen im Venn in Gefahr geraten. Im Winter werden an Wochenenden Wintersportler und Ausflügler davor gewarnt, sich zu spät auf eine Loipe zu begeben oder Wanderungen zu beginnen, weil die Gefahr besteht, sich bei einbrechender Dämmerung zu verirren.

Vier vermisste Studenten

Wer im Venn einmal in Nebel oder heftigen Schneefall geraten ist, weiß, wie leicht man dort seine Orientierung verliert. Das mussten im Dezember 1969 auch vier in Lüttich studierende junge Leute erfahren, die von der Baraque Michel aus die Hill entlang nach Eupen wandern wollten, sich aber bei Schneefall und einsetzender Dunkelheit verirrten. Zwei Nächte mussten sie in der Kälte verbringen, bis Rettungstrupps – Polizei und Militär – die völlig Entkräfteten fanden.

Nebel im Hohen Venn im Winter

Kapelle Fischbach bei Baraque Michel (zwischen Eupen und Malmedy)

In einer der Gaststuben von Baraque Michel

Etwa sechs Jahre nach Fertigstellung der Vennstraße von Eupen nach Malmedy wurde an der Gabelung nach Robertville auch der **Gasthof Mont Rigi** erbaut (zurzeit geschlossen). Auch hier fanden Menschen und Pferde eine Rast- und Übernachtungsmöglichkeit nach dem beschwerlichen Anstieg von Eupen oder Malmedy. Die meisten Menschen waren damals zu Fuß unterwegs, weil sie sich eine Fahrt mit der Postkutsche gar nicht leisten konnten. Da das Venn um die Mitte des 19. Jh. noch gänzlich unbewaldet war, gab es im Sommer keinen Schatten und im Winter war man dem eisigen Wind, Schnee und Regen schutzlos ausgeliefert. Umso dankbarer wird mancher Wanderer gewesen sein, wenn er den Gasthof erreicht hatte. Ende des 19. Jh. begann der Sohn des Gründers, der zugleich eine Försterei betrieb, mit der Erhebung und Aufzeichnung von Wetterdaten wie Temperatur, Niederschlag, Windrichtung und Barometerstand. Noch heute gibt es neben dem Gasthof ein Forstamt, zudem eine naturwissenschaftliche Forschungs- und Beobachtungsstation der Universität Lüttich. Seinen sonderbaren Namen verdankt der Gasthof übrigens dem Bürgermeister von Weismes, zu dessen Gemeinde die Herberge gehörte. Er hatte das Recht, neue Siedlungen zu benennen, und wählte den Namen eines Berges am Vierwaldstätter See. Andere Siedlungen in seiner Gemeinde hatte er mit Namen wie Waterloo, Sedan und St. Helena bedacht.

Gastronomischer Hinweis: In dem rustikalen Gasthaus *Baraque Michel* (Baraque Michel 36, B-4845 Jalhay; Tel.: 0032 (0) 80 / 44 48 01; **www.baraquemichel.com**) kann man nicht nur essen und Kaffee trinken, sondern auch übernachten. Besonders empfehlenswert sind das kräftige, wohlschmeckende Bier des Hauses vom Fass und der Blaubeerkuchen.

Baraque Michel

Pasteten, Baraque Michel

Hohes Venn bei Baraque Michel

Empfehlung für Wanderer (1-2)

Besonders eine Wanderung im **Hohen Venn** (frz. *Hautes Fagnes*), einem der letzten Hochmoore Europas, mit seiner herben Landschaft, seiner Einsamkeit, Urwüchsigkeit und Stille ist zu jeder Jahreszeit ein Erlebnis. Das Hohe Venn ist ein grenzübergreifendes Gebiet mit einer Ausdehnung von über 600 km². Davon liegen 133 km² in Deutschland, der größere Teil in Belgien, davon ein kleinerer in der Deutschsprachigen Gemeinschaft Belgiens.

Als Ausgangspunkte bieten sich im belgischen Venn zum Beispiel **Baraque Michel** (an der Landstraße von Eupen nach Malmedy, Baraque Michel 36, B-4845 Jalhay) und **Botrange** (am Abzweig nach Robertville) an. Hier gibt es vielfältige **Wandermöglichkeiten** (markierte Wege). Zudem werden im Winter herrliche Strecken für den **Ski-Langlauf** gespurt. Skier können vor Ort ausgeliehen werden.

Zu empfehlen ist die **Wanderkarte** Hautes Fagnes / Hohes Venn (1:25.000) des nationalen geografischen Instituts in Brüssel (in den Touristen-Informationsbüros erhältlich, z. B. in Eupen).

1) Start: Baraque Michel 36, B-4845 Jalhay (länger) oder Mont Rigi (kürzer)
Länge: 5 bzw. 3,1 km
Der **Naturlehrpfad durch das Poleur Venn** kann von Baraque Michel (5 km) oder von Mont Rigi aus (3,1 km) begangen werden. Hier erfährt man auf 16 Tafeln Wissenswertes über Geschichte und Natur des in Mitteleuropa einzigartigen Hochmoors. Der Weg führt teilweise über die für das Venn typischen Holzstege und ist auch (von Mont Rigi aus) für Menschen mit eingeschränkter Mobilität zugänglich.

2) Start: Baraque Michel 36, B-4845 Jalhay
Länge: 12 km (Abkürzung möglich: 5 km)
Eine größere **Wanderung**, ein **mit liegendem grünem Rechteck gut markierter Rundweg** von 12 km Länge (mit Abkürzung 5 km), führt zu sechs 300 Jahre alten Buchen (*Les Six Hêtres*). Auf dem Weg kommt man am **Kreuz der Verlobten** vorüber (*Croix des Fiancés*).
Hinweis: Auch bei gutem Wetter sollten Sie hier nicht auf hohes, festes Schuhwerk verzichten. Die Bretterstege, die Sie an einigen Stellen über das Moor tragen, können bei Schnee und Eis, ja selbst bei Nässe, glatt sein.

Das Kreuz der Verlobten

Das Kreuz der Verlobten erinnert an ein junges Paar, das im Januar 1871 in Wind, Kälte und Schneegestöber umkam, weil es bei Nebel die Orientierung verlor. Man erzählt, die beiden seien auf dem Weg zum Heimatort des Mädchens gewesen, um dort die Dokumente für die geplante Hochzeit zu holen. Die Leichen der jungen Leute wurden erst Monate später gefunden, als Schnee und Eis sie wieder freigaben.

Botrange

Bei **Botrange** befindet sich mit 694 Metern über dem Meer die höchste Erhebung Belgiens, auf der man in den 30er Jahren des 20. Jh. einen Aussichtsturm (Signal de Botrange) errichtet hat. Im Anbau des Aussichtsturms gibt es eine Auskunfts- und Beratungsstelle für Besucher des Venns, das **Naturparkzentrum Botrange** (Route Botrange 131, B-4950 Waimes; Tel.: 0032 (0)80 / 44 03 00; **www.botrange.be**). Die Jahresdurchschnittstemperatur liegt hier bei nur 5,7 °C. Die jährliche Niederschlagsmenge von etwa 1.500 Millimetern ist gewaltig. Zum Vergleich: In Flandern werden Werte um 600 Millimeter gemessen, in Köln um 775 Millimeter. Zu empfehlen ist die Wanderkarte Hautes Fagnes / Hohes Venn (1:25.000) des nationalen geografischen Instituts in Brüssel (in den Touristen-Informationsbüros erhältlich, z. B. in Eupen).

Gastronomischer Hinweis: Unweit des höchsten Punktes Belgiens – in unmittelbarer Nähe zum Signal de Botrange und zur Baraque Michel – hat 2018 die Brauerei *Belgium Peak Beer* eröffnet, mit der auch eine einfache, aber solide Gastronomie in modernem Ambiente verbunden ist. Sie bietet – etwa auf der Terrasse mit schönem Ausblick in die Vennlandschaft – unterschiedliche dunkle und helle Biersorten mit lokalen Aromen an, die mit Vennwasser gebraut werden, darunter auch *La Myrtille*, ein Heidelbeerbier, (Rue de Botrange 123, B-4950 Sourbrodt; Tel.: 0032 (0)80 / 21 48 76; **www.peak-beer.com**.

Im Gastraum der Brauerei *Belgium Peak Beer*

Empfehlungen für Wanderer und Radfahrer

Wanderungen (1 ✱ -2)

1) ✱ Start: Parkplatz bzw. Kreisverkehr beim Signal de Botrange

Länge: ca. 8,5 km

Anstiege: insges. ca. 150 m

Der **Weg** ist durchgehend **mit einem blauen Rechteck auf weißem Grund** markiert. Vom Signal de Botrange aus wandern wir, nachdem wir die Landstraße (N676) überquert haben, zunächst zu einer Aussichtsplattform, von der aus wir einen weiten Blick über das Venn genießen: Heide und Moorlandschaft bis zu den in der Ferne sich als dunkler Streifen abzeichnenden Fichtenwäldern. Wir gehen weiter entlang des gewaltigen Wallonischen Venns *(Fagne Walonne)*. Holzstege tragen uns immer wieder über morastige Stellen. Bei *Les Wés* sind wir ganz in der Nähe des Ursprungs der Hill. Nun geht es weiter zur Vennstraße N68 und dem daran gelegenen Gasthaus Baraque Michel (gute Einkehrmöglichkeit, s. S. 196). Durch Waldstücke und am Rand des Poleur Venns und des Neur Lowé Venns *(Réserve naturelle Neur Lowé)* entlang wandern wir zurück zum Signal de Botrange.

Naturlehrpfad: Beim Naturparkzentrum Botrange ist für Kinder wie auch Erwachsene der dort angelegte Naturlehrpfad interessant. Hier erfahren wir z. B. in verständlicher Sprache und kurz gefasst alles für den Laien Wissenswerte über die Entstehung der Hochmoorfläche des Hohen Venns. Aber auch über die Kartografie und Landvermessung können wir uns informieren und auch selbst entsprechende Versuche unternehmen. Natürlich gibt es Spannendes über Tiere des Venns zu lesen, aber auch über die Formung der Erdoberfläche durch die Bewegung der Erdkruste, Erosion und Sedimentierung. Am Ende des Lehrpfads geht es um das Wetter. Hier werden wir sogar in die Lage versetzt, mithilfe eines Barometers und der beobachteten Wolkenformen eine eigene Wettervorhersage für die nächsten 24 Stunden zu machen.

Hohes Venn bei Sourbrodt

Die junge Rur im Hohen Venn bei Sourbrodt

2) Von Botrange nur etwa 4 km entfernt (Luftlinie, südöstlich) gibt es einen schönen, auf dem Gebiet von Sourbrodt liegenden Wanderweg, der uns an die noch ganz junge Rur und zum Schwarzbach führt. Der **Weg** ist durchgehend **mit einem liegenden blauen Rechteck auf weißem Grund** markiert.

Start: Parkplatz an der Brücke von Bosfagne (Pont de Bosfagne).

Anfahrt: An der Kirche in Sourbrodt (N647) der Beschilderung *Parc à Containeur* folgen. An der Einfahrt zum Park in die kleine Straße rechts einbiegen. Oder den Knotenpunkten für Fahrradfahrer folgen: 79, 80, 83

Länge: 9,5 km

Nach nur wenigen Metern überqueren wir die eben erst bei Botrange entsprungene Rur. Ihre dunkle Färbung hat sie durch die organischen Partikelchen, die sie aus dem Torf mit sich führt. Typisch für Vennbäche ist auch der hohe Säuregehalt ihres Wassers. Auch der Schwarzbach, dem wir später begegnen, weist diese Charakteristika auf. Unterhalb des Berger Venns fließt der Schwarzbach in einen Weiher, der hier als Feuerlöschteig angelegt wurde – ein Hinweis darauf, dass das Venn ein in trockenen Sommern besonders brandgefährdetes Naturgebiet ist. Am Ende unserer Wanderung kommen wir am Russenkreuz vorüber, das zur Erinnerung an russische Kriegsgefangene errichtet wurde, die hier 1943/44 in einem Lager lebten, litten und starben.

Radtour

Start: Naturparkzentrum Botrange, Route de Botrange 313, B-4950 Waimes

Länge: 40 km

Knotenpunkte: 50 (Startpunkt), 76, 77, 78, 89, 81, 45, 44, 43, 42, 72, 71, 86, 83, 80, 51, 52, 50

Während etwas mehr als den ersten 5 km geht es kontinuierlich bergab, anfangs auf Forst- und Wanderwegen durch hohen Fichtenwald. Dann haben wir – inzwischen auf einer Landstraße – den tiefsten Punkt im Tal der Warche erreicht. Nun müssen wir uns einige Zeit kräftig bergauf bemühen bis zum Dorf Ovifat mit seinen zum Windschutz gepflanzten hohen Rotbuchenhecken (s. S. 196 f.) bzw. zum Knotenpunkt 78. Die soeben erarbeitete Höhe verlieren wir sogleich wieder, wenn wir hinab zum Stausee von Robertville rollen. Hier fehlt leider jedes Hinweisschild für Radfahrer. Wir müssen am Ende der Gefällestrecke nach rechts (Richtung Malmedy, Landstraße), wo wir bald zur Staumauer gelangen. Über sie hinweg und ein Stück bergauf kommen wir zu dem Dorf Walk. Dort ignorieren wir den Abzweig nach Waimes und Bruyères und fahren noch ein Stück weiter in Richtung Malmedy. Vor dem Ortsausgangsschild müssen wir unmittelbar hinter der Bushaltestelle links abzweigen. Das Schild, das Radfahrer zum Knotenpunkt 89 leitet, ist leicht zu übersehen (!). Von nun an ist die Beschilderung hinreichend, ab Knotenpunkt 45 (Vennbahn) sogar gut. Vor Erreichen des Knotenpunkts 45 überqueren wir das östliche Ende des Stausees von Robertville, wonach wir zunächst noch einmal ein wenig bergauf müssen. Landschaftlich besonders schön ist der Strecken-

Bauernhof bei Longfaye

Der Stausee von Robertville

Sommerliche Blütenpracht am Vennbahnradweg

Radweg bei Botrange

Caféterrasse am Signal de Botrange

abschnitt von Knotenpunkt 43 (Bahnhof Sourbrodt) bis Knotenpunkt 72 (Küchelscheid). Dann geht's wieder ein längeres Stück bergauf durch den Fichtenwald. Fast am Ende der Rundtour werden wir bei Knotenpunkt 52 durch weite Blicke über das Wallonische Venn belohnt. Bei klarer Sicht erkennen wir die Türme der Kirche von Kalterherberg und den Fernsehturm auf den Höhen des Aachener Waldes.

Einkehrmöglichkeiten gibt es in Bosfagne am ehemaligen Bahnhof von Sourbrodt (vor Knotenpunkt 43; sehr gute Metzgerei mit einigen Tischen im Freien und die Dorfkneipe *Ulenspiegel*); in Küchelscheid (bei Knotenpunkt 72; Waffelbäckerei im Eisenbahnwaggon und Dorfkneipe) und auf dem Weg von Küchelscheid bzw. Knotenpunkt 72 auf Knotenpunkt 71 zu (rechts, noch vor dem Wald) bei *Carmen*, einem echten Original – und schließlich kurz vor dem Ende am Signal Botrange (mit Außenterrasse) oder ganz am Ende (weniger zu empfehlen) am Naturparkzentrum. Natürlich können Sie nach dem Aufladen der Räder auch zu dem rustikalen Gasthaus *Baraque Michel* fahren (Tel.: 0032 (0) 80 / 44 48 01, **www.baraquemichel.com**). Hier kann man nicht nur essen und Kaffee trinken, sondern auch übernachten. Besonders empfehlenswert sind das kräftige, wohlschmeckende Bier des Hauses vom Fass und der Blaubeerkuchen.

Ovifat und die Burg Reinhardstein

Ovifat (dt. *Fischvenn*) mit seiner überwiegend französischsprechenden Bevölkerung liegt in einer Höhe von 615 m und ist damit einer der am höchsten gelegenen Vennorte.

Das Dorfzentrum bildet die 1935 geweihte **Kirche St. Remaklus**. Auf halber Strecke zwischen Ovifat und der Burg Reinhardstein (s. u.) steht am Wege die **Kapelle von Cheneux**. Die mündliche Überliefe-

Typische Rotbuchenhecke in Ovifat

rung besagt, dass Leute aus der Umgebung vor langer Zeit eine Figur der Jungfrau Maria in der Höhlung einer alten Eiche entdeckten. Nachdem man die Figur zu einer nahe gelegenen Kirche transportiert hatte, befand sie sich plötzlich auf wundersame Weise wieder an der ursprünglichen Stelle. Dort errichtete man daraufhin eine Kapelle, in der man die Marienfigur aufstellte.

Der Name *Cheneux* erscheint erstmalig im Jahre 1430 in einem Dokument, das die Grenzen der Herrschaft von Reinhardstein festlegt. Die Kapelle wird erst 1602 während einer Wallfahrt von Bürgern Malmedys erwähnt. Das ursprüngliche Heiligtum, ein winziges Oratorium, wurde 1755 umgebaut oder restauriert. 1897/98 ließ der Pfarrer das heutige Gebäude ein wenig oberhalb seines ursprünglichen Standorts etwas größer und in achteckiger Form neu errichten. Die Jungfrau von Cheneux war Ziel bedeutender Wallfahrten sowohl aus wallonischen als auch aus den deutschsprachigen Dörfern.

Typisch für Ovifat wie für andere Orte am Hohen Venn sind die hohen, als Schutz gegen die scharfen Winde auf der Vennhochfläche dienenden **Rotbuchenhecken**. Bruchsteinhäuser sind auf der belgischen Seite des Venns charakteristisch, während in den deutschen Venndörfen (etwa in Roetgen, Konzen, Imgenbroich, Höfen, Mützenich, Kalterherberg) früher traditionell Fachwerk Verwendung fand. Hier wie da waren das Haus und der sich im Freien aufhaltende Mensch ohne die Hecken dem in Herbst und Winter erbarmungslos über die Vennhöhen heulenden, bei der dürftigen Kleidung früherer Zeiten schnell bis in Mark und Knochen dringenden Wind preisgegeben. Der Wind war hier des Menschen Feind, der nachts an den Läden rüttelte, durch jede Ritze der Türen und Fenster pfiff und das bisschen Wärme aus Stall und Wohnräumen wegriss. Und doch gab es etwas, das schlimmer war als Wind und Sturm: die Nässe. Sie kam mit schweren Wolken tief über die Flächen, hüllte triefend die Höhen ein, saß in den Niederungen und in den Wiesen, drang in die Häuser, kroch die klammen Wände hoch. Sie war es, die die Menschen auf die windigen Höhen und Wasserscheiden trieb, wo das Wasser ablief. Nässe brachte Krankheit und Tod. Übrigens waren die Buchenhecken auch ein einigermaßen brauchbarer Schutz gegen die durch den Wind bedingten Schneeverwehungen, die dazu führen konnten, dass man kaum noch aus dem Haus ins Freie gelangen konnte.

Die Sorge um das tägliche Brot – Getreide- und Kartoffelanbau in der Eifel

Heutige Menschen, nicht nur Stadtbewohner, machen sich nur wenig Gedanken darüber, woher sie die für ihren Lebenserhalt notwendigen Nahrungsmittel erhalten. Alles ist in Läden und Supermärkten selbstverständlich und in Fülle vorhanden, selbst Früchte aus Übersee. Für die Landbevölkerung in der Eifel, besonders in klimatisch und hinsichtlich der Bodenverhältnisse benachteiligten Gegenden wie dem Venn, war das bis ins 19. Jh. hinein anders. Hier betete man das Vaterunser noch in wirklicher Sorge um das tägliche Brot. Die letzte große Hungersnot gab es noch 1816/17.

Unter den Getreidearten war in der Eifel bis vor etwa 120 Jahren der Hafer die bei weitem wichtigste. Der Anbau von Roggen gelangte erst im 19. Jh. zu größerer Bedeutung. Zwar ist Roggen ein gegenüber Boden und Klima relativ anspruchsloses Getreide, doch bereiten auch ihm allzu raue Witterungsbedingungen, wie sie z. B. im Venngebiet mit seinen rund 120 Frosttagen vorherrschen, arge Schwierigkeiten. Hier bot sich der Anbau des recht winterfesten Spelz oder Dinkel (einer Weizenform) und vor allem des Hafers an, der auch auf minderwertigen Böden und unter rauen und regenreichen Klimabedingungen gedeiht.

Wo der Anbau von Roggen nicht hinreichte, die Brotversorgung zu sichern, fand der Hafer auch zur menschlichen Ernährung Verwendung. Da sein Mehl zum Brotbacken wenig geeignet war, wurde es möglichst mit Roggenmehl gemischt. Auch wurde es in Form von Grütze und Brei verzehrt. So stellte Hafer das wichtigste Nahrungsmittel der Landbevölkerung dar. Auch Buchweizen oder Heidekorn, ein Knöterichgewächs, das selbst mit ärmsten Böden vorlieb nimmt, wurde zur Zubereitung menschlicher Nahrung genutzt. Zu Mehl vermahlen, wurde es zum Brotbacken dem Roggenmehl beigemischt oder zu Pfannkuchen verarbeitet. Auch eignet es sich wie Hafer als Viehfutter. Der anspruchsvolle Weizen war für den Anbau in der gebirgigen Eifel fast überall wenig, in ungünstigeren Lagen, etwa im Venngebiet, gar nicht geeignet.

Im frühen 19. Jh. begann die gegenüber Boden und Klima anspruchslose Kartoffel ihren Siegeszug im Eifelgebiet. In Kurtrier war bereits 1737 mit der Einführung des Kartoffelanbaus begonnen worden. Um 1760 hielt die Knollenfrucht auch im Venngebiet Einzug. Sie bewährte sich auch als Viehfutter und erwies sich in den Hungerjahren von 1770/71 und in den schlimmen Notzeiten am Anfang des 19. Jh. (besonders 1816/17) als wahrer Segen. Es scheint z. T. jedoch Jahrzehnte ge-

dauert zu haben, bis sie in abgelegenere Landesteile vorgedrungen war.
Natürlich standen neben Getreide bzw. Brot und Kartoffeln auch die Erzeugnisse des Gemüsegartens auf dem Speisezettel, im Butterfass selbst hergestellte Butter, Milch und Käse. Dabei verstand man unter Käse in der Regel Frischkäse, also Quark. Viel mehr kam im Allgemeinen nicht auf den Tisch.
Gekocht wurde bis zum ausgehenden 19. Jh. auf offenen Feuerstellen. Im Rauchfang hingen Eisenstangen mit Haken für die Räucherwaren. Seitlich stand der Viehkessel.

Reizvoll ist ein Besuch der **Burg Reinhardstein** in nächster Nähe zu dem schön gelegenen **Stausee von Robertville** (ca. 10 km nordöstlich von Malmedy, Chemin du Cheneux 50, B-4950 Ovifat). Das malerische Gemäuer liegt auf einer Anhöhe über dem Tal der Warche. Die Burganlage wurde von Reinhard von Weismes errichtet, der sie 1354 König Wenzel von Böhmen, zugleich Herzog von Luxemburg, als Lehen unterwarf. Später war sie Lehen des Abtes von Stablo-Malmedy. Sie verfiel im 19. Jh., zumal man sie auch als Steinbruch benutzte, wurde aber ab dem Ende der 60er Jahre des 20. Jh. nach alten Plänen wieder aufgebaut. Im 18. Jh. war sie übrigens Eigentum des Vaters des berühmten österreichischen Kanzlers Fürst Metternich.
Das Innere (Rittersaal mit Waffensammlung, Kapelle mit religiösen Kunstwerken) kann in den Sommermonaten an bestimmten Tagen nach Voranmeldung besichtigt werden (Tel.: 0032 (0)80 / 44 68 68; **www.reinhardstein.net/de**). Sehenswert ist in der Weihnachtszeit die Krippe in der Schlosskapelle mit Figuren aus dem 18. und 19. Jh.

Empfehlung für Wanderer
Von dem Parkplatz in der Nähe der Staumauer am westlichen Ende des Sees von Robertville (auf der Seite des Weilers Walk) ist es nur ein kleiner Spaziergang (ca. 800 m) bis zu der Burg, die besonders bei Schnee, aber auch im Sommer einen ausgesprochen romantischen Anblick bietet.
An dem Parkplatz beginnt auch ein mit einem blauen (früher grünen) Rechteck markierter Wanderweg, der um die Burg herumführt. Den schönsten Ausblick genießt man von dem Felsvorsprung *Napoleons Nase* aus über das Warchetal. Die Wanderung ist kurz, aber mit steilen Steigungen und Abstiegen ins Tal der Warche verbunden. Ein Abstecher zu einem Wasserfall ist möglich.
Länge: 6 km
Markierung: blaues (früher grünes) Rechteck
Anstiege: ca. 280 m
Hinweis: Festes Schuhwerk ist ratsam. Bei Nässe oder Frost ist der Weg teilweise schlecht begehbar und rutschig

Robertville und der Stausee
Robertville ist ein **Dorf** mit überwiegend französischsprachiger Bevölkerung, aber mit Spracherleichterungen für die Minderheit der deutschsprechenden Einwohner.
Geschichte: Robertville wird 1188 erstmals urkundlich erwähnt (unter dem Namen *Ribievile*). 1430 wird eine Wassermühle erwähnt, die den Herren von Reinhardstein gehörte. Eine zweite Getreidemühle ist für das Jahr 1590 nachgewiesen.
1930 wurde die Talsperre von Robertville fertiggestellt, die das Wasser der Warche staut. Ihr verdankt der Ort seinen elektrischen Strom. Eines der ersten elektrisch beleuchteten Gebäude war die Dorfkirche. Durch die 80 Hektar große Talsperre verschwanden die Mühlen und die Gerberei des Dorfes unter dem Wasserspiegel des neuen Sees.
Dem teilweise von dichtem Wald gesäumten See mit seinem idyllisch gelegenen Freibad und der schönen Landschaft rundum, aber auch den vielen Wandermöglichkeiten und seiner Gastronomie

Burg Reinhardstein im Winter

Burg Reinhardstein über dem Tal der Warche

verdankt Robertville einen beachtlichen Zustrom Erholungssuchender. Vor allem Niederländer verbringen hier gerne ihren Urlaub auf einem Campingplatz am See.

In der 1839 vollendeten Pfarrkirche **Saint-Joseph** ist der von dem abgerissenen Vorgängerbau übernommene barocke **Hochaltar** aus dem Jahre 1745 bemerkenswert. Das Altarbild zeigt die Heilige Familie.

Empfehlung: Robertville bietet mehrere Einkehrmöglichkeiten, u. a. *L'Auberge du Lac* in Robertville (Rue du Lac 1; Tel.: 0032 (0)80 / 44 41 59). Es gibt auch eine Pizzeria namens *La Bella Pizza* (Rue des Chênes 18, (Tel.: 0032 (0)80 / 88 09 14).

Empfehlung für Wanderer und Badefreunde (1-2)

Mehr noch als Malmedy ist **Robertville** Ausgangspunkt schöner Wanderungen (Wanderkarte *Au pied des Fagnes / Am Fuße des Venns* (1:25.000) des nationalen geografischen Instituts in Brüssel; im Touristen-Informationsbüro erhältlich).

1) Die im vorausgehenden Kapitel (s. S. 198) beschriebene Wanderung beginnt auf dem Gemeindegebiet von Robertville, wurde aber dem Kapitel *Ovifat und die Burg Reinhardstein* zugeordnet, weil die Burg, die man bei der Wanderung umrundet, auf dem Gebiet der Gemeinde Ovifat liegt.

2) Start: Parkplatz an der Kirche von Robertville
Länge: ca. 8,5 km
Anstiege: insgesamt ca. 167 m (auch steilere Passagen)
Markierung: blaues Rechteck auf weißem Grund
Die abwechslungsreiche Wanderung führt zunächst über einen Feldweg durch Wiesen und Heckenland zu Passagen mit weiten Ausblicken. Wenig später erreichen wir die einstige Bahnstation von Robertville. Abermals nach einer Weile geht es hinab ins Tal der Warche, die hier auf den Stausee zu fließt. Nach Regenfällen erleben wir ein beeindruckend wildes Gewässer. Mitunter erkennen wir an Bissspuren an den ufernahen Bäumen, dass im Warchetal Biber heimisch sind. Wir folgen dem Fluss abwärts auf Stegen und schmalen Wegen. Ab der Mündung der Warche in den Stausee wandern wir dessen Ufer entlang, anfangs in etwas größerem Abstand, dann unmittelbar. Dabei geht es schließlich über eine Brücke und dann zum Schwimmbad. Von hier aus ist es nicht mehr weit bis zum Parkplatz. Einkehrmöglichkeiten gibt es reichlich in Robertville.

Übrigens kann man im Stausee von Robertville auch sehr gut baden. Dazu hat man am See ein idyllisch gelegenes **Freibad** eingerichtet. Die Wasserqualität ist hervorragend (Robertville-les-Bains, Route des Bains 19, B-4950 Waimes; Tel.: 0032 (0)80 / 44 64 75). In der schlichten Cafeteria des Freibads sind Snacks und Schnellgerichte erhältlich (Fritten, Hamburger, Mini-Pizzen usw.). Picknick ist gestattet.

Die Warche bei Hochwasser oberhalb des Stausees von Robertville

… Die farbig verglasten Maßwerkfenster, besonders die hohen des Chores, verleihen dem Innenraum bei Sonnenschein eine besonders freundliche und wohltuende Atmosphäre, die zum Verweilen einlädt.

Wallonische Gemeinden und Voeren

Neogotische Pfarrkirche Saint-Hubert im Ortskern von Aubel

Aus im Vorwort eingehender dargelegten historisch-kulturellen Gründen und zur Abrundung im Interesse attraktiver Ausflüge und Fahrradtouren wurden über Malmedy und Weismes hinaus die folgenden wallonischen Gemeinden sowie die zur belgischen Provinz Limburg gehörende Gemeinde Voeren in unser Reisehandbuch aufgenommen.

Aubel

Zur 4.221 Einwohner zählenden **Gemeinde Aubel** (Stand 2018) gehören die Weiler Saint-Jean-Sart und La Clouse (dt. *Klause*) sowie die ehemalige Zisterzienserabtei Val-Dieu. Aubel ist der Hauptort des Aubeler Landes, in dem heute fast ausschließlich Französisch gesprochen wird, bis weit ins 20. Jh. hinein aber auch ein limburgischer Dialekt in Gebrauch war. Die Gemeinde und ihre landwirtschaftlich geprägte Umgebung mit ihren schönen Streuobstwiesen gehören zum ungemein reizvollen Herver Land.

Geschichte: Ursprünglich war Aubel Teil des *ban* (Gerichts- und Verwaltungsbezirk) von Fouron-le-Conte. Dann (vor 1251) gehörte der Ort zur Grafschaft Dalhem, die 1239 an Brabant fiel. Mit Brabant kam auch Aubel zu den Spanischen und schließlich zu dem Österreichischen Niederlanden. Der Ort besaß schon vor 1263 eine Kapelle. 1395 erhielt er eine eigene Pfarre, die von der von Fouron-le-Comte abgetrennt wurde. Zum wirtschaftlichen Aufschwung des Fleckens trug entscheidend der 1630 von König Philipp IV. von Spanien genehmigte Wochenmarkt bei, der bald die Märkte von Dalhem, Limbourg und Herve überflügelte. Durch den Handel mit Getreide und Milchprodukten wurde Aubel zum wichtigsten Wirtschaftszentrum des Herver Landes, von dem aus in weitem Umkreis das Gebiet rechts der Maas mit Getreide versorgt wurde. Im 18. Jh. gelangte Aubel zu einer wirtschaftlichen Blüte, die wir noch heute den damals in seinem Zentrum errichteten Gebäuden ablesen können, die dem Marktflecken einen kleinstädtischen Charakter verliehen und noch verleihen. Das Zentrum des Ortes ist geprägt von der Abfolge von drei Plätzen, auf denen sich einst die Händler und ihre Kunden drängten. Im 19. Jh. gelangte auch der Viehhandel zu Bedeutung, während der Getreidehandel zurückging.

Noch heute ist die Gegend um Aubel bekannt für die Herstellung von Käse und für Milchprodukte. Hinzu kommen Cidre, Bier und der Sirop, ein seit dem 17. Jh. von den Bauern der Umgebung aus Birnen, Äpfeln und Datteln hergestellter zähflüssiger Brotaufstrich, ähnlich dem in Deutschland bekannten Apfelkraut, der auch zum Käse gerne gegessen wird. Heute wird er von einer Siroperie in Aubel unter dem Namen *Sirop de Liège* gekocht und in allen Lebensmittelläden der Region vermarktet.

Der herrliche Käse des Herver Landes, frische Butter, Gemüse, Wurstwaren, der Sirop de Liège und andere lokale Produkte werden auf dem besuchenswerten, jeden Sonntag stattfindenden **Markt** im Ortskern feilgeboten.

In Aubel ist noch eine beachtliche Anzahl **schöner alter Häuser** erhalten, besonders aus dem 18. Jh., so etwa an der Place Albert Ier das dreigeschossige Haus Nr. 5 mit der hübschen Fassade, die auf das dritte Viertel des 18. Jh. zurückgeht. Ein modernes,

Markt von Aubel

Käseverkäufer auf dem Markt von Aubel

Altes Bürgerhaus, Aubel, Rue de Battice

farbiges Holzschild zeigt die Heiligen Drei Könige mit Maria und dem Chistuskind. Das Schild verweist auf den ursprünglichen Namen des Hauses: *Aux Trois Rois* (*Zu den Drei Königen*). Zu den historisch interessanten Gebäuden am gleichen Platz gehören das bescheidenere Haus Nr. 11 und die Häuser Nr. 14 und 16 (1785). An der Place Nicolai (Nr. 13) steht die *Maison Schreiber*. Seine Fassade ist an den beiden oberen Stockwerken noch aus dem Jahre 1775 erhalten. Die *Maison Otton* (Nr. 23) präsentiert ihre 1724 entstandene Front. Die *Edicule Saint-Hubert*, ein auf dem Markt errichteter Fußfall aus Blaustein mit Figurennische, wurde um 1760 aufgestellt, vermutlich um den Markt unter den Schutz der hll. Hubert und Nikolaus zu stellen.

An der Rue de Battice ist das **Haus Nr. 2** (Rue de Gorhez 1) sehenswert, in dem heute die Gaststätte *Au vieil Aubel* eingerichtet ist. Auf dem Türsturz lesen wir die Jahreszahl 1700. Das im Parterre aus Naturstein und in den oberen Geschossen aus Fachwerk und Ziegel errichtete Gebäude ist aber vermutlich älter und geht auf das 17. Jh. zurück.

Der über 64 Meter hohe Turm der großen, 1910 vollendeten neogotischen **Pfarrkirche Saint-Hubert** im Ortskern ragt weithin sichtbar über die Dächer des Ortes. Auch Besucher, die sonst der neogotischen

Modernes Hausschild: Aux Trois Rois (Zu den Drei Königen)

Pfarrkirche Saint-Hubert, Aubel

Pfarrkirche Saint-Hubert, Aubel

Architektur wenig abgewinnen können, müssen eingestehen, dass die farbig verglasten Maßwerkfenster der Kirche, besonders die hohen des Chores, die dem Innenraum bei Sonnenschein eine freundliche und wohltuende Atmosphäre verleihen, zum Verweilen einladen. Die sieben Chorfenster sind den Gesetzen des Rosenkranzes gewidmet. Beachten wir auch die Farben der Architektur, das schimmernde Dunkelgrau der Steinfliesen, das Grau der Rundpfeiler, Arkadenbögen und Dienste, das Weiß der Wandflächen, das Backsteinrot der Gewölbe und das Sandgelb der Gewölberippen.
Auf dem heute nicht mehr genutzten Friedhof neben dem Gotteshaus sind noch alte Grabsteine erhalten. Die ältesten gehen auf das 16. Jh. zurück.
In Aubel wird ein guter *Cidre* (ein moussierender Apfelwein) angeboten, eine außerhalb der Region wenig bekannte Spezialität, obwohl sie hier bereits seit mehr als hundert Jahren hergestellt wird. Cidre, Bier aus Val-Dieu und weitere lokale Spezialitäten gibt es bei *Stassen*, Place Albert Ier 2; Tel.: 0032 (0)87 / 68 63 66.

Empfehlung: Für Liebhaber und Liebhaberinnen guten Kuchens wird in den hervorragenden **Konditoreien** Aubels etwas geboten. Vor der *Pâtisserie Jeanpierre*, Place Nicolaï 29, kann man im Sommer auf der Terrasse im Freien sitzen (Tel.: 0032 (0)87 / 68 70 60; **www.patisseriejeanpierre.be**).
Wer etwa nach dem Besuch des Sonntagsmarktes eine Pizza oder andere einfache italienische Gerichte essen möchte, kann dies in der Pizzeria *La Scala* tun (Place Antoine Ernst 27; Tel.: 0032 (0)87 / 68 69 38; **www.restaurantlascala.be**).
Gutes Essen in gepflegtem Ambiente zu angemessenen Preisen, auch preisgünstige Mittagsmenüs (Di.–Fr.) bietet *Le Panier Gourmand* (Place Antoine Ernst 19; Tel.: 0032 (0)87 / 68 81 11; **www.lepaniergourmand.be**).
Ebenfalls solide: *Vieil Aubel*, Rue de Battice 2; Tel.: 0032 (0)87 / 44 86 44.

Auslagen der Pâtisserie Jeanpierre in Aubel

Mme Jeanpierre in ihrer Pâtisserie in Aubel

Ehem. Zisterzienserabtei Val-Dieu im Tal der Berwinne, im Hintergrund Saint-Jean-Sart

Die ehemalige Zisterzienserabtei von Val-Dieu

Zu den schönsten Ausflugszielen zwischen Aachen und Maas gehört die unweit Aubels im idyllischen Tal der Berwinne zwischen den sanften Hügeln und Obstwiesen des Herver Landes gelegene **ehemalige Zisterzienserabtei von Val-Dieu** (Route de Val-Dieu 227, B-4880 Aubel). Um 1216/17 war die Mönchsgemeinschaft von Hocht bei Maastricht ins Berwinnetal im Grenzgebiet zwischen dem Herzogtum Limburg und der Grafschaft Dalhem umgezogen. Im ausgehenden 13. Jh. zählte das Kloster neben den Kleriker-Mönchen noch 70 bis 75 Laienbrüder (Konversen), doch ging die Zahl der Konventsmitglieder bald zurück und war in der folgenden Zeit nie sehr hoch.

Der Wasserreichtum im Tal der Berwinne bot den Mönchen die Möglichkeit, Fischteiche anzulegen, während sich der Lehmboden gut für den Ackerbau eignete. Dank ihres Fleißes und der klugen Wirtschaftsführung der Äbte blühte Val-Dieu schnell auf. Das Kloster verfügte u. a. über die Einkünfte aus drei Landgütern und Höfen, sechs Mühlen und Weinbergen an Rhein und Mosel und besaß Häuser in Maastricht, Lüttich und Aachen. Gefördert wurde es von den Herzögen von Limburg und den Grafen von Dalhem, dann auch in tatkräftiger Weise von den Herzögen von Brabant, nachdem Limburg 1288 dem mächtigen Fürstentum zugefallen war.

Durch den Limburgischen Erbfolgekrieg, der zwischen 1283 und 1288 das Herzogtum Limburg verwüstete, geriet auch die Abtei in eine ernste Krise. Wirtschaftliche Not verband sich mit einer Lockerung der monastischen Disziplin. Die Unterstützung durch die Brabanter Herzöge trug mit dazu bei, dass ab dem zweiten Jahrzehnt des 14. Jh. eine Stabilisierung der Lage und ein langsamer Wiederaufstieg erfolgen konnten. Während der ersten Hälfte des 15. Jh. war Val-Dieu sogar wieder zu beachtlichem Wohlstand gelangt. Doch im 16. Jh. kam es, auch infolge der Religionskriege und hoher Steuerlasten, erneut zu einem dramatischen wirtschaftlichen Niedergang und einem beklagenswerten Verfall der klösterlichen Zucht. Erst

Ehem. Abteikirche von Val-Dieu

Ehem. Abteikirche von Val-Dieu, Mittelschiff und Chor

Mitte des 17. Jh. gelangen eine wirtschaftliche Gesundung und eine geistliche Reform des Konvents, die auch durch den Brand der Abtei im Jahre 1683 während der Eroberungskriege Ludwigs XIV. nur vorübergehend beeinträchtigt wurden. Während des gesamten 18. Jh. wurde das Kloster gut geführt und genoss hohes Ansehen.

Drei Jahre nach der 1795 erfolgten Annexion der Österreichischen Niederlande durch die französische Republik wurde der Konvent aufgelöst. Die Kirche wurde erst 1831 geschlossen und zum Abriss freigegeben. 1840 erwarben zwei Lütticher Diözesanpriester die Ruine des Gotteshauses, die Hälfte der Klausurräume und ein wenig Grund und Boden und übertrugen all dies an einen der noch lebenden Mönche von Val-Dieu, der sich sogleich mit vier Ordensleuten aus einem Konvent bei Antwerpen daran machte, das Klosterleben im Gottestal wieder aufzunehmen. Der erneute Aufstieg ging langsam vonstatten. Der 1869 begonnene Wiederaufbau der Klosterkirche, von der nur noch Außenmauern standen, fand 1884 mit der Konsekration seinen Abschluss. Das ursprüngliche Schiff besaß sieben Joche und wurde im 17. Jh. auf drei

Chor der ehem. Abteikirche von Val-Dieu

Ehem. Abteikirche von Val-Dieu, Mittelschiff, Blick nach Westen

gekürzt. Heute verfügt die Kirche über fünf. Leider mussten die letzten drei Mönche das Kloster 2001 aus Mangel an Neueintritten verlassen. Seit 2002 erfüllt es eine christliche Laiengemeinschaft erneut mit Leben.

In schöner Geschlossenheit liegen Kirche und Klostergebäude im Bachtal. Das ganze Gebäudeensemble ist aus dem gleichen, in vielfältigen Brauntönen variierenden Naturstein der Gegend errichtet. Darüber schimmern im Sonnenlicht die silbrig-grauen Flächen der Schieferdächer. Das Grün des hoch und spitz aufragenden Dachreiters des Gotteshauses setzt einen weiteren farblichen Akzent.

Die weiträumige gotische **Abteikirche** ist eine dreischiffige Basilika mit Querhaus und fünfseitigem, umgangslosem Chorabschluss. Der elegante Chor stammt, soweit er die Zerstörungen des 19. Jh. überdauert hat, aus der Mitte des 13. Jh. und entspricht auch in seinen rekonstruierten Teilen der ursprünglichen Idee. Der **Innenraum** mit seinen klaren Formen wirkt hell und weit. Er atmet den Geist zisterziensischer Einfachheit und Schmucklosigkeit. Über den Säulen der spitzbogigen Arkaden sind noch die alten Kapitelle erhalten. Von ihnen steigen Dienste zu kleineren Kapitellen empor, auf denen die Kreuzrippen und Gurtbögen des 28 Meter hohen Gewölbes aufruhen. Die Fenster des Obergadens sind mit verschiedenartig gestaltetem gotischem Maßwerk versehen.

Das **Mobiliar** ist ganz überwiegend neogotisch. Auch die schlanken Glasfenster des Chores mit ihren im Tageslicht leuchtenden Blau- und Rottönen sind neuzeitlich. Aus älterer Zeit sind nur das Taufbecken erhalten und das schöne, 1602 angefertigte **Chorgestühl** im Renaissancestil, das allerdings aus der ehemaligen Zisterzienserabtei *La Paix-Dieu* bei Huy stammt. Bemerkenswert sind die Miserikordien mit ihren faszinierenden geschnitzten Gesichtern. Das Triumphkreuz, vermutlich aus

Kreuzgang und Abteikirche von Val-Dieu

dem 19. Jh., gelangte aus der Pfarrei Cheratte hierher. Im 14. Jh. wurde die **Holzstatue des hl. Bernhard von Clairvaux** geschaffen. Der Heilige blickt ernst. Schlicht ist der Faltenwurf seines Gewandes. In seiner Rechten hält er den Hirtenstab. Die Krümme des Stabes ist mit fein bearbeitetem, vergoldetem Kupfer überzogen. Es handelt sich um eine byzantinische Arbeit, deren Entstehung vielleicht bis ins 12. Jh. zurückreicht.

Der im Wesentlichen im 18. Jh. erbaute **Kreuzgang** und die um ihn herum angeordneten Klausurräume sind leider nur im Rahmen von Führungen zugänglich. Von Interesse sind hier vor allem der schöne **Kapitelsaal** mit seinem in der Mitte von zwei Rundpfeilern getragenen gotischen Gewölbe, das im 17. Jh. entstandene **Refektorium** und das heute als Sakramentskapelle genutzte Skriptorium, an

Miserikordie des Chorgestühls in der ehem. Abteikirche von Val-Dieu

Figur des hl. Bernhard von Clairvaux

Kapitelsaal mit gotischem Gewölbe

Refektorium, 17. Jh., Val-Dieu

Mühle der ehem. Abtei Val-Dieu, 18. Jh.

dessen Wänden man 1911 bei Restaurierungsarbeiten farbige Fresken aus dem 13. und 14. Jh. entdeckt hat.

Rechts neben dem Eingang zur Klosterkirche gelangt man in den ehemaligen **Wirtschaftshof** der Abtei mit den umliegenden **Wirtschaftsgebäuden aus dem 17. Jh.** Südlich schließt sich ein Ehrenhof an, hinter dem sich das 1739 erbaute, schön proportionierte **Gästehaus** erhebt, das mitunter auch als Schloss bezeichnet wird. Die ehemalige **Abtswohnung** (17. und 18. Jh.) liegt links von Ehrenhof und Gästehaus.

Der Giebel über dem dreiachsigen Mittelrisalit des Gästehauses präsentiert ein Medaillon mit dem Wappen des Abtes Jean Dubois, das von Rocailleornament umgeben ist, und die Jahreszahl 1739. Elegant ist das rundbogige Hauptportal unter einem halbrunden Giebelfeld. Darin ist ein weiteres Wappen des eben genannten Abtes enthalten, das von Mitra und Stab bekrönt wird und damit auf das 1653 in Rom erwirkte Ehrenrecht der Äbte von Val-Dieu hinweist, bischöfliche Insignien zu tragen.

Die **Mühle** und das langgestreckte Wirtschaftsgebäude auf der anderen Seite der Straße nach Aubel stammen bis auf einen Anbau aus den 50er Jahren aus dem 18. Jh. Ganzjährig besteht für Gruppen von Montag bis Samstag die Möglichkeit, die Abtei und Ihre Geschichte sowie die angeschlos-

Gästehaus und Abtswohnung, ehem. Abtei Val-Dieu

Freundliche Bedienung, Casse Croute, Klosterschenke

Casse Croute, Wirtsgarten der Klosterschenke

sene Brauerei im Rahmen einer Führung kennenzulernen (Tel.: 0032 (0)87 / 69 28 28).

Gastronomische Hinweise: In dem östlichen Flügel der Wirtschaftsgebäude befindet sich heute eine schlichte Gastwirtschaft oder Vesperstube namens *Casse Croute*, welche die hervorragenden im Kloster gebrauten Biere ausschenkt, das Blonde, das kräftige Dunkle und das Triple, aber auch guten Cidre aus der Region. Dazu gibt es den typischen Herver Käse, eine Spezialität der Region von ebenso würzigem Geschmack wie derbem Duft. Der Sage nach soll schon Karl der Große ihn derart geliebt haben, dass er sogar seinen Bart damit parfümierte. Im Sommer kann man auch im Freien sitzen und unter Sonnenschirmen das gute Kloster-Bier und das rustikale Ambiente des Wirtschaftshofes genießen (tägl. geöffnet außer Mi.; Tel.: 0032 (0)87 / 69 28 49; **http://cassecroutevaldieu.com**).
Auch in der Mühle ist ein Restaurant untergebracht. Im sich anschließenden Garten kann man sich mit Kaffee und Kuchen stärken (*Moulin du Val-Dieu – Grenier à Grains*; Tel.: 0032 (0)87 / 68 01 70).
Die **Klosterbrauerei** kann ganzjährig nach Terminvereinbarung von Gruppen ab 12 Personen besichtigt werden (Tel.: 0032 (0)87 / 69 28 28; **www.abbaye-du-val-dieu.be/de/fuhrungen**).

Empfehlungen für Wanderer und Radfahrer

Wanderung

Vom Kloster Val-Dieu oder von Aubel aus kann man schöne Wanderungen durch eine herrliche Landschaft unternehmen. In dem Fremdenverkehrsbüro in Aubel werden Wanderkarten verkauft. Außerdem sind die Wege von Val-Dieu aus auf einer großen Tafel an der Straße nach Aubel angezeigt. Besonders zu empfehlen ist die etwa 5 km lange Wanderung Nr. 4, die mit einer blauen Raute markiert ist und einen prächtigen Ausblick von Knuppelstok aus bietet.

Klosterbrauerei in Val-Dieu

Streuobstwiesen bei Val-Dieu

Radweg *Ligne 38* bei Aubel

Clermont

Landschaft zwischen Val-Dieu und Aubel

Radtour

Start: Hombourg, Kirche (Rue de la Station), Knotenpunkt 54; Start auch von Moresnet oder Montzen aus möglich (s. S. 249, 253)

Länge: ca. 30 km

Hinweis: Wir ordnen die folgende Radtour Aubel und dem Kloster Val-Dieu zu, obwohl wir in Hombourg starten. Der Grund dafür ist, dass hier das Ziel im Mittelpunkt steht, nicht der Startpunkt.

Wir beginnen unsere Fahrt in dem kleinen Örtchen **Hombourg** nahe der niederländischen und deutschen Grenze an der Kirche (Knotenpunkt 54).

Wir folgen dem Zeichen, das den Weg zum Knotenpunkt 53 weist, über die Rue de la Station in Kurven talwärts. Der Radweg/RAVeL *Ligne 38* geht an Knotenpunkt 53 von der Rue de la Station links ab. Nun folgen wir dem Zeichen 52. Über Aubel (Knotenpunkt 52), Clermont, Thimister, Herve, Fléron können wir auf dem Radweg bis zum Lütticher Stadtteil Vaux-sous-Chèvremont radeln. Die Gesamtlänge des Radwegs beträgt von Hombourg aus etwa 44 Kilometer (bis Herve 18 km). Das schönste Wegstück der *Ligne 38* ist das zwischen Homburg und dem Fort Battice (vor allem das zwischen Thimister und dem Fort). Es bietet einen besonderen Landschaftsgenuss, ohne dass wir größere Steigungen bewältigen müssen, da diese den Dampfzug überfordert hätten, der hier ehedem schnaufend und pfeifend vorüberzuckelte.

Nach knapp 6 km – wir fahren unter Bäumen wie

durch einen grünen Tunnel – erreichen wir Aubel (s. S. 202-204) mit seinen guten Cafés und anderen Einkehrmöglichkeiten. Dann passieren wir Froidthier (Knotenpunkte 51 und 48) und Clermont (s. S. 263-265). Über **Thimister** (s. S. 267 f.) geht es zum **Fort Battice** (ca. 16 km), einer in den 30er Jahren zur Abwehr eines deutschen Angriffs errichteten Festung. Hier genießt man prächtige Fernblicke. Im nicht mehr weit entfernten *alten Bahnhof* von Herve (ca. 19 km, hinter Knotenpunkt 43) kann man eine Tasse Kaffee trinken oder ein Bier und auch ein Häppchen essen (Place de la Gare 1).

Sie können nun einfach zurückfahren, wobei Sie die Landschaft wieder neu genießen. Die veränderte Fahrtrichtung verändert eben auch die Perspektive und überhaupt die Wahrnehmung der Umgebung. Wir empfehlen von Clermont aus eine reizvolle Schleife über Val-Dieu. Dazu rollen wir vom Fort Battice aus zunächst bergab, bis wir zwei Brücken überquert haben, die über Autostraßen hinweg führen (die erste in Thimister, die zweite in Clermont). Hinter der zweiten Brücke fahren wir am Knotenpunkt 44, dem Hinweis auf Knotenpunkt 45, dann 46 folgend, nach rechts (Pierreux; Rue du Bac) in das Dorf **Clermont** (s. S. 263-265). Vom Ortskern aus geht es, weiter dem Hinweis auf Knotenpunkt 46 folgend, über eine Straße, die sich anfangs Tribezone nennt, bergab. Bei Knotenpunkt 46 biegen wir links ab und fahren auf Knotenpunkt 47 zu. Ab Knotenpunkt 47 rollen wir wieder für ein Stück auf dem Radweg *Ligne 38* bis zum Knotenpunkt 48. An Knotenpunkt 51 geht es links ab. Wir orientieren uns von nun an an dem Hinweis auf Knotenpunkt 7. Wir queren die stark befahrene Route de Battice und radeln über die Straßen Les Trixhes und Route de Val-Dieu bis zum Kloster Val-Dieu (Knotenpunkt 7). Dabei genießen wir zunächst schöne Aussichten und später das idyllische **Tal der Berwinne**.

Von der **Abtei Val-Dieu** aus (über das Kloster s. S. 205-209) können wir (nun ohne Knotenpunkte) über einen Radweg entlang der Straße nach Aubel hinauffahren. Die Steigung ist auch für wenig Trainierte durchaus zu schaffen. In Aubel erwarten uns die bereits erwähnten hervorragenden Konditoreien (s. S. 204). Von der Rue du Station aus finden wir leicht wieder den Einstieg in den Radweg nach Hombourg.

Blick über das Berwinnetal

Eindrücke einer Reiseschriftstellerin im 19. Jh.

Im Sommer 1828 bereiste die Schriftstellerin Johanna Schopenhauer, die Mutter des berühmten Philosophen, die in ihrem Leben schon viel in Europa herumgekommen war, von Aachen aus auf ihrem Weg nach Lüttich das Herver Land. Sie beschreibt ihre Eindrücke geradezu enthusiastisch: ***Die Gegend wurde von nun an unaussprechlich anmutig und reich, immer grüner und häufiger die mit Obstbäumen und frischen Hecken umfriedeten Wiesen, auf denen große, buntgefleckte Kühe im hohen Grase weideten: Die schönste Staffage einer reichen Landschaft, die man, außer in der Schweiz und in den Niederlanden, nur selten noch sieht. An beiden Seiten des Weges erblickten wir sanft sich erhebende Anhöhen, lieblich sich senkende Täler, mitunter Gehölz, köstlichen Baumschlag, prangend in unendlichem Wechsel aller nur ersinnlichen Schattierungen des frischesten Grün. Von allen Seiten umgaben uns einzelne Meiereien, schöne Landhäuser mit ihren Gärten, große, schöne Dörfer, alles wohlerhalten, überall zierlich angestrichene Fensterläden und Staketenzäune, alles reinlich, selbst die Schweineställe.***

Wie die Landschaft sind auch die Menschen freundlich. Oft wird Wanderern oder Radfahrern von ihnen gänzlich Unbekannten ein Bonjour entgegengebracht. Man grüßt hier gern.

Zur Ligne 38: Die Eisenbahnlinie 38 diente früher zum Transport von Kohle, z. B. aus der Zeche Micheroux (bei Soumagne im Herver Land), aber etwa auch von Vieh zum Markt von Aubel. 1885 wurde sie verlängert, um sie mit der bereits seit 1870 bestehenden Strecke Aachen – Gemmenich – Bleyberg / Plombières – Welkenraedt zu verbinden. Der Personen- und Warentransport wurde 1957 wegen mangelnder Nachfrage eingestellt.

Buschaye

Zum Gemeindegebiet von Aubel gehören noch einige Weiler mit interessanten historischen Bauten, vor allem alten Bauernhöfen, auf die wir – mit Ausnahme von Buschaye – hier aus Raumgründen nicht eingehen können.

Zu den bemerkenswerteren historischen Baudenkmälern in der Umgebung Aubels zählen ein 1752 errichteter Bauernhof (Haus Nr. 274) in dem **Weiler Buschaye**, vor allem aber das **Château d'Altena** aus dem Jahre 1620 (Nr. 277), das die Täler der Berwinne (im Norden) und der Pétreuse (im Süden) überragt.

In der Nachbarschaft sind noch weitere Bauernhöfe aus dem 17. und 18. Jh. erhalten (Nr. 281, 284, 290, 293).

Château d'Altena in Buschaye

Baelen

Zur **Gemeinde Baelen** (Aussprache mit Dehnungs-e) im Osten der Provinz Lüttich mit ihren insgesamt 4.434 Einwohnern (Stand 2018) gehören die Weiler Nereth, Overoth, Hof, Heggen, Honthem und das unmittelbar an der Grenze zu Eupen gelegene ehemalige Franziskanerkloster Garnstock. Durch die Gemeindefusion von 1977 wurde Membach eingemeindet, eine Gemeinde, die flächenmäßig (7.103 ha, davon 6.705 ha Wald) zu den größten Belgiens zählte.
Baelen ist die südlichste von drei plattdeutschen Gemeinden (*Platdietse streek*), in denen *Platdiets* gesprochen wurde und zum Teil noch wird (s. u.), ein südostlimburgisch-ripuarischer Übergangsdialekt. Amts- und Schulsprache ist jedoch Französisch.

Platdietse Streek

Als *Platdietse Streek* (oder *Plattdeutsche Gemeinden*) wird eine Region im Nordosten Belgiens bezeichnet, die offiziell zum französischen Sprachgebiet gehört (Provinz Lüttich), in der aber traditionell auch germanische Mundarten gesprochen werden. Das Gebiet liegt zwischen der flämischen Gemeinde Voeren und dem Norden der Deutschsprachigen Gemeinschaft (etwa 5 bis 20 Kilometer westlich und südwestlich von Aachen) sowie westlich des Kantons Eupen. Dazu zählen die Gemeinden Baelen, Plombières und Welkenraedt.

Geschichte: Die erste Erwähnung des Ortes *Bailus*, damals ein fränkischer Königshof, stammt aus dem Jahre 888. Man geht davon aus, dass der Königshof mindesten schon 850 bestand. Er bildete den Mittelpunkt eines weiten Bereichs. Hier entstand auch eine Pfarrkirche. Die Pfarre umfasste zunächst auch die Ansiedlungen Limburg, Goé, Bilstain, Henri-Chapelle, Herbesthal, Welkenraedt, Membach und Eupen. Heute kaum noch nachvollziehbar: Bis 1695 blieb das vergleichsweise kleine Baelen Mutterpfarre der damals bereits wesentlich größeren Stadt Eupen.
Seit dem 11. Jh. gehörte Baelen zur Grafschaft Limburg, die dann zum Herzogtum wurde. Bis 1795 war Baelen eine der fünf Hochbanken (Verwaltungs- und Gerichtsbezirke) dieses Herzogtums. Der große Wald südlich des Ortes von der Gileppe bis zum Klapperbach trägt bis heute den Namen *Hertogenwald* (Herzogenwald).

Pfarrkirche Saint-Paul in Baelen

Der Herzog von Limburg übertrug 1176 die Pfarre von Baelen und damit auch die dortige Seelsorge dem Abt des Klosters Rolduc (Klosterrath). Im Laufe der Zeit nahm der Einfluss der Abtei auf das geistliche Leben der Pfarre immer mehr zu. Bis 1792 stellte sie die Pfarrer und Priester der Gegend.
Von 1815 bis 1920 bildeten die östlichen Gemeindegrenzen von Baelen und Membach die belgische Staatsgrenze zu Preußen und ab 1871 auch zum Deutschen Reich.
Die Pfarrkirche Saint-Paul: Die Pfarrkirche Saint-Paul (Rue de l'Eglise) bestand bereits um 1180. Im frühen 15. Jh. wurde sie im gotischen Stil umgebaut und 1773 umfangreich restauriert (Inschrift auf der Ostseite des Turms). Erst 1911 wurde der Turm mit einem Portal versehen. 1910 hat man einige Kapellen angefügt. Die Sakristei stammt aus dem Jahr 1853.
Äußeres: Das Gotteshaus ist von einem Friedhof umgeben, dessen Eingang dem Turm gegenüberliegt. Hinter dem Chor verdienen 24 Grabkreuze aus dem 16. bis 19. Jh. die Aufmerksamkeit des Besuchers. Der Westturm besteht aus drei Geschossen und einer sehr hohen, gewundenen, schieferverkleideten Spitze. Sein Mauerwerk ist überwiegend aus sehr großen Kalksteinblöcken

Pfarrkirche Saint-Paul in Baelen, Mittelschiff und Chor

gefügt, nur die Südseite aus Sandstein aufgeführt. Hier ist ein rundes Treppentürmchen angebaut. Die Schallöffnungen im obersten Geschoss sind noch romanisch. Die Kirche ist dreischiffig und hat fünf Joche, von denen jedes über Strebepfeiler verfügt. Ein Querschiff ist nicht vorhanden. Der Chor schließt dreiseitig ab. Das gesamte Langhaus mit seinen drei Schiffen deckt ein einziges mächtiges Schieferdach mit einem Dachreiter. Die große, dunkle, im Sonnenlicht silbrig schimmernde Fläche rechteckiger Steinschindeln reicht vom First des Langhauses ohne Absatz, nach unten hin leicht ausschwingend, über die Seitenschiffe bis zur Traufkante hinab. Auch das Dach ist ein wichtiger, das Gesamterscheinungsbild wesentlich mitbestimmender Teil eines Gebäudes, zumal wenn es so groß, ja fast dominant ist wie im vorliegenden Fall. Wie oft wird ihm viel zu wenig Aufmerksamkeit zuteil.

Inneres: Wir betreten eine dreischiffige Halle. Das Gewölbe des Mittelschiffs ist etwas höher als das der schmäleren Seitenschiffe (Stufenhalle). Hohe und weite spitzbogige Arkaden werden von Rundpfeilern aus Kalkstein getragen. Die gotischen Maßwerkfenster sorgen für angenehme Lichtverhältnisse. Die Buntglasfenster wurden im Jahre 1888 eingesetzt. Die dreibahnigen der Apsis ziehen unsere Blicke unweigerlich in den Altarraum, den Ort der Wandlung, an dem Brot und Wein zum Leib und zum Blut Christi werden.

Die Kirchenmöbel sind hauptsächlich aus dem 19. Jh. und neogotisch. Die Kanzel jedoch stammt aus dem Jahr 1767; sie wurde von R. Del Cour hergestellt. Das Eichenholz ist teilweise vergoldet. Einige hölzerne Heiligenfiguren aus dem 18. Jh. sind noch erhalten. Bemerkenswert sind ein gotisches Taufbecken aus Stein aus dem Jahr 1538 mit vier Masken bzw. Köpfen und eine 1842 gebaute Orgel.

An der Rue d'Eglise (Nr. 17) ist auch das alte **Pfarrhaus** sehenswert. Es besteht aus zwei Teilen, dem imposanten zweigeschossigen Bau links aus Bruchstein (Kalkstein) mit im Laufe der Zeit veränderten Fensteröffnungen und dem kleineren, angebauten rechten Flügel. Das rundbogige Tor daneben stammt noch aus dem 16. Jh. Der Schlussstein trägt das Datum 1548. Darüber befindet sich ein Wappenstein mit einem Chronogramm (1653).

Sehenswert sind u. a. auch die Häuser Nr. 17 an der Rue Longue aus der zweiten Hälfte des 17. Jh. und Nr. 7 an der Rue de la Regénce, das teilweise aus Fachwerk besteht.

Pfarrkirche Saint-Jean-Baptiste in Membach

Membach

Der knapp zwei Kilometer westlich von Eupen in einem Seitental der Weser gelegene, seit 1977 zur Gemeinde Baelen gehörende Ort wird erstmalig im Jahr 1172 als *Menebach* urkundlich erwähnt. Die Einwohner gehörten damals zur Pfarre Baelen. Erst 1803 wurde **Membach** zur eigenständigen Pfarre erhoben. Ortsmittelpunkt ist die 1721/22 errichtete, einschiffige, Johannes dem Täufer geweihte Kirche (Saint-Jean-Baptiste).

In der ersten Hälfte des 20. Jh. verfügte Membach über einen eigenen Bahnhof. Dieser lag an der 1896 erbauten *Oebahn*, einer Eisenbahnlinie, welche die in der Eupener Unterstadt und im Wesertal gelegenen Industrien mit Dolhain verband und so mit der Eisenbahnstrecke Köln – Aachen – Lüttich – Antwerpen bzw. dem internationalen Eisenbahnnetz. Die Bahn diente auch dem Abtransport des Holzeinschlags aus dem Hertogenwald. Der Personenverkehr wurde bereits 1926 auf Busse umgestellt. Der Güterverkehr Eupen – Goé endete 1959; 1963 verkehrte der letzte Zug zwischen Goé und Dolhain.

Die Pfarrkirche Saint-Jean-Baptiste: Freistehend auf einem weiten Platz in der Mitte des Dorfes erhebt sich die 1721/22 erbaute Kirche Saint-Jean-Baptiste. Ihr einschiffiges Langhaus (ohne Querschiff) wurde 1763 umgestaltet und mit großen rundbogigen Fenstern versehen. Der Chor und der Turm mit der neobarocken, oktogonalen Schieferhaube wurden 1884 von einem Lütticher Architekten errichtet. An der Südseite der Kirche ist noch eine Reihe alter Grabkreuze aus dem 17., 18. und 19. Jh. erhalten.

Altes Grabkreuz an der Pfarrkirche Saint-Jean-Baptiste in Membach

Der Hauptaltar aus dem Jahre 1762 erhielt seine jetzige Farbgestaltung 1837. Die teilweise vergoldete Kanzel aus Eichenholz stammt aus der zweiten Hälfte des 18. Jh. Eine Gottesmutter mit Kind ist noch aus dem späten 17. Jh. erhalten. Im 18. Jh. wurden die Figuren des hl. Josef mit Kind und des hl. Johannes des Täufers geschnitzt.

Empfehlung für Radfahrer

Start: Parkplatz an der Pfarrkirche Saint-Jean-Baptiste, Place Thomas Palm, Knotenpunkt 35

Knotenpunkte: 35, 34, 32, 33, 23, 36, 37, 63 (Gileppe-Talsperre), 62, 61, 38, 39

Länge: ca. 37 km

Vorsicht! Die schöne Strecke ist nicht sehr lang, weist aber **einige, zum Teil kräftige Anstiege** auf. Zwischen den Knotenpunkten 35 und 34, 36 und 37, 62 und 38 gibt es starke Steigungen. Hier geht es etwa von Dolhain im Wesertal hinauf nach Limbourg. Diese Steigung (vor Knotenpunkt 37) ist **nur von trainierten Radfahrern zu bewältigen** und für viele Radler selbst mit elektrischer Unterstützung noch eine Herausforderung. Ähnlich verhält es sich gleich anfangs mit dem Aufstieg von Membach nach Garnstock (35 bis 34). Aber man kann ja auch einmal ein Stück schieben. Danach halten sich die Herausforderungen vergleichsweise in Grenzen.

Für die Anstrengungen entschädigen schöne Ausblicke, eine wunderbare Wiesen- und Heckenlandschaft, das herrliche alte Städtchen Limbourg (s. S. 230-236) und ein von tiefen Wäldern umgebener Stausee (Lac de la Gileppe, s. S. 229 f.). Zu Baelen s. S. 213 f.

Nochmals Vorsicht! Zwischen den Knotenpunkten 33 und 37 kann von einer brauchbaren **Beschilderung** gar keine Rede sein. Da braucht man unbedingt eine Karte. Auf der von der Tourismusagentur Ostbelgien herausgegebenen und kostenlos in den Touristen-Informationsbüros erhältlichen, leider ungenauen Radwanderkarte fehlt Knotenpunkt 23. Die Beschilderungsprobleme sollen in nächster Zeit behoben werden.

Garnstock

Unmittelbar hinter der Ortsgrenze Eupens befindet sich, bereits auf dem Gebiet der Gemeinde Baelen, an der verkehrsreichen Vervierser Straße die **moderne Klosterkirche Garnstock.** Bereits 1909 hatte sich hier eine Ordensgemeinschaft niedergelassen, die ein Pensionat für Jungen ins Leben gerufen hatte. Die Väter vom Allerheiligsten Sakrament hatten allerdings 1920 bereits aus politischen Gründen ihr Kloster verlassen müssen. 1924 richteten Franziskaner der brasilianischen Ordensprovinz in den vorhandenen Gebäuden ein Missionskolleg ein, das wegen steigender Schülerzahlen bald ausgebaut und erweitert werden musste. 1933 wurde die Genehmigung zum Bau einer Klosterkirche erteilt. Als Architekten gewann man den an den Kölner Werkschulen lehrenden bedeutenden rheinischen Baumeister Dominikus Böhm (1880–1955). Die Werkschulen orientierten sich an den Grundsätzen des *Neuen Bauens*, wie sie das Bauhaus und der Deutsche Werkbund vertraten und umsetzten. Man strebte nach Schlichtheit und Zweckmäßigkeit unter Verwendung neuer Werkstoffe wie Beton und Stahl, aber auch für die jeweilige Region typischen Materialien wie Backstein und Bruchstein. Die Weihe der Klosterkirche in Garnstock konnte 1936 erfolgen.

Ehem. Klosterkirche Garnstock von Dominikus Böhm, Chorturm und Vorhalle

Das aus Beton und Bruchstein erbaute Gotteshaus ist, dem Armutsideal der Franziskaner entsprechend, architektonisch außerordentlich schlicht. Über dem Chor im Südwesten wächst ein kurzer, vierkantiger Turm mit einfachem Satteldach aus dem Baukörper empor. An drei Seiten lässt er durch eine Doppelreihe kleiner rundbogiger Fenster Licht in den Altarraum einfallen. Dem Chorturm ist eine sehr einfache, auf Pfeilern ruhende Vorhalle vorgelagert.

Kreuzwegstationen von Maria Hasemeier-Eulenbruch

Klosterkirche Garnstock von Dominikus Böhm

Vor allem durch die Gestaltung ihres **Inneren** wird die Kirche zu einem der bemerkenswertesten modernen Sakralbauten im deutschsprachigen Gebiet Belgiens, ja zwischen Aachen und Lüttich. Die Architektur des kastenförmigen Raumes orientiert sich an der liturgischen Erneuerung im Geiste Romano Guardinis. Auch Einflüsse der Aachener Kunstgewerbeschule von Rudolf Schwarz sind spürbar.
Die Christozentrik der damaligen liturgischen Bewegung konzentriert den Blick ganz auf den Hochaltar, über dem die hohe, flache Decke des Schiffs zurückweicht und den Blick freigibt in das Innere des Turms mit seinen bunten Glasfenstern. Schreitet man vom rückwärtigen Ende der Kirche auf den Altarraum zu, weitet sich der Raum stufenweise in der Vertikalen. Ein erstes Mal, beim Verlassen des bedrückend niedrigen Raums unter der Empore, dann, wenn sich die Decke des Schiffs über dem Altarraum in den Turm hinein öffnet. Dem entspricht die Inszenierung des Lichts. Im Kirchenschiff ist es gedämpft, die Seitenräume – von Seitenschiffen möchte man hier nicht sprechen, wie auch der Bereich unter der weit vorgezogenen Orgelempore liegen sie im Halbdunkel, während sich vorn über dem Altarraum gewissermaßen der Himmel öffnet und Helligkeit auf den Ort herabfällt, an dem Christus während der Eucharistiefeier in Brot und Wein gegenwärtig ist.
Während die Wände rundum sonst vollkommen schmucklose, weiß verputzte Flächen bilden, präsentiert die Stirnwand des Chorraumes ein großes, in Brauntönen gehaltenes **Gemälde der Kreuzigung Christi** von Willy Jakob und Josef Wolf aus Würzburg (1936). Unter dem Kreuz, um das sich Heilige des Franziskanerordens versammeln, steht der hl. Franziskus mit ausgebreiteten Armen.
Im Original erhalten sind noch die expressionistischen, aus Holz geschnitzten **Bilder** von Anton Wendling über den Nebenaltären – links der hl. Franziskus und rechts die Gottesmutter mit Kind – wie auch das moderne Christophorusbild (von einem der Patres) an der Wand unter der weit vorgezogenen Orgelempore. Auch die aus rotem Ton modellierten **Kreuzwegstationen** der lange in Raeren lebenden Künstlerin Maria Hasemeier-Eulenbruch gehören noch zur ursprünglichen Ausstattung, welche die Klosterkirche zu einem kostbaren sakralen Gesamtkunstwerk macht.

Herve

Kritische Leser, die bei der Lektüre dieses Kunstführers gelegentlich eine Karte zu Rate ziehen, werden sich vielleicht fragen, warum Herve in diesem Buch über den Osten Belgiens Aufnahme gefunden hat, Verviers aber nicht, obwohl der weit kleinere und weniger bedeutende **Ort Herve** doch weiter westlich liegt und die Entfernung zwischen Eupen und Verviers nur etwa zehn Kilometer beträgt. Das ist selbst für Radfahrer keine bedeutende Entfernung.
Für die getroffene Entscheidung gibt es aber gute Gründe, auch wenn wir gerne einräumen, dass immer ein Rest von Subjektivität bleibt. Verviers gehörte in früheren Jahrhunderten zum Fürstbistum Lüttich, war also ganz nach Westen, zur Maas orientiert und hatte mit dem Herzogtum Limburg wenig zu tun. Erst die Tuchherstellung verband Verviers und Eupen im 18. Jh. enger miteinander. Herve hingegen war einer der Hauptorte des kleinen Herzogtums und spielte wie dieses eine vermittelnde Rolle zwischen Aachen und der Maas. Zudem ist Herve der wichtigste Ort in dem nach ihm benannten Herver Land, das in diesem Buch einen breiten Raum einnimmt. Außerdem – ganz praktisch – liegt Herve an der attraktiven Radstre-

Historische Bürgerhäuser in Herve

Saint-Jean-Baptiste in Herve

Saint-Jean-Baptiste in Herve, rechter Seitenaltar

cke *Ligne 38* (s. S. 210 f.) und ist damit ein ideales Ziel für Fahrradtouren, die von Aachen oder Hombourg aus quer durch das bezaubernde Herver Land führen. Und schließlich: Verviers wird bereits in meinem Wallonie-Buch sehr umfassend beschrieben, während Herve dort nur recht knapp abgehandelt wird und die zur Gemeinde Herve gehörenden Dörfer und kleineren Ortschaften gar nicht.

Herve zählt heute einschließlich der 1977 eingemeindeten, ehemals selbstständigen Orte wie Battice, Bolland, Bruyères, Chaineux, Charneux usw. 17.598 Einwohner (Stand 2018). Die Entfernung nach Lüttich beträgt 15 Kilometer und die nach Maastricht ebenso wie die nach Aachen 25 km. In der Mitte des Dreiecks der genannten Städte war Herve neben Aubel ein zentraler Marktort.

Geschichte: Herve verdankt seine Existenz einer ausgedehnten Grundherrschaft, die einst das Gebiet der heutigen Orte Herve, Battice, Charneux, Chaineux, Thimister und Clermont umfasste. Schon für das Jahr 898 ist eine Kapelle belegt. Diese wurde in der Folge Eigentum des Kapitels von Saint-Denis in Lüttich. Im 13. Jh. wurde die ursprüngliche Kapelle durch eine große, der Jungfrau Maria geweihte Kirche ersetzt und mit einem massiven Turm ausgestattet. Die Herzöge von Limburg errichteten eine Burg, die eine Ecke der Umwallung des Ortes einnahm und sicherte. Um 1270 wurde Herve von Herzog Walram IV. zur Stadt erhoben. Die Bürger Herves genossen die gleichen Freiheiten wie die der Stadt Limburg.

Vom Mittelalter bis zum Ende des 18. Jh. bildete die Hochbank Herve einen der Verwaltungs- und Gerichtsbezirke des Herzogtums Limburg, das zuletzt zu den Österreichischen Niederlanden gehörte. Bereits im 17. Jh. boten Kaufleute aus Herve auf den Messen in Frankfurt und Leipzig ihre regionale Käsespezialität, den würzigen Herver Käse an.

Herve ist insgesamt kein übermäßig attraktives Städtchen, bietet aber zahlreiche **schöne alte Häuser**, vor allem aus dem 18. Jh.: z. B. Rue d'Elvaux 7 (Fachwerkfassade aus dem 17. Jh.), Rue du Hack 2 (Bauernhof aus dem 18. Jh., Datum 1715 auf dem Türsturz), Rue Haute 44 (um 1760), Rue Jardon 24 (18. Jh.) und besonders Rue Jardon 52-54 (1736), Rue du Marché 16 (Maison Gustafson, 18. Jh.) und Rue Leclerq 66 (zweite Hälfte 18. Jh.).

Die den Ort überragende **Pfarrkirche Saint-Jean-Baptiste** (Place de l'Eglise, geöffnet: tägl. 9.30-17 Uhr; Tel.: 0032 (0)87 / 67 42 66), ein dreischiffiger Renaissancebau mit noch stark gotischen Zügen, wurde zwischen 1625 und 1653 wieder hergerichtet. Ihr mächtiger, aus Bruchstein mit behauenen Eckquadern gemauerter Turm allerdings ist noch romanisch und geht auf das 13. Jh. zurück. In den unsicheren Zeiten des Mittelalters diente er als Rückzugs- und Verteidigungsort. Die heutige spiralförmig gewundene Turmspitze allerdings wurde erst im 17. Jh. aufgesetzt.

Ausstattung: Sehenswert ist der rechte Seitenaltar mit einem **Gemälde** von hoher Qualität des bedeutenden Lütticher Malers Bertholet Flémal (1614–1675). Dargestellt ist eine Disputation der vier Lehrer der lateinischen Christenheit über die Eucharistie: Papst Gregor der Große, der hl. Ambrosius, der hl. Augustinus und der hl. Hieronymus.

Das Bild des linken Seitenaltars präsentiert die Himmelfahrt Mariens (Kopie nach Rubens, nach 1653). Im Scheitel der Apsis sehen wir eine Jungfrau von Walthère Damery (1671). Das älteste Ausstattungsstück ist ein 1574 angefertigtes Taufbecken im maasländischen Stil. Beachtenswert sind auch eine mit Reliefs (Petrus, Paulus und die Himmelfahrt Mariens) geschmückte Kanzel im Régence-Stil (1739) und die barocke Orgel (1672). Das gut erhaltene **Pfarrhaus** (Rue Marie-Therese 10) wurde Mitte des 18. Jh. errichtet.

An der Rue Haute (Nr. 6) liegt der ehemalige, neuerdings restaurierte **Couvent des Sœurs Récollectines** (Konvent der Rekollektinnen). Der ausgedehnte Gebäudekomplex wurde überwiegend im zweiten Viertel des 18. Jh. errichtet, später aber teilweise verändert. Der Zugang erfolgt durch ein Portal in einem quadratischen Hof. Links liegt die einstige, 1732 aus rotem Ziegel und Kalkstein erbaute Kir-

Herve, ehem. Kirche des Couvent des Sœurs Récollectines

Herve, Pfarrhaus, 18. Jh. (rechts)

che des Klosters, einschiffig mit fünf Jochen und großen stichbogigen Fenstern, zwischen denen Strebepfeiler vortreten.

Ein Kalksteinband verbindet die Fensterrahmungen aus dem gleichen Material (Zahnschnitt) über die Stützpfeiler hinweg unterhalb der Stichbögen. Die **Fassade** präsentiert sich an der Straße. Sie wird durch vier gestreifte Pilaster auf hohem Sockel gegliedert. Durch den Wechsel von Ziegel und Kalkstein sind sie waagrecht gestreift. Über dem Portal in der Mitte ist eine mit floralen Motiven geschmückte Figurennische angebracht, in der eine Marienfigur aufgestellt ist. Weiter oben sehen wir eine zweite, kleinere Nische. Der Dreiecksgiebel zeigt in seiner Mitte ein dreieckiges Schmuckelement. Die Kirche ist profanisiert, ihr einstiges Mobiliar entfernt.

Das **Hôtel de Ville** (Rathaus, Place de l'Hôtel de Ville 1) aus Ziegel und Kalkstein entstand 1929/30, nachdem der Vorgängerbau wie große Teile der Stadt zu Beginn des Ersten Weltkriegs im August 1914 abgebrannt war.

Herve bietet eine größere Zahl guter **Einkehrmöglichkeiten**. Auch im *alten Bahnhof* kann man eine Tasse

Herver Land

Kaffee trinken oder ein Bier und auch ein Häppchen essen (Place de la Gare 1). Hier befindet sich auch das Büro der Touristeninformation.

Noch ein Tipp für Käsefreunde: *Fromage du Vieux Moulin* (Sur la Commune 14, B-4651 Battice; Tel.: 0032 (0)87 / 67 42 86; **www.fromagerie-du-vieux-moulin.be**). Von Februar bis November werden hier samstags um 14.30 Uhr Führungen angeboten. Die Fromagerie ist die letzte, die noch Herver Käse aus Rohmilch herstellt. Die Verkostung der hergestellten Produkte ist möglich.

Château de Bolland

Bolland

Etwa drei Kilometer nordwestlich von Herve liegt, umgeben von Wiesenland und prächtigen alten Bäumen im Tal des Baches Bolland, eines Zuflusses der Berwinne, das schöne, aber leider dem Verfall preisgegebene **Château de Bolland,** ein U-förmiges, mit zwei Ecktürmen versehenes Schloss. Sein viereckiger Turm ist ein Überbleibsel des mittelalterlichen Gebäudes, also der Bergfried einer einstigen Burg. Ansonsten stammt die Anlage in ihrer heutigen Gestalt ganz überwiegend aus dem 17. Jh., aber auch einige Teile aus dem 16. Jh. sind noch vorhanden. Es ist traurig, dass sich auch dieses schöne Monument in die lange Liste verrottender Kulturgüter in der Wallonie einreihen muss. Das herrliche, parkartige Gelände rundum wird teilweise als Autoschrottplatz missbraucht.

Die mittelalterlichen Besitzer waren die Familien d'Houffalize und Brandenberg, gefolgt von den Familien von Eynatten, Berlo und Groesbeek im 16. und 17. Jh. Die Familie de Lannoys erwarb das Schloss im 17. Jh. und behielt es bis zum 19. in ihrem Besitz, als es die Familie de Berlaymonts erwarb.

Die Burg war einst von einem Wassergraben umgeben. In der Nähe befanden sich auch die Überreste eines im 17. Jh. von Jean de Berlo, Herr von Bolland,

Pfarrkirche Saint-Apollinaire in Bolland

Madonna, Saint-Apollinaire

und seiner Frau Marguerite von Eynatten gegründeten Rekollektenklosters. Das Schloss ist in Privatbesitz und kann leider nicht besichtigt werden.

Zum Schloss gehören auch ein **befestigter Bauernhof** (ferme fortifiée) mit einem pittoresken Torturm und eine Kirche im klassizistischen Stil (östlich des Schlosses) sowie ein Pfarrhaus.

Die von einem Friedhof umgebene, etwas außerhalb des Dorfes gelegene klassizistische **Pfarrkirche Saint-Apollinaire** (Chemin eglise), zu der eine uralte Kastanienallee führt, wurde von 1714 bis 1717 erbaut. Bis zur Erhebung zur selbstständigen Pfarrkirche gegen Ende des 14. Jh. handelte es sich bei dem von den Herren von Bolland gestifteten Vorgängerbau um eine von Herstal abhängige Filialkirche. Das Gotteshaus ist einschiffig, mit kreuzförmigem Grundriss, dreiseitigem Chorschluss und Westturm, der eine elegante barocke Schieferhaube trägt (Höhe: 42 m). Beachten Sie das harmonische Zusammenspiel der Farben: das Braun des Natursteinsockels und des Turms, darüber die roten Backsteinwände mit den hellgrauen Kalksteinrahmungen der Fenster und den Eckquaderungenen in Zahnschnittfolge, das dunkle Schieferdach und die großen grünen Fensterflächen.

Die Kirche ist prächtig ausgestattet, ganz überwiegend im Louis-quatorze-Stil. Die Geschlossenheit

Hauptaltar, Saint-Apollinaire

Schutzengel mit Kind, Saint-Apollinaire

der Ausstattung und ihre hohe Qualität sind außerordentlich und machen Saint-Apollinaire zu einem herausragenden Monument im Osten Belgiens. Besonders bemerkenswert ist der **Hochaltar** (Höhe: 14 m) mit seinen vier Säulen mit vergoldeten korinthischen Kapitellen sowie Pilastern von Cornélis Van der Werck (beeinflusst von Jean Del Cour). Das große Altarbild des Lütticher Malers Englebert Fisen stellt den Aufstieg Jesu zum Kalvarienberg dar (1725). Er wird flankiert von zwei monumentalen **Statuen**, einer Madonna mit Kind (links) und einem hl. Apollinaire (rechts). Oben sehen wir den gekreuzigten Christus, umgeben von farbig gefassten Engeln, und darunter die Wappen der Familien de Lannoy und Bocholtz. Zwei Engel fangen in Kelchen das Blut des Erlösers auf. Der Tabernakel ist mit einem Chronogramm versehen mit der Jahreszahl 1724.

Die **beiden Seitenaltäre** sind im Stil Ludwigs XIII. gefertigt. Der linke trägt die Jahreszahl 1624. Sein Gemälde stellt die Jungfrau Maria dar, die den Heiligen Nikolaus, Barbara und Katharina inmitten einer Landschaft mit dem Schloss von Bolland erscheint. Der rechte Altar von 1643 zeigt die hl. Anna, die Jungfrau Maria und das Jesuskind. Sehenswert ist auch die Figurengruppe des Schutzengels mit Kind von Cornélis Van der Werck.

Die Wände sind mit einer Holztäfelung verkleidet. Die beiden Beichtstühle präsentieren oben Brustbildreliefs des hl. Petrus und der hl. Maria Magdalena, die Kanzelbrüstung Reliefs der Köpfe und Embleme der vier Evangelisten und das des Erlösers auf dem Schweißtuch der Veronika.

Die beiden **Kommunionbänke** sind mit Eucharistiesymbolen (Korngarben, Trauben, Pelikane, Lamm Gottes) geschmückt. Sehenswert ist auch die prächtig geschnitzte **Brüstung der Bühne** der Barockorgel aus dem 18. Jh.

Der **Kreuzweg** besteht aus vierzehn großen, querrechteckigen Gemälden, die 1737 angebracht wurden. **Vier große Gemälde** stammen aus dem ehemaligen Konvent der Rekollekten, der 1624 von Jean de Berlo in Bolland gegründet wurde. Auf ihnen werden die Flucht nach Ägypten, die Heilige Familie in einer weiten Landschaft vor Nazareth, Jesus und Maria Magdalena nach seiner Auferstehung sowie Jesus und die Jünger auf dem Weg nach Emmaus thematisiert.

Interessant sind außerdem der **Grabstein** des Johannes von Eynatten († 1510) und der Maria von Brandenberg († 1534) im linken Querarm, eine **Reliquienbüste** des hl. Apollinaris (Apollinaire) im rechten Querarm und ein **Marmortaufbecken** aus dem 15. Jh. (in einer winzigen Kapelle im Westen). Der hl. Apollinaris, der Patron der Kirche, soll der Gründer der christlichen Gemeinde von Ravenna gewesen sein. Er war deren Bischof und starb als Märtyrer. Öffnungszeiten: Mo., Di., Do. 10-12 u. 17-19 Uhr, Mi. 14-16 Uhr, Fr. 10-12 u. 16-18 Uhr, Sa. 10-12 Uhr; Juli/Aug.: Mo., Di., Do. 10-12, Fr. 16-18 Uhr; Tel.: 0032 (0)87 / 67 88 80.

Bruyères, Chaineux, Charneux, Grand-Rechain

Auch in den zur Gemeinde Herve gehörenden Orten Battice, Bruyères, Chaineux, Charneux, Grand-Rechain, Julémont gibt es eine Fülle interessanter und wertvoller architektonischer Monumente, vor allem aus dem überwiegend friedlichen 18. Jh., der insgesamt glücklichen Zeit der österreichischen Herrschaft. Wir können im Rahmen dieses Buches nicht auf all diese Bauten näher eingehen. Nur auf einige Beispiele sei hingewiesen.

Zu nennen etwa das (leider renovierungsbedürftige) Doppelhaus Nr. 2 an der Rue Biomont in dem zu Battice gehörenden Weiler **(Les) Bruyères** gegenüber der Kirche Sainte-Elisabeth (1839/40, Turm 1887). Das Haus wurde Mitte des 18. Jh. erbaut. Leider hat man die Fassade später erheblich verändert.

In **Chaineux** ist das 1700 im maasländischen Stil erbaute, gut erhaltene und gepflegte **Château de Bosse** sehenswert (Haute Chaineux 4). Auch der **Bauernhof** der Familie Bosse-Wadeleux ist von Interesse (Rue du Village 19). Er wurde in drei Phasen errichtet, einer ersten zu Beginn des 17. Jh.

Château de Bosse, 1700, Chaineux

Altes Pfarrhaus, 18. Jh., Chaineux

Bürgerhaus, 18. Jh., Charneux

(im maasländischen Stil), einer zweiten 1669 (Erweiterung im Stil Louis XIII.) und einer dritten (abermalige Erweiterung) Ende des 17. Jh. An der Rue du Village stechen das **Presbytère** (Pfarrhaus, Rue du Village Nr. 44) aus der zweiten Hälfte des 18. Jh. und vor allem das schöne **Haus Nr. 59** aus dem späten 17. Jh. hervor. Die kleine, achteckige Kapelle Sainte-Agathe mit dem barocken Laternchen auf dem Dach im Schatten alter Linden ist aus dem 18. Jh. erhalten. Auf seiner Rückseite ist das Kalksteinrelief eines Kruzifixes in die Ziegelwand eingelassen.

Die **Kirche Saint-Sébastien** in **Charneux** entwickelte sich vom 15. bis ins 18. Jh. Besonders die Bauphase des Jahres 1641 prägt das heutige Erscheinungsbild (Seitenschiffe). Auch gibt es in Charneux rund um den dreieckigen Platz im Dorfzentrum mit der Kirche und dem Friedhof, noch einige **alte Wohnhäuser** zu bewundern (an der Rue Grand-Vinâve und der Rue des Juifs). Hübsch ist das elegante, sich malerisch in den Wiesen präsentierende **Château de Beauregard** aus dem 18. Jh. (Beauregard 104/106).
In **Grand-Rechain** sollte man einmal in Ruhe durch die **Avenue des Platanes** spazieren, die ihren Namen

Saint-Sébastien, Charneux

Château de Beauregard, Charneux

den prächtigen alten Platanen verdankt, die hier im Sommer ihren Schatten spenden. Die Straße säumt eine Fülle alter Bürgerhäuser. Besonders hervorzuheben sind die Häuser Nr. 51/53 aus der Mitte des 18. Jh. hinter einem zur Straße hin gelegenen Garten. Nr. 75 aus der Mitte des 18. Jh., Nr. 136 vom ausgehenden 18. Jh., Nr. 142 aus dem frühen 18. Jh. und vor allem Nr. 156, **Maison de Collombs** oder auch Maison Marésal genannt, aus der ersten Hälfte des 18. Jh. im Louis-treize-Stil.

Besonders schön ist in der Rue de la Halle das stattliche **Patrizierhaus Nr. 18**, das vermutlich um 1730 aus Ziegel und Kalkstein errichtet wurde. In der gleichen Straße gibt es noch einen kleinen Bauernhof vom beginnenden 18. Jh. (Nr. 16).

Erwähnt zu werden verdient die **Ancienne Halle**, auch *Maison d'audience* genannt (Rue Nouvelle 30), auch wenn sich das Haus heute in einem wenig erfreulichen Zustand befindet. Das aus Ziegel und Kalkstein errichtete Gebäude ist schon für das Jahr 1640 bezeugt. Damals diente es als Gerichtshof. Baufällig geworden, wurde die Halle 1722 wieder hergestellt. Auf seine einstige Funktion weist heute noch ein Relief an der rechten Giebelseite hin, das den Erzengel Michael mit einem Flammenschwert und der Seelenwage des Jüngsten Gerichts zeigt.

Bürgerhäuser, 18. Jh., Grand-Rechain

Maison de Collombs, Grand-Rechain

Patrizierhaus, Grand-Rechain

In der Nachbarschaft der Halle stehen noch zwei interessante alte Häuser, nämlich Nr. 20, ein kleiner Bauernhof aus der ersten Hälfte des 18. Jh. und Nr. 22 aus Bruchstein (Kalkstein) vom Ende des 18. oder beginnenden 19. Jh.

Jalhay

Die frankofone **Gemeinde Jalhay** besteht u. a. aus den Ortschaften Jalhay, Charneux, Herbiester, Nivezé, Sart, Solwaster und Tiege. Sie liegt am Rande der Eifel bzw. Ardennen und des Hertogenwaldes. Etwa die Hälfte der Gemeindefläche gehört zum Naturpark Hohes Venn-Eifel. Ihre durchschnittliche Höhe beträgt etwa 400 Meter.

Die Gemeinde grenzt im Norden an Limbourg. Die Gileppe-Talsperre und die Gileppe bilden die Gemeindegrenze zu Baelen im Osten. Bei Baraque Michel berühren sich Jalhay und Weismes / Waimes. Die Grenze zu Malmedy und Stavelot verläuft im Südosten an der Vecquée, dem alten Bistumsweg. Im Westen liegen die Gemeinden Spa, Theux und Verviers.

Geschichte: Die Geschichte Jalhays ist eng mit der des Landes von Franchimont verbunden, das am Ende des 9. Jh. von Zwentibold (Herzog, ab 895 König von Lotharingien) dem Bischof von Lüttich übertragen wurde. Später, als man Franchimont in fünf Banne aufteilte, wurde Jalhay einer davon. Im Laufe der Jahrhunderte siedelten sich entlang der Hoëgne Hochöfen und Eisenschmieden an (s. Sart, S. 226 f.), was zum wirtschaftlichen Gedeihen der ansonsten ganz landwirtschaftlich geprägten Region beitrug. Die Aussichten erschienen gut, doch leider wurden die Schmieden 1468 von dem Burgunderherzog zerstört. 1647 wurden von Söldnern

Kirchturm in Jalhay

Ludwigs XIV. 90 Häuser des Ortes niedergebrannt und viele Menschen getötet. 1835 vernichtete ein schreckliches Feuer das gesamte Ortszentrum samt Kirche, Rathaus, Schulgebäude, dem alten Schloss und 67 Wohnhäusern. Damals wurde in vielen Gemeinden Belgiens für den in Not geratenen Ort gesammelt.

Pfarrkirche Saint-Michel: Die ursprüngliche Kirche Saint-Michel wurde 1534, anstelle einer alten Kapelle errichtet. Als das Gotteshaus 1835 niederbrannte, begann man 1840 mit einem Neubau, der 1841 konsekriert wurde. Nur der Turm stammt noch von der älteren Kirche. Seine schieferverkleidete Spitze hat eine gewundene (geflammte) Gestalt, wie sie in Europa nur etwa hundertmal vorkommt, u. a. auch in Baelen und in Goé an der Weser.

Baraque Michel wird, obwohl auf dem Gemeindegebiet von Jalhay gelegen, gemeinsam mit Botrange und Mont Rigi im Kapitel Weismes / Waimes behandelt (s. S. 187-189).

Sart

Auch **Sart** bildete einen der fünf Banne des Landes von Franchimont. Entlang der Hoëgne siedelten sich in beachtlichem Umfang Hochöfen und Eisenschmieden an, die in dem ursprünglich ganz landwirtschaftlich geprägten Gebiet für einen wirtschaftlichen Aufschwung sorgten. Diese Entwicklung brach jedoch jäh ab, als die Betriebe 1468 von dem Burgunderherzog (Karl der Kühne) zerstört wurden. Durch seine Lage an einem wichtigen Heerweg, der Lothringen mit den Niederlanden verband, wurde Sart in den kriegerischen Zeiten des 16. und 17. Jh. wiederholt Opfer von Gewalt, Plünderung, Brandschatzung und sonstiger Zerstörung. Hinzukommende Pestepidemien und Brände machten das Maß des Leidens voll. Allein 1615 wurden 42 Häuser und die Kirche ein Opfer der Flammen.

Trotz aller Zerstörungen im Laufe der Geschichte Sarts hat der Ort doch heute noch einige historisch interessante Bauten zu bieten.

Die Pfarrkirche Saint-Lambert: Die Lambertuskirche an der Place du Marché ist zweifellos das interessanteste Monument Sarts. Insbesondere ihr massiver Turm (Mauerstärke: 1,75 m), der einst in unsicheren Zeiten als Zufluchtsstätte diente. Er stammt noch aus dem 12. Jh. In der romanischen Eingangshalle unter dem Turm steht ein ebenfalls romanischer **Taufstein** mit vier archaischen Köpfen am Rand des Beckens.

Romanischer Taufstein (Detail), Pfarrkirche Saint-Lambert in Sart

Der 1457 oder 1458 errichtete **Perron** auf der Place du Marché, eine von einem Pinienzapfen bekrönte Säule auf einem gestuften Sockel, war das Symbol der angestammten Freiheiten der Bürger des Ortes. Das Vorbild war der Perron auf dem Lambertusplatz in Lüttich, dem Sitz des Fürstbischofs und Landesherrn.

Pfarrkirche Saint-Lambert in Sart

Perron (1457 oder 1458) auf der Place du Marché, Sart

Maison Lespire, Sart

Das älteste und beeindruckendste Bürgerhaus des Ortes ist die nach ihren einstigen Bewohnern benannte **Maison Lespire** aus dem 16. Jh. (Place du Marché 230). Teilweise von der Feuersbrunst des Jahres 1615 zerstört, wurde der mächtige Bau wiederhergestellt und bei der Gelegenheit um ein Geschoss aufgestockt, was die Jahreszahl 1616 an der Fassade erklärt.

Alte Bruchsteinhöfe in Sart

Gegenüber der Kirche sind auch die aus rotem Ziegel und grauem Kalkstein errichtete **Maison Bronfort** (Place du Marché 234) aus dem 18. Jh. bemerkenswert und das alte **Haus des Vikars** (*maison vicariale*) aus dem 19. Jh., in dem heute das Touristen-Informationsbüro untergebracht ist (Place du Marché 242).

Solwaster

Das idyllische **Dorf Solwaster** mit seinen gepflegten Natursteinhäusern zählt zu den schönsten

Solwaster

Typische Bauernhäuser in Solwaster

der Wallonie, vor allem wenn im Sommer die Fenster der Häuser mit Blumen geschmückt sind. In unmittelbarer Nachbarschaft zu Wäldern und zu den Heidegebieten und Mooren des Venns liegt der Ort einsam, in grüner Abgeschiedenheit. Das hat das Leben der Menschen früherer Jahrhunderte, die noch nicht in kürzester Zeit zu Nachbardörfern oder etwa nach Eupen, Verviers oder Lüttich fahren konnten, sehr viel mehr bestimmt als heute. Kaum einer der Dorfbewohner hat damals je eine Stadt gesehen. Hier herrschte Stille. Hier war das Dasein geprägt vom Überlebenskampf unter rauen Witterungsverhältnissen auf einer kargen Scholle. Die Häuser mit ihren dicken Bruchsteinwänden, kleinen Fenstern und oft tief heruntergezogenen, früher mit Stroh gedeckten Dächern legen davon noch heute Zeugnis ab.

Empfehlung für Wanderer

Nördlich von Hockai nimmt der im Polleur-Venn bei Mont Rigi entspringende Polleur-Bach den Namen Hoëgne an. Bis Solwaster, wo die Statte in das noch schmächtige Flüsschen einmündet, folgt ein wildromantischer Abschnitt mit Kaskaden. Weitere Wanderziele von Solwaster aus sind die Täler der Sawe und der Statte.

Gegenüber der Südseite der Kirche hängen drei kleine Karten, die über den Verlauf der markierten Wanderwege informieren.

Attraktiv ist u. a. der **mit einem gelben Rechteck auf weißem Grund markierte Rundwanderweg**, der uns an die schönen Bäche Statte und Sawe bringt. Am Pont de l'Erimitage (nach etwas mehr als halber Strecke) gibt es eine reizvolle Möglichkeit, den Weg weiter die Sawe hinauf zu verlängern (12 km). Das Bachtal ist hier großartig.

Start: an der Kirche (Solwaster 14)

Länge: etwa 7 km bzw. 12 km (Verlängerung)

Zwei weitere schöne Wanderwege sind mit einem blauen Rechteck bzw. mit einer gelben Raute markiert. Ihre Länge beträgt 10 bzw. 14 km.

In Solwaster lädt die gut geführte, gepflegte Dorfschenke *La Cagna* zur Erfrischung und Stärkung ein. Teurer, aber gut ist das kleine Restaurant *Maison Fagne*, ca. 1,5 km außerhalb des Ortes (Route des Arsins 14; Tel.: 0032 (0)87 / 22 92 72; **www.maisonfagne.be**). Ohne vorherige Reservierung geht hier allerdings gar nichts.

Im nur wenige Kilometer entfernten, größeren Ort Jalhay ist das Restaurant *La Crémaillère* eine gute Adresse (Rue de la Fagne 17; Tel.: 0032 (0)87 / 64 73 14; **www.la-cremaillere.be**). Gegenüber gibt es auch eine solide Pizzeria.

In der Maison Fagne in Solwaster

Die Gileppe-Talsperre und der Hertogenwald

Die **Gileppe-Talsperre** in der Nähe des zur Gemeinde Limbourg gehörenden Ortsteils Goé zwischen Eupen und Verviers (aber zum Gemeindegebiet von Jalhay und Baelen gehörend), deren Hauptzufluss der im Hohen Venn entspringende Bach Gileppe ist, wurde ursprünglich vor allem zur Regulierung der Brauchwassermengen für die Textilindustrie im Tal der Weser, vor allem in Verviers, erbaut.

Bereits in der Zeit der französischen Besatzung (1795–1815) fanden erste Untersuchungen statt, um im Oberlauf der Weser und der Hill eine Talsperre zu errichten. Sie sollte vor allem eine gleichmäßige Wasserversorgung gewährleisten für die damals florierende Tuchindustrie in den Städten Eupen, Dolhain und Verviers. In der Zeit der beginnenden Mechanisierung der Textilfabrikation wurden, bevor Dampfmaschinen zum Einsatz kamen, die neuen Spinnmaschinen und etwas später auch die mechanischen Webstühle zumeist durch Mühlen angetrieben, die nun zu den ohnehin schon vorhandenen Walkmühlen (zum Walken der gewebten Tuche) hinzukamen. Darüber hinaus benötigte man Wasser auch für andere Arbeitsprozesse, nämlich für das Waschen der Rohwolle und das Färben der Wolltuche.

Doch erst 1838 wurde der Plan zum Bau einer Talsperre wieder aufgegriffen. Inzwischen gehörten Eupen (seit 1815) zu Preußen und Verviers sowie Dolhain (seit 1830) zu Belgien. Da durch die damalige Grenzziehung der Oberlauf der Weser auf preußischem Gebiet lag, die Weser aber unterhalb Eupens durch belgisches Gebiet floss, gestaltete sich die Umsetzung des Projektes schwierig.

Deshalb beauftragte Verviers schließlich 1857 einen Ingenieur damit zu untersuchen, ob der Bau einer Talsperre im Einzugsbereich des Gileppebaches möglich und sinnvoll sei. 1860 stellte die Stadt bei der belgischen Zentralregierung den Antrag, die Gileppe-Talsperre bauen zu dürfen. Im folgenden Jahr wurden die Genehmigung erteilt und ein Zuschuss von fünf Millionen Belgischen Franken zugesagt. Die Bauarbeiten dauerten von 1867 bis 1878. Endlich konnte die neue Talsperre, deren Wasserfläche damals 86 Hektar betrug, von König Leopold II. eingeweiht werden.

Zwischen 1951 und 1953 grub man einen 2,5 Kilometer langen Stollen, um dem Stausee nun auch

Gileppe-Talsperre im Hertogenwald

das Wasser der Soor zuzuführen, die bis dahin bei Eupen in die Hill mündete. Von 1967 bis 1971 wurde der Wasserstand um mehr als 15 Meter erhöht (von 51,76 m auf 68 m). Die Fläche des Sees beträgt seitdem 130 Hektar. Die Gileppe-Talsperre gehört heute zu einem Trinkwasserverbund mit der jüngeren Wesertalsperre in Eupen.

Das Wahrzeichen der Gileppe-Talsperre ist ein 13,5 Meter hoher, 300 Tonnen schwerer Sandsteinlöwe, der auf der Dammkrone errichtet wurde. Er blickt nach Nord-Osten zur ehemaligen, damals etwa fünf Kilometer entfernten preußischen bzw. (ab 1871) deutschen Grenze.

In den 1970er Jahren beschloss die Provinz Lüttich den Bau eines 77,60 Meter hohen **Aussichtsturmes**, der aber wegen finanzieller und politischer Probleme erst 1982 fertiggestellt und erst 1996 Besuchern zugänglich gemacht wurde. Der Ausblick über den See und den umliegenden Hertogenwald ist beeindruckend. Oben ist in dem Turm ein Restaurant mit Panoramablick eingerichtet (Tel. 0032 (0)87 / 76 56 87). Auf der Terrasse an seinem Fuß gibt es im Sommer Kaffee und Erfrischungsgetränke.

Informationen: Route de la Gileppe 55 A, B-4845 Jalhay; Tel.: 0032 (0)87 / 76 56 87; **www.gileppe.com.**

Ein mit einem grünen Rechteck markierter Wanderweg mit einer Länge von 15,6 km führt einmal rund um den Stausee.

Der **Hertogenwald** (Bois de la Dukée) war einst Jagdgebiet der Merowinger- und Karolingerherrscher. Er erstreckte sich damals bis an den heutigen Aachener Stadtwald. Seit Mitte des 11. Jh. war er im Besitz der Grafen bzw. Herzöge von Limburg. Dem verdankt der Wald bis heute seinen Namen.

Im Laufe der Jahrhunderte fiel das Herzogtum Limburg mitsamt dem Hertogenwald an die Herzogtümer Brabant und Burgund, dann an die Spanischen und die Österreichischen Niederlande. 1815 gelangte ein Teil an Preußen, ein anderer an die Niederlande, ab 1830 an den neu gegründeten Staat Belgien.

Heute liegt der sich nördlich des Hohen Venns erstreckende Hertogenwald auf dem Gebiet der belgischen Gemeinden Eupen, Raeren, Baelen, Limbourg und Jalhay. Er ist Bestandteil des grenzüberschreitenden Naturparks Hohes Venn-Eifel. Mit seinen 12.300 Hektar ist er eines der größten geschlossenen Hochwaldareale in den Ardennen. Die wichtigsten den Wald durchfließenden Gewässer sind die Weser, der Getzbach, die Hill, die Soor und der Gileppebach.

Im Hertogenwald wurde jahrhundertelang kein geregelter Holzeinschlag, sondern Raubbau betrieben. So verschwand der ursprünglich aus Buchen, Eichen, Erlen und Eschen bestehende Wald infolge von Rodung, Überweidung und Abholzung für die Eisenverhüttung. In der zweiten Hälfte des 18. Jh. war der Hertogenwald wie auch die Waldgebiete der angrenzenden Eifel vollkommen degeneriert und ohne hoch wachsenden Baumbestand. Deshalb ließ der habsburgische Statthalter ab 1775 Versuche mit der Anpflanzung schnell wachsender Fichten vornehmen.

Ab der Mitte des 19. Jh. begann die preußische Forstverwaltung im östlichen Teil mit einer groß angelegten Aufforstung mit Nadelhölzern. Noch heute besteht der Wald zu etwa Zweidrittel aus Nadelhölzern. Zurzeit erfolgt im Rahmen des Projektes Natura 2000 eine Renaturierung der Bachläufe und verstärkte Aufforstung mit tiefer wurzelnden und daher weniger sturmgefährdeten Laubbäumen.

Während des Ersten Weltkriegs ließ die deutschen Militärleitung zwischen 1916 und 1918 durch russische und später italienische Kriegsgefangene dem belgischen Teil des Hertogenwaldes große Mengen Hartholz (Eichen und Buchen) entnehmen, um damit Schützengräben zu befestigen. Dabei sollen etwa 300.000 kräftige Bäume gefällt worden sein. Lediglich die schwer zugänglichen Hänge an der Gileppe-Talsperre blieben von dem Raubbau verschont.

Limbourg

Zur **Gemeinde (Stadt) Limbourg** (dt. *Limburg*), (ca. 7 km südwestlich von Eupen), gehören außer dem alten Städtchen Limbourg die Teilgemeinden Dolhain, Bilstain, Goé und Hèvremont. Die Einwohnerzahl beträgt insgesamt etwa 5.925 (Stand 2018).

Limbourg ist eines der reizvollsten Ausflugsziele, die etwa von Aachen aus erreicht werden können. Es liegt nur sieben Kilometer nordöstlich von Verviers auf einer steilen, felsigen Anhöhe oberhalb des Ortes Dolhain, der ehemaligen Vorstadt. Bis zur Schlacht von Worringen im Jahre 1288 war das kleine Städtchen Hauptstadt des Herzogtums Limburg.

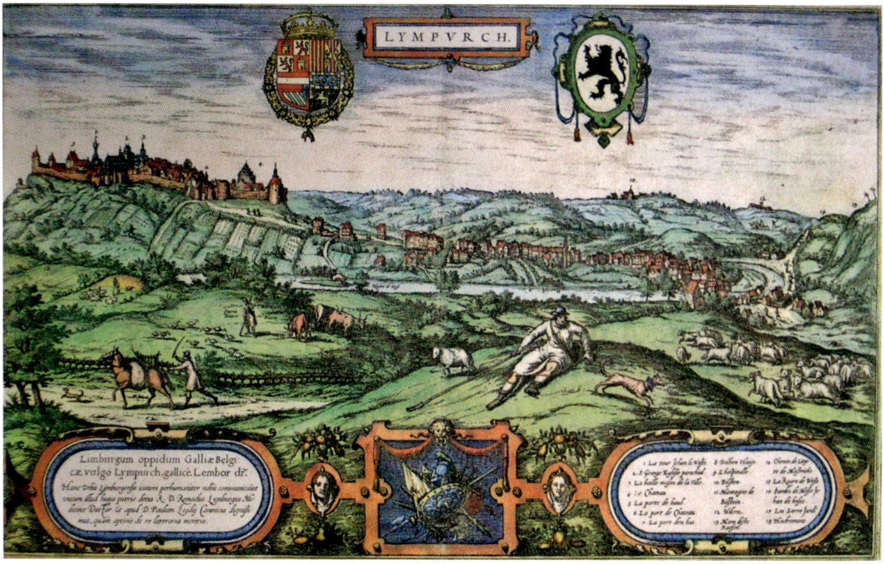

Ansicht Limbourgs in dem 1575 erschienenen zweiten Band des Städtebuchs *Civitates Orbis Terrarum* von Georg Braun und Franz Hogenberg. Zu erkennen sind Limbourg auf dem Berg mit der Stiftskirche (2) und Befestigungsanlagen sowie die Unterstadt Dolhain an der Weser. Ein Schäfer mit seiner Herde weist auf die damals in der Umgebung Limbourgs bedeutende Schafzucht hin. Oben links ist das Wappen des spanischen Königs zu sehen. Die Stadt und des Herzogtum Limburg gehörten damals zu den Spanischen Niederlanden.

Die strategische Lage des nur schwer zugänglichen, fast ganz von einer Schleife der Weser (*vesdre*) umschlossenen Felssporns war zweifellos der Grund dafür, an dieser Stelle eine befestigte Zufluchtsstätte, eine Burg, zu errichten. Zu größerer Bedeutung sollte der Ort im 11. Jh. mit dem Aufkommen des Hauses Limburg gelangen, das sein Herrschaftsgebiet zwischen Aachen und Lüttich schob. 1101 verlieh Kaiser Heinrich IV. dem Grafen Heinrich von Limburg die niederlothringische Herzogswürde. Weil der Limburger dem alten Kaiser auch nach dessen Absetzung die Treue hielt, entzog ihm dessen Sohn, der junge König, der sich gegen seinen Vater erhoben hatte, 1106 das Herzogtum wieder und verlieh es an Gottfried von Löwen, was zu langen Kämpfen zwischen den kriegerischen Limburgern und dem konkurrierenden Haus Löwen-Brabant führte. Nachdem 1128 das Herzogsamt erneut, nun für etwas mehr als ein Jahrzehnt, an einen Limburger vergeben worden war, nannten sich die Grafen durchgängig und unangefochten Herzöge.

Nach der Schlacht von Worringen im Jahre 1288 fiel Limburg, das Herzogtum samt seiner kleinen Hauptstadt, an das mächtige Brabant und verlor damit erheblich an Bedeutung. Unter burgundischer Herrschaft (1406 Kauf des Herzogtums Limburg, endgültige Übernahme der Herrschaft ab

Blick auf Limbourg

1430) und unter den spanischen und österreichischen Habsburgern war Limbourg ein Provinznest mit Amtssitz, bis das Herzogtum Limburg 1795 im Zuge der Annexion der vormals Österreichischen Niederlande durch Frankreich für immer von der politischen Landkarte verschwand. Als Kaiser Joseph II. 1781 in Limbourg übernachtete, soll er erstaunt gewesen sein, einen so unbedeutenden, ja armseligen, nur 74 teils strohgedeckte Häuser zählenden Sitz des Statthalters und Provinzrates vorzufinden.

Das kleine Herzogtum Limburg – die Zahl seiner Einwohner betrug 1782, am Ende der österreichischen Zeit, etwa 65.000 – war durch viele Jahrhunderte so etwas wie ein Vorläufer der Euregio im Kleinen. Wallonen und Menschen, die einen ripuarischen Dialekt sprachen, aber auch brabantisch und niederländisch Sprechende haben in dem Herzogtum offensichtlich mehr als ein halbes Jahrtausend einträchtig zusammengelebt und sich ganz selbstverständlich irgendwie untereinander verständigt. Alle gemeinsam gehörten sie der Diözese Lüttich an. Das Herzogtum Limburg war kein reiches Territorium, schon deshalb nicht, weil große Flächen mit Wald, Heide oder Moor bedeckt waren. Zudem besaß es keine größeren Städte, selbst seine Hauptstadt war und blieb ein Nest, doch war es durch seine Lage an den großen Handelsstraßen von Köln über Jülich und Maastricht nach Flandern und Brabant bzw. nach Lüttich von erheblicher Bedeutung.

Obwohl Limburg ab 1288 kein eigenständiges Herzogtums mehr war, sondern nun in Personalunion mit Brabant verbunden war, dann mit Brabant an Burgund geriet und 1477 an das Haus Habsburg, wurde seine einstige Hauptstadt aufgrund ihrer strategischen Lage zur Festung ausgebaut. Aufgrund seiner dadurch bedingten militärischen Bedeutung erlebte der kleine Ort mehrere Belagerungen, Eroberungen und wiederholte Zerstörungen. 1632 bis 1635 erlitten die Bürger – Limbourg gehörte damals längst zu den Spanischen Niederlanden – eine Besetzung durch die Holländer. 1675 kamen die Franzosen. Ludwig XIV. ließ die Festung schleifen. Ihrer Zerstörung fielen – sozusagen nebenbei – auch Schloss, Rathaus und 70 Wohnhäuser zum Opfer. Auch im Spanischen Erbfolgekrieg (1701–1714) hatte der Ort zu leiden. 1701 wurde Limbourg erneut von den Franzosen besetzt und fiel 1703 in die Hände des britischen Feldherrn Marlborough. Wir ersparen uns die Ereignisse der folgenden Jahrhunderte. Hier gab es endlich auch längere friedliche Zeiten, vor allem unter Kaiserin Maria Theresia. Wir stellen nur fest, dass die europäischen Auseinandersetzungen immer wieder, gewissermaßen im

Limbourg

Vorbeimarsch, auch das kleine Städtchen an und über der Weser heimsuchten, bis zuletzt in den beiden großen Kriegen des 20. Jh., denn es lag am Rande des unwegsamen Ardennengebirges. Hier mussten die von West nach Ost und umgekehrt marschierenden Heere und Söldnerhaufen vorüber, und immer brachten sie Leid, Drangsal und Tod über die friedlichen Menschen in dem schönen Landstrich zwischen Aachen und Lüttich. Zuletzt haben im September 1944 deutsche Panzer in Limbourg versucht, vorrückende amerikanische Verbände aufzuhalten.
Erhalten hat sich trotz vieler Beschädigungen, Plünderungen und zweier Brände (1533, 1834) die aus der Schlosskapelle des 12. Jh. hervorgegangene, beeindruckende **gotische Kirche Saint-Georges**, neben der man einen schönen Ausblick ins Wesertal und das saftig-grüne Hügelland genießt.
Geschichte: Ende des 12. Jh. hatte es in Limburg nur eine einfache Burgkapelle gegeben, die im Laufe der folgenden Jahrhunderte gemäß der Entwicklung des Ortes und seiner Einwohnerschaft vergrößert und mit einem kleinen Friedhof umgeben wurde. Sie gehörte zunächst zu Baelen, der Urpfarre der Region. Gegen Ende des 12. Jh. kam sie an das unweit im Wesertal gelegene Goé. Erst 1460 erhielt Limburg eine eigene Pfarre. Mit der Einrichtung eines Kapitels von Kanonikern aus Rolduc/Klosterrath wurde das Gotteshaus zur Propsteikirche. Dies zog bedeutende Vergrößerungen und Verschönerungen des Sakralbaus nach sich. So erhielt er seine heutige Gestalt im Wesentlichen im 14. und 15. Jh. Nach seiner Vollendung um 1500 hatte die Kirche mehrere Beschädigungen zu erleiden, so 1533 durch einen Brand, 1566/67 durch Plünderungen durch Protestanten, 1676 durch Sprengungen seitens französischer Truppen, denen Dächer und Gewölbe zum Opfer fielen, bis im 19. und im beginnenden 20. Jh. umfängliche Restaurierungsmaßnahmen erfolgten.
Äußeres: Die querschifflose Kirche aus hellem Kalkstein ist nah an dem zur Weser hin steil abfallenden Hang errichtet. Ihr Chor (15. Jh.) steht auf einem hohen Unterbau, der das Gefälle des Berghanges ausgleicht. Dadurch ist die polygonale Apsis der Basilika mit ihren schlanken spätgotischen Fenstern weithin sichtbar und bestimmt die markante Silhouette des Ortes, vor allem von den gegenüberliegenden Berghängen aus. In dem Unterbau

Kirchturm von Saint-Georges, Limbourg

befindet sich eine Krypta (15. Jh.). Der mächtige Turm im Westen stammt vermutlich noch aus der Bauphase vom Beginn des 14. Jh. Er wurde durch ein neues Joch mit dem bereits bestehenden Bau verbunden. Im 19. Jh. hat man ihn wohl neu verblendet. Über dem Mittelpfeiler des gotischen Portals im Turm sehen wir den Patron der Kirche, den heiligen Drachentöter (erneuert nach dem Vorbild des Originals aus dem 15. Jh.). Oberhalb des Portals folgt ein Fenster mit Flamboyantmaßwerk, darüber eine ebenfalls spitzbogige, mit Maßwerk versehene große Schallöffnung für das Geläut. Die Fenster des Obergadens sind im Süden rund (19. Jh.), im Norden rundbogig. Die Seitenschiffe werden von spitzbogigen Maßwerkfenstern erhellt.
Das Innere der Kirche ist leider seit mindestens drei Jahrzehnten in der Regel nicht mehr zugänglich und in einem skandalösen Zustand. Wir befinden uns in einer dreischiffigen Basilika ohne Querschiff mit dreiseitig abschließendem Chor. Spitzbogige Arkaden mit Rundpfeilern aus grauem Stein und schmucklosen Kapitellen verbinden das Hauptschiff mit den beiden Seitenschiffen. Die wenig begeisternde eingezogene Stuckdecke und die Rundfenster an der Nordseite des Lichtgadens stammen aus dem 18. bzw. 19. Jh.

Place Saint-Georges, Limbourg

Von der einst reichen **Ausstattung** ist wohl manches im großen Brand von 1834 untergegangen. Erhalten und noch vor Ort sind u. a. das um 1510 entstandene Triumphkreuz, das gotische Taufbecken aus Stein mit seinen traditionellen vier Köpfen, die das Menschengeschlecht in seiner Gesamtheit symbolisieren, zwei barocke Beichtstühle (1754), das Chorgestühl (1777), eine Reihe von Grabplatten und das hohe, steinerne, einst bunt gefasste Sakramentshäuschen am Choreingang im gotischen Stil aus dem Jahre 1520. Über der zur Aufbewahrung der konsekrierten Hostien bestimmten vergitterten Nische des Sakramentshäuschens erkennen wir, ebenfalls in einer Nische, ein Abendmalsrelief und darüber eine Figur des Auferstandenen.

Im linken Seitenschiff ist ein vier Meter hohes Gemälde des Lütticher Malers Walthère Damery (*La Rédemption*) aus dem Jahre 1674 von besonderem Interesse, das einst über dem Hauptaltar hing. Das Bild zeigt die Jungfrau Maria, wie sie, zu Gott Vater emporschauend, auf den vom Kreuz abgenommenen Leichnam Christi deutet. Der Körper des Erlösers wird von einem Engel gestützt, der dem mit ausgebreiteten Armen herabschauenden Vater die Dornenkrone reicht. Vor der Brust des Vaters vervollständigt eine Taube, Symbol des Heiligen Geistes, die Darstellung der Trinität.

Die schöne, abschüssige **Place Saint-Georges** mit ihrem holprigen Pflaster aus Flusssteinen, die man von der Weser hier heraufgeschleppt hat, umgeben malerische **Häuschen aus dem 17., 18. und 19. Jh.** im Sommer mit ihrem Blumenschmuck. Im oberen Bereich des Platzes, vor den dort gepflanzten Bäumen, steht noch die alte öffentliche Pumpe aus

Place Saint-Georges

Fontaine de la Vierge, Place Saint-Georges

dem Jahre 1791, die **Pompe du Grand Puits**. Hier wurde schon im frühen 16. Jh. ein Brunnen in den felsigen Grund geschlagen, um die Bevölkerung mit frischem Wasser zu versorgen. Eine zweite solche Pumpe, **Fontaine de la Vierge** (Brunnen der Jungfrau) genannt, steht weiter unten, mehr im Zentrum des Platzes über dem Brunnen des ehemaligen Rathauses. Die mit zwei hübschen Laternen versehene, hohe, sich nach oben hin verjüngende Steinstele stammt aus dem 18. Jh. Sie wird von einer modernen Statue der Gottesmutter (1960) bekrönt, die eine ältere von 1875 ersetzt. Diese wurde von den Limburgern zum Dank für eine überstandene Choleraepidemie gestiftet, der viele Menschen aus der Unterstadt zum Opfer gefallen waren.

Das **frühere Rathaus** (Hôtel de Ville, Nr. 30) mit dem rundgewölbten Durchgang wurde von 1681 bis 1687 erbaut und ersetzt den 1675/76 von den Franzosen zerstörten Vorgängerbau, der in der Mitte des Platzes gestanden hatte. Bis 1703 diente das Gebäude als Versammlungsort für die Stände des Herzogtums als hoher Gerichtshof und als Lehnshof. Auch der Magistrat der Stadt hatte hier seinen Amtsraum. Heute befindet sich im Parterre ein kleines Museum mit einem liebevoll gebastelten Modell der Stadt vor der Zerstörung durch die Truppen Ludwigs XIV. Das steinerne Wappen im Torbogen zeigt das Kreuz Burgunds und die Jahreszahl 1681. Das **Schlösschen** im Süden des Platzes mit seiner eklektizistischen Fassade wurde erst im Jahre 1910 errichtet.

Bei einem Spaziergang durch Limburg genießt man nicht nur pittoreske Winkel, alte Häuser und die Romantik der Hinterlassenschaft längst untergegangener Zeiten, sondern auch prächtige Ausblicke über das wiesengrüne Wesertal hinweg in die schöne Landschaft. Dabei sieht man im Westen auch den 1843 fertiggestellten **Viadukt von Dolhain**, der den Zug in einer Höhe von 20 Metern über die Weser führt. Neben dem ebenfalls sichtbaren Tunnel lässt er erahnen, welche Schwierigkeiten die Ingenieurkunst in den 40er Jahren des 19. Jh. hier angesichts der beschränkten damaligen technischen Mittel zu meistern hatte, um die erste grenzüberschreitende Eisenbahnstrecke von Köln über Aachen und Lüttich nach Antwerpen zu erbauen.

Limbourg

Limbourg

Zwischen Goé und Limbourg

Empfehlungen für Wanderer und Radfahrer

Wanderungen (1-4)

Von Limbourg aus kann man reizvolle Wanderungen unternehmen, zum Teil über sog. Heckenpfade quer über die Wiesen. Es empfiehlt sich, im Touristen-Informationsbüro in Dolhain (Avenue Victor David 15; Tel.: 0032 (0)87 / 76 04 16) die **Karte** … *à la découverte de Limbourg* zu erwerben, da die Markierungen an den Wegen mitunter etwas sparsam verteilt sind.

1) Start: Limbourg
Länge: ca. 5 km
Lohnenswert ist der Weg von Limbourg nach Goé (vom oberen Ende des Marktplatzes aus über die Route de Halloux, dann nach wenigen Metern links ab in die Hors les Portes, anschließend sofort wieder nach links; der blauen Raute folgen, auf den letzten etwa 500 m der roten; einfache Strecke: etwa 1,5 km).

2) Start: Dolhain oder Limbourg
Länge: ca. 9 km (Abkürzung: 6 km)
Eine andere attraktive **Wanderstrecke** ist die **mit einer blauen Raute** gekennzeichnete, die man in Dolhain oder vom historischen Zentrum Limbourgs aus beginnen kann (ca. 9 km). Wenn man abkürzen möchte, kann man den Abstecher nach

Goé

Chapelle Sainte-Anne auf Halloux bei Limbourg, 1774

Bei Hèvremont

Dolhain weglassen und von Limbourg aus nur den größeren Teil des Weges von etwa 6 km gehen. Das ist zudem der weit attraktivere Abschnitt der Wanderung. Dabei kommt man auch an der prächtigen Ferme des Comagnes (weitgehend 17. und 18. Jh.) vorüber und der achteckigen, von hohen alten Bäumen umgebenen Chapelle Sainte-Anne auf Halloux, die 1774 nach Zerstörung durch vorüberziehende Truppen wieder aufgebaut wurde, wie der Keilstein des Portals verrät. Die Anhöhe, auf der man die Kapelle mit ihrem hübschen pyramidalen Schieferdach errichtet hat, bietet mit ihren etwas mehr als 300 m Höhe weite Ausblicke in das grüne Limburger Land bis hinüber zu den bewaldeten Ausläufern der Ardennen.

3) Start: Dolhain
Länge: ca. 6 km
Der landschaftlich vielleicht schönste **Rundwanderweg** der Umgebung, zudem ein Weg mit herrlichen Ausblicken, beginnt in Dolhain unterhalb Limbourgs, hat eine Länge von etwa 6 km und ist **mit einer grünen Raute markiert** (Dolhain – Honthem – Baelen – Belle Vue [schöne Aussicht] – Dolhain). Vom Markt aus geht man zunächst ein Stück die Rue Wauters aufwärts und biegt dann rechts in den Chemin du Loup ein. Anfangs hat man einige Höhenmeter zu überwinden.

4) Start: Kapelle Sainte-Anne auf Halloux (s. o.) an der Route de Halloux, etwa 1.500 m südlich des Ortskerns von Limbourg
Länge: 7 km
Hinweis: Sehr empfehlenswert ist die mit einer roten Raute markierte Wanderung, die an der Kapelle Sainte-Anne auf Halloux (s. o.) beginnt. Allerdings sollte man diesen Rundweg möglichst bei trockenem Wetter gehen, weil die steile *voie d'amis* hinunter nach Hèvremont (schöne alte Bruchsteinhäuser) sonst sehr rutschig sein kann und man sich in den feuchten Wiesen schnell nasse Füße holt.

Radtour
Die Empfehlung für Radfahrer (3) im Kapitel *Membach* (s. S. 215) beschreibt eine sehr schöne Radrundstrecke von Eupen nach Limbourg und zur Gileppe-Talsperre, die natürlich auch in Limbourg begonnen werden kann.

Dolhain

Dolhain an der Weser verdankt als Vorort des oberhalb auf einem Felssporn gelegenen Städtchens Limbourg seine Existenz der sich seit dem 14. Jh. an dem Flüsschen entwickelnden Wolltuchherstellung. In dem an sich wenig reizvollen Ort steht an der Rue Maisier die zwischen 1735 und 1757 als Gotteshaus eines Rekollektinnenklosters erbaute und im 19. Jh. vergrößerte klassizistische **Kirche Notre-Dame de la Visitation**. Über der Fassade aus rotem Ziegel und grauem Kalkstein (1735) mit einer Figurennische im geschweiften Giebel ragt ein viereckiges Türmchen empor. Im Inneren ist der Hauptaltar aus der Mitte des 18. Jh. von Interesse. Das Altargemälde von Léon Herbot aus dem Jahre 1874 zeigt, wie der hl. Dominikus aus den Händen der Gottesmutter den Rosenkranz empfängt.

Rechts neben der Kirche befindet sich das nach einem Brand im Jahre 1914 neu errichtete Pfarrhaus. An der Avenue Victor David finden wir an einem Haus auf der linken Straßenseite eine steinerne **Gedenktafel**, die daran erinnert, dass die Deutschen (*les Allemands*) am 9. August 1914, also bereits in den ersten Tagen des Ersten Weltkrieges und des Einmarsches in Belgien, in Dolhain fünf Personen ermordet haben. Weiter heißt es, um die Bevölkerung zu terrorisieren, hätten die Deutschen auf Befehl 28 Häuser geplündert und angezündet.

Auch das Kriegerdenkmal auf dem Platz im Ortszentrum hält die Erinnerung an die beiden schrecklichen Kriege fest, die eine lange friedliche deutsch-belgische Nachbarschaft beendeten und die Belgier trotz allen erfahrenen Leids nicht daran hinderten, uns Deutschen schon sehr früh wieder die Hand zu reichen und uns heute ohne Ressentiments zu begegnen.

Vom Eisenbahnviadukt von Dolhain war bereits die Rede (s. S. 235).

Goé

In dem noch ganz ursprünglichen **Dorf Goé**, das abseits der Talstraße in den sanft gewellten Wiesen oberhalb des Flusses Weser (frz. *vesdre*) liegt, finden wir eine ganze Reihe Häuser aus dem 18., z. T. auch 17. Jh. aus hellgrauem Bruchstein, für die sich ein kleiner Rundgang durch die stillen Straßen lohnt.

Leider ist die schöne alte **Pfarrkirche Saint-Lambert** in Goé vom Ende des 14. oder Beginn des 15. Jh. (als die Pfarre von Goé noch Limbourg miteinschloss) mit ihrer eigentümlich gewundenen Kirchturmspitze in der Regel nur zu den Gottesdiensten geöffnet. Ihre ältesten Teile sind Chor und Querhaus, die mit ihren großen Maßwerkfenstern noch ganz im spätgotischen Stil (15. Jh.) erhalten sind. Im stimmungsvollen Inneren der Stufenhalle bzw.

Goé in den Wiesen über der Weser

Pfarrkirche Saint-Lambert, Goé

Gotisches Sakramentshäuschen, 16. Jh.

Spätgotisches Maßwerkfenster des südlichen Querhausarms, Verglasung: frühes 20. Jh.

Pseudobasilika (nur leicht erhöhtes Mittelschiff ohne Fensteröffnungen im niedrigen Obergaden) sind vor allem der **Apostelbalken** aus dem 15. Jh. mit seinen schlichten, mitunter derben Gesichtern und das gotische, aus Stein gehauene **Sakramentshäuschen** (16. Jh.) sowie das romanische **Taufbecken** mit seinen vier urtümlichen Köpfen (Ende 12. oder Anfang 13. Jh.) bemerkenswert. Farbig gefasste **Figuren** des hl. Lambert, des hl. Hubert und des hl. Rochus stammen aus dem 16. Jh. Ein aus Holz geschnitztes **Retabel** aus dem 15. Jh. (linker Seitenaltar) zeigt Stationen aus dem Leben der hl. Elisabeth von Thüringen. Wenn bei gutem Wetter das von den bunten (1910 bis 1913 geschaffenen) Glasfenstern des dreiseitigen Chores und Querhauses gefärbte Sonnenlicht in den Kirchenraum

Typische Bruchsteinhäuser in Goé

hineinfällt, dann sollte man noch einen Augenblick verweilen und die wohltuende Atmosphäre genießen, die das Gotteshaus erfüllt.

Plombière (Bleyberg)

Zur zwölf Kilometer westlich von Aachen gelegenen **Gemeinde Plombières** im Dreiländereck zwischen Belgien, Deutschland und den Niederlanden gehören seit der Gemeindefusion von 1977 die Ortsteile Plombières (dt. *Bleyberg*), Moresnet bzw. Moresnet-Village, Moresnet-Chapelle, Hombourg (dt. *Homburg*), Gemmenich, Montzen und Sippenaeken. Die Einwohnerzahl beträgt 10.401 (Stand 2018).

Durch den ländlich geprägten Ort fließt die Göhl, die in den benachbarten Niederlanden in die Maas mündet. Für den einst bedeutenden Bleibergbau wurde der Flusslauf auf dem Gemeindegebiet dauerhaft verlegt. Dazu wurde ein Tunnel durch einen Felsen gesprengt, durch den die Göhl seitdem über ein kleines Sperrwehr geleitet wird.

Plombières (Bleyberg) ist die nördlichste der drei plattdeutschen Gemeinden in Ostbelgien mit französischer Amtssprache. Die Mehrzahl der Bewohner ist heute französischsprachig. Doch gibt es immer noch Menschen, die einen ripuarischen Dialekt als ihre Muttersprache bezeichnen.

Bis 1918 war Hochdeutsch die Schul- und Kirchsprache. Nach dem Ersten Weltkrieg und der Zeit der deutschen Besatzung wurde die deutsche von der französischen Sprache abgelöst. Auch wurde der deutsche Ortsname *Bleyberg* 1919 durch königlichen Beschluss in Plombières geändert. Seit 1963 gehört Plombières offiziell zum französischen Sprachgebiet.

In früheren Zeiten lebten die Bewohner Bleybergs überwiegend vom Bleibergbau. Eine erste Erwähnung des Bleiabbaus stammt aus dem 14. Jh. 1825 erhielten die Brüder John und James Cockerill die Konzession für das Bergwerk (in Bleyberg und Montzen). Nach dem Tod der Brüder wurde durch deren Nachlassverwalter Barthold Suermond eine neue Gesellschaft gegründet, die seit 1846 den Namen *Compagnie des Mines et Fonderies du Bleyberg* (*Gesellschaft der Bergwerke und Gießereien Bleyberg*) trug. Da die in mehreren Schächten erfolgende Förderung des Bleis oft mit der von Zink verbunden war, ließ man sich auch dafür eine Konzession erteilen, was allerdings Jahre dauerte (1848 beantragt, 1856 erteilt). Zudem wurde der räumliche Bereich erweitert, für den die Konzession galt. Sie erstreckte sich nun auch über Gemmenich, Montzen und Moresnet. 1875 wurde die Konzession abermals erweitert, nun auch auf Hombourg und Sippenaeken. Was man aus den abgebauten und ab den 80er Jahren auch aus dem Ausland eingeführten Erzen herstellte, waren Zinkplatten, Blei und Silber in Barren. Die Zahl der Arbeiter

Ehem. Bauernhof, 17. oder 18. Jh., heute Bergbaumuseum, Maison du Site Minier

betrug etwa 360. Gearbeitet wurde in zwei Schichten. Nach dem Ersten Weltkrieg ging es mit dem Geschäft rapide bergab. 1922 wurden in Bleyberg die letzten Öfen stillgelegt. 1975 hat man auch den Bergbau in Plombières endgültig eingestellt. Seitdem leidet die Gemeinde unter einer hohen Arbeitslosigkeit und Abwanderung, besonders von jungen Menschen.

In dem alten Dorf Plombières (also nicht in den später eingemeindeten Ortsteilen) ist kunsthistorisch nicht viel Interessantes zu sehen. Die achteckige neoromanische **Dorfkirche** *Notre-Dame de l'Assomption* wurde 1935 errichtet. Als besonders schön wird man sie nicht bezeichnen können. An der Straße *Rue du Chemin de Fer* (Nr. 25) allerdings steht ein alter, überwiegend aus braunem Bruchstein, aber im oberen Geschoss teilweise auch in

Lore, aufgestellt zur Erinnerung an den Bergbau in Plombières / Bleyberg

Achteckige Dorfkirche, 1935

Naturschutzgebiet, Plombières

Galmeiveilchen

Fachwerk errichteter **Bauernhof**, der auf das 17. und 18. Jh. zurückgeht. Der linke Teil der Fassade könnte sogar noch aus dem 16. Jh. stammen.
In dem alten Bauernhof ist heute ein liebevoll hergerichtetes **Bergbaumuseum** eingerichtet (*Maison du Site Minier*), in dem wir detailliert über den Bergbau in Bleyberg und über die Zinkherstellung unterrichtet werden. Dabei erfahren wir u. a., dass schon 1885 Menschen vor Gericht zogen, um sich gegen den durch Fabrikkamine in die Luft gelangenden Metallstaub zu wehren, gegen schwefelhaltige Gase und übelriechende Dämpfe. Das Gericht in Verviers verurteilte das Unternehmen dazu, die Missstände zu beseitigen, was aber wohl nur in begrenztem Umfang geschah. Hier befindet sich auch ein Touristen-Informationsbüro (Rue du Chemin de Fer 25; Tel.: 0032 (0)87 / 35 53 77; **www.tourisme.plombières.be**).

Empfehlung für Wanderer
Start: Parkplatz an einem Seitenweg der Rue de l'Usine, etwa 150 m unterhalb der Kirche; Hinweisschild: *Site calaminaire*
Am Parkplatz steht eine **Infotafel mit Wanderkarte** (mit dem Smartphone abfotografieren!).
Länge: wahlweise 3 km oder 1,7 km
Auf einem mit einem stehenden roten Rechteck auf weißem Grund markierten Rundweg (*Promenade du Site Minier*) ist ein Teil des Geländes des ehemaligen Galmeiabbaus gut zu erkunden. Heute finden wir hier ein wertvolles Naturschutzgebiet vor mit einer ganz besonderen Flora und Fauna, die an die durch den Bergbau im Boden enthaltenen Schwermetalle (u. a. Zink) angepasst sind. Wir gelangen bei unserem Spaziergang schon bald auf eine Lichtung, auf der von April bis September, oft auch Oktober, gelbe **Galmeiveilchen** blühen. Von

In den Fels gesprengter Göhltunnel

April bis Juni ist auch das weiß blühende Galmeitäschelkraut zu finden. Von Juni bis August können wir die rosa blühende Galmeigrasnelke bewundern. Zur Fauna des Gebietes gehört der kleine Perlmuttfalter. Wir folgen ein Stück die **Göhl** entlang bis zu einem durch einen Felsen gesprengten Tunnel, durch den die Göhl über ein kleines Sperrwehr geleitet wird (s. o.).

Gemmenich

Das landschaftlich schön gelegene **Dorf Gemmenich** wird erstmals im Jahre 850 als königliche *villa* (Gutshof) urkundlich erwähnt. Ab dem 11. Jh. gehörte der Ort zur Grafschaft bzw. zum Herzogtum Limburg, das im 13. Jh. dem Herzogtum Burgund angegliedert wurde (in Personalunion).

Die dem hl. Hubertus geweihte, von einem Friedhof umgebene **Pfarrkirche St. Hubert** wurde 1774 errichtet und 1906 durch ein Querschiff und einen neuen Chor erweitert. Bei dem noch aus dem 18. Jh. erhaltenen Teil der Kirche handelt es sich um das einschiffige Langhaus von vier Jochen und den schmucklosen Turm im Westen.

Das neogotische **Altarretabel** enthält farbig gefasste Passionsreliefs. Das zentrale Relief, die Kreuzigung mit gedrängter Figurenfülle, stammt noch aus dem späten 15. Jh. Links davon sehen wir die Geißelung Christi und die Kreuztragung, rechts Kreuzabnahme und Auferstehung. Aus dem 16. Jh. ist eine aus Holz geschnitzte **Figur des hl. Hubert** (sitzend, an der Brüstung der Orgelempore) erhalten, aus dem 17. Jh. ein **gekreuzigter Christus** (unter dem Gewölbe des Choreingangs). Die Kanzel entstand um 1780. Außen hat man in die Kirchenwand alte Grabsteine aus dem 17. und 18. Jh. eingefügt.

Sitzender hl. Hubertus, Pfarrkirche Gemmenich

Hombourg

Das **Dörfchen Hombourg** thront auf einer Anhöhe zwischen den Tälern von Gulp und Göhl (ndl. *Geul*, frz. *Gueule*). Es wird 1070 erstmalig urkundlich erwähnt. Wie Gemmenich gehörte es bis zum Ende

Golgatha, Relief (spätes 15. Jh.), Altarretabel, Pfarrkirche Gemmenich

Pfarrkirche in Hombourg, Hochaltar

des Ancién Régime (ausgehendes 18. Jh.) zur Bank Montzen, einem der Gerichts- und Amtsbezirke im Herzogtum Limburg. Großartig sind die Ausblicke in die Niederlande, nach Deutschland und Belgien. Rundum liegen verstreute Weiler und Gehöfte im grünen Wiesenland, das zu Wanderungen einlädt. Die **Pfarrkirche Saint-Brice** ist noch von einem eingefriedeten Gottesacker umgeben. Drei Joche des Schiffs stammen noch von einem 1717 errichteten Bau. Das letzte Joch und der Chor wurden wie der Turm 1838/39 erbaut. Rundbogige Säulenarkaden verbinden das Mittelschiff mit den Seitenschiffen. Der Chor wurde im Innern 1866/67 neu gestaltet. Der Hochaltar entstand in den 1860er Jahren. Das Altarbild jedoch ist älter und wurde in der zweiten Hälfte des 18. Jh. gemalt. Es zeigt die Anbetung durch die Hirten. Bemerkenswert sind die beiden Figuren im Chor seitlich des Hochaltars aus dem 18. Jh., der hl. Sebastian (rechts) und der hl. Brixius (St. Brice) (links). Die Fenster mit den farbigen Heiligenbildern wurden 1892 eingesetzt. Zahlreiche alte Grabkreuze aus dem 16., 17. und 18. Jh. sind in die Wände de Gotteshauses eingelassen.

Zu den schönen Bauernhöfen Hombourgs gehört der teilweise mit Fachwerk versehene **Hof Boffereth 19**, der im späten 18. oder beginnenden 19. Jh. erbaut wurde.

Interessant ist auch die einsam in einer feuchten Senke gelegene, einst von Wassergräben umgebene und mit einer Zugbrücke ausgestattete

Burg Vieljaeren, Hombourg

große Château-ferme de Berlieren (Rue de Rémersdael, Hinweisschild beachten), die überwiegend im 17. Jh. errichtet wurde. Maueranker bilden die Jahreszahl 1688. Der weitläufige Gutshof gehörte von 1124 bis 1582 dem Kapitel von Saint-Pierre in Lüttich. Zwar sind die Wassergräben, die den wehrhaften Hof einst umgaben, ebenso verschwunden wie ein ritterlicher Wohnturm, der im hier im Mittelalter emporragte. Aber dafür tragen heute große Weiher zum Reiz des Anwesens bei.

Ebenfalls an der Rue de Rémersdael (Nr. 42) liegt eine alte Mühle, **Moulin de Médael,** ein Gebäudeensemble aus dem 18. und 19. Jh.

Burg Vieljaeren: Das versteckt in einer Talsenke liegende Rittergut Vieljaeren oder Veltjaeren (südlich

Hof Boffereth 19, Hombourg

Auf dem amerikanischen Soldatenfriedhof

der Rue d'Aubel, Zufahrtsweg: Vieljaeren) ist eine der wenigen Wasserburgen in Ostbelgien, die sich ihre mittelalterliche, wehrhafte Gestalt bis auf den heutigen Tag bewahrt haben. Allerdings ist von den ehemals zwei durch eine Verteidigungsmauer getrennten Wassergräben nur noch der innere erhalten

Wie so viele andere Burgen des Limburger Landes wurde auch Vieljaeren im Limburgischen Erbfolgekrieg 1286 durch Herzog Johann von Brabant verwüstet und niedergebrannt. Die heutigen Bauten stammen wohl aus dem 14. und 15. Jh. Damals wurde auch der doppelte Wassergraben angelegt. Die in den 70er Jahren noch recht heruntergekommene Burg ist heute in einem gut restaurierten Zustand. Der alte Wassergraben wurde wieder geflutet.

Etwa drei Kilometer südwestlich von Hombourg liegt an der Grenze zur Gemeinde Aubel (etwa 3 km östlich von Aubel) an der nach Henri-Chapelle führenden Straße *Rue du Mémorial Américain* (Nr. 159) ein großer **amerikanischer Soldatenfriedhof**, auf dem fast 8.000 amerikanische Soldaten liegen, von denen die meisten ihr Leben beim Vormarsch der US-Truppen nach Deutschland verloren haben. Von einem Aussichtspunkt aus, genießt man einen der weitesten und schönsten Ausblicke, die das heute so friedliche Land zwischen Rhein und Maas zu bieten hat.

Gastronomische Hinweise: In Homburg ist die Brasserie *Gain d'Orge* besuchenswert (Rue Laschet 3; Tel.: 0032 (0)87 / 78 77 84; **www.grain-dorge.com**). Hier kann man verschiedene in einer kleinen Brauerei (in einem anderen Gebäude) gebraute köstliche Biere trinken und auch etwas essen. Hausbiere sind das *Brice* und das *Joup* sowie ein Weißbier, das den Namen *Canaille* trägt.

Empfehlenswert wegen seiner guten Küche und

Amerikanischer Soldatenfriedhof zwischen Henri-Chapelle und Aubel

Brice und Joup, zwei Biere der Brasserie *Grain d'Orge* in Hombourg

Bei Burg Vieljaeren

seines urigen Ambientes ist das Restaurant *Le Cochon embouteillé* (Centre 47; Tel.: 0032 (0)87 / 78 78 85; **www.le-cochon-embouteille.be**).

Empfehlungen für Wanderer und Radfahrer

Wanderungen

Vom Ortszentrum Hombourgs aus kann man schöne Wanderungen unterschiedlicher Länge auf insgesamt sechs markierten Rundwegen unternehmen. Unweit der Kirche steht an der Rue d'Aubel (gegenüber der Apotheke) eine Tafel mit einer guten Wanderkarte, die Sie, wenn Sie über keine eigene Wanderkarte verfügen, mit dem Smartphone abfotografieren sollten.

Der kürzeste Rundweg ist der mit einem liegenden grünen Rechteck auf weißem Grund markierte. Er hat eine Länge von ca. 6 km. Etwa auf halber Strecke bietet er schöne Aussichten in Richtung Montzen.

Der längste Weg ist mit einem stehenden roten Rechteck auf weißem Grund markiert. Seine Länge beträgt etwa 14 km.

Die mit einer blauen Raute gekennzeichnete *Promenade du Cimetière Américain* von 10 km Länge führt am amerikanischen Soldatenfriedhof und am Schloss Vieljaeren (s. S. 243 f.) vorüber und bietet zudem großartige Aussichten.

Radtour

Eine sehr reizvolle, in Hombourg startende Radtour nach Aubel, Clermont, Thimister, Herve und Val-Dieu wird im Kapitel *Aubel / Val-Dieu* (s. S. 210 f.) beschrieben.

Montzen

Geschichte: Der etwa 3:000 Einwohner zählende **Ort Montzen** ist eines der älteren ländlichen Zentren des Herver Landes. Er wird 1076 erstmalig urkundlich erwähnt. Damals schenkt König Heinrich IV. die Vogteien Lontzen, Walhorn und Mesch (bei Montzen) dem Aachener Marienstift. Die Hochbank Montzen war bis 1795 eines der fünf Verwaltungszentren im Herzogtum Limburg.

Pfarrkirche Saint-Etienne: Freistehend überragt die Pfarrkirche Saint-Etienne (St. Stephanus) den weiten Dorfplatz (Place Communale) des Ortes. Sie ist noch von einem ummauerten Friedhof umgeben, auf dem zahlreiche interessante Grabkreuze aus dem 16., 17., 18. und 19. Jh. erhalten sind. Das Gotteshaus wurde 1780/81 an der Stelle eines Vorgängerbaus aus rotem Ziegel und grauem Kalkstein

Pfarrkirche Saint-Etienne, Montzen

Chor der Pfarrkirche Saint-Etienne, Montzen

errichtet. Turm und Front im Westen entstanden 1865. Auf dem First des Schieferdachs sitzt über dem Chor ein kleiner Dachreiter.

Inneres: Die Kirche ist einschiffig. Der saalartige Raum hat fünf Joche und erhält durch seine hohen Rundbogenfenster reichlich Tageslicht. Der eingezogene Chor schließt mit einer halbrunden Apsis ab.

Der schöne barocke Hauptaltar wurde 1751/52 angefertigt. Auf Voluten an den Seiten knien Engel, die das im Tabernakel aufbewahrte Allerheiligste oder eine früher bei bestimmten Gelegenheiten in einer Monstranz auf dem Expositorium ausgestellte geweihte Hostie verehren, in der für Katholiken Christus präsent ist. Kanzel und die Beichtstühle entstanden im letzten Viertel des 18. Jh. Interessant sind die farbig gefassten Stuckreliefs der Apsis von 1783/84.

Erwähnung verdienen ein aus Holz geschnitzter Christus aus dem 17. Jh. und eine weitere, farbig gefasste Christusfigur aus Eichenholz aus dem 18. Jh. sowie Figuren des hl. Antonius des Großen (des Einsiedlers und Vaters des Mönchtums), Christi als guter Hirte, der Mutter Gottes und der hl. Lucia, die um 1730 entstanden sind.

An der Place Communale ist vor allem das **Haus Nr. 6** bemerkenswert, ein stattlicher Bau aus dem späten

Place Communale 6, spätes 18. Jh., Montzen

Rue H. Denis 2, spätes 17. und 18. Jh., Montzen

Wasserburg Streversdorp

18. Jh. aus Ziegel mit einer Eckquaderung und Fenster- bzw. Türeinfassungen aus Kalkstein. Der Mittelrisalit mit dem Portal trägt einen halbrunden Giebel. Das mit Gauben versehene Mansarddach ist schiefergedeckt. Links von Haus Nr. 6 liegt das breit gelagerte Rathaus aus dem Jahre 1876. Das Bruchsteinhaus Nr. 46 stammt aus dem 18. Jh.

In nächster Nähe zur Place Communale verdient an der Rue H. Denis ganz besonders das schöne **Haus Nr. 2** aus dem späten 17. und dem 18. Jh. unser Interesse. Ein Stein in der Hauswand gibt das Datum 1654 an. Über einer Türe lesen wir die Jahreszahl 1720.

Wasserburg Streversdorp: Sehenswert ist die Wasserburg Streversdorp, auch *Schloss Graaf* genannt (Kinkenweg 62), westlich des Dorfes, deren Anfänge auf das 13. Jh. zurückgehen. Einer der ersten bekannten Besitzer der Burg war Goswin von Treversdorp, der die Herrschaft zu Beginn des 14. Jh. innehatte.

Die Burg hat sich noch ein ganz mittelalterliches Erscheinungsbild bewahrt. Sie liegt in einer Senke, die der Steversdorpbach auf seinem Weg zur Göhl durchschlängelt. Sie wird von breiten Gräben umgeben, die mit zwei großen Fischteichen verbunden sind. Den Vorhof säumen auf zwei Seiten landwirtschaftliche Gebäude aus dem frühen 17. und dem 18. Jh. Leider sind die der Ostseite weitgehend verfallen. Etwas südlich liegt eine hübsche, 1734 geweihte Kapelle.

Die Burg: Hoch- und spätmittelalterliche Bauten gruppieren sich um einen engen, kaum von Sonnenlicht erhellten Hof. Der Zugang erfolgt von Süden über eine dreibogige Steinbrücke. Die einstige Zugbrücke ist nicht mehr erhalten. Das etwa rechteckige Ensemble flankieren an der Nordwest- und der Südwestecke Rundtürme aus dem frühen 16. Jh., ein niedrigerer, kräftiger und ein schlanker, höherer. Im Osten ragt der Donjon aus dem 13. Jh. empor, an den sich nördlich ein Flügel aus dem 15. Jh. und südlich ein Eckpavillon aus dem 16. Jh. anschließen.

Im Inneren der Burg ist vor allem ein eingewölbter (Tonnengewölbe) Saal mit Wandmalereien des 16. Jh. von Interesse (Arkanthusrankenwerk, Tiere und Personen). Leider aber ist der Zutritt nicht gestattet, da sich die Burg in Privatbesitz befindet.

Unweit der Burg befindet sich die schöne, aber renovierungsbedürftige **Ferme Deweydt** (Rue du Château de Graaf 86), die im Kern aus dem dritten Viertel des 18. Jh. stammt.

Einsam in den Wiesen liegt am Kinkenweg **eines der schönsten Gebäude der Gegend** (Kinkenweg 100). Im Hintergrund eines gepflasterten Hofes steht ein zweigeschossiger Bau aus der ersten Hälfte des 17.

Hof Kinkenweg 100, Wohnhaus aus dem 17. Jh., Montzen

Schloss Broich, Nordseite, Montzen

Schloss Broich, Südseite, Montzen

Jh. Das Parterre besteht aus schweren Kalksteinblöcken. Ein mit Voluten geschmückter Stein über der rundbogigen Portaleinfassung gibt das Datum 1639 an. Das obere Stockwerk ist aus Fachwerk gezimmert und mit drei Kreuzstockfenstern versehen.

Schloss Broich: Erwähnenswert ist das von Burg Streversdorp nicht weit entfernt gelegene Schloss Broich, auch Château de Broeck genannt (Chemin de Broich 36). Es war der Herrensitz einer der fünf Grundherrschaften Montzens und befand sich im Besitz des Aachener Marienstifts.

Sein heutiges Aussehen verdankt der U-förmige Bau grundlegenden Umbauten des 17. Jh. Die Wassergräben, die das Schloss einst umgaben, waren mit einem großen Teich im Nordwesten verbunden. Der Unterbau des Schlosses stammt noch von einer Wasserburg, die im 13. Jh. zerstört wurde. Hier sind noch Schießscharten sichtbar. Die großen Fenster entstanden bei Umbauten im 18. Jh.

Der Zugang (Privatbesitz, Besichtigung nicht möglich!) erfolgt von Süden über eine Steinbrücke, die die einstige Zugbrücke ersetzt. Ein kleiner Hof wird im Hintergrund vom Corps de Logis und an den Seiten von zwei ebenfalls zweigeschossigen Flügeln des Schlosses eingefasst. Wegen der Unterschiedlichkeit der seitlichen Flügel ergibt sich ein unsymmetrisches Gesamtbild. Den zentralen Trakt im Süden mit dem Eingangsportal bekrönt ein Dreiecksgiebel mit Ochsenauge. Auf der eleganten **Nordseite** springt ein Mittelrisalit von drei Fensterachsen mit Dreiecksgiebel vor. Hier betritt man eine Terrasse, von der einige Stufen in den Garten hinabführen. Um ihn anzulegen, wurde der einstige Wassergraben an dieser Seite zugeschüttet.

In der Nähe des Schlosses befindet sich eine reizvolle **Kapelle** mit dreiseitigem Chor und kleinem Dachreiter. Sie stammt aus dem beginnenden 18. Jh.

Von den der Südseite des Schlosses vorgelagerten, im späten 18. und beginnenden 19. Jh. errichteten **Dependancen** des Schlosses (Chemin de Broich 38) sind noch zwei zweigeschossige Türmchen und ein sich an das weiß verputzte westliche anschließendes Gebäude erhalten.

Im Osten des Schlosses, auf der anderen Seite eines Teiches, befindet sich der einst zum Herrenhaus gehörende **Bauernhof** (Chemin de Broich 42). Zu ihm zählen Gebäude aus dem 17. und 18. Jh., die einen teilweise gepflasterten Hof umgeben.

Montzen

Empfehlungen für Wanderer und Radfahrer

Wanderungen

Auch von Montzen aus kann man schöne Wanderungen unternehmen. Unweit der Kirche steht an der Place Communale eine Tafel mit einer guten Wanderkarte.

Die mit einem gelben Kreuz markierte Promenade des Châteaux bietet nicht nur weite, großartige Aussichten in eine herrliche Landschaft, sondern führt auch, teilweise über Wiesenwege, an den Schlössern Streversdorp und Broich vorbei. Zweimal passieren wir neu angelegte Weingärten.

Start: Ortskern an der Kirche

Länge: ca. 12 km (etwas länger, als auf der Karte angegeben)

Hinweis: Nach Regenfällen wird hohes, festes Schuhwerk dringend empfohlen.

Radtour

Von Montzen aus führt uns **ein mit Knotenpunkten markierter Weg** zu dem auf einer ehemaligen Bahntrasse angelegten attraktiven Radweg *Ligne 38* (s. S. 210 f.).

Start: Place Communale

Knotenpunkte: 79, 57, 55, 53 (Hombourg)

Moresnet

Das **Dorf Moresnet**, Moresnet-Village – im Unterschied zu Moresnet-Chapelle –, an der Göhl (frz. *Gueule*), ursprünglich eine selbstständige Gemeinde, ist seit 1975 der Gemeinde Plombières eingegliedert. Heute leben hier etwa 1.400 Menschen.

Moresnet wird 888 erstmalig unter dem Namen *Marsna* urkundlich erwähnt. Es gehörte bis zum Ende des Ancién Régime, also bis zum ausgehenden 18. Jh., zur Bank Montzen und zur Gemeinde Kelmis. In französischer Zeit wurde es zu einer eigenen Gemeinde. Diese wurde 1815 durch den Wiener Kongress in drei Teile zerschnitten, nämlich Preußisch-Moresnet, Neutral- und Niederländisch-Moresnet, woraus später Belgisch-Moresnet, also Moresnet-Village, wurde.

Den **Dorfkern** von Moresnet-Village bilden alte Bruchsteinhäuser, eine restaurierte Schmiede und die aus dem 17. Jh. stammende, 1864 vergrößerte **Pfarrkirche Saint-Remy** (St. Remigius) mit ihrer aus dem Jahre 1272 stammenden Glocke und ihrem schönen Mobiliar. Zum Ort gehören mehrere Burgen und Schlösser, nämlich Bempt, Alensberg, Eulenburg und die Ruine Schimper.

Pfarrkirche St. Remigius, Moresnet

Wenn man von der Kirche in Moresnet-Dorf an der Rue du Village entlang in Richtung Montzen geht, zweigt etwa 50 Meter vor der Göhlbrücke rechts ein Weg namens Marveld nordwärts ab. Es handelt sich um den alten Herzogenweg, der einst Limbourg mit dem Kloster Klosterrath/Rolduc verband. Von diesem geht nach etwa 100 Metern rechts ein heckengesäumter Privatweg ab, der zu **Schloss Bempt** führt.

Chor der Pfarrkirche St. Remigius, Moresnet

Schloss Eulenburg bzw. Schloss David, Moresnet

Das nur von der Südostseite her einsehbare Gebäude ist von Wassergräben umgeben, über die eine Steinbrücke führt. Seinen Namen verdankt Bempt der feuchten Niederung, in der es liegt. *Bempt* bedeutet nämlich *feuchte Weide*.

Der mittelalterliche Wohnturm von Schloss Alensberg an der Eisenbahnbrücke von Moresnet

Das zweigeschossige Schloss ist ein wohlproportionierter, dreiflügeliger Bruchsteinbau. Das Corps de Logis mit seinen fünf Fensterachsen im Norden eines gepflasterten Hofes flankieren Ecktürme mit unterschiedlichen barocken Hauben. Vier Stufen führen zum Eingang in der Mittelachse. Die Flügel treten nur wenig nach Süden vor.

Bempt war vermutlich der Herrensitz einer der zahlreichen Grundherrschaften Moresnets. Schon gegen Ende des 16. oder zu Beginn des 17. Jh. stand ein schlossartiges Haus in der Niederung des Bemptbaches, das sich um die Mitte des 18. Jh. in einem schlechten baulichen Zustand befand und grundlegend saniert werden musste.

Schloss Eulenburg, nach seinem Erbauer, dem Fabrikanten Victor David, auch **Schloss David** genannt, ist ein Bau im neogotischen Stil. Er wurde 1874 bis 1879 auf einem Hügel bei Moresnet errichtet (über die am westlichen Ende der Rue du Village südlich abzweigende Straße *Mambusch* zu erreichen). Eine Ausgeburt romantisierender Ritterfantasien. Sein Park von 1,5 Hektar hat sich im Laufe der Zeit in einen Wald verwandelt. Zum Grundstück gehörte ein Steinbruch, dessen Sandstein für den Bau des Schlosses verwendet wurde. Der Bau ist L-förmig angelegt. In der Mitte des Hauptflügels ragt ein mächtiger Vierkantturm empor mit drei Etagen

Zum Schloss Alensberg gehörender Gutshof

und einem von Kragsteinen gestützten Zinnenkranz. Ihn bekrönt ein spitzes Schieferdach. Das Schloss kann nur von der Straße aus – Rue Bambusch – betrachtet werden.

Auch Burg bzw. **Schloss Alensberg** war einer der Herrensitze der einstigen Grundherrschaften von Moresnet. Wahrscheinlich handelte es sich um ein Lehen des Marienstifts in Aachen, das nicht zum Herzogtum Limburg gehörte. Mitte des 15. Jh. (1467) wurde eine Burg errichtet, die mehrmals im Laufe der Jahrhunderte zerstört und geplündert wurde. Die Lage am Fuße der großen Eisenbahnbrücke sollte dem Schloss schließlich zum Verhängnis werden. Die Sprengung von Brückenpfeilern durch deutsche Soldaten während ihres Rückzugs im September 1944, richtete auch an dem Schloss großen Schaden an. 1946 wurde es weitgehend abgerissen. Nur der im 15. Jh. errichtete fünfstöckige **Wohnturm** aus Bruchstein mit seinen 1,80 Meter dicken Mauern und ein zugehöriger Gutshof sind erhalten geblieben. Das Schloss befindet sich in Privatbesitz und ist nicht zugänglich.

Das **Eisenbahnviadukt von Moresnet**, auch Göhltalviadukt genannt, das über einen Teil des Dorfes und das Göhltal hinweg führt, wurde während der deutschen Besatzung im Ersten Weltkrieg in erstaunlich kurzer Zeit gebaut (1½ Jahre, Fertigstellung: 1916). Dabei kamen auch zwangsrekrutierte Arbeiter aus Belgien und russische Kriegsgefangene zum Einsatz. Die Brücke war Teil einer kriegswichtigen Eisenbahnverbindung zwischen Deutschland und Antwerpen.

Lange war für Belgier mit der Brücke der Gedanke an Krieg, an den Einmarsch der deutschen Armeen in ihr neutrales Land und an Leid und Unterdrückung verbunden, auch die Erinnerung an neun Russen, die bei ihrem Bau ums Leben kamen. Inzwischen hat man sich mit dem Bauwerk angefreundet, ja man ist stolz auf die gewaltige Konstruktion. Heute ist die Brücke ein wichtiges Verbindungsstück zwischen Antwerpen und dem Ruhrgebiet. Sie wird ausschließlich für den Güterverkehr genutzt. Sie überspannt das Tal der Göhl mit einer Gesamtlänge von 1.107 Metern. Ihre größte Höhe beträgt rund 52 Meter.

Eisenbahnviadukt von Moresnet

Alte Hufschmiede, 1638, heute Heimatmuseum, Moresnet

Das **Heimatmuseum** wurde 1999 eingeweiht. Es ist in einer alten Hufschmiede aus dem Jahre 1638 im Zentrum des Dorfes (Moresnet-Village) untergebracht und vermittelt dem Besucher die Geschichte des Ortes und die verschiedenen Aspekte des einstigen Lebens der Menschen in Moresnet und seiner Umgebung. Eine Dauerausstellung ist der (bewegten) Geschichte des Eisenbahnviaduktes gewidmet, von dessen Erbauung 1914, über seine zweifache Zerstörung (1940 und 1944) während des Zweiten Weltkrieges bis hin zu seiner kompletten Renovierung, die 2004 abgeschlossen wurde. Zwei Räume sind wechselnden Ausstellungen vorbehalten (Rue du Village 87; Öffnungszeiten: Mai–Okt., 1. und 3. Sonntag des Monats von 10 bis 12 Uhr und von 14 bis 16 Uhr).

Empfehlung: Die *Auberge de Moresnet* (Rue du Village 75) erfreut sich in der Region als Feinschmeckerrestaurant eines besonders guten Rufes. Auch das Ambiente ist tadellos (Tel.: 0032 (0)87 / 78 66 57; **https://aubergedemoresnet.be/de**).

Moresnet-Chapelle

Moresnet-Chapelle liegt etwa 1,2 Kilometer (Luftlinie, über die Straße etwa 2 km) nordöstlich von Moresnet-Village und 2,4 Kilometer nordwestlich des Ortskerns von Kelmis.

Die **Wallfahrtsstätte Moresnet-Chapelle** (Place Arnold Franck 1) ist ein Ort der Marienverehrung, zu dem eine Gnadenkapelle, eine Wallfahrtskirche und ein in einem Park angelegter Kreuzweg mit Kalvarienberg gehören. Die Wallfahrtsstätte hat sich zu einem bekannten Pilgerort entwickelt, der früher von rund 150.000 Menschen aufgesucht wurde. In den letzten Jahrzehnten sind die Pilgerzahlen allerdings stark zurückgegangen.

Die Marienverehrung geht auf eine Begebenheit zurück, die sich Mitte des 18. Jh. in Moresnet ereignet haben soll. Ein unter Epilepsie leidender Mann namens Peter Arnold, ein inniger Marienverehrer, ließ sich 1750 eine Marienfigur aus Aachen mitbringen, für die er einen kleinen hölzernen Bild-

Kalvarienberg, Wallfahrtsstätte Moresnet-Chapelle

stock anfertigte, den er an einer alten Eiche im nahe gelegenen Wald anbrachte. Dorthin zog er sich regelmäßig zum Gebet zurück. Im Laufe der Jahre ließen die epileptischen Anfälle nach, was Peter Arnold auf die Anrufung der Gottesmutter zurückführte.

Diese Begebenheit sprach sich in der dörflichen Umgebung bald herum und viele Menschen kamen, um ebenfalls von ihren Leiden befreit zu werden. Die Verehrung des Gnadenbildes nahm weiter zu, als der Ort 1771 und 1797 von einer grassierenden Viehseuche verschont blieb, nachdem die Bauern zur Mutter Gottes gepilgert waren. Seitdem fanden die Wallfahrten zu *Unserer Lieben Frau von Moresnet* mit einer gewissen Regelmäßigkeit und mit stetig steigenden Pilgerzahlen statt, sodass der Ort zu einer wirklichen Wallfahrtsstätte wurde.

Während der Wirren der Französischen Revolution im ausgehenden 18. Jh. wurde das Gnadenbild versteckt. Später soll die Figur auf wundersame Weise von selbst wieder an ihrem ursprünglichen Platz an der alten Eiche zurückgekehrt sein. 1823 konnte eine steinerne Kapelle am Ort des Baumes eingeweiht werden, in der das Gnadenbild von nun an eine dauerhafte und geschützte Bleibe fand.

Auf Vermittlung der seligen Franziska Schervier in Aachen siedelten sich Franziskaner, die infolge des Kulturkampfes Preußen verlassen mussten, in Moresnet an. Der Bischof von Lüttich beauftragte den Orden mit der Betreuung der Wallfahrtsstätte. Mit weiter steigender Pilgerzahl wurde an der Stelle der den räumlichen Bedürfnissen nicht mehr entsprechenden Kapelle der Bau einer Wallfahrtskirche verwirklicht, die 1880 geweiht wurde. Den

Kreuzwegstation, Wallfahrtsstätte Moresnet-Chapelle

Zugang zu dem schlichten, einschiffigen Raum bildet ein Oktogon (1873), der einzige Teil, der noch von der älteren, zweimal vergrößerten und schließlich abgerissenen Kapelle erhalten blieb. Fünf Jahre später erfolgte die Grundsteinlegung zum Bau eines Konventsgebäudes. Obwohl den Franziskanern inzwischen die Rückkehr nach Preußen gestattet worden war, übernahmen vorübergehend die Jesuiten Kloster und Betreuung der Wallfahrtsstätte. Bereits 1894 verließen sie den Ort jedoch wieder und die Franziskaner kehrten zurück. Sie ließen sogleich einen Kreuzweg und einen Kalvarienberg anlegen. Wie bei einem Pilgerort nicht anders zu erwarten, gibt es in Moresnet-Chapelle mehrere große Cafés.

Empfehlungen für Wanderer und Radfahrer

Wanderung

Seit 1863, also seit mehr als 150 Jahren, geht jeden Mittwochnachmittag eine Pilgergruppe aus Aachen nach Moresnet. Der Weg wird hier vom Aachener Stadtrand aus beschrieben.

Start: Aachen, oberes Ende des Preuswegs (Parkplatz, Übersichtskarte)

Länge: ca. 9-10 km (Hin- und Rückweg)

Nach dem Parkplatz knickt der Preusweg nach links ab. Unmittelbar danach biegen wir scharf nach rechts ab und folgen nun dem Moresneter Weg. Er führt uns über die mitten im Preuswald verlaufende Grenze hinweg direkt nach Moresnet-Chapelle.

Radtour

Von Moresnet-Chapelle aus leitet uns ein mit Knotenpunkten markierter Weg zu dem auf einer ehemaligen Bahntrasse angelegten attraktiven Radweg *Ligne 38* (s. S. 210 f.).

Start: Platz neben der Kapelle

Länge: ca. 8 km (bis Hombourg)

Knotenpunkte: 6, 4 (Plombières), 58, 57, 55, 53 (Hombourg, alter Bahnhof)

Sippenaeken

Das unmittelbar an der Grenze zu den Niederlanden gelegene **Sippenaeken** (Aussprache mit Dehnungs-e) ist mit seinen etwa 300 Einwohnern das kleinste Dorf der Gemeinde Plombières. Der Ortsname bedeutet *sieben Quellen*. Obwohl es heute zum französischen Sprachgebiet gehört, zählt das Dorf

Bauernhof in Sippenaeken

Schloss Beusdael

ursprünglich zu den Plattdeutschen Orten. Die einheimische Bevölkerung sprach und spricht zum Teil noch heute einen Übergangsdialekt zwischen dem Deutschen und dem Niederländischen mit sowohl limburgischen als auch ripuarischen Einflüssen.

Im Ort sind noch interessante Häuser aus dem 18. Jh. erhalten, darunter das Pfarrhaus (Presbytère, östlich der Kirche), das dreigeschossige Backsteinhaus an der Rue de Beusdael Nr. 28 und Bauernhöfe, die teilweise noch mit Fachwerk versehen sind.

Schloss Beusdael: Das ganz im Westen der Teilgemeinde Sippenaeken (und damit auch der Gemeinde Plombières) in einer weiten, grünen Talmulde gelegene Schloss Beusdael (Rue de Beusdael) gehört zu den eindrucksvollsten Wasserschlössern der Region. Hoch ragt der vierkantige Bergfried (Donjon) aus dem 13. Jh. mit seinem massiven Bruchsteinmauerwerk (heutige Fenster aus späterer Zeit) und seiner schönen Schieferhaube empor (Mauerdicke bis zu 2,50 m, Höhe bis zur

Schloss Beusdael

Dachkante: 28 m). Der angrenzende Palas (Wohngebäude) und der Westturm sind aus Backstein gemauert und stammen aus dem 16. Jh. Das Dach des Palas und die barocken Schieferhauben von Bergfried und Westturm entstanden im 17. Jh., wie die Wappen der Wetterfahnen verraten. Die neogotische Kapelle und das Portal mit den flankierenden Türmchen und der steinernen Brücke wurden im späten 19. Jh. von dem damaligen Eigentümer, dem Grafen von Oultremont, hinzugefügt. Das Kasteel umfasst einen großen Innenhof an drei Seiten. Wirtschaftsgebäude, die ihn einst an der vierten Seite abschlossen, wurden abgebrochen. Eine Besichtigung des Wasserschlosses, das auch wegen seiner schönen Lage in jedem Märchenfilm als ideale Kulisse dienen könnte, ist leider nicht möglich.

Empfehlung für Wanderer (1-2)
An der Kirche in Sippenaeken steht eine Tafel mit einer guten Wanderkarte (mit dem Smartphone abfotografieren).

1) Von Sippenaeken aus führt ein mit einem roten, liegenden Rechteck auf weißem Grund markierter Weg an schönen alten Bauernhöfen vorüber und bietet wunderbare Aussichten in die bezaubernde Landschaft (besonders vom Chemin de Broeck aus). Leider aber fehlen auf halber Strecke, schon bevor wir in ein Waldstück eintreten, die Markierungen. Außerdem machen uns Schilder darauf aufmerksam, dass der Wald Privatbesitz und Unbefugten der Zutritt verboten ist. Nachhaltige Förderung des Tourismus sieht anders aus.
Start: Im Ortskern in der Nähe der Kirche (Rue de Beusdael)
Länge laut Plan: 5,5 km; bis zum Ende der Markierungen: 1,5-2 km

2) Schön und wirklich durchgehend begehbar ist der **mit einem hellblauen Kreuz auf weißem Grund markierte Rundweg von 9,3 km Länge**, der zum großen Teil auf dem Gebiet der Niederlande verläuft. Er führt auch an Schloss Beusdael vorüber. Leider wandern wir hier ein längeres Stück entlang der (nicht sehr befahrenen) Landstraße (nur teilweise Bürgersteig).
Einkehrmöglichkeit: *Le Barbeau* (Place Saint-Lambert 6, an der Kirche; Tel.: 0032 (0)87 / 78 69 50; **www.barbeau.be**) und Bistro *Le Soigneur* (Rue de Beusdael 55; Tel.: **0031 / 6 55 34 09 58**; **www.lesoigneur.be**).

Le Barbeau, Einkehrmöglichkeit in Sippenaeken

Stablo (Stavelot)

Die **Kleinstadt Stablo** (frz. *Stavelotfrei*) liegt an der Flanke einer Anhöhe der nördlichen Ardennen über dem Flüsschen Amblève. Sie zählt heute etwa 6.200 Einwohner.
Geschichte: Der hl. Remaklus, Abt von Solignac und späterer Bischof von Maastricht, hatte hier und in dem etwa sechs Kilometer entfernten Malmedy, im Grenzbereich der Diözesen Köln und Tongeren-Maastricht (später Lüttich) *an einer Stelle weiter Einöde, wo eine Menge wilder Tiere lebt*, um 650 das **Doppelkloster Stablo-Malmedy** gegründet. Unterstützt wurde er dabei von dem Merowingerkönig Sigibert III. von Austrasien und dessen Hausmeier. Die Oratorien und die Konventsgebäude wird man sich sehr bescheiden, hauptsächlich aus Holz erbaut, vorzustellen haben. Von Anfang an bildeten die Mönche einen einzigen, zunächst nach der Regel des hl. Columban, später des hl. Benedikt lebenden Konvent, der nur einem Abt unterstand. Das blieb auch nach dem Tod des Remaklus so, der in Stablo begraben wurde. Die sich verbreitende Verehrung des heiligen Klostergründers trug wesentlich dazu bei, dass sich die Doppelabtei zu einem der herausragenden monastischen Zentren des fränkischen und später des deutschen Reiches entwickelte.
Zudem schufen die von der Doppelabtei betriebene Entwässerung von Sümpfen, das Urbarmachen von Wald und Heide, das Anlegen von Fischteichen, die errichteten Mühlen zum Mahlen von Getreide usw. die Voraussetzungen für die Entstehung und Entwicklung der Orte Stablo und Malmedy.

Stablo (Stavelot), histor. Ansicht mit der damals bereits abgerissenen Abteikirche, Lithografie von Jean Nicolas Ponsart, 1850/51

Nach den Zerstörungen durch die Normannen im Jahre 881 gelang rasch ein Wiederaufstieg zu neuer Bedeutung. Unter den Äbten Odilo (936–954) und Poppo (1020–1048) wurde das Benediktinerkloster zu einem Brennpunkt der monastischen Reform. Poppo, der strenge Asket und großartige Organisator, dem Kaiser Heinrich II. 1022 auch die Leitung von St. Maximin vor den Toren Triers anvertraute, der das Kloster Echternach reformierte und die Reform in einer ganzen Reihe weiterer Reichsklöster beaufsichtigte, gewann auch Stablo-Malmedy für die Idee einer Erneuerung. Als wichtige Voraussetzung dafür erlangte er vom Kaiser das Recht der freien Abtswahl. Er war es auch, der in Stablo die Errichtung einer Abteikirche in Angriff nahm, die zu den größten des damaligen Reiches gehören sollte. Von 1130 bis 1158 leitete der tatkräftige und hochgebildete Wibald das Doppelkloster. Er gilt als einer der bedeutendsten Kleriker seiner Zeit. Er gehörte zu den wichtigsten Beratern Lothars III., Konrads III. und Friedrich Barbarossas. Von diesem Kaiser wurde er zweimal in diplomatischer Mission nach Byzanz geschickt, von wo er bedeutende Reliquien, darunter zwei Splitter des Kreuzes Christi, mitbrachte. Unter Wibald entwickelte sich die Benediktinerabtei in der Abgeschiedenheit der rauen Ardennen zu einem überragenden Kunstzentrum, in dem zahlreiche bedeutende Werke der Goldschmiedekunst geschaffen wurden. Wibald gab das beeindruckendste Werk in Auftrag, das von Goldschmieden des Maasgebiets geschaffen worden ist, ein vergoldetes Retabel für den Hochaltar der Abteikirche in Stablo. Leider wurde dieser hochromanische Kunstschatz im 17. oder 18. Jh. zerstört. Erhalten ist allerdings eine detaillierte Zeichnung aus dem Jahre 1666, die heute im Grand Curtius in Lüttich zu sehen ist.

Schon etwa 100 Jahre nach einem **Remaklusschrein** aus der Wibaldzeit wurde im 13. Jh. für dieselben

Stablo (Stavelot), ehem. Kloster (18. Jh.) und Fundamente der Basilika (11. Jh.)

Gebeine der spätromanische Schrein geschaffen, der sich heute noch in Stablo in der Kirche St. Sebastian befindet. Dort wird auch die weit später entstandene Reliquienbüste des heiligen Abtes aufbewahrt.

Im Laufe des Mittelalters entwickelte sich das Doppelkloster mit seinen Besitzungen und Herrschaftsrechten zu einem kleinen reichsunmittelbaren Fürstentum. Der Hauptort, in dem der Abt residierte, war Stablo. Entsprechend waren Konventsgebäude und Abteikirche hier weit repräsentativer gestaltet als in Malmedy. Das alte, unter Abt Poppo erbaute und 1040 geweihte Gotteshaus fiel im 16. Jh. einem Brand zum Opfer und wurde in den Jahren 1534 bis 1555 durch einen Neubau ersetzt. Nachdem das Kloster 1796 aufgelöst worden war, wurden seine Besitzungen verkauft und die Abteikirche abgerissen, während die Klausurbauten erhalten blieben.

Die freigelegten, noch aus dem 11. Jh. stammenden **Fundamente der Remaklusbasilika** lassen die beeindruckenden Dimensionen des ottonischen Gotteshauses erkennbar werden. Seine Länge maß mehr als 100 Meter. Nur der untere Teil des Westturms aus dem 16. Jh. steht noch aufrecht. Gut erkennbar sind die Grundmauern der Außenkrypta östlich des mit einem Umgang versehenen Chores. Die überwiegend im 18. Jh. erbaute, stattliche, aber schmucklose **Klosteranlage** beherbergt heute drei Museen. In drei Flügeln des Gebäudes ist das interessante **Musée historique de la Principauté de Stavelot-Malmedy** (historisches Museum des Fürstentums von Stablo-Malmedy eingerichtet (Öffnungszeiten: tägl. 10-18 Uhr; Tel.: 0032 (0)80 / 88 08 78; **www.abbayedestavelot.be**), das über insgesamt 13 Stationen durch Schaubilder, informative Texte, Stiche, Gemälde, Schriftdokumente, Modelle und Plastiken einen guten Überblick über die Geschichte der Abtei vermittelt. Da die Texte ausschließlich in französischer Sprache geboten werden, empfiehlt es sich, einen Audioguide auszuleihen.

Der Rundgang beginnt (rechts vom gläsernen Eingangsbereich) im Westflügel des Kreuzgangs mit der Gründung des Klosters. Es folgt in einem angrenzenden Raum ein Einblick in das von der Regel des hl. Benedikt bestimmte tägliche Leben der Mönche. Hier kann man an einem Bildschirm zumindest virtuell in der berühmten, im frühen 11. Jh. angefertigten Bibel von Stablo blättern, die ehemals in der bedeutenden Klosterbibliothek aufbewahrt wurde (heute British Library in London). Unter den Skulpturen ist eine schöne, bunt gefasste hl. Anna selbdritt aus dem 16. Jh. besonders hervorzuheben. Die Mutter Mariens bietet dem Jesuskind eine Traube dar, die als ein eucharistischer Hinweis aufgefasst werden darf.

Anna-selbdritt-Gruppe, 16. Jh., *Musée historique de la Principauté de Stavelot*

Die dritte und die vierte Station, wieder im Kreuzgang, sind der Zeit der großen Reformäbte Odilo und Poppo gewidmet, eine fünfte dem Reliquienkult. Hier werden auch Gegenstände der religiösen Kunst ausgestellt, die ehemals zum Kirchenschatz des Klosters gehörten. Herausragend sind die kostbaren Werke der Goldschmiedekunst, für die das Maasland im Mittelalter berühmt war. Abt Wibald (1130–1158) führte die Doppelabtei nach einer Phase des Niedergangs zu ihrer eigentlichen Blüte. Damit und mit dem reichsunmittelbaren Fürstentum von Stablo und Malmedy befassen sich die Stationen sechs und sieben.

Ein eigener kleiner Raum ist den Gerbereien vorbehalten, die bis gegen Ende des 19. Jh. in Stablo und Malmedy eine wichtige Rolle spielten. Sie entwickelten sich seit Anfang des 16. Jh.

Im Südflügel des Kreuzgangs folgen die Stationen acht bis elf, die vom 13. bis ins 18. Jh. führen. Das von hier aus zugängliche, 1778/79 von dem Lütti-

Ehem. Refektorium der Abtei

Stablo, Place Saint-Remacle mit barockem Brunnen, 1769

cher Stuckateur François-Joseph Duckers und dessen Bruder mit hochwertigen Stuckaturen (u. a. Reliefs der vier Lehrer der lateinischen Kirche) dekorierte **Refektorium** wird gelegentlich für Konzerte genutzt. Im Ostflügel des Kreuzgangs endet der Rundgang mit dem Jahrhundert der Aufklärung und dem Ende des Fürstentums sowie der »Wiederentdeckung« der Abtei (Stationen 12 und 13).

In dem romanischen Gewölbekeller des ehemaligen Klosters ist ein **Automobilmuseum** untergebracht, in dem über 80 Oldtimer und Rennwagen, aber auch Motorräder zu bewundern sind. Durch Bilder und Plakate wird in besonderer Weise die Geschichte der nahe gelegenen Rennstrecke von Francorchamps illustriert (Öffnungszeiten: tägl. 10-18 Uhr; Tel.: 0032 (0)80 / 88 08 78; **www.abbayedestavelot.be**).

Im ersten Stock des Rathauses, das sich im Ostflügel des alten Abteigebäudes befindet, hat man ein kleines Museum eingerichtet, das daran erinnert, dass der französische Dichter **Guillaume Apollinaire** 1899 drei Monate in Stablo verbrachte, wo er sich in eine junge Frau verliebte und ihr einige Gedichte widmete.

Auf der hübschen **Place Saint-Remacle**, dem Marktplatz, steht ein 1769 errichteter **barocker Brunnen mit**

Automobilmuseum in Stablo

dem Perron, wie wir ihn auch aus den Städten des ehemaligen Fürstbistums Lüttich kennen. Hier allerdings wird die Säule mit dem Pinienzapfen nicht von Löwen, sondern von vier Wölfen getragen, offensichtlich eine Hommage an den hl. Remaklus, in dessen Legende ein Wolf eine besondere Rolle spielt. Sie erzählt nämlich, ein Wolf habe den Esel des Heiligen gefressen, der das Baumaterial für das neu gegründete Kloster herbeizuschaffen hatte. Daraufhin habe Remaklus das Raubtier gezähmt und es dazu gebracht, ihm nun als treues Lasttier zu dienen.

Das große Bürgerhaus aus geweißten Ziegeln und Kalkstein mit seinem hohen Schieferdach an der Ecke des Platzes, an der die Rue Chaumont einmündet, wurde 1699 errichtet. Rundum ist, wie in anderen Teilen der Stadt, eine größere Zahl der Gebäude wegen der rauen Witterung mit Schiefer verkleidet. Manche stammen noch aus dem 18. oder sogar 17. Jh. Es lohnt sich, durch die Straßen des Ortes zu spazieren, wo wir noch auf manches interessante alte Haus und immer wieder auf malerische Winkel stoßen.

Von der Place Saint-Remacle aus gelangt man über die Rue de l'Église zu der im 18. Jh. erbauten Kirche **Saint-Sébastien** (St. Sebastian). Im Chor der schmucken Basilika befindet sich der bedeutendste Kunstschatz Stablos, der zwischen 1263 und 1268 geschaffene **Remaklusschrein**, eines der großartigsten Zeugnisse maasländischer Goldschmiedekunst. Der 2,70 Meter lange und fast einen Meter hohe, aus vergoldeten Kupferplatten getriebene und mit Emailschmuck versehene Schrein war in Auftrag gegeben worden, um die hoch verehrten Gebeine des heiligen Gründers der Doppelabtei

Saint-Sébastien, 18. Jh., Stablo

Stablo-Malmedy aufzunehmen. Dies, obwohl zu diesem Zweck bereits etwa 100 Jahre zuvor ein Schrein angefertigt worden war, der in einer Nische des gewaltigen Remaklusretabels über dem Hauptaltar der Klosterkirche stand.

Der große, sehr plastisch gestaltete Schrein, an dem drei, vielleicht sogar vier Meister gearbeitet haben, verweist in seiner Architektur und Gliede-

Stablo

Remaklusschrein, Saint-Sébastien, Stablo

Barocke Figurengruppe: Schutzengel mit Kind, um 1696, Saint-Sébastien

rung deutlich auf das Vorbild des Aachener Marienschreins. An der einen Stirnseite thront unter einem weit vorgezogenen Giebel vor einem auf Säulchen aufruhenden Dreipassbogen die Gottesmutter mit dem Christusknaben. Während sie mit ihrer Rechten einen Apfel präsentiert, erhebt der lächelnde Erlöser auf ihrem Schoß die Seine zum Segen. In seiner Linken hält er die Weltkugel als Zeichen seiner Herrschaft über die ganze Schöpfung. Auf ihrem Haupt trägt die Jungfrau eine Krone, die sie als *Regina Coeli* ausweist. Auch sie, die Himmelskönigin, erinnert an das Vorbild des Aachener Marienschreins. Wie schon die Aachener Gottesmutter steht sie unter dem Einfluss der Figuren der Reimser Westfassade. Doch erscheint die in Stablo noch menschlicher und anmutiger.

Davon, dass der Schrein in der Sebastianus-Kirche bereits ein Werk des Übergangs von der Romanik zur Goldschmiedekunst der Gotik ist, legen auch die anderen Figuren Zeugnis ab durch die raumgreifende Plastizität ihrer sich fast vom Grund lösenden Körper. Auf der zweiten Stirnseite erblickt man den segnenden Christus, dessen Fuß einen Drachen zu Boden tritt. Auch diese Figur ist gewissermaßen am älteren Aachener Marienschrein vorgebildet. Die Mitte der Längsseiten ist den Heiligen Remaklus und Lambert vorbehalten. Beide sind von sechs Aposteln umgeben. Indem die beiden Heiligen gleichsam in die Schar der Apostel eingereiht werden, wird ihre Bedeutung als Verkünder des Glaubens in der Maasregion sinnfällig zum Ausdruck gebracht. Alle Figuren thronen unter von Doppelsäulchen getragenen Giebeln wie in den Arkaden eines goldenen Hauses.

Das Dach wird von filigranen Firstkämmen und herrlichen, mit Emailschmuck versehenen Goldknäufen geziert. Die Dachreliefs bieten auf acht Feldern zentrale Szenen aus der Heilsgeschichte von der Verkündigung bis zur Himmelfahrt Christi. Hinzu kommen Allegorien der Kirche und der Synagoge.

In der Kirche wird auch die **Reliquienbüste des hl. Poppo** aus dem 17. Jh. aufbewahrt, ein beachtenswertes Werk des Jean Goesin. Es ist aus teilweise vergoldetem Silberblech gefertigt. Poppo, der Erbauer der großen ottonischen Abteikirche, hält ein Modell des Gotteshauses in seiner Rechten und einen Krummstab in seiner Linken, der bereits aus dem 15. Jh. stammt und mit einem springenden Wolf geschmückt ist, der einen Gepäcksattel auf seinem Rücken trägt. Das Tier erinnert nicht nur daran, dass der hl. Remaklus, wie die Legende erzählt, einen Wolf dazu abrichtete, ihm als Lasttier zu dienen, also an Wundertaten des verehrten

Kanzel, 18. Jh., Saint-Sébastien

Gerberei, um 1800, Stablo

Chapelle Saint-Laurent, 11. Jh., Stablo

Amtsvorgängers Poppos, sondern ist auch ein Hinweis auf die Weltabgeschiedenheit und Wildnis, in der die Doppelabtei einst gegründet wurde. Im Sockelbereich der Büste werden Szenen dargestellt, die vom Tod des Heiligen und von seiner Verehrung erzählen.

Die **Figur des hl. Sebastian**, des Patrons der Kirche, die in der Nische des Altaraufsatzes (1776) im Chor der Kirche steht, stammt aus dem frühen 18. Jh. Sie wurde von Renier Panhay de Rendeux geschaffen, der schöne **barocke Schutzengel** mit Kind im linken Seitenschiff um 1696 in der Werkstatt Del Cours. Die im 18. Jh. aus Eichenholz gefertigte **Kanzel** mit den geschnitzten Reliefbüsten der Kirchenväter (hl. Ambrosius, hl. Augustinus, hl. Gregor und hl. Hieronymus) hat man aus der dem Abriss geweihten ehemaligen Abteikirche gerettet und hierher gebracht. Das steinerne Taufbecken aus dem 16. Jh. (spätgotisch) erhielt 1625 seinen gravierten Messingdeckel.

Wenn wir unterhalb der einstigen Abteibauten über die alte Amblèvebrücke hinübergehen, stoßen wir an der Place du 18 décembre 1944 bzw. Rue Chemin du Cgâteau auf eine alte, um 1800 aus Fachwerk errichtete ehemalige **Gerberei**, ein Gebäude von beeindruckenden Ausmaßen. Ganz in der Nähe steht am Fluss ein amerikanischer Panzerwagen aus dem Zweiten Weltkrieg, der wie der eben genannte Name des Platzes an die Befreiung Stablos von der deutschen Besatzung durch die Alliierten erinnert. Unscheinbar ist die am Ufer der Amblève (Rue des Îles) aus Bruchstein erbaute **Chapelle Saint-Laurent**. Doch handelt es sich im Kern noch um einen romanischen Saalbau mit flachem Chorabschluss aus dem Jahr 1030 (Weihe). Er gehörte zum angrenzenden Siechenhaus, das sich auch der Leprakranken annahm. Die schlichte Kapelle ist das älteste Gebäude des Ortes. Das heutige Glockentürmchen wurde allerdings erst 1926 auf den Dachfirst gesetzt. Leider ist das kleine Gotteshaus in der Regel verschlossen.

Karneval in Stablo

Wie in Malmedy hat der Karneval auch in Stablo eine erhebliche Bedeutung. Hier heißt er *Laetare*, weil man ihn in der Mitte der Fastenzeit, an dem im Kirchenjahr *Laetare* genannten Sonntag feiert sowie dem vorausgehenden Samstag und dem nachfolgenden Montag, also an drei Tagen. Typisch sind hier *les Blancs Moussis*. Sie tragen ein weißes Hemd, eine weiße Hose und eine ebenso weiße Pelerine mit Kapuze sowie eine Maske mit menschlichen Zügen, aus der eine übermäßig lange, rote Nase herausragt. Der *Blanc Moussi* ist eine der Fantasie entsprungene Mönchsgestalt. Der Sage

Foto: Wolf Meusel, Wikimedia

nach soll das Kostüm auf das Mittelalter zurückgehen und seinen Ursprung darin haben, dass Mönche der Abtei sich dem volkstümlich-ausgelassenen Treiben anschlossen. Als ihnen der Fürstabt 1502 die Teilnahme verbot, soll sich die Bevölkerung in Ordensgewänder gekleidet haben, an die, wie man meint, bis heute die weißen Pelerinen und Kapuzen erinnern. Kritische Geister wenden ein, der Karneval in Stablo sei erst im 18. Jh. entstanden und der *Blanc Moussi* erstmals im 19. Jh. nachweisbar.

Wie dem auch sei: Die Festlichkeiten werden am Samstag durch einen Umzug eröffnet, an den sich ein großer geselliger Abend in einem Zelt im Hof der Abtei anschließt. Am Sonntag zieht nachmittags der große Karnevalsfestumzug durch die Straßen. Abends gibt es ein Feuerwerk. Die weiße Nacht der weißen Mönche *(la Nuit blanche des Blancs Moussis)* findet in den Gewölben der Abtei statt.

Francorchamps

Das **Dorf Francorchamps**, seit 1977 Teil der Gemeinde Stablo, liegt am Flüsschen Eau Rouge, einem kleinen Nebenfluss der Amblève, im Hohen Venn. Zum Gebiet der ehemaligen Gemeinde gehörten auch die Weiler Hockai, Neuville und Ster. Es wird von zahlreichen Tälern durchschnitten, darunter dem der Eau Rouge, die ihren Namen dem eisenhaltigen, rötlichen Wasser seines Oberlaufs verdankt.

Die Hoëgne, die das vielleicht berühmteste Tal des Hohen Venns durchströmt, entspringt im Naturschutzgebiet in der Nähe von Mont Rigi. Sie führt den ihrem Ufer folgenden Wanderer von Kaskade zu Kaskade durch eine herrliche Landschaft.

In unmittelbarer Nähe des Dorfes befindet sich die berühmte, 1920 angelegte **Rennstrecke von Francorchamps**, wegen ihrer Kurven und Höhenunterschiede auch Ardennenachterbahn genannt. Nachdem der Rundkurs wegen seiner Gefährlichkeit 1969 von der Formel 1 boykottiert worden war, erfolgten Umbauten und eine Verkürzung der Strecke. Seit 1983 finden nun auch wieder Rennen der Formel 1 statt. Doch die große Sause in Spa ist längst vorbei. Als in den 80er Jahren Belgiens Formel-1-Held Thierry Boutsen über die kurvenreiche Piste jagte, und noch in den 90er Jahren, als Michael Schumacher hier seine rotbemützten Ferrari-Fans versammelte, kamen 90.000 Zuschauer nach Francorchamps. 2011 verkaufte man gerade noch

Alter Fachwerkhof in Francorchamps, um 1700

45.000 Tickets. Das aber reicht für den Rennstreckenbetreiber nicht aus, um schwarze Zahlen zu schreiben. Andererseits sollen von der Rennstrecke etwa 1.000 Arbeitsplätze abhängen. Es heißt, die Zukunft sei zumindest bis 2021 gesichert.
Im Rahmen eines Kunst- und Kulturführers interessieren uns aber weit mehr als die Autorennstrecke die schönen **Fachwerkhöfe Nr. 15** (errichtet um 1700) und **Nr. 17** an der Rue de Neuville (17. Jh.), die sich in dem sonst wenig anziehenden Dorf Francorchamps erhalten haben. Beide Höfe wurden leider in jüngerer Zeit teilweise verändert. Die großen Dachüberstände etwa sind absolut untypisch für die Region und entsprechen nicht dem Originalzustand. Noch attraktiver aber ist die herrliche Landschaft rundum.
Weitere schöne Fachwerkhöfe findet man in dem **Weiler Francheville**. Hier ist vor allem der Hof Nr. 11 bemerkenswert.

Thimister-Clermont

Die **Gemeinde Thimister-Clermont** liegt etwa 20 Kilometer westlich von Aachen. Zu ihr gehören neben dem Hauptort Thimister die Ortsteile Clermont, Elsaute, Froidthier und La Minerie. Die Statistik zählte 2018 5.725 Einwohner. Nördlich und östlich führt an Thimister und Clermont die Chaussée Charlemagne vorüber, die seit den Tagen der Kaiserin Maria Theresias Aachen mit Lüttich verbindet.

Clermont im Herver Land

Saint-Jacques-le-Majeur, Clermont

In sämtlichen Ortsteilen der Gemeinde gibt es kulturhistorisch interessante und oft auch schöne Bauten zu entdecken, vor allem Bauernhöfe, Bürgerhäuser und Kirchen aus dem 18. Jh., die vom Wohlstand der Region in der Zeit der österreichischen Herrschaft künden. Wir konzentrieren uns auf den Hauptort Thimister und vor allem das ungemein reizvolle Dorf Clermont.

Clermont

Das **Dorf Clermont**, *un des plus beaux villages de Wallonie*, liegt, vor kalten Winden geschützt, am Fuße einer Anhöhe und ist mit reichen Quellen und herrlichem Weideland gesegnet. Bereits 1230 wird es in einer Urkunde erwähnt. Der Flecken gehörte zur Grafschaft bzw. zum Herzogtum Limburg.
Die mächtige, den Ortskern beherrschende Pfarr-

Saint-Jacques-le-Majeur, Mittelschiff und Chor

Saint-Jacques-le-Majeur, Hochaltar, 1731

kirche **Saint-Jacques-le-Majeur**, (Rue du Bac 4) wurde in den Jahren 1628 bis 1632 erbaut. Wenn man von der benachbarten Anhöhe aus, auf der die Chaussée Charlemagne von Aachen nach Lüttich verläuft, auf das Dorf hinabschaut, erinnert die Kirche mit den sie umgebenden Bürgerhäusern an eine Glucke, die ihre Küken um sich schart. Dazu trägt auch das Dach bei, das als große, dunkle Schieferfläche vom First des Langhauses fast ohne Absatz über die Seitenschiffe hinabreicht. Nur mäßig ragt der ebenfalls schiefergedeckte Turmhelm darüber hinaus. Seit alten Zeiten wird das Gotteshaus von einem eingefriedeten Kirchhof umgeben. An seinen Mauern lehnen Grabsteine aus dem 16. und 17. Jh.

Das reich und elegant ausgestattete **Innere** der Kirche ist ganz barockisiert. Über einen stattlichen Narthex gelangt man in das dreischiffige Langhaus, eine Stufenhalle mit Querschiff und dreiseitig geschlossenem Chor. Der 1731 errichtete große **Hauptaltar** verdeckt die drei gotischen Fenster der Apsis. Das Chorgestühl (Querschiff) im Louis-seize-Stil stand ursprünglich in der Kirche von Hermalle. Die schöne, aus Eichenholz gefertigte **Kanzel** (1768) trägt Symbole der christlichen Kardinaltugenden Glaube (Kreuz), Hoffnung (Anker) und Nächstenliebe (Herz) sowie der Evangelisten Lukas (Stier), Matthäus (Engel), Markus (Löwe) und Johannes (Adler). Die Orgel wurde 1737 gebaut.

An der benachbarten **Place de la Halle** lädt ein malerisches **Ensemble alter Häuser** zum Verweilen ein, darunter die schöne Maison Pirenne (Nr. 2) vom Beginn des 18. Jh., das Haus Nr. 34 vom Ende des 17. Jh. oder beginnenden 18. und das 1888 im Stil der maasländischen Renaissance errichtete **Hôtel de Ville**, das wie sein Vorgänger über der Hauptstraße des Ortes erbaut ist, dessen Parterre also von einer großen, rundbogigen Tordurchfahrt durchbrochen wird. Wegen der Lage des Rathaussaales, zu dem man über eine doppelläufige Treppe hinaufsteigt, sagt man, die Bürger von Clermont heirateten auf der Straße (*on se marie sur la rue*). Früher wurde hier auch Gericht gehalten. Zum besonderen Reiz des Gebäudes trägt auch das Rundtürmchen an

Historisches Bürgerhaus in Clermont

Historisches Bürgerhaus in Clermont, 1661

Clermont, Rathaus und Bürgerhäuser

einer seiner Ecken bei. An der Straße *Thier* (Nr. 2) liegt unweit der Place de la Halle ein sehr schönes Haus mit der Inschrift *IHS 1661* über der Türe.

Etwa zwei Kilometer nördlich von Clermont liegt idyllisch in den Wiesen der Weiler Crawhez. Etwas außerhalb (südlich) zieht das hübsche **Manoir de Crawhez** (Crawhez 10) die Aufmerksamkeit der vorüberkommenden Wanderer und Radfahrer auf sich. Der spätgotische Landsitz mit seinem getreppten Giebel trägt über dem Portal die Jahreszahl 1551. Heute beherbergt er ein Restaurant der gehobenen Preisklasse.

Manoir de Crawhez bei Clermont

Empfehlung für Wanderer

In der herrlichen Umgebung von Thimister und Clermont kann man wunderbar wandern. Geeignete Wanderkarten gibt es in den Touristen-Informationsbüros in Aubel und Herve.

Die folgende, **von Clermont ausgehende Wanderung** ist nur eine von vielen Möglichkeiten.

Start: Place de la Halle an der Kirche in Clermont

Länge: 8,5 km

Von der Place de la Halle aus gehen wir zunächst links an der Kirche vorbei über die Rue du Bac. Dabei kommen wir an dem jüngst restaurierten Torhaus der Ferme du Château de Clermont vorüber (Nr. 4) mit dem Wappen über dem Torbogen (von Scheiffard von Merode) und der Jahreszahl 1635. Das Schloss, zu dem der Bauernhof einst gehörte, ist nicht mehr vorhanden.

Bereits nach etwa 200 m gelangen wir an eine Gabelung, an der wir uns rechts halten und unsere Wanderung über die Pierreux fortsetzen. Nach weiteren 600 m wird die Straße an einem Wegekreuz von dem Rad- und Wanderweg (*RAVeL*) gekreuzt,

Rad- und Wanderweg bei Clermont

der auf der Trasse der ehemaligen Eisenbahnstrecke *Ligne 38* verläuft. Wir folgen ihm nach rechts. Etwa 2.100 m legen wir auf dem von Bäumen und Buschwerk beschatteten RAVeL zurück. Dabei überqueren wir auch eine Straße namens Blockhouse. Erst wenn wir auf den Chemin du Bois stoßen (an der Kreuzung steht ein zweigeschossiges Backsteinhaus mit hölzernem Balkon), verlassen wir die ehemalige Eisenbahntrasse. Wir folgen nun dem asphaltierten Chemin du Bois (nach rechts) etwa in östlicher Richtung und überqueren die Landstraße. Auch an dieser Kreuzung steht ein Wegekeuz, das allerdings durch Buschwerk und Gesträuch stark überwuchert ist. Es erinnert an einen 22-jährigen jungen Mann, der hier im November des Jahres 1804 ermordet wurde. Die Inschrift lautet: *IHS / ICI A ETE ASSASS/INE ANTOINE GOD/FROID LE 3 NOVEM/BRE 1804 AGE DE VINGT/DEUX / ANS.* Unten auf dem Schaft des steinernen Kreuzes ist ein Totenschädel mit zwei gekreuzten Knochen zu erkennen.

Wir setzen unsere Wanderung auf dem Corbillon genannten Sträßchen fort. Im Frühjahr stehen auf den Wiesen rundum die Apfel- und Birnbäume in Blüte. Aber auch zu jeder anderen Jahreszeit ist die Umgebung hier geradezu bezaubernd. An der nächsten Kreuzung (nach etwa 1.100 m) wenden wir uns nach rechts und folgen nun dem Weg Moulin de la Trappe. Bei der Gabelung nach weiteren etwa 200 m halten wir uns erneut rechts und erreichen kurz darauf den Weiler *Crawhez*. Wir folgen der Crawhez genannten Straße, die nach rechts abzweigt. Nach 400 bis 500 m passieren wir das Schlösschen von Crawhez, das links des Weges liegt (s. o., S. 265). Nach weiteren 400 m kommen wir an eine Kreuzung, an der eine Kapelle der hl. Anna steht. Hier wenden wir uns nach links. Die Straße, die uns nun in einem weiten Bogen nach Clermont zurückführt (ca. 1.800 m), heißt in ihrem ersten Teil Les Béolles, im weiteren Verlauf Thier. Kurz bevor wir das Ortszentrum mit der Place de la Halle erreichen, kommen wir an einem sehr schönen Haus aus Ziegel und Kalkstein vorüber (Thier 2), über dessen Türe die Inschrift *IHS 1661* zu lesen ist.

Lassen Sie sich Zeit. Genießen Sie das Herver Land mit seinen saftigen Wiesen und Weißdornhecken. Die Landschaft ist hier weder wildromantisch noch grandios oder gar heroisch, sondern weich gewellt, offen und freundlich. Sie erleben eine von Menschen gestaltete Natur, die heute oft noch ein Bild darbietet wie auf Fotos vom Ende des 19. Jh. Auch Obstwiesen gehören dazu, die wir besonders bei Aubel und Val-Dieu antreffen. Auf den Rad- und Wanderwegen fahren bzw. wandern Sie mitunter unter Bäumen wie durch einen grünen Tunnel, was besonders an heißen Tagen wohltut. Ständig erleben Sie weite, bezaubernde Aussichten.

Einkehrmöglichkeit: Am Dorfplatz von Clermont, der Place de la Halle, gibt es das Café *Au Renouveau*, vor dem wir uns auf einer Terrasse mit einem guten Kaffee oder einem Bier stärken können (Tel.: 0032 (0)87 /44 65 27), um zugleich den Blick auf die schönen historischen Bauten ringsum zu genießen.

Thimister

Wie Clermont gehörte auch **Thimister** bis zum ausgehenden 18. Jh. zum Herzogtum Limburg (*Quartier Wallon*). Das kleine Herzogtum war ein ausgesprochen städtearmes Territorium. Seine alte Hauptstadt Limbourg war ein Nest. Eupen wurde 1674 zur Stadt und zählte damals kaum mehr als 4.000 Einwohner. Seine dann stürmisch einsetzende Entwicklung durch das Aufblühen der Tuchfabrikation war eine Ausnahme (um 1780 etwa 7.300 Einwohner). Aber es gab doch im 17. und 18. Jh. einige Ortschaften, die sich – umgeben von Wiesen und Feldern – ein recht städtisches Erscheinungsbild verliehen. In ihnen gab es ansehnliche Kirchen mit reicher Barockausstattung, manche schon mit Orgel, und respektable, aus Stein gebaute Bürgerhäuser. Zu diesen Ortschaften zählten Herve, Clermont, Thimister und Henri-Chapelle. Auch Aubel in der benachbarten Grafschaft Dalhem hatte einen schon recht urbanen Charakter.

In Thimister, dem Hauptort der Gemeinde Thimister-Clermont, hat sich eine Fülle alter Bürgerhäuser aus dem 18. Jh. erhalten. Es lohnt sich, durch die Straßen des Zentrums zu spazieren und die Fassaden zu betrachten, vor allem an der Straße bzw. dem Platz *Centre*. Die Westseite des Platzes bietet von Nr. 15 bis Nr. 21 ein geschlossenes Ensemble historischer Bauten. Achten Sie auch auf Details, etwa die aufwendig gestaltete Portaleinfassung von Haus Nr. 11. Sogar eine gusseiserne Wasserpumpe aus dem 19. Jh. ist noch vorhanden (vor Centre Nr. 52). Besonders schön ist das im 17. Jh. mit waagerechten Kalksteinbändern und Eckquaderung in Zahnschnittfolge versehene Bauernhaus Nr. 55, das noch Kreuzstockfenster aufweist. Der

Muschelnische mit Marienfigur, Pfarrkirche Saint-Antoine

Anbau links aus Bruchstein stammt aus dem 18. Jh. Das dreischiffige Langhaus der **Pfarrkirche Saint-Antoine** (Centre) wurde 1618 bis 1622 errichtet. 1688 kamen das Querschiff und der dreiseitig abschließende Chor hinzu. Der Turm steht an der Nordwestecke des Gotteshauses. Wie das Langhaus stammt auch er aus dem ersten Viertel des 17. Jh. Die vier Beichtstühle im Inneren der Kirche wurden im 18. Jh. angefertigt. Interessant sind zwei Skulpturen, nämlich eine der hl. Barbara aus der zweiten Hälfte des 18. Jh. und eine Hl. Familie aus dem beginnenden 18. Jh.

Das Pfarrhaus (Centre 4) ist ein schlichter, zweigeschossiger Backsteinbau auf einem Sandsteinsockel mit Segmentbogenfenstern (mit Keilstein). An

Historische Bürgerhäuser in Thimister

Pfarrkirche Saint-Antoine, Thimister

den Ecken wird er von Kalksteinquadern in Zahnschnittfolge eingerahmt. Ein kleiner, nur eingeschossiger Anbau trägt ein Mansarddach.

Welkenraedt

Zur **Gemeinde Welkenraedt** (Aussprache mit Dehnungs-e) gehören die Orte Welkenraedt, Henri-Chapelle und Baelen. Welkenraedt ist für kulturhistorisch Interessierte wenig anziehend, umso mehr hat uns Henri-Chapelle zu bieten.

Henri-Chapelle

Henri-Chapelle (dt. *Heinrichskapelle*) etwa 17 Kilometer südwestlich von Aachen gehörte bis zum Ende des Ancien Régime im ausgehenden 18. Jh. zur Hochbank Baelen, einem der damaligen Verwaltungs- und Gerichtsbezirke des Herzogtums Limburg. Der hübsche Ort liegt auf einer Anhöhe (339 m) an der zur Zeit der Kaiserin Maria Theresia um 1750 erbauten Landstraße von Aachen nach Lüttich, die in der zweiten Hälfte des 18. Jh. zu einer gepflasterten *Kunststraße* ausgebaut wurde, einer *route pavée*. Die neue Chaussee sollte vor allem den Transport des damals in Kelmis abgebauten Galmeierzes zur Maas wie auch nach Aachen erleichtern. Der Ort war in den Zeiten der Postkutschen aufgrund seiner Höhenlage ein wichtiger Halte- und Rastplatz an der Landstraße. Man kann sich vorstellen, welche Mühe es den Pferden gekostet haben muss, die Straße von Kelmis nach Henri-Chapelle zu bewältigen, ob sie nun eine Postkutsche zogen oder – mehr noch – einen schweren mit Galmeierz beladenen Karren. Für die Passagiere hingegen war das Reisen auf der neuen gepflasterten Straße geradezu ein Genuss, wurde man doch auf den sonstigen, oft nur notdürftig in Stand gehaltenen Wegen mit ihren ausgefahrenen Karrengleisen und bei Regen knöcheltiefem Morast gehörig durchgerüttelt. Blaue Flecken waren noch das geringste Übel. Bei den häufig vorkommenden Achs- oder Radbrüchen konnte man sich weit schlimmere Verletzungen einhandeln.

In früheren Jahrhunderten bedeutete die Lage eines Ortes an einer belebten Straße wie der von Aachen nach Lüttich Wohlstand, Austausch von Nachrichten, Leben. Zwar bestand in Kriegszeiten die Gefahr, Opfer von Gewalttaten, erpressten Kontributionen und Drangsalierung seitens durchziehender Truppen zu werden, doch überwog der Segen. Man kann dies noch heute den vielen schönen Häusern aus dem 18. Jh. ablesen, die sich in Henri-Chapelle erhalten haben. In unseren Zeiten ist der Durchgangsverkehr zum Fluch geworden. Lärm, Abgase, das Donnern durchfahrender Lastwagen und stete Unfallgefahr führen dazu, dass das Wohnen in Häusern an einer verkehrsreichen Straße unattraktiv geworden ist. Parkende Personenwagen verstopfen Plätze und Gassen und beeinträchtigen das Leben im urbanen Raum. Wenn wir erahnen wollen, was Henri-Chapelle einmal war, dann benötigen wir viel Fantasie, um uns Autos, Parkplätze, Verkehrsschilder, Abgase und Lärm wegzudenken. Geblieben sind die Ausblicke. Sobald man das Ortszentrum in Richtung Aachen, Lüttich, Aubel oder auch Welkenraedt verlässt, genießt man noch heute großartige Weitblicke in eine bezaubernde

Henri-Chapelle, Ausblick

Pfarrkirche Saint-Georges, Henri-Chapelle

Pfarrkirche Saint-Georges, Henri-Chapelle

Figur des hl. Georg, 17. Jh.

Landschaft. Weiter in Richtung Welkenraedt zu fahren, sollte man sich allerdings ersparen. Hier kommt man bald in ein völlig zersiedeltes Gebiet, mitunter in Straßen, die bessere Zeiten gesehen und nichts Schönes zu bieten haben.

Die Pfarrkirche Saint-Georges: Der massive Turm der aus Sand- und Kalkstein errichteten, dem hl. Georg geweihten Pfarrkirche ist noch romanisch und stammt aus dem 12. bis 13. Jh. An ihn fügte man 1718 ein dreischiffiges Langhaus mit großen, rundbogigen Fenstern, das ihn mit einem gotischen, aber erst 1630 errichteten Querschiff und Chor verbindet. Die Querarme treten nur geringfügig aus der seitlichen Mauerflucht hervor. Erst im 19. Jh. entstanden der Oculus (Rundfenster) und das neogotische Fenster in der Westseite des Turms, der von den Seitenschiffen umfasst wird und dessen Mauerwerk nur die Höhe des Langhausfirstes erreicht.

Inneres: Wir betreten vom nördlichen Seitenschiff aus eine helle, weiß verputzte Stufenhalle mit Kreuzrippengewölben. Die Bögen der Arkaden, die das Hauptschiff mit den Seitenschiffen verbinden, werden von grauen Rundpfeilern mit schlichten Kapitellen und Deckplatten getragen.

Besondere Aufmerksamkeit verdient ein **Apostelbalken** aus dem 15. Jh., der mit Reliefbüsten Christi und der Apostel geschmückt ist. In der dreiseitigen Apsis ist eine farbig gefasste **Figur des hl. Georg** mit dem Drachen aus dem 17. Jh. aufgestellt. In der dunklen, romanischen Turmhalle mit ihrem niedrigen Kreuzgratgewölbe befindet sich das in der

Apostelbalken (Ausschnitt), 15. Jh., Pfarrkirche Saint-Georges

Moderne Kreuzwegstation, Pfarrkirche Saint-Georges

Hôtel Communal, Henri-Chapelle

Pfarrhaus, 1726, Henri-Chapelle

ersten Hälfte des 19. Jh. aus rotem Marmor geschaffene Taufbecken mit Messingdeckel.

Das zweigeschossige, aus Ziegel und Kalkstein errichtete **Hôtel Communal** (Village 3) mit seinem schiefergedeckten Mansarddach stammt aus der Mitte des 19. Jh. Die drei mittleren Fensterachsen springen leicht vor und werden von einem Dreiecksgiebel bekrönt.

Das **Pfarrhaus** (Presbytère) unterhalb der Kirche (Village 25) wurde 1726 erbaut. Zwischen den Häusern Nr. 48 und 50 ist eine alte, gusseiserne Wasserpumpe im Empire-Stil erhalten. Aufmerksamkeit verdient das Hôtel de la Couronne, in dem seit dem beginnenden 18. Jh. Versammlungen der Stände Limburgs abgehalten wurden. Ein Schild mit dem Relief einer Krone präsentiert die Jahreszahl 1706. Die einstige Hauptfassade ist die heute dem Innenhof zugewandte Seite des Gebäudes. Hier finden wir auf dem Keilstein des Portals ebenfalls die Darstellung einer Krone und die Jahreszahl 1704.

Dreifaltigkeitsdarstellung in der Nische der Chapelle de la Trinité, 1753, Henri-Chapelle

Das große, dreigeschossige Backsteingebäude **Maison de Belœil** an der Chaussée de Liège (Nr. 47, etwa 800 m vom Ortskern in Richtung Lüttich, linke Straßenseite) beherbergte einst die Relaisstation der Post, wo die Pferde gewechselt wurden, und den Zollposten, an dem die Straßenmaut entrichtet werden musste. 1785 gab die zwischen Aachen und Lüttich verkehrende Postkutsche ihre alte Route über Gulpen und Visé an der Maas auf, um nun die bequemere und schnellere Straße über Henri-Chapelle zu befahren. Die Reisenden werden dankbar dafür gewesen sein. Die Fassade der einstigen Relaisstation stammt im Wesentlichen noch aus der Mitte des 18. Jh.

Ebenfalls auf diesen Zeitraum geht die von einem Kreuz (Relief des Gekreuzigten) bekrönte **Chapelle de la Trinité** an der Chaussée de Liège zurück (1753, etwa 1,3 km vom Ortskern in Richtung Lüttich), ein für die Region so typischer Fußfall, an dem die Vorüberkommenden niederknieten und ein kurzes Gebet sprachen. In der Nische ist eine Darstellung der Dreifaltigkeit unter einer Blumenkrone zu erkennen.

Voeren

Die etwa 4.100 Einwohner (Stand 2018) zählende **Gemeinde Voeren** (Aussprache mit Dehnungs-e; frz. *Fourons*) ist eine **Exklave der flämischen Provinz Limburg** (Arrondissement Tongeren), die im Norden an die niederländische Provinz Limburg grenzt sowie im Süden an die Gemeinden Visé, Dalhem, Aubel und Plombières der wallonischen Provinz Lüttich. Über einige hundert Meter bildet im Westen die Maas die Gemeindegrenze.

Die Gemeinde liegt ausgesprochen reizvoll im hügeligen Vorland der Ardennen bzw. Eifel im Tal des Baches Voer, dem sie ihren Namen verdankt. Der Bach mündet im niederländischen Eijsden in die Maas. Die Gemeinde besteht aus den sechs Dörfern und ehemals selbstständigen Gemeinden, 's-Gravenvoeren, Sint-Pieters-Voeren, Sint-Martens-Voeren, Moelingen, Remersdaal und Teuven. Darüber hinaus gehört Hagelstein dazu, das früher Teil der Gemeinde Remersdaal (frz. *Rémersdael*) war.

Wenn man mit dem Auto auf der parallel zur Maas verlaufenden Autobahn aus Richtung Lüttich auf Maastricht zufährt, lesen wir im Bereich der Grenze zwischen Belgien und den Niederlanden und damit zugleich auch der Grenze zwischen dem französischen und dem niederländischen Sprachraum auf einem Schild am Straßenrand *Voerstreek*. Gemeint ist die nach dem Flüsschen Voer benannte Voerregion, die Gemeinde Voer mit ihren sechs Dörfern. In den 60er und 70er Jahren waren die Nachrichten voll von dem hier mit Erbitterung ausgetragenen Sprachenstreit, der inzwischen – Gott sei Dank! – ausgestanden ist.

Als 1963 in Belgien die Sprachgrenze festgelegt wurde, wurden die sechs Dörfer der Gemeinde Voeren (Voerstreek) aus der wallonischen Provinz Lüttich herausgelöst und der flämischen Provinz Limburg zugeordnet. Die Gemeinde ist dadurch als Exklave der belgischen Provinz Limburg zu mehr als der Hälfte von der Provinz Lüttich eingeschlossen.

Übrigens wurde in der Voerregion ursprünglich, d. h. bis zur Mitte des 20. Jh., in der Regel weder Flämisch noch Französisch gesprochen, sondern ein niederdeutscher Dialekt wie auch in Gemmenich oder in Eupen, wenngleich mit bestimmten Lautverschiebungen. Der Germanist spricht von einem niederfränkisch-ripuarischen Mischgebiet. Dabei waren die Menschen zumeist dreisprachig. Während die Verwaltungssprache das Französische war und auch die wohlhabende, gebildete Bourgeoisie sich dieser Sprache bediente, sprach und lehrte der Klerus in den Gemeinden Flämisch. Die einfachen Leute redeten Dialekt miteinander.

Moelingen

Moelingen ist das westlichste Dorf der Gemeinde Voeren. Es befindet sich im Tal der Maas am Flüsschen Berwinne, dem wir schon in Clermont und Val-Dieu begegnet sind. Bis zum Ende des 18. Jh. gehörten das Dorf und die Herrschaft Moelingen zur Grafschaft Dalhem (seit 1257 im Besitz der Herzöge von Brabant). Der romanische Kirchturm der **Kirche Onze-Lieve-Vrouw Tenhemelopneming** (Kerkplein/-Dorpsstraat) stammt aus dem 12. Jh. und steht unter Denkmalschutz. Die Kirche selbst entstand in verschiedenen Phasen. Das Schiff ist frühgotisch. Querschiff, Chor und die Außenmauern der Seitenschiffe entstanden 1908 im neogotischen Stil. Dass man in neuester Zeit an den Turm noch eine Garage angefügt hat, ist nicht nur unter Gesichtspunkten des Denkmalschutzes kaum begreiflich. Man fragt sich, welche Behörde das genehmigt hat.

Inneres: Das frühgotische Mittelschiff ist innen mit Stuck aus der ersten Hälfte des 18. Jh. versehen und wird von einem abgeflachten Tonnengewölbe geschlossen. In der Kirche sind noch zwei Rokokobeichtstühle aus der Zeit um 1750 erhalten, ein steinernes Taufbecken aus dem 17. Jh. und ein gekreuzigter Christus aus dem späten 16. Jh.

Kirche Onze-Lieve-Vrouw Tenhemelopneming, Moelingen

Nicht spektakulär, aber vielleicht doch erwähnenswert: Am östlichen Ende der Dorpsstraat befinden sich an der Brücke über die Berwinne neben dem Dorfkreuz aus dem Jahre 1768 sind noch einige Grenzpfosten aus dem 18. Jh. (1713) mit dem Wappen Österreichs, zu dem das Voergebiet damals gehörte, und dem der Vereinigten Niederlande. Quer über die Kreuzung hinweg sehen wir am westlichen Ende der Voerenstraat bzw. an der Withuisstraat (Nr. 2) die schlichte Brasserie *De Berwien* (Tel.: 0032 (0)4 / 381 12 62; **www.deberwien.be**).

Remersdaal

Die Landschaft im Osten der Voerregion zeigt noch alle Merkmale des Herver Landes. Die Bauernhöfe liegen verstreut inmitten von Weiden, die oft noch von Weißdornhecken eingefasst sind. Im Frühling blühen die Obstbäume prächtig auf den Wiesen.

Einige Kilometer außerhalb des Dorfkerns von **Remersdaal** (frz. *Rémersdael*) liegt nordöstlich, abseits der Straße von Homburg nach Teuven neben der Eisenbahnlinie das **Schloss von Obsinnich** (an der Straße namens *Obsinnich*). Es dient heute als Ferienunterkunft für Jugendgruppen.

Geschichte: Schon im 13. Jh. stand hier eine Burg, die aber im Limburgischen Erbfolgekrieg (spätes 13. Jh.) zerstört wurde. Im 14. Jh. entstand ein neuer Bau. Der Kern dieser Anlage ist im regelmäßig gemauerten Steinunterbau des Turms und vier Fensterachsen der Nordwestfassade erhalten. Alles Übrige stammt aus verschiedenen späteren Epochen, auch aus dem 19. Jh. (Baumaßnahmen des Freiherrn von Fürstenberg im Jahr 1880).

Der dreigeschossige, U-förmige Backsteinbau mit Treppengiebeln ist imponierend. An seiner Nordostecke erhebt sich ein Rundturm mit spitzem Schieferdach. Die Kreuzstockfenster erwecken zunächst den Eindruck, als gehörten sie schon seit dem Spätmittelalter zum Schloss. Sie wurden aber erst im von Ritterromantik beseelten 19. Jh. eingebaut. Man möchte sie heute nicht mehr missen.

's-Gravenvoeren

Der **Ort 's-Gravenvoeren** hat sich als Straßendorf entlang der Voer entwickelt. Kleine Brücken verbinden Häuser auf den beiden Seiten des Flüsschens (besonders an der Kloosterstraat).

Geschichte: Die ältesten Besiedlungsspuren stammen aus dem Neolithikum (Jungsteinzeit). Dass hier auch in römischer Zeit Menschen lebten, beweisen Überreste einer bedeutenden Villa aus dem 2. Jh. in Steenbos, die im 7. Jh. wieder aufgebaut wurde, und die Fundamente einer galloromanischen Villa in der Gemarkung Op de Saele. In der Merowinger- und Karolingerzeit war 's-Gravenvoeren ein wichtiges regionales Zentrum mit einem Königshof, möglicherweise in der wieder aufgebauten römischen Villa von Steenbos, in der die Nachfolger Karls des Großen mehrmals wohnten. Auch wurden Spuren der Via Mansuerica gefunden, einer in der Merowingerzeit geschaffenen Verbindung zwischen den wichtigen Bischofssitzen Maastricht und Trier.

Der Ort gehörte zur Grafschaft Dalhem, die sich seit 1257 im Besitz der Herzöge von Brabant befand. 1661 fällt 's-Gravenvoeren aufgrund des sog. Partagevertrags an den spanischen König (Spanische Niederlande).

Verschiedene Bauernhöfe in der unmittelbaren Umgebung, das Pfarrhaus und die Kirche mit Ausnahme ihres Turms entstanden im 18. Jh. Diese Zeit, die Zeit der österreichischen Herrschaft, war

Schloss von Obsinnich, Remersdaal

Sint-Lambertuskerk in 's-Gravenvoeren

Kinkenberg in 's-Gravenvoeren: Liebfrauenkapelle (1715) und De Swaen (1742)

Historisches Bürgerhaus, Kinkenberg in 's-Gravenvoeren

nach den vorausgegangenen Kriegen für das Dorf und die ganze Region eine friedliche und glückliche Periode des wirtschaftlichen Gedeihens.
Die dreischiffige **Sint-Lambertuskerk** (Pley), eine klassizistische Pseudobasilika aus Backstein mit großen, kalksteingerahmten Stichbogenfenstern und dreiseitig abschließendem Chor, wurde zwischen 1782 und 1786 erbaut. Der Turm aus schönem, hellem Naturstein allerdings ist älter. Er stammt aus dem 14. Jh. Sein oberstes Geschoss ist mit Lisenen und Blendbögen gegliedert. An der Kirchenmauer lehnen einige bemerkenswerte **Grabkreuze** aus dem 17. und 18. Jh.
Inneres: Rundbogenarkaden mit Säulen scheiden das von einem Tonnengewölbe mit Gurtbögen überfangene Mittelschiff von den Seitenschiffen. Das Altarbild des zwischen 1775 und 1800 aus Marmor geschaffenen Hauptaltars zeigt eine Kreuzigungsgruppe mit der hl. Maria Magdalena. Die beiden Seitenaltäre lassen sich auf die Zeit von 1750 bis 1800 datieren. Das Chorgestühl und die Kanzel gehören ebenfalls dem 18. Jh. an. Älter sind die beiden Beichtstühle, die bereits im 17. Jh. hergestellt wurden. Erwähnenswert sind einige **Figuren**, ein gekreuzigter Christus aus der ersten Hälfte des 17. Jh. (farbig gefasst), ein hl. Antonius von Padua, ein hl. Servatius und ein hl. Lambertus aus dem Jahre 1651 sowie eine 1720 geschnitzte hl. Barbara. Besonders sehenswert sind eine um 1510 im Maasraum entstandene **Anna-selbdritt-Gruppe** (rechter Seitenaltar) und eine barocke Madonna (linker Seitenaltar), die um 1700 geschaffen wurde und der Schule der Lütticher Bildhauers Jean Del Cour zugerechnet wird. Das steinerne Taufbecken aus dem 16. Jh. ist mit einem Messingdeckel aus der ersten Hälfte des 19. Jh. versehen.
Neben der Kirche (westlich des Turms) steht das **Pfarrhaus** aus dem Jahre 1774.
Ein schönes, denkmalgeschütztes Fleckchen ist das Sträßchen **Kinkenberg** mit der 1715 erbauten **Liebfrauenkapelle** und einigen Höfen aus dem 18. Jh. am nördlichen Ufer der Voer. Am Kinkenberg (Nr. 7) befindet sich auch eine *De Swaen* genannte frühere Herberge an der Postkutschenroute Lüttich – Aachen (heute Restaurant; **www.afspanningdeswaen.be**). Das Schloss der einstigen Grafen von Voeren ist leider schon lange verschwunden. Es gibt aber noch das kleine, 1800 erbaute, allerdings architektonisch wenig begeisternde **Schlösschen Altenbroek** inmitten eines schönen Parks (östlich des Dorfkerns, Altenbroek 4). Auch das von einer rechteckigen Umwallung eingefasste **Schlösschen Ottegraven** (1710) ist samt zugehörigem Bauernhof (erste Hälfte 18. Jh., Umbauten im 19. und 20. Jh.) und einer barocken

Altes Fachwerkgehöft in 's-Gravenvoeren

Sint-Martens-Voeren

Kapelle von einem Park umgeben (an der Grenze zu Sint-Martens-Voeren, Ottegraeven 3). Das Besucherzentrum (Pley 13, s. *Touristen-Informationsbüros* am Ende dieses Buches) bietet Wanderkarten und vielfältige Informationen über die Voerregion.

Empfehlung: In 's-Gravenvoeren ist die gegenüber der Kirche liegende Bäckerei *Equilibrium* zu empfehlen. Dazu gehört ein Café, in dem guter Kuchen angeboten wird (Pley 21-23; Tel.: 0032 (0)4 / 381 24 10; **www.Equilibrium-voeren.be**). Ganz in der Nähe liegt das Brasserie-Café *Pley*.

Sint-Martens-Voeren

Das Erscheinungsbild des **Dorfes** wird wesentlich von einer 23 Meter hohen **Eisenbahnbrücke** beherrscht. Sie ist ein Teil der im Ersten Weltkrieg von der deutschen Besatzungsmacht angelegten Strecke Aachen – Tongeren. An das aus Stahlbeton erbaute Viadukt schließt sich der mit 2.070 Metern längste Eisenbahntunnel Flanderns an. Die längste Eisenbahnbrücke Belgiens in Moresnet (s. S. 251) gehört zu derselben Linie.

Im Dorfkern steht die von einem ummauerten Friedhof umgebene **Sint-Martinuskerk** (Kerkstraat 1).

Sint-Martinuskerk in Sint-Martens-Voeren

Sint-Martinuskerk

Relief des Erzengels Michael, Sint-Martinuskerk

Relief des hl. Martin zu Pferd mit dem Bettler

Romanischer Taufstein, 13. Jh.

Die Mauer des Kirchhofs entlang strömt die Voer. Auf dem Gottesacker finden wir noch Grabkreuze aus dem 16. bis 18. Jh. Links unter dem Turm (außen) befindet sich das Grab von Pastor Veltmans (1866–1954), der sich nachdrücklich dafür einsetzte, den niederländischen Charakter des Voergebiets, das bis in die 60er Jahre des 20. Jh. zur wallonischen Provinz Lüttich gehörte, zu bewahren. Über dem Grab steht eine moderne Pietà. Auch Gräber der Besatzung eines 1944 abgestürzten britischen Militärflugzeugs sind noch erhalten und werden offensichtlich bis heute gepflegt.

Geschichte: Die Sint-Martinus-Kirche war wahrscheinlich seit dem 13. Jh. eine Stiftskirche, an der ein Kapitel mit drei Kanonikern und einem Dekan eingerichtet war. Zur Sint-Martinus-Gemeinde gehörten drei Filialkirchen: die von Sint-Pieters-Voeren, die von Slenaken (heute Niederlande) und die von Sint-Jean Sart (Aubel). Diese drei Kirchen wurden jeweils von einem der drei Kanoniker betreut. Der Dekan war Pfarrer der (gesamten) Pfarrei.

Äußeres: Die 1728 bis 1730 (Chor) aus Backstein erbaute, klassizistische Kirche ist eine dreischiffige Pseudobasilika. Nur ihr Turm stammt noch aus dem 13. Jh. (1650 restauriert). Rechts und links neben den Rundbogen des Eingangsportals sind Reliefs angebracht. Wir sehen rechts eine Darstellung des Erzengels Michael in ritterlicher Rüstung, wie er mit erhobenem Schwert und Seelenwage über zwei Dämonen steht, Verkörperungen des Bösen. Das linke Relief zeigt die mit gefalteten Händen zum Himmel emporfahrende Gottesmutter, der zwei Engel eine Krone über das Haupt halten (1728 oder älter). Am südlichen Seitenschiff ist ein weiteres Relief angebracht mit dem hl. Martin zu Pferd, der seinen Mantel mit dem Bettler teilt.

Inneres: Das Mobiliar der Kirche ist barock. Die Altäre entstanden in der ersten Hälfte des 18. Jh., die Beichtstühle um 1750. Das **Gemälde des Hochaltars** widmet sich der Himmelfahrt Christi (1665). Zum Altar gehören auch die ihn flankierenden Figuren der Apostelfürsten Petrus und Paulus. Der Taufstein ist noch aus dem 13. Jh. erhalten. Sein Mes-

Himmelfahrt Christi, Gemälde des Hochaltars, Sint-Martinuskerk

Veltmanshuis, Sint-Martens-Voeren

Alte Häuser in Sint-Martens-Voeren

Fachwerkhof im Weiler Veurs bei Sint-Pieters-Voeren

singdeckel ist modern. Die in der Kirche aufbewahrte Prozessionsmadonna stammt aus dem 19. Jh. (Öffnungszeiten: tägl. 9-17 Uhr).

In der Nähe liegt das nach Pastor Veltmans benannte **Veltmanshuis** (Kwinten 3), ein stattliches ehemaliges Kanonikerhaus aus der zweiten Hälfte des 18. Jh. mit Mansarddach. Bis 1971 diente es als Pfarrhaus. Nun ist darin ein Kulturzentrum der Flämischen Gemeinschaft eingerichtet.

In den zwei zentralen Voerdörfern Sint-Martens- und Sint-Pieters-Voeren ist die Konzentration von Gebäuden, die völlig oder teilweise aus Silex (Feuerstein) gebaut sind, besonders groß. Vor allem in dem **Weiler Veurs** (östlich von Sint-Pieters-Voeren) sind die für diese Gegend typischen **alten Fachwerkhäuser** noch erhalten geblieben. Die meisten dieser Gehöfte wurden im 18. oder beginnenden 19. Jh. errichtet.

Das einst wohl schönste Fachwerkhaus der ganzen Gegend befindet sich heute im Freilichtmuseum von Bokrijk (*Openluchtmuseum Bokrijk*, Gemeinde Genk, Bokrijklaan 1). Es wurde um 1700 in Sint-Martens-Voeren erbaut.

Empfehlung für Wanderer

Eine landschaftlich besonders reizvolle Wanderung ist die von Sint-Martens-Voeren nach Noorbeek, die wir deshalb hier kurz beschreiben, auch wenn Noorbeek schon auf dem Gebiet der niederländischen Provinz Limburg liegt. Die Rund-

Historischer Bauernhof (Langgiebelhof) aus Sint-Martens-Voeren, heute Freilichtmuseum Bokrijk

Zwischen Sint-Martens-Voeren und Norbeek

wanderung ist durchgängig mit roten Pflöcken markiert.

Start: Ortskern von Sint-Martens-Voeren

Länge: 7,5 km (**rote Pflöcke**) oder 6,8 km (**Knotenpunkte**)

Knotenpunkte: 48, 49, 50, 43, 42, 53, 52, 51, 50, 49, 48

Nur den Einstieg müssen wir finden (hinter der Kirche links der Straße Kompberg folgen). Dann ist es leicht, sich an der Markierung zu orientieren. Zu Beginn geht es einige 100 m recht steil bergauf. Am Ende der Steigung überschreiten wir die Grenze zu den Niederlanden. Wir befinden uns hier in einem Naturschutzgebiet. Informationstafeln informieren über Flora und Fauna, z. B. über die hier heimische Haselmaus. Später passieren wir einen Weingarten der *Vereniging voor Wijnbouw in Norrbeek*. Norbeek ist vor allem wegen seiner vielen alten Häuser und Gehöfte aus Backstein oder Fachwerk ein attraktives Wanderziel. In dem ausgesprochen hübschen Dorf Norbeek gibt es mehrere solide Einkehrmöglichkeiten, etwa das *Eetcafé Tinus*.

Fachwerkhof in Norbeek

Pfarrkirche in Norbbek

Zuurvlees, eine limburgische Spezialität

Sint-Pieters-Voeren

Sint-Pieters-Voeren ist mit seinen etwa 300 Einwohnern der kleinste Ort der Voer-Region.

Die Attraktion Sint-Pieters-Voerens ist die beeindruckende **Komturei des Deutschen Ritterordens**, auch Kommende oder Kommanderie genannt (westlich der Dorpsstraat). Der mächtige Bau, den wir heute hier antreffen, wurde von 1607 bis 1625 im Stil der maasländischen Renaissance errichtet. Leider wurde 1919 der südöstliche Flügel der Anlage abgerissen, wodurch sie ihr geschlossenes Erscheinungsbild verlor. Sie ist von einem Park umgeben, in dem große Fischteiche angelegt sind, in denen sich das alte Gemäuer und die umstehenden Bäume spiegeln. Gespeist werden die Teiche von der (1666 ummauerten) Quelle der Voer, aus der in großen Mengen glasklares Wasser hervorsprudelt. Die Gründung der Komturei wurde möglich, weil Ritter Daniel von Voeren 1242 seinen gesamten Besitz dem Deutschritterorden schenkte, dem er selbst beitrat. Die Komturei Sint-Pieters-Voeren bildete mit elf weiteren die Ballei Biesen. Der Deutsche Orden war und ist noch heute ein geistlicher Ritterorden. Wie Mönche legen auch ihre Mitglieder ein Ordensgelübde ab. Zugleich aber kämpften sie einst als Ritter mit dem Schwert. Ursprünglich sahen die Ritterorden ihren Auftrag darin, die Grenzen des Christentums gegen die Muslime zu verteidigen und die hl. Stätten in Palästina zurückzuerobern. Der Papst erkannt drei Ritterorden an, den Johanniterorden, später Malteserorden genannt, den Templerorden und den Deutschen Orden (1198). In seiner Blütezeit besaß der Deutsche Orden neben dem Ordensland im Ostseeraum zahlreiche Balleien und Provinzen in ganz Europa.

Komturei des Deutschen Ritterordens in Sint-Pieters-Voeren

Alter Bauernhof, Sint-Pieters-Voeren

Bis zum Ende des Ancien Régime und der Zeit der französischen Herrschaft unterstand die von einem Kommandeur bzw. Komtur geführte Komturei dem Großmeister von Alden-Biesen (heute in der belgischen Provinz Limburg). Sie war reichsunmittelbar, d. h. allein dem Kaiser unterstellt. Nach der Säkularisation im ausgehenden 18. Jh. ging das gesamte Anwesen in Privatbesitz über. Die Komturei ist an ihrer Ostseite für Besucher zugänglich. In einem schlichten Restaurant kann man frisch aus den Teichen kommenden Fisch essen (10-18 Uhr).

Mitte des 17. Jh. ließ der Komtur die etwas abseits gelegene **Sankt-Petri-Stuhl-Kirche** erbauen (leider in der Regel geschlossen).

An der Gabelung des Wegs nach Sint-Martens-

Sankt-Petri-Stuhl-Kirche, Sint-Pieters-Voeren

Voeren und nach Plank steht eine 1730 errichtete, der hl. Anna geweihte **Kapelle** (Dorpsstraat). Nördlich des Dorfkerns ist noch eine alte **Wassermühle** erhalten (Onder 't Spoor, von Sint-Martens-Voeren aus zugänglich, unmittelbar südlich der Eisenbahnbrücke), die einst zur Kommende gehörte (bis 1973 in Betrieb). Das Wohn- und das Mühlenhaus liegen unter einem gemeinsamen Dach. Trotz beträchtlicher Veränderungen im 19. Jh. ist noch ein Kern aus dem frühen 17. Jh. erhalten. Leider aber ist die gesamte Anlage heute leer stehend, völlig heruntergekommen und vom Verfall bedroht.

Abtei von Sinnich, Torbau und romanischer Kirchturm, Teuven

Teuven

Teuven wird erstmals im 9. Jh. als *Tofinum* urkundlich erwähnt. Der Ort gehörte zum Herzogtum Limburg und bis 1645 zur Herrschaft Beusdael. Dann wurde er zu einer selbstständigen Herrschaft (innerhalb des Herzogtums). Der alte Pfarrbezirk von Teuven umfasste einst die Ortschaften Hombourg, Remersdaal und Sippenaeken.

Teuven liegt in einer sanft gewellten Landschaft, umgeben von ausgedehnten Wäldern im Tal der Gulp, unmittelbar an der Grenze zu den Niederlanden. Die Turmspitze der 1870 errichteten neogotischen Sint-Pieterskerk ragt hoch über die Dächer des Dorfes empor.

Die ehemalige **Abtei von Sinnich** (Kasteelstraat 11) wurde 1796 im Zuge der Säkularisation aufgehoben und 1798 an Privatleute verkauft. Etwa ab 1250 lebten in dem von Rolduc / Klosterrath (jetzt Niederländisch-Limburg) gegründeten Kloster Augustinerinnen. Bald wurden nur Töchter aus dem Adelsstand zur Gemeinschaft zugelassen.

Nach der Säkularisation verschwand im Laufe des 19. Jh. der nördliche Flügel des Klosters mit dem ehemaligen Wohnhaus des Priors. Der Ostflügel der Anlage fiel gegen Ende des Zweiten Weltkriegs einer Bombe zum Opfer. Das heutige Kasteel besteht hauptsächlich aus der ehemaligen Residenz des Abtes.

Außerdem ist noch die Klosterkirche erhalten, die in ihrer heutigen Gestalt aus dem 18. und 19. Jh. stammt. Nur der romanische Turm geht noch auf das 13. Jh. zurück. Er und die vom Aachener Baumeister Johann Joseph entworfene Rokokofassade des Gotteshauses (1750) sind von der Straße aus – wenn auch mit einiger Mühe – zu sehen. Ebenso wie die anderen Schlösser Voerens ist auch dieses für die Öffentlichkeit nicht zugänglich. Dass sich der Besitzer eifersüchtig bemüht, sein riesiges Areal durch Hecken, Bäume und Büsche den Blicken Vorüberkommender zu entziehen, wirkt ausgesprochen kleinlich.

Nördlich der Kirche befindet sich das alte Herrenhaus **Hof de Draeck** (auch *Kasteel van Teuven* oder *Kasteel De Hoof* genannt, Hoofstraat 15-17) aus dem 16. bis 18. Jh., das einmal der Antwerpener Familie de Draeck gehörte. Heute dient es als vornehmes Restaurant. An der Westecke des U-förmigen, aus Ziegel errichteten Baus erhebt sich ein Vierkantturm. Zu dem Schlösschen gehört ein Bauernhof vom Ende des 19. bzw. Beginn des 20. Jh. (südöstlich). Beide sind durch eine Ziegelbrücke miteinander verbunden, die einst über einen Graben hinwegführte, heute über einen Teich. Im Südwestflügel des Hofes ist noch das ursprüngliche Zugangstor aus dem 17. Jh. erhalten. Der Ort ist ein guter Ausgangspunkt für vielfältige Wanderungen und bietet Gelegenheit zur Einkehr.

Hof de Draeck, Teuven

**Genießen auf Ostbelgisch:
Da werden keine Kalorien gezählt, sondern gegessen und geschlemmt. Und das kann dauern. Das darf auch dauern. Darüber kann der Sonntagnachmittag zur Neige gehen.**

Kulturelle Besonderheiten

Tobias Boffenrath mit seinem Göhltaler

Kirchliche Feste – Brauchtum

Zum Immateriellen Kulturerbe Ostbelgiens zählen an erster Stelle immer noch Kirchenfeste oder im Boden des katholischen Glaubens wurzelndes, vom Kirchenjahr geprägtes Brauchtum.

Zu den kirchlichen Festen gehört beispielsweise das im benachbarten Lüttich, dessen Diözese auch das Eupener und das Herver Land, Limbourg und Stablo (Stavelot) umfasst, entstandene **Fronleichnamsfest** mit den schönen Prozessionen durch die Dörfer und über frühlingshafte Wiesen und Felder. Die Initiative zur Einrichtung dieser Feier ging von der Augustinerin und Mystikerin Juliana von Lüttich aus, die wiederholte Visionen als Offenbarungen Christi deutete, dass der Kirche ein Fest zur Verehrung der Eucharistie fehle. Papst Urban IV., der an der Lütticher Lambertus-Kathedrale Archidiakon gewesen war, ordnete 1264 an, dass das Fest in der ganzen Christenheit begangen werden solle. Sonderbarerweise gibt es im katholischen Belgien keinen eigenen Feiertag zur Feier des Fronleichnamsfestes im Frühsommer, das deshalb immer am nachfolgenden Sonntag begangen wird.

Besonderer Beliebtheit erfreut sich unter den Kindern natürlich das **Nikolausfest**, schon wegen der kleinen Geschenke und Süßigkeiten, die es dann gibt. Der Nikolaus ist eben, wie schon seit Jahrhunderten, einer der volkstümlichsten Heiligen. Mitunter erscheint er den Kindern noch in der Grundschule, oft in der – nach meiner Ansicht verzichtbaren – Begleitung des schwarzen Mannes, seines Knechtes, den man in den Niederlanden den *Zwarze Piet* nennt, im Rheinland und in der Deutschsprachigen Gemeinschaft Belgiens oft den *Hans Muff* oder *Hans Muffen* (Eynatten). Woher der Name *Hans Muff* stammt, ist unklar. Möglicherweise hat er mit dem Erscheinungsbild des schwarzen Mannes zu tun, mit *muffig*, ein Wort, das im Rheinland auch *mürrisch* und *unfreundlich* bedeuten kann. Der Hans Muff mit seinem schwarz gefärbten Gesicht und seinen zotteligen Haaren ist die dunkle, beängstigende Kontrastfigur zum kinderfreundlichen hl. Nikolaus in seiner festlichen Bischofsrobe, ein rauer Geselle. Mehr noch als vor ihm selbst fürchten sich die Kinder vor dem Sack, den er bei sich trägt, und vor seinen klirrenden Ketten. Der Hans Muff droht damit, unartige Kinder in den Sack zu stecken und mitzunehmen. Gott sei Dank nimmt der gütige hl. Mann den Unartigen das Versprechen ab, sich zu bessern und bewahrt sie damit vor weiterem Schrecken. Die Gestalt des düsteren Nikolaus-Begleiters soll aus dem 17. Jh. stammen, aus einer Zeit, in der der Aberglaube und die Angst vor den Strafen der Hölle tief verwurzelt waren. Bis weit in das 20. Jh. hinein war der Hans Muff geradezu ein Musterbeispiel schwarzer Pädagogik und Disziplinierung.

Eine besondere Bedeutung hatte das Nikolausfest natürlich in Eupen, wo es zugleich das Fest der Pfarrpatrons und Stadtheiligen war. Bis zum Ende des 19. Jh. erhielten die Kinder nicht am Hl. Abend oder am Morgen des Ersten Weihnachtstages, sondern am Nikolaustag kleine Geschenke. Zudem gab und gibt es den aus süßem Weizenteig gebackenen *Klo'smann* (Nikolausmann), der die Form eines kleinen Mannes hat und eine Tonpfeife im Arm hält.

Zum Immateriellen Kulturerbe im Sinne eines alten Brauchtums gehört erstaunlicherweise nicht das **Sankt Martinsfest** am 11. November. In jedem Dorf gibt es zwar inzwischen einen Umzug mit Laternen und volkstümlichen Liedern und der hl. Martin

Martinszug 2019 in Eynatten

reitet zu Pferd zum Martinsfeuer, um vor den Augen der Kinder und ihrer Eltern mit dem Bettler den Mantel zu teilen. Die Jungen und Mädchen erhalten ihren Weckmann und die Erwachsenen trinken einen Glühwein miteinander. Gänse werden verlost. Aber eine lange Tradition hat der Sankt Martinsumzug in den Dörfern der Deutschsprachigen Gemeinschaft vermutlich nicht. In Eupen kennt man den Brauch des Martinszuges und des Martinsfeuers seit 1964. In früheren Zeiten ist er urkundlich nicht nachweisbar. In Eynatten fand ein erster Zug erst 1981 auf Initiative des Verkehrsvereins statt.

Hier allerdings ist es besonders stimmungsvoll, wenn sich unterhalb der Kirche die lodernden Flammen des Martinsfeuers und die Lämpchen der Glühweinbude im benachbarten Dorfweiher spiegeln. Die während des Umzuges gesungenen Lieder sind dieselben, die man auch aus dem Rheinland kennt.

Das Fest der Heiligen Drei Dreikönige bzw. Erscheinung des Herrn (Epiphanias) am 6. Januar ist heute – wie im benachbarten Nordrhein-Westfalen – auch in Ostbelgien kein arbeitsfreier Tag mehr. Aber es gibt hier den vor allem unter Kindern beliebten Bauch, einen **Königskuchen** zu essen. Den Brauch, eine Bohne oder Münze in den Königskuchen einzubacken, kannte man im Rheinland schon im 16. Jh. (inzwischen nicht mehr). Seit wann er im Eupener Land oder um Sankt Vith verbreitet ist, wissen wir nicht. Hier oder etwa in Malmedy ist heute in dem süßen, marzipanhaltigen Königskuchen ein kleines Plastikfigürchen verborgen. Wer beim Essen auf diesen Glücksbringer stößt – hoffentlich nicht beißt –, ist für einen Tag König und darf die goldene Pappkrone tragen, die dem Kuchen beim Kauf in der Bäckerei beigegeben ist.

Wie in Deutschland ziehen auch in der DG in der Zeit nach Silvester die **Sternsinger** von Tür zu Tür. Als Heilige Drei Könige aus dem Morgenland verkleidete Kinder sammeln in Begleitung von Erwachsenen für soziale Projekte in armen Ländern.

Bevor wir zu den ganz profanen Bräuchen und Eigenarten der Menschen im Osten Belgiens kommen, muss noch ein Brauch angesprochen werden, der in besonderer Weise über die Jahrhunderte hinweg, lange vor der Erfindung von Städtepartnerschaften und Euregio, zur Verbundenheit der Menschen zwischen Rhein und Maas beigetragen hat, nämlich der, **Wallfahrten** zu unternehmen – in früheren Jahrhunderten natürlich ausschließ-

Königskuchen

Sternsinger in Eynatten

lich zu Fuß. Wir müssen uns hier auf die wichtigsten Pilgerziele beschränken. Das bedeutendste war Aachen mit seinem Reliquienschatz, besonders den sog. großen Heiligtümern und den Gebeinen Karls des Großen. Vor allem die alle sieben Jahre stattfindenden Heiligtumsfahrten waren wahre Pilgermagnete. Bei den im Marienschrein aufbewahrten vier großen Aachener Heiligtümern handelt es sich der Überlieferung nach um das Kleid der Gottesmutter, das sie bei der Geburt Jesu trug, um Windeln Jesu, das Enthauptungstuch Johannes des Täufers und das Lendentuch Jesu am Kreuz. Hoch verehrte Zeichen der Menschwerdung und des erlösenden Opfertodes Christi, die nachweislich seit 1349 alle sieben Jahre öffentlich gezeigt werden. Man kann sich heute gar keine Vorstellung mehr davon machen, wie die Reliquien, der Dom und der Glanz der Schreine, Mosaiken und andere Kunstschätze die einfachen Landmenschen, die in ihren schlichten Häusern nicht einmal ein Bild an der Wand hängen hatten, beeindruckt hat.

Man pilgerte aber auch nach Kornelimünster, zum hl. Servatius in Maastricht oder zum hl. Hubert in St. Hubert in den Ardennen und – vor allem aus der südlichen Eifel – zum Heiligen Rock sowie den Reliquien des hl. Apostels Matthias in Trier und schließlich zu der 1642 entstandenen Wallfahrtsstätte in Kevelaer. Vor dem Ersten Weltkrieg gab es sogar Pilgergruppen, die aus dem französischsprachigen Herve zur Gnadenkapelle in Kevelaer aufbrachen. 1979 wurde in Eupen die 175-Jahrfeier der ersten Wallfahrt nach Kevelaer begangen.

Zu den schönen Bräuchen, die die Menschen in der Deutschsprachigen Gemeinschaft Belgiens mit den Aachenern und anderen Rheinländern gemeinsam haben, gehört, dass junge Männer in der Nacht auf den ersten Mai ihrer Freundin oder Braut einen **Maibaum** setzen. Häufig sind kleine Freundestrupps unterwegs, um sich gegenseitig zu helfen, die schwere Birke zu tragen und aufzurichten. Die mit bunten Bändern geschmückte Krone wird zumeist an einer Dachrinne befestigt und ist der Stolz des Mädchens und ihrer Eltern. Natürlich weiß

Liebevoll geschmückter Maibaum

Osterkrone über dem Marienbrunnen in Eupen

jeder der Beteiligten, dass das glückliche Mädchen hinter der Gardine zuschaut, wenn ihr Vater draußen still und heimlich den Burschen einen Schnaps spendiert. Oft sorgen Nachbarjungen dafür, dass ein Mädchen nicht leer ausgeht, auch wenn es gar keinen Verehrer hat. Da geht es ums Prestige des Mädchens und um Solidarität.

Auf dem Dorfplatz wird ein besonders großer Gemeinschaftsbaum aufgerichtet. Und natürlich gibt es den Tanz in den Mai.

Ein schöner, allerdings hier noch nicht alter Brauch, ist der, in Eupen den Marienbrunnen mit einer **Osterkrone** aus bunt gefärbten (Plastik-)Eiern zu schmücken.

Selbstverständlich gibt es auch in Ostbelgien die **Kirmes**, das Fest des Pfarrpatrons, die Erinnerung an die Kirchweihe, den Tag, an dem der Bischof die neu erbaute Kirche eingeweiht hatte. Mitunter wird ein Festzelt für den Tanz errichtet und vielleicht auch eine Starkbierbude aufgeschlagen, die in Eynatten von der Katholischen Landjugend betreut wird. In manchen Orten der Eifel und darüber hinaus im Eupener Stadtteil Nispert kennt man auch den Brauch des Begrabens der Kirmes.

Früher war die Kirmes eines der wichtigsten Feste in der Region. Fladenkuchen und süßes Brot gab es nur zu Hochzeiten und zur Kirmes. Das Jahr über lebte man bescheiden. Aber beim Kirmeskaffee wurde aus dem Vollen geschöpft. Da wurden keine Kosten gescheut, um die Gäste zu bewirten. Da wurde unablässig genötigt, ja zuzugreifen und sich wie daheim zu fühlen, und für die armen Daheimgebliebenen, die das Vieh versorgen mussten, packte man noch reichlich Gebäck ein, um es den Gästen mit auf den Weg zu geben. Da wurde getanzt, da kam die Verwandtschaft zusammen, darauf freuten sich Groß und Klein über das ganze Jahr. Oft wurde zur Vorbereitung auf das Fest die Hausfront neu gestrichen, immer der Fußboden geölt und Hausputz gehalten.

Auch für Partnerwahl und Eheschließung war das Kirmesfest von größter Bedeutung. In den sechs Wochen zuvor statteten junge Männer nämlich, wenn sie noch keine Braut hatten, dem von ihnen auserwählten Mädchen einen Besuch ab – immer in Begleitung eines Kameraden und unter der mehr oder minder diskreten Aufsicht der Eltern natürlich.

Im ganzen deutschsprachigen Ostbelgien feiert man **rheinischen Karneval**. Dabei geht es darum, den Winter hinter sich zu lassen und vor der Fastenzeit noch mal das Leben mit Tanz, Freude und Ausge-

Der Clown, Karnevalsdenkmal in Eupen des Bildhauers Johann Joseph Braun, 1958, an den Karnevalstagen mit Kostüm

Au Wiever in Eupen am *Altweiberdonnerstag* bzw. *Möhnendonnerstag*

lassenheit in vollen Zügen zu genießen. In den Hochburgen wie in Eupen beginnt die närrische Zeit für die echten Karnevalisten am 11. November. An Weihnachten legt man eine Pause ein. Aber dann fliegt der Christbaum aus dem Fenster und es geht wieder los.

Wer glaubt, dass man nur am Rhein, in Köln, Düsseldorf oder Mainz, Karneval zu feiern verstehe, sollte einmal erleben, mit welcher Ausgelassenheit in Ostbelgien getanzt, geküsst und geschunkelt wird. Die Umzüge mit ihren bunten Fußtruppen und aufwendig gestalteten Wagen sind von erstaunlicher Länge. Das karnevalistische Durchhaltevermögen ist außerordentlich. Übrigens hat man gesicherte Nachrichten über die Fastnacht in Eupen schon aus dem Jahre 1696. Damals gab es schon drei Karnevalstage. Aber das närrische Treiben ist sicherlich noch weit älter. Seit dem 19. Jh. ist der Karneval stark *kölsch* geprägt. Zum rheinischen Karneval gehören auch in Eupen, Raeren oder St. Vith der Karnevalsprinz, die Prinzenproklamation, Karnevalsumzüge und Kappensitzungen. Kleine Mädchen träumen davon, Funkenmariechen (Tanzmariechen) zu werden. *Kölsch* sind auch viele Lieder, die man singt. Die Jecken stürzen sich mit *ALAAF* ins Getümmel. Auch in den wallonischen Gemeinden – mit Ausnahme von Malmedy und Stablo (s. S. 177 f. und S. 216 f.), wo der *Cwarmê* und *Laetare* gefeiert werden – sind die Karnevalsbräuche häufig von den Traditionen des rheinischen Karnevals beeinflusst, aber sie vermengen sich mit eigenen Traditionen.

Die tollen Tage beginnen am *Altweiberdonnerstag* oder *Möhnendonnerstag*. Dann übernehmen um 11.11 Uhr die *au Wiever* das Regiment. In Eupen ziehen sie, begleitet von Musikgruppen, in einem

Rosenmontagszug in Eupen

Karneval in Malmedy

schönen Umzug von der Unterstadt bis zum Rathaus in der Oberstadt. Nun muss der Bürgermeister der Macht der Frauen weichen.
In vielen Orten erreichen die tollen Tage am Karnevalssonntag ihren Höhepunkt. Anderswo finden die Karnevalsumzüge am Rosenmontag statt. Oft über viele Wochen von karnevalistischen Teams geschmückte Wagen, Fuß- und Musikgruppen und das bunte närrische Volk begleiten den Karnevalsprinzen und sein Gefolge durch die Straßen, um anschließend gemeinsam zu feiern. In Eupen gibt es einen großen Rosenmontagszug und am Sonntag einen Kinderkarnevalszug.
Am Aschermittwoch ist alles vorbei, wie es in einem auch in Eupen und anderswo in der DG gern gesungenen rheinischen Liedchen heißt. Aber bis dahin hat es jede Menge Kostümbälle, farbenfrohe Umzüge und ausgelassene Feiern gegeben. Und für den Rest des Jahres gilt das heimliche Motto des rheinischen Frohsinns: Ein bisschen Karneval ist immer.
Schützenbruderschaften haben eine lange Tradition. Im Mittelalter hatten sie die Aufgabe, die Dörfer und ihre Bewohner in unsicheren Zeiten zu verteidigen. Heute haben sie sich der Brauchtumspflege, dem Schießsport, der Jugendarbeit und heimatverbundener Geselligkeit verschrieben. Die Schutzbruderschaft von Walhorn beispielsweise steht seit 1706 unter dem Patronat des hl. Stephanus, des Patrons der Pfarrkirche und Mutterkirche der ehemaligen Bank Walhorn. Doch ist die Bruderschaft offensichtlich sehr viel älter. Nach neueren Erkenntnissen soll sie bis auf das Jahr 1076 zurückgehen. In Eupen gibt es gleich zwei Schützenvereine, die St.-Johannes- und die St.-Nikolaus-Schützen. Die St.-Nikolaus-Schützen feierten 2013 ihr 800-jähriges Jubiläum.

Ess- und Trinkkultur – Genießen auf Ostbelgisch

Auf der Internetseite *www.ostbelgienkulturerbe.be* erfährt man allerlei über die **Bierkultur** in der DG. Demnach lassen sich für das Eupener Land Bierbraustätten bis ins Mittelalter nachweisen. In den späteren Jahrhunderten entstanden neben gewerblichen Brauereien auch immer mehr Hausbrauereien. Bier wurde zum Volksnahrungsmittel. Im 18. Jh. gab es allein in Eupen zehn Brauer, die vor allem braune, aber auch helle Biere herstellten, allerdings nicht in der heute üblichen Qualität. Die Zahl der Brauereien ging in den nachfolgenden Jahrzehnten zurück. Gegen Ende des 19. Jh. existierte im gesamten Bereich der heutigen DG nur noch die *Eupener Bier-Brauerei*. Leider musste auch diese Brauerei in den 1990er Jahren geschlossen werden.
Auch im Süden der Deutschsprachigen Gemeinschaft, also der belgischen Eifel, wurde zumindest um die Wende vom 19. zum 20. Jh. Bier gebraut. So gab es eine Brauerei im ehemaligen Hof zu Bütgenbach (heute Seniorenheim), die ein helles, trübes Bier aus Hopfen und Gerstenmalz herstellte. Dieses Bier fand in der gesamten Nordeifel und sogar bis nach Recht seine Konsumenten.
Bis in die zweite Hälfte des 20. Jh. hinein beschränkte sich die Bierkultur im Bereich der heutigen DG sowohl bei privaten Feiern als auch in der Öffentlichkeit vornehmlich auf den Konsum von Pilsbieren großer belgischer Hersteller, die das hiesige Bierangebot immer noch dominieren.
Allerdings ist seit einigen Jahrzehnten ein deutlicher Trend hin zum Konsum einer breiteren Palette von Bieren zu beobachten. Verlangt wird immer häufiger Spezialbier, das sich geschmacklich, aber auch hinsichtlich des Alkoholgehalts von den üb-

Brasserie Malmédy in den 1920er Jahren

Ein herrliches Dunkles vom Fass in Val-Dieu

lichen Pilsbieren unterscheidet. Vor allem das Leffebier, aber auch Biere kleiner Brauereien, etwa der Brauerei in Val-Dieu bei Aubel (s. S. 209 f.) oder der in Bellevaux bei Malmedy (s. Chouffe, S. 181) spielen eine zunehmend größere Rolle. Der intensive Geschmack und der höhere Alkoholgehalt der Starkbiere führen dazu, dass diese nicht als alltägliches Tafelbier oder Durstlöscher getrunken, sondern langsam und in Muße genossen werden.

Von **Käsekultur** zu sprechen, klingt etwas merkwürdig. Doch der kräftige Käse des Herver Landes ist zu Recht berühmt und schmeckt nicht nur in Begleitung eines Bieres oder Cidres aus Val-Dieu großartig (s. S. 204, 209 f.). Gerne gibt man etwas Sirop de Liège hinzu, der in Aubel nach alten Rezepten gekocht wird (s. S. 202). Neuerdings wird auch in Eynatten von einem jungen Landwirt, Tobias Boffenrath, ein hervorragender Käse produziert, natürlich aus der Milch seiner eigenen Kühe. Der *Göhltaler* ist ein reines Naturprodukt, absolut frei von Konservierungsstoffen, Geschmacksverstärkern oder anderen Zusatzstoffen. Der Käse kann sowohl als Scheiben-, Raclette-, Fondue- oder Dessertkäse genossen werden. Vermarktet wird er unter dem Label *Made in Ostbelgien* (Rothausstr. 61; Tel.: 0032 (0)472 / 68 35 23; **www.goehltaler.be**). Auch Feinschmeckerrestaurants im weiten Umkreis gehören zum festen Kundenstamm der kleinen Käserei. Führungen sind nach Terminvereinbarung möglich.

Über den berühmten **Ardenner Schinken** muss man nicht mehr viele Worte verlieren. In Montenau kann man ihn nicht nur verkosten und kaufen, sondern auch einen Eindruck von seiner Herstellung gewinnen. In dem entsprechenden Kapitel wird darauf hingewiesen (s. S. 128).

Wer Ostbelgien besucht, sollte hier einmal den für die Region typischen **Reisfladen** (Pl. *Fläden*) probieren. Der Reisfladen darf vor allem im Eupener Land und im benachbarten Aachen auf keiner Kaffeetafel fehlen. Jeder Zugezogene muss die weitschweifigen, lokalpatriotisch eingefärbten Erklärungen und Belehrungen über sich ergehen lassen, worin die Unterschiede bestehen zwischen Reisfläden unterschiedlicher Orte und Bäcker. Reisfläden sind hier keine bloßen Nahrungs- oder Genussmittel, sondern eine Frage der Weltanschauung. Man isst sie auch gerne mit Früchten. Dann bestellt man im Café einen *Kirsch-auf-Reis* oder einen *Himbeer-auf-Reis*. Auch der von den Wallonen *corin,* von den Menschen im Eupener Land *Spieß* genannte schwarze Fladenkuchen wird gerne genossen. Dabei han-

In einem Käsegeschäft in Herve

Zwei charmante Verkäuferinnen mit Himbeer auf Reis und Reisfladen, Café Kockartz

Auslagen des Café Kockartz in Eynatten

delt es sich ebenfalls um einen Hefefladen, der aber mit einer süßen, dunklen Paste belegt ist. Diese Masse wird aus getrockneten Pflaumen und Birnen hergestellt, mitunter darüber hinaus auch aus Aprikosen und Äpfeln. Zumeist kommen noch etwas Anis hinzu und eine Prise gemahlener Nelken. Früher machten die einfachen Bauern im Eupener Land ihn schlicht mit *Backemüs*, das man aus im Backofen gedörrten süßen Äpfeln herstellte.

Überhaupt lohnt es sich, in Eupen oder St. Vith eine Bäckerei bzw. Konditorei aufzusuchen. Die hier angebotenen Produkte verraten schon einen französischen Einfluss. Zwei oder drei verschiedene Arten von Eclairs (in Deutschland bisweilen recht unpoetisch als Liebesknochen bezeichnet) fehlen zum Beispiel so gut wie nie. Und fast immer gibt es bunte, fantasievoll gestaltete und dekorierte kleine Törtchen. Sonntags holt man in der Bäckerei frische Croissants, oft noch ofenwarm und dampfend, die dann in offener Tüte vorsichtig nach Hause getragen werden, damit das zarte Gebäck nicht *labberig* wird.

Mein Reisehandbuch *Unbekannte Wallonie* habe ich (in der zweiten Auflage) mit dem Kapitel *Gutes Essen – Zeit zum Leben* eingeleitet. Das, was ich da über die wallonische Küche geschrieben habe, trifft heute weitgehend auch für das deutschsprachige Ostbelgien zu. Für die wallonischen Gemeinden im östlichen Belgien gilt es ja ohnehin.

Die warme, bergende Atmosphäre der Behaglichkeit im Kreise der Familie oder von Freunden gehört hier zu der liebenswerten Lebensart der Menschen. Was gibt es Schöneres, als von Freunden zu Muscheln mit Pommes frites (*Moules frites*) eingeladen zu werden? Jede Familie hat ihr eigenes Muschelrezept und manchmal zwei, das eine von der Oma mütterlicherseits und das andere vom Großonkel väterlicherseits. Dazu trinkt man gerne ein kühles Bier, aber natürlich auch einen trockenen Weißwein, in der Regel einen französischen. Frische Bachforellen aus den Ardennen oder der belgischen Eifel, im Herbst Wild und Pilzgerichte aus den weiten Wäldern der Umgebung, der köstliche Käse aus dem Herver Land – da gibt es so viel, wovon man lange schwärmen könnte.

Es gibt wohl wenige Städte, die angesichts ihrer geringen Größe eine solche Fülle guter und sehr guter Restaurants aufweisen wie Eupen. Und dennoch ist dringend anzuraten, einen Tisch zu reservieren. Auch das spricht für sich.

Zum Abschluss wiederhole ich eine Passage aus meinem Walloniebuch, weil sie auch hier wahr ist: Ich schreibe da von der ungebrochenen Genussfähigkeit der Menschen. Da werden nicht Kalorien gezählt und wird auch nicht über Kalorien gesprochen und schon gar nicht auf typisch deutsche Weise die eigene Kennerschaft zelebriert, sondern gegessen und geschlemmt. Und das kann dauern. Das darf auch dauern. Darüber kann der Sonntagnachmittag zur Neige gehen.

Gemütliche Frühstücksrunde im Café Kockartz in Eynatten

Im Eupener Ratskeller

Verzeichnis der Hintergrundinformationen und Anekdoten

Für alle Leser, die neugierig auf weitere Hintergrundinformationen sind, etwa zum Alltagsleben der Landbevölkerung, Brauchtum, zu historischen Persönlichkeiten u. v. m., haben wir diese und mancherlei Anekdotisches an geeigneter Stelle einfließen lassen.

Touristen-Informationsbüros

Aubel
Office du Tourisme du Pays d'Aubel
Place Nicolai 1
B-4880 Aubel
0032 (0)87 / 68 01 39
www.aubel-info.eu

Eupen
eupen lives
Marktplatz 7
B-4700 Eupen
0032 (0)87 / 55 34 50
www.eupenlives.be

Herve / Herver Land
Maison du Tourisme du Pays de Herve
Place de la Gare 1
B-4650 Herve
0032 (0)87 / 69 31 70
www.paysdeherve.be

Jalhay / Sart
Office du Tourisme de Jalhay-Sart
Place du Marché 242
B-4845 Sart-Jalhay
0032 (0)87 / 47 47 37
www.tourismejalhaysart.be

Limbourg
Syndicat d'initiative ASBL
– Ville de Limbourg
Avenue Victor David 15
B-4830 Limbourg (Dolhain)
0032 (0)87 / 76 04 16
www.walloniebelgiquetourisme.be/fr-be/content/syndicat-dinitiative-asbl-ville-de-limbourg

Malmedy
Königlicher Verkehrsverein von Malmedy – Malmundarium
Place du Châtelet 9
B-4960 Malmedy
0032 (0)80/ 79 96 68
www.malmedy-tourisme.be

Naturparkzentrum Botrange
Rue Botrange 131
B-4950 Waimes (Weismes)
0032 (0)80 / 44 03 00
www.botrange.be

Plombières
Office du Tourisme de la commune de Plombières
Maison du Site Minierde Plombières
Rue du Chemin de Fer 25
B-4850 Plombières
0032 (0)87 / 35 53 77
www.tourisme.plombieres.be

Sankt Vith
Tourismusagentur Ostbelgien
Hauptstraße 54
B-4780 Sankt Vith
0032 (0)80 / 22 76 64
www.ostbelgien.eu

Voer-Region
Besucherzentrum
Pley 13
B-3798 Voeren ('s-Gravenvoeren)
0032 (0)4 / 381 07 36
www.voerstreek.be

Eine gute Übersicht mit vielen wertvollen Informationen, Broschüren und Karten für die Reisevorbereitung und -planung finden Sie unter

Ostbelgien
Tourismusagentur Ostbelgien
Hauptstraße 54
B-4780 **Sankt Vith**
0032 (0)80 / 22 76 64
www.ostbelgien.eu

oder

Haus für Tourismus Hohes Venn – Ostbelgien
Place Albert Ier 29a
B-4960 **Malmedy**
0032 (0)80 / 33 02 50
www.ostbelgien.eu

Neben Infomaterial der Tourismusagentur Ostbelgien bietet das Haus des Tourismus auch eine Auswahl an regionalen Produkten »made in Ostbelgien« zum Kauf an.

Wallonische Gemeinden
Belgien-Tourismus Wallonie
Stolkgasse 25-45
D-50667 Köln
www.belgien-tourismus.de

Register

Das folgende Sachregister erfasst wichtige Orte, Gebäude, Straßen und Plätze, in der Regel solche, die im Text durch Fettdruck hervorgehoben werden.

Hinweise zu Wanderungen und Radtouren

Mit dem eingangs erwähnten Wunsch vieler unserer Leser, ein eigenes Kunst- und Kulturreisehandbuch über den Osten Belgiens zu verfassen, war zumeist ein zweiter verbunden, nämlich dieses Buch möglichst umfangreich mit Hinweisen für Wanderer und Radfahrer zu versehen.
Ostbelgien umfasst mit dem Eupener und Herver Land, mit der belgischen Eifel und Teilen der Ardennen **herrliche, oft noch ganz urwüchsige Naturgebiete,** die es nahelegen, **Kunst, Kultur und Bewegung in der Natur** miteinander zu verbinden. Es bietet sich an, die Region zu erwandern oder radfahrend zu erkunden. Dabei hat jede Jahreszeit ihre besonderen Reize.

Schon in den Vorbemerkungen zu diesem Buch haben wir darauf hingewiesen, dass unsere annähernd **50 farblich herausgehobenen und durch das Inhaltsverzeichnis leicht auffindbaren Empfehlungen für Wanderer und Radfahrer** sich nicht an ehrgeizige Sportler oder verbissene Kilometerfresser richten. Wir haben **Durchschnittsmenschen im Blick**, auch durchaus schon älteren Semesters, die in Ruhe und mit Genuss Landschaft, Natur und Kultur erleben wollen. Deshalb haben wir uns für Radtouren von 30 bis 45 Kilometern entschieden und Wanderungen von etwa fünf bis 15 Kilometern. Wo bei den Radwegen größere oder längere **Steigungen** unvermeidlich sind, wird ausdrücklich darauf hingewiesen.

1+2 Die Beschilderung der Radwege (neu links, alt rechts) nach dem System der Knotenpunkte in Ostbelgien

3 Infotafel am Vennbahnradweg

Radtouren: Wer die in diesem Buch beschriebenen Radtouren machen möchte, sollte in einem der Informationsbüros für Touristen, etwa in Eupen oder Sankt Vith, eine **Radkarte** der jeweiligen Region erstehen. Vor allem im Kanton Sankt Vith ist die Beschilderung nach dem uns auch aus den Niederlanden bekannten Knotenpunktsystem bisweilen noch (2019/20) mangelhaft. Überwiegend sind schon neue Knotenpunktschilder angebracht (mit grünen Nummern, **s. Abb. 1**). Vielfach sind aber noch die alten Schilder mit den bisweilen irreführenden orangefarbenen Pfeilen und den alten Nummern (**s. Abb. 2**) vorhanden. Gelegentlich auch ist eines der alten Schilder nicht zu finden oder nicht mehr an seinem Platz. In meinen Beschreibungen bemühe ich mich, diesen Mangel auszugleichen. Dennoch kann eine gute Karte zur Orientierung wertvolle Dienste leisten.
Hervorragend beschildert ist der **Vennbahnradweg** mit seinen Abzweigungen, sowohl auf belgischer, als auch auf deutscher Seite. Immer wieder werden am Wegesrand Übersichtskarten, Steigungsprofile oder andere Hinweise geboten (**s. Abb. 3 + 4**).
Unter *www.ostbelgien.eu/de/fahrrad/e-bike/e-bike-verleih* erfahren Sie übrigens, wie und wo Sie in

Ostbelgien **Fahrräder ausleihen** können. An acht Verleihstationen stehen von April bis September gut gewartete Elektrofahrräder bereit. Eine zeitige Reservierung der Räder ist ratsam.

Wanderungen: Auch wenn die Wanderwege in der Regel recht gut markiert sind, kann eine **Wanderkarte** nie schaden. Vergessen wir nicht, dass wir in der belgischen Eifel oder in den Ardennen in zumeist nur sehr dünn besiedeltem Gebiet unterwegs sind. Da möchte man sich nicht gerne verlaufen.

In vielen Orten (z. B. in Raeren, Eynatten, Hauset, Lontzen, Montzen, Sippenaeken, Plombières, Hombourg, Bévercé, Bellevaux) sind an den Startpunkten der Wanderungen große **Informationstafeln mit Karten** aufgestellt (**s. Abb. 5 + 6**). Wenn man keine eigene Karte besitzt, ist es ratsam, die auf der Tafel mit dem Smartphone abzufotografieren. Ausschnitte lassen sich unterwegs leicht vergrößern.

Die **mit einem Sternchen ✳ versehenen Wanderungen** finden Sie auch in dem schönen, 2020 aktualisierten Heftchen *Genusstouren*, herausgegeben von der Tourismusagentur Ostbelgien, das Sie in den Touristen-Informationsbüros der DG und in Malmedy kostenlos erhalten und das auch im Internet unter *www.ostbelgien.eu* zu finden ist. In der Broschüre wird auch zu jeder Wanderung eine kleine Karte geboten (digitale Gesamtkarte mit

5 Infotafel mit Wanderwegkarte in Raeren

Möglichkeiten zur Ausschnittvergrößerung unter *go.ostbelgien.eu/routenplaner-wander*).

Im **Kanton St. Vith, also im Süden der DG,** sind Wanderwege inzwischen durchgehend und in vorbildlicher Weise nach dem Knotenpunktsystem markiert.

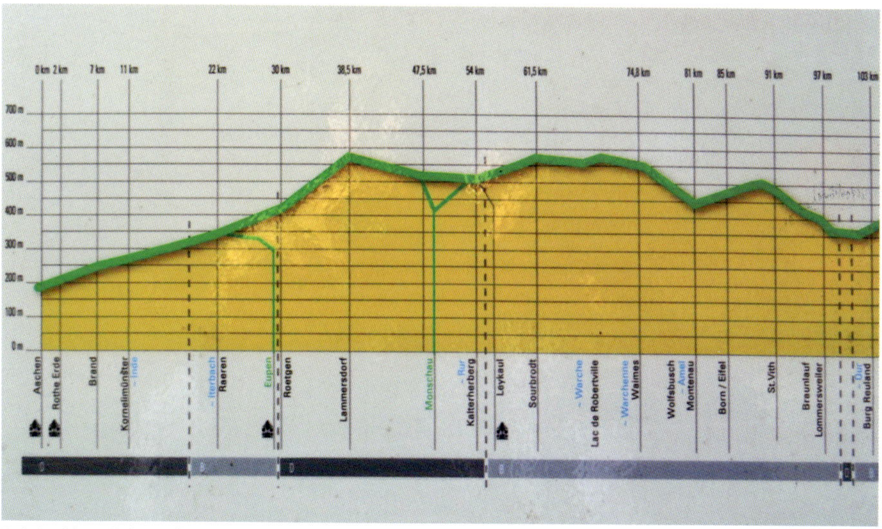

4 Infotafel zum Höhenprofil am Vennbahnradweg

6 Infotafel mit Wanderwegkarte in der Nähe der Wesertalsperre bei Raeren

Beachten Sie bitte die **Hinweise auf den Zustand von Landstraßen**, die bei Radtouren mitunter ein Stück weit befahren werden müssen (in der Regel wenig befahrene Nebenstraßen), und auf den Zustand der Wanderwege. In der Umgebung von Sankt Vith gibt es Straßen, die am Rand, da, wo sich der Radfahrer gemeinhin bewegt, in nicht sehr gutem Zustand sind. Mountainbikefahrern mag das wenig ausmachen. Aber der Durchschnittsfahrer mit dem Tourenrad ist hier nicht gut aufgehoben. Auch für Ausflüge mit Kindern sind solche Strecken ungeeignet. Wir geben hier deutliche Hinweise. Ähnliche **Hinweise** finden Sie **bei Wanderwegen** mit bei Regen sumpfigen oder schlüpfrigen Passagen.

Für Wanderer empfehlenswert ist die ***Go-Ostbelgien*-App**, die kostenlos im All-Store oder auf GooglePlay erhältlich ist. Wenn man in das Programm die Gemeinde, in der man wandern möchte, den Startpunkt und das nächste Wanderziel eingibt, wird nicht nur die Gesamtdistanz der Strecke sofort angezeigt, sondern auch das Höhenprofil, sodass man sofort den Schwierigkeitsgrad einer Strecke beurteilen kann.

Man kann die gewählte Strecke herunterladen, drucken oder für einen späteren Zeitpunkt abspeichern. So hat der Wanderer eine detaillierte, digitale Wanderkarte auf seinem **Smartphone** oder Tablet zur Hand. Auch **Themenrouten** werden angeboten.

7 Beschilderung von Wanderwegen nach dem Knotenpunktsystem, hier in der Nähe von Burg-Reuland